U0118999

朱元璋传

侍卫亲军眼中的洪武大帝

李林楠　著

文化发展出版社
Cultural Development Press

·北京·

图书在版编目（CIP）数据

朱元璋传：侍卫亲军眼中的洪武大帝 / 李林楠著. — 北京：文化发展出版社，
2023.4

ISBN 978-7-5142-3929-4

Ⅰ.①朱… Ⅱ.①李… Ⅲ.①朱元璋（1328－1398）－生平事迹 Ⅳ.① K827=48

中国版本图书馆CIP数据核字(2022)第233838号

朱元璋传：侍卫亲军眼中的洪武大帝

著　者　李林楠

出 版 人：宋　娜
责任编辑：孙　烨　　　　　　　责任校对：岳智勇　马　瑶
责任印制：邓辉明　　　　　　　封面设计：邓小林
出版发行：文化发展出版社（北京市翠微路 2 号　邮编：100036）
发行电话：010－88275993　　010－88275711
网　　址：www.wenhuafazhan.com
经　　销：全国新华书店
印　　刷：唐山楠萍印务有限公司

开　本：710mm×1000mm　1/16
印　张：20
字　数：350 千字
版　次：2023 年 8 月第 1 版
印　次：2023 年 8 月第 1 次印刷

定　价：88.00 元
ＩＳＢＮ：978－7－5142－3929－4
◆ 如有印装质量问题，请与我社印制部联系　电话：010－88275720

目 录

《纪事录》折射的时代

明太祖朱元璋的崛起之路与明朝洪武年间的历史，向来是一个研究明史的热点领域，相关著作也已经很多了。不过细细看来，其中仍旧存在一些盲点，比如对一些史料的运用。《纪事录》正是这样一部史料，以之为棱镜对朱元璋及明初史事进行折射，会有一些特别的收获。

《纪事录》全名为《皇明纪事录》，俞本撰。此书如今能够呈现在大家面前，过程其实颇为曲折。《纪事录》最早为人所知主要是靠明末清初的钱谦益和潘柽章，钱谦益在其著作《国初群雄事略》《开国功臣事略》和《太祖实录辨证》中多有引用，《开国功臣事略》虽然失传，另两部著作却流传了下来。潘柽章在《国史考异》中也对《纪事录》进行了引用。两人均利用《纪事录》对《明太祖实录》中的曲笔、隐讳、歪曲进行纠正，为后世保存了可贵的资料。然而随着清朝钱谦益与潘柽章的书成为禁书，加之绛云楼大火焚毁了钱谦益的大量藏书，世间遂认为《纪事录》已经失传。

至 20 世纪 70 年代，John Dardess 首次推介了收藏于台北图书馆中一部名为《明兴野记》的书，认为其地位非常重要，此后 Edward Dreyer 又对这本已经被鉴定为《纪事录》的《明兴野记》进行了详细考察。最后在 20 世纪 90 年代，陈学霖对《明兴野记》全书进行了研究校对并对作者俞本的生平进行了初步考证，最后将《明兴野记》全文校对本收录于其著作《史林漫识》的附录中，首次将其全文推介给大家。最后在 21 世纪初，李新峰通过运用元末明初大量史料对《纪事录》进行笺证，完成了里程碑式的著作《纪事录笺证》，使得大家充分运用这部史料成为可能。

《纪事录》的作者俞本，高邮人，生于 1334 年左右，元顺帝至正十三年（1353）加入红军，效力于朱元璋麾下，曾经作为朱元璋三百六十人警卫部队的一员，被朱元璋称为"曾跟朕小厮"[1]。明朝建立后，俞本得到明军将领韦正的赏识，跟随韦正征战并长期戍守西北，晚年著成《纪事录》两卷，主要记述了自己的亲身

---

① 俞本撰、李新峰笺证：《纪事录笺证》，卷之下，第 389 页，"洪武七年"。

经历与见闻，且由于一开始就没有刊刻的打算，因此无所顾忌，为我们保存下来了许多珍贵史料。

现存《纪事录》分为上下两卷，上卷主要记述明朝建立前的亲身经历，下卷主要记述明朝建立后的经历与见闻，上卷较下卷更为详细。一般认为，《纪事录》上卷较下卷价值更高，因为上卷是所谓"原始史料"，下卷则包含了很多官方宣传与传闻，因此价值不如上卷。这种论点其实不然，下卷固然包含很多官方宣传与民间传闻，但这正好反映了当时社会对中央政策的认识，同时，下卷中俞本更直接记载了大量在戍守西北时期对明朝经略西北各种政策的见闻与评价，很多记载价值甚高，丝毫不亚于上卷中的"原始史料"。

不过有得必有失，由于俞本处于濠州红军及此后明军的基层，因此注定了俞本的见闻是有限的。《纪事录》主要详于军事方面，对于朱元璋集团及明朝中央政府的各种人事任命、政策调整则涉及较少。举例来说，俞本保存下了朱元璋集团在早期发展阶段长期被隐没的二号人物邵荣的大量军功，还有韦正对陕西、宁夏、甘肃地区的大力经略，自己与开国功臣邓愈的私下谈话等众多宝贵史料，但对于在朱元璋崛起并最终夺取天下，统一全国过程中发挥了重要作用的刘基却几乎毫无涉及，仅在朱元璋大封功臣的名单中提到了一次"诚意伯刘伯温"[①]，由此可见俞本著述的详略情况。

同样，有利就有弊，正是因为俞本的无所顾忌，才使我们能够看到明初的很多珍贵史料，为我们呈现出了一个与官方宣传大相径庭的严酷、暴虐、视人命如草芥的时代，一个和官方塑造的"圣主"形象完全不同的冷酷、狡诈而又雄才大略的朱元璋。但也正是因为俞本的无所顾忌，他也将很强的个人感情代入到了书中，对于他反感的冯胜、郭子兴等明军将领，他不惜颠倒黑白，对他们大肆诋毁。而对于自己的"恩主"韦正、傅友德，又不吝溢美之词，甚至为他们虚构功绩，这些问题无疑都会影响到《纪事录》的可靠性。

另外，由于俞本晚年完全依靠个人记忆著史，因此在历史事件的时间顺序上往往颠倒错乱，给人们运用这部史料造成了极大的困难，幸而李新峰在《纪事录笺证》中对每一条记载都进行了详细的考证，为我们利用这部史料提供了极大的方便。

---

① 俞本撰、李新峰笺证：《纪事录笺证》，卷之下，第354页，"洪武四年"。

总的来说，在如今这样一个关于朱元璋的研究已经颇为泛滥，更有吴晗《朱元璋传》这样重要作品存在的环境下，利用《纪事录》为棱镜，结合经过筛选的其他元末明初可靠史料，一定能够折射出一个虽然不全面，但却很独特，甚至之前没有引起过足够关注的朱元璋与明初史事。

最后，我要就本书进行一个说明。为了适应读者的阅读要求，在正文中对于引用内容除了在正文中说明出处的，均添加脚注。而对于所引用书目的详细信息，我会在书后的参考文献中分类进行说明，供读者查阅。

那么，就让我们一起走进这部折射出独特的朱元璋与明初史事的作品中吧。

第一章

起于定远

1. 濠州朱镇抚

《纪事录》的开篇是元顺帝至正十一年（1351），而被俞本列于元末第一位的红军领袖是是年八月起兵的萧县李二、彭早住和赵均用三人，他们攻陷徐州，形成了徐州红军系统并在之后与朱元璋所在的濠州红军系统形成了影响深远的交集。不过俞本将徐州红军这既非最早也非最晚的一支红军列于最先并不是基于这支红军与朱元璋的关系，仅仅是因为徐州离俞本家乡高邮独近，俞本对这支红军颇为熟悉罢了。

实际上在元末至正十一年（1351）前后，因为元顺帝的一系列政策失当，各地已经出现了起义军四起的局面。比如至正十一年（1351）五月，韩山童、刘福通起于颍州，自称弥勒佛降生与宋徽宗八世孙，"当为中国主"①，西攻汝宁府、息州、光州等地，后来韩山童虽然被捕殉难，刘福通则继续拥立韩山童之子韩林儿，即著名的"小明王"，这支红军后来于至正十五年（1355）建都于亳州，以宋为国号，年号"龙凤"，建立了著名的元末"龙凤政权"，朱元璋后来即长期效力于此政权。

而与萧县李二几乎同时，也是至正十一年（1351）八月，蕲州罗田县人徐寿辉与黄州麻城人郝普胜等也"举兵为乱"②，徐寿辉在十月就以蕲水为都建国，国号天完，自称皇帝，建立了元末"天完政权"。天完政权一直与龙凤政权为敌，后来更遭到了陈友谅的篡夺并在相当时期内成了朱元璋的劲敌。

这两支红军在此后不久就将与朱元璋发生交集，因此在这里先简单介绍一下他们的基本情况，其他一些地方势力，在后来涉及时会进行介绍，此处就不赘言了。

关于朱元璋的基本情况，可以说已经广为人知了。朱元璋，字国瑞，根据朱元璋御制《朱氏世德碑记》，原名重八，元文宗天历元年九月十八日（1328年10月21日）生于濠州钟离之东乡（今安徽省凤阳县小溪河镇燃灯寺村）。父亲名叫朱五四，母亲姓陈，家中"世为农业"③。朱元璋长至十七岁时，遇上大饥荒，父母及

---

① 宋濂等：《元史》，卷四二，《顺帝纪》。

② 宋濂等：《元史》，卷四二，《顺帝纪》。

③ 《皇明本纪》，第15页（出自：邓士龙 辑：《国朝典故》，卷二）。

长兄均相继去世，只有次兄尚存，因而"家计日窘"①。朱元璋与兄长商量后，决意于皇觉寺出家。入寺才五十日，寺主就以"食不给，散遣其徒游四方"②，朱元璋不可能再在寺里待下去，于是便在这段时间"西游庐、六、光、固、汝、颍诸州"③，历时三载才再度回到皇觉寺。《皇明本纪》称朱元璋正是此后才"始知立志勤学"。因此我们可以推测，正是此次西游诸州使朱元璋对元末的社会状况有了深刻的认识。因此，当四年后"天下兵乱"时，朱元璋加入濠州红军也就不足为奇了。

四年后的至正十二年（1352）二月，一支军队经过了皇觉寺，寺庙遭到焚毁，僧徒四散，朱元璋也为了躲避乱兵而逃出了寺庙。当天晚上，朱元璋回到寺庙，面对寺庙的残垣断壁，他决定通过占卜寻找出路。关于这次占卜的结果，《明太祖实录》与《皇明本纪》保持了高度一致，即结果显示只有参加红军起兵才是出路。然而虽然结果如此，朱元璋却没有立即出发，这其中或许有谨慎，或许还有不知如何进见的担忧，因此他仍旧留在了寺庙中。不过没过多久，一次偶然的事件最终帮助朱元璋排除了所有的顾虑，促使他做出了最后的决定。

正是在这次占卜后"未旬日"，朱元璋儿时的一位朋友汤和从濠州红军中寄来一封信，在信中劝朱元璋加入他们，朱元璋看过信后就立即将之烧毁了。然而天下没有不透风的墙，朱元璋很快就得知这封信的事情已经泄露，他面临被元廷抓捕的局面，已经失去了最后的退路。因此，朱元璋走出了人生中至为关键的一步，排除顾虑，出发投奔汤和所在的濠州红军郭子兴部。

朱元璋要投奔的这位郭子兴，至正十二年（1352）二月与孙德崖等起兵于定远县，很快攻占濠州城并以此为据点。朱元璋于当年闰三月抵达了濠州城，希望投奔郭子兴麾下，没想到的是，他差点还没见到郭子兴就被杀掉了。关于这次遇险，朱元璋后来在追述自己早期生涯的《纪梦》中有一段颇为直白的回忆：

> 以壬辰闰三月初一日至城门，守者不由分诉，执而欲斩之，良久得释，被收为步卒。④

---

① 《皇明本纪》，第15页（出自：邓士龙 辑：《国朝典故》，卷二）。

② 《明太祖实录》，卷一，第3页。

③ 《皇明本纪》，第15页（出自：邓士龙 辑：《国朝典故》，卷二）。

④ 朱元璋：《明太祖御制文集》，卷十六，《纪梦》。

关于朱元璋的这段经历，《明太祖实录》与《皇明本纪》也有类似的记载，不过在这两部史料中，都将朱元璋最后能够获救归因于当时濠州红军的"首雄"郭子兴的救助。这却不如朱元璋自己的回忆可信了，毕竟当时朱元璋还不名一文，且朱元璋抵达濠州的闰三月正值元军当年第一次包围濠州的紧张时刻，很难想象当时的郭子兴还有闲心来过问朱元璋这样一个当时还是"无名之辈"的人。不过当时濠州的紧张局势却能够很好地解释朱元璋的到来为什么会遭到守军的怀疑，甚至被当作间谍。

此外，倘若要追究郭子兴亲自解救朱元璋这一情节的起源，还得说到朱元璋本身，因为正是他在为郭子兴所作的《滁阳王庙碑》中称"为门者所执，将欲加害，王亲驰活之"。这一说法与朱元璋在另一篇文章《纪梦》中并未明言被何人所救无疑是矛盾的。究竟哪一份史料更为可靠呢？这就要从这两篇文章的性质入手了。《滁阳王庙碑》无疑是一份具有宣传性质的文件，朱元璋有必要在其中强调自己一开始就很受郭子兴重视与青睐。因此，《纪梦》这一收录于朱元璋自己文集《明太祖御制文集》中的回忆文章无疑更为可靠，钱谦益虽然在《太祖实录辨证》中提出了《滁阳王庙碑》的问题，但他在《国初群雄事略》中却也没有采纳郭子兴亲自解救朱元璋的说法。

无论朱元璋是如何脱险的，他最终还是得到了濠州红军的信任并加入了这支队伍，投入了郭子兴的麾下，这也成了朱元璋一生事业的起点。

关于朱元璋在郭子兴麾下最初的情况，各方记载颇有些错乱。朱元璋本人回忆"入伍几两月余，为亲兵，终岁如之"[①]，即作为步卒两月有余后得到了郭子兴的赏识，被任命为自己的亲兵。《皇明本纪》则记载"几日，拔长九夫"，但钱谦益在《国初群雄事略》中引用《皇明本纪》中此段记载则变为"几月，拔长九夫"。至于《明太祖实录》的记载，就显得太过概括，为"寻命长九夫"，没有给出一个明确的时间长度。观察这些记载我们可以发现，它们关键的分歧在于朱元璋被任命为"九夫"之长的时间，而朱元璋回忆中的"亲兵"应即这个"九夫"之长。

那么，朱元璋从入伍为步卒到升为"亲兵""九夫"之长究竟经过了多长时间呢？我们还是能够从朱元璋抵达濠州险遭不测的记载看出结论。当时，朱元璋不仅

---

① 朱元璋：《明太祖御制文集》，卷十六，《纪梦》。

不名一文，还遭到守军怀疑，且濠州当时还处于元军包围之中。因此朱元璋不可能在入伍仅几天的时候就得到如此提拔，还当以朱元璋回忆的"两月余"更准确。

朱元璋入伍的时候，正值濠州危急之时，元廷为了应对濠州红军，在至正十二年（1352）闰三月以彻里不花率骑兵三千，会同原濠州守军包围了濠州城。俞本忠实记录了此次围城，但将这次围城的主将错记为当年第二次围城的元军主将章贾鲁。关于第一次围城，因为系朱元璋加入红军后的初战，因此他在《纪梦》中也留下了颇为详细的回忆。此次围城，彻里不花虽然声称攻城，但始终逡巡不进，反而四处杀掠平民，导致附近百姓"呼亲唤旧"[1]进入濠州帮助红军共同守城，在很大程度上增强了当时濠州的防御。至九月，围城已经不可能继续下去了，加之元廷此时正在集中兵力进攻徐州，因此围攻濠州的元军解围而去，濠州红军度过了第一次危机。朱元璋正是在此次围城期间被郭子兴提拔为"九夫"之长的，此后他越来越得到郭子兴的信任。很快，为了笼络朱元璋，郭子兴又将养女马氏嫁给了朱元璋，"收为家人，亲待同子弟"[2]。

在濠州渡过危机后的九月，朱元璋利用这一时机出淮北，攻打怀远及安丰。然而濠州的形势很快又发生逆转。十月，元军在脱脱、月阔察儿等人的率领下击败了徐州红军，徐州红军残部逃入濠州，元军很快就在章贾鲁的统率下第二次包围了濠州，这次围城一直持续到次年五月。这次围城，濠州红军虽然接收了徐州红军残部，增强了守城力量，但章贾鲁也是势在必得，他在军中誓师时说"吾奉旨统八卫汉军，顿兵于濠七日矣。尔诸将同心协力，必以今日巳、午时取城池，然后食"[3]。章贾鲁挟此前随脱脱平定徐州之余威围攻濠州，但至次年五月却卒于军中，围城元军因此溃乱，被反攻的红军击溃。

至正十三年（1353）十月，即濠州红军击败章贾鲁后五个月，朱元璋返回乡里，募兵七百余人而还，朱元璋因此被升为镇抚。元朝制度，诸路万户府下设镇抚司，镇抚的品级与副千户相当。红军中的镇抚虽来源于元朝制度，但又有所不同，是由千户进为镇抚，因此镇抚地位高于千户。然而红军并无严格的官制，镇抚地位

---

① 朱元璋：《明太祖御制文集》，卷十六，《纪梦》。

② 《皇明本纪》，第16页（出自：邓士龙 辑：《国朝典故》，卷二）。

③ 宋濂等：《元史》，卷一八七，《贾鲁传》。

虽然高于千户，但在红军中元帅、万户比比皆是，朱元璋升为镇抚，实际也算不得多大的升迁。朱元璋被任命为镇抚，虽然表明其地位得到了一定的提升，但这小小的升迁却也只是昙花一现，由于此后濠州爆发的激烈内讧，朱元璋招募的七百余人很快化为乌有，而他则不得不带着仅有的二十四名绝对亲信势单力薄地南略定远，开始了相对独立的发展。

2. 势单力薄地南略定远

濠州红军的内讧是徐州红军残部涌入濠州导致的。至正十二年（1352）九月，徐州红军彭早住、赵均用为元军击败，不得不率残部逃入濠州，他们的加入激化了本就不和的濠州红军郭子兴与孙德崖等四人之间的关系。后来，彭早住称鲁淮王，赵均用称永义王，但实权在彭早住手里，郭子兴也"奉鲁淮而轻赵"①，因此，孙德崖等四人很自然就谋求到了赵均用的支持，"于市衢擒王（指滁阳王郭子兴）"②，引发了濠州红军的第一次严重内讧。

郭子兴被孙德崖绑架的时候，朱元璋正出淮北攻打怀远、安丰，听说郭子兴被绑架，立即返回濠州，直奔郭子兴家而去。然而朱元璋的此次归来，实则险象环生，不仅朋友告诉他"尔主被擒，亦欲擒汝，且勿归"③，甚至当朱元璋到达郭子兴家里后，郭子兴家人对朱元璋也持怀疑态度，甚至不愿意告诉他究竟是谁绑架了郭子兴。郭子兴家人的态度其实很好理解，毕竟在此郭子兴被擒的时刻，朱元璋很有可能趁机夺权，他们甚至可能怀疑朱元璋和孙德崖等是一伙的。但朱元璋深知，自己此时的资历还根本做不到这一点，只有救出郭子兴，自己才有前途。因此他表示"我家人也，释疑。从我谋，请知舍人（指郭子兴）所在"④，这才终于得知了是孙德崖绑架了郭子兴。既然知道了主谋，对策也就很快出来了，朱元璋深知孙德崖之所以敢铤而走险是依靠赵均用的支持，而郭子兴与彭早住关系相厚，因此"欲脱此难，彭必可求"⑤。果然，当彭早住得知此事后非常愤怒，他与朱元璋集结兵马杀入孙德崖家中救出了已经遍体鳞伤的郭子兴。

此次内讧使得濠州红军发生了难以弥补的分裂，朱元璋虽然因此得到了郭子兴更深的信任，但无论是郭子兴还是朱元璋都意识到他们很难在濠州再安全地待下去了。虽然在紧跟而来的元军章贾鲁围城中，大家不得不团结起来对付元军，但在至

① 《皇明本纪》，第 17 页（出自：邓士龙 辑：《国朝典故》，卷二）。

② 《皇明本纪》，第 17 页（出自：邓士龙 辑：《国朝典故》，卷二）。

③ 《皇明本纪》，第 17 页（出自：邓士龙 辑：《国朝典故》，卷二）。

④ 《皇明本纪》，第 17 页（出自：邓士龙 辑：《国朝典故》，卷二）。

⑤ 《皇明本纪》，第 17 页（出自：邓士龙 辑：《国朝典故》，卷二）。

正十三年（1353）五月元军溃散后，双方的裂痕很快再度显露出来。

关于此后发生的事，朱元璋在《纪梦》中回忆：

> 明年春，元将贾鲁死，城围解。予归乡里，收残民数百献之于上官，授我为镇抚。当年冬，彭、赵僭称，部下者多凌辱人。予识彼非道，弃数百人，内率二十四名锐者南游定远。①

朱元璋这段回忆其实隐藏了颇多信息，我们再通过对比《皇明本纪》和《明太祖实录》中对这段的记载就可以看出其中端倪。关于朱元璋在元军溃散后返回乡里募兵得数百人（七百人）这一点并无分歧，不过关于此后朱元璋为何放弃了这七百人，《皇明本纪》记载"时彭、赵二雄以力御众，部下多凌辱人，上以其非道，恐七百人有所累，弃而不统，让他人统之，惟拔大将军徐达等二十人有奇，帅而南略定远"，《明太祖实录》则记载"是时，彭、赵二人驭下无道，所部多暴横，上观其所为恐祸及己，乃以七百人属他将而独与徐达等二十四人南去略定远"。

统观这三段记载，我们可以发现朱元璋在至正十三年（1353）十月返回乡里募兵得七百人，升为镇抚。很快因为彭早住、赵均用称王，再度激化了濠州红军内部的矛盾，使得彭、赵部下"多凌辱人"，朱元璋不得不放弃招募得来的七百人，仅仅率领徐达等二十四名亲信势单力薄地南略定远。对此我们不禁要感到奇怪了，既然这七百人是朱元璋招募来的，那么朱元璋理应对这七百人有较强的掌控力，就算将这七百人献给了郭子兴，也不应该带不走。且既然要脱离濠州本部南略定远，带更多人前去无疑更为有利，"恐七百人有所累，弃而不统，让他人统之"无论如何都不合理。因此，这其中必定还有隐情。

那么这其中究竟有什么隐情呢？我们知道，濠州红军最初于定远起兵，但很快离开定远，据濠州孤城。定远再次被濠州红军占领是在至正十三年（1353）七月，即元军溃散后两个月，朱元璋南略定远则是在至正十四年（1354）四月。从此后朱元璋在定远的行动则可以看出，朱元璋在四月是跟随郭子兴共同南去定远的。因此，真实的情况就较为清晰了。朱元璋招募这七百人时仅仅是一个"九夫"之长，实在缺乏号召力，他自然只能以郭子兴的名义展开招兵行动，因此他自己对这七百

---

① 朱元璋：《明太祖御制文集》，卷十六，《纪梦》。

人的影响力自然就很有限了。此后彭早住、赵均用称王，部下"多凌辱人"，郭子兴、朱元璋不得不在至正十四年（1354）四月脱离濠州本部南略定远。这七百人是新招募来的，无论郭子兴还是朱元璋，在他们中根基都还很薄弱，因此这七百人很可能就是被"凌辱"而夺走的部分，这也几乎是难以避免的损失。这正是朱元璋不得不放弃，也不可能不放弃的原因。

朱元璋南略定远时虽然势单力薄到仅仅拥有徐达等二十四人，但这也让朱元璋建立起了自己的基础班底，他虽然是跟随郭子兴南略定远，但他很快就将在定远以这二十四人为基础扩充自己的实力，逐渐成为比郭子兴影响力还要大的人物。

3. 横山归附

至正十四年（1354）四月，朱元璋跟随郭子兴离开濠州南略定远，身边跟随的亲信只有徐达等二十四人。五月底，朱元璋被升为总管，总管这一官职在红军中是与万户相当的品级。然而朱元璋虽然已经升为总管，他此时能够实际掌握的人马却比当初任"九夫"之长时好不了多少，因此扩充人马就成了朱元璋的当务之急。抵达定远后，朱元璋的处境比在濠州时还是大为好转的，加之他此前将郭子兴从孙德崖手中解救出来的功绩，让他进一步得到了郭子兴的信任，这也为朱元璋在定远扩充个人势力奠定了基础。

六月，朱元璋就得到了第一个机会。彼时红军虽然控制了定远城，但在定远周围并不只有濠州红军一支人马。在定远东南五十里的大桥湖、废东城一带有一个"城口张寨"，寨中屯聚了一定数量的人马，这支人马既不服从红军也不服从元军。虽然如此，张寨人马却给驻于定远的红军造成了现实困难，正如俞本在《纪事录》中所载"前有义丁城口张寨，不能进，后有元军，不能退"。无论是出于为了红军的进一步发展还是朱元璋扩展势力的需要，城口张寨都必须平定。朱元璋敏锐地抓住了这一机会，主动向郭子兴请缨前去招降城口张寨。

然而此次招降从一开始就不顺利。朱元璋初一抵达定远就病了，休养了三天，还未痊愈就主动请缨前去招降城口张寨，结果才抵达大桥病情就出现反复，不得不返回定远休养。又休养了三日，朱元璋在基本康复后才再度南行，抵达东城城口张寨一带，望见了对方的营垒。

因为此行目的是招降，因此朱元璋所带人马甚少，《皇明本纪》记载仅有"二骑九步"，即两名骑兵九名步兵。俞本在《纪事录》中的记载更为夸张，称朱元璋是"单骑至门"，这当然是在一定程度上有所夸张了。而对于整个收复张寨的过程，也以《皇明本纪》所载最为合理。朱元璋顺利见到了张寨的主帅，面对主帅对他此行目的的疑问，朱元璋表示"彼此无食，但吾主兵者郭氏与汝故友，知汝垒于是，亦知他敌欲来相攻，恐汝无知，特遣吾报，肯相从之，否则移兵避之"[①]。朱元璋这

---

① 《皇明本纪》，第 18 页（出自：邓士龙 辑：《国朝典故》，卷二）。

番话可谓半真半假，所谓"彼此无食""肯相从之，否则移兵避之"是实在的，而所谓"但吾主兵者郭氏与汝故友，知汝坌于是，亦知他敌欲来相攻，恐汝无知，特遣吾报"则是带有恐吓意味的谎言，目的是营造就要有大股敌人进攻张寨，张寨朝不保夕的错觉，从而促使张寨归降自己。

朱元璋这番话果然起到了效果，张寨主帅听说将有敌人来攻，表示愿意归降并留下了朱元璋的信物。朱元璋率领第一批归降士卒先行返回，将跟随自己的亲信之一费聚留在寨中，等待张寨后续人马收拾完备后跟进。

孰料三日后，费聚突然前来向朱元璋报告，表示事情出了变故，张寨剩下的大量人马不再打算归降而是"彼欲他往"①。这也很容易理解，张寨主帅或许一时会被朱元璋的所谓"情报"吓住，但只要稍作调查就会很容易知道并没有要进攻张寨的"敌军"，反倒是定远的红军时时都在打城口张寨的主意。朱元璋听完费聚的汇报，知道情况已经到了危急关头，必须当机立断，于是立即召集同乡同里之人三百，率领他们前去与张寨主帅会面。朱元璋秘令这三百人"若帅至则丛而视之，往则开而纵之，凡此者三"②，众人按照这个方略行事，对于张寨主帅，等他到来就围住观看，当他要离开时就放他离开，如此反复几次后突然"于丛人中缚之"③，张寨士卒被朱元璋之前的策略所迷惑，放朱元璋等离去。朱元璋等人挟持张寨主帅离开张寨八里之后才派人前去通知张寨人马称张寨主帅已经抵达红军营寨，让张寨剩下的人马也立即来归。张寨人马不加怀疑，立即焚毁营寨，"竭营而行"④，朱元璋由此获得了三千余人马。仅仅七日后，朱元璋就率领这些刚刚收编的人马攻破元军张知院营，得到精壮两万人。

这两万三千余人马和朱元璋此前招募的七百人不同，那七百人是朱元璋以郭子兴名义招募的，控制权并不在朱元璋。而这两万三千余人马则是朱元璋以几乎一己之力所得，他们虽然名义上归属驻守定远的郭子兴，但实际上他们仅效忠并服从朱元璋一人，这也成为朱元璋南略定远后第一期扩充的势力。

朱元璋对这支亲信人马进行了初步训练后立即开始谋求独立发展。定远距离濠州太近，不利于发展，而定远东南的滁州城池坚固且利于进取江淮，因此朱元璋很

---

① 《皇明本纪》，第 19 页（出自：邓士龙 辑：《国朝典故》，卷二）。
② 《皇明本纪》，第 19 页（出自：邓士龙 辑：《国朝典故》，卷二）。
③ 《皇明本纪》，第 19 页（出自：邓士龙 辑：《国朝典故》，卷二）。
④ 《皇明本纪》，第 19 页（出自：邓士龙 辑：《国朝典故》，卷二）。

快便采取行动，"帅而入滁阳"[①]，而正是在路上，朱元璋得到了一位日后辅佐他的重要谋臣李善长。李善长主动前往朱元璋军门拜谒，经过与朱元璋的对话，李善长知道朱元璋必能成事，朱元璋也明白自己需要李善长，于是任命李善长"掌案牍"[②]，即负责整个朱元璋军队日常事务的处理。朱元璋知道"群雄中持案牍及谋事者多毁左右将士，将士弗得效其能，以至于败"[③]，而李善长是能够与诸将和谐相处的，自己需要这样一位能够统辖后勤及日常事务的能人，而李善长也尽心尽力为朱元璋服务，后来即使在朱元璋被郭子兴猜忌而遭囚禁时也没有另投他人。

在收服了李善长后，朱元璋进军滁州，于七月初攻克横山涧张家堡、驴牌二寨义兵。在这一次行动中，朱元璋取得了比此前两次收服人马都还要大的成果，攻破横山涧张家堡使得朱元璋收降了两万余人马，更使他收降了一大批日后明军中的中低级将领，可谓大发了一笔横财，是为"横山归附"。

"横山归附"与此前的"城口归附"和破张知院营的收获一同构成了朱元璋的嫡系人马，而这一部分嫡系的中坚力量除了跟随朱元璋南下的徐达等二十四人外，还包括在这一过程中投奔朱元璋的赵德胜、耿炳文、丁德兴等相当一批人。人马得到了极大扩张的朱元璋顺利攻占滁州，成为郭子兴手下一支不可忽视的半独立力量，这也很自然招致郭子兴的猜忌。朱元璋的命运即将再度迎来一个"瓶颈"。

---

① 《皇明本纪》，第19页（出自：邓士龙 辑：《国朝典故》，卷二）。

② 《皇明本纪》，第19页（出自：邓士龙 辑：《国朝典故》，卷二）。

③ 《皇明本纪》，第19页（出自：邓士龙 辑：《国朝典故》，卷二）。

4. 意外的机遇：六合之围

朱元璋攻取滁州，人马又因为"横山归附"扩张到了三万多人，实力甚至超过了他的主公郭子兴的万余人马。此时，濠州红军本部发生了第三度内讧，彭早住和赵均用自相吞并，赵均用杀掉了彭早住，但濠州红军势力因此蒙受了惨重的损失，此后，不仅郭子兴不再听命于濠州，朱元璋也不再听命于濠州了。郭子兴摆脱了濠州方面的牵制后也来到滁州与朱元璋会合，此时，郭子兴集团基本上算是一支独立的势力了。

郭子兴率部来到滁州与朱元璋会合，增强了滁州的军事力量，这本来是好事。但当郭子兴看到朱元璋拥有的庞大实力，"王（指滁阳王郭子兴）阅诸军，独上兵众，队伍严整，旗帜鲜明，甲兵清利"①，心中不免产生了不安。至正十四年（1354）八月，即朱元璋攻取滁州后不到一个月，郭子兴就剥夺了朱元璋的兵权。

我们很难知道朱元璋此时心里对郭子兴的看法，但从一个细节能够看出朱元璋此时的处境。郭子兴剥夺朱元璋兵权后，也想将李善长纳入自己麾下，李善长不愿前去，然而朱元璋却只能对这位自己非常满意的谋臣说出下面这一番话，"主君之命，若欲要吾首，亦不自由，汝安敢不行？"②虽然由于李善长的坚持，郭子兴最后放弃了将之纳入麾下的打算，但从朱元璋的这番话能够看出，朱元璋即便此时拥有的军事实力已经超过了郭子兴，但他还没有脱离郭子兴单独行动的足够资本，因此面对实力不如自己的郭子兴剥夺自己兵权的行为，他只能选择逆来顺受，陷入"是后四方征讨总兵之权，王不令上与"③的境地。幸而由于包括其妻子马氏在内的对朱元璋友好人士的活动，朱元璋得以避开了对他生命的威胁，为日后的东山再起保留住了有用之身。

东山再起的机遇很快就来到了，十月，元朝中书右丞相脱脱的军队包围了六合。六合于朱元璋被剥夺兵权的八月为濠州红军攻克，此时被元军包围，自然向郭

---

① 《皇明本纪》，第19—20页（出自：邓士龙 辑：《国朝典故》，卷二）。

② 《皇明本纪》，第20页（出自：邓士龙 辑：《国朝典故》，卷二）。

③ 《皇明本纪》，第20页（出自：邓士龙 辑：《国朝典故》，卷二）。

子兴求救。然而因为攻取六合的不是郭子兴人马而是与之有仇怨的濠州红军其他部队甚至是原徐州红军残部，因此郭子兴对救援六合兴致不高，他手下的将领自然也借口占卜不吉，神明不允，赞同郭子兴不出兵的意见。朱元璋见此情况，知道时机到了，于是自告奋勇请求率兵前去救援六合，他慷慨激昂地向郭子兴陈述了自己的理由：

> 兵凶事，昔圣人不得已则用之。今六合被围，雄虽异处，势同一家。今与元接战，逼迫甚急，救则生，不救则死，六合既亏，唇亡则齿寒。若命我总兵，神不可白。[①]

六合位于滁州东面，若想从滁州进军江淮，六合的地位非常重要。面对朱元璋关于"唇亡齿寒"的有理有据的理由，郭子兴终于同意恢复朱元璋的兵权，命他率部前去援助六合守军。

然而朱元璋或许并不清楚的是，六合之围这个机遇其实来得颇为意外。因为脱脱此次出兵的主要目标并不是六合而是盘踞高邮的张士诚。张士诚兄弟本在元朝担任"盐纲"[②]，即"公盐的运销者或经纪人"[③]。至正十三年（1353）五月，张士诚与其弟张士德、张士信于泰州起兵，攻占泰州、兴化并最终攻陷高邮。至正十四年（1354）正月，张士诚宣布建国大周，自称诚王，建元天祐。六月，他又将元廷派来征讨他的淮南行省平章政事达世帖睦迩击溃。元军的此次惨痛败绩终于促使元廷于九月派出中书右丞相脱脱率领大军出征高邮，号"五十余万"。在进军途中，脱脱分兵包围了此前不久才被濠州红军占领的六合县。

朱元璋进入六合后，增强了六合的守军实力，但面对脱脱的雄厚兵力，仍旧无法解围，作战结果只是"微失利"[④]。照此下去，不仅局势难以好转，朱元璋还很有可能将自己葬送在六合。然而此时元廷却自乱阵脚，在十二月以脱脱"出师三月，略无寸功，倾国家之财以为己用，半朝廷之官以为自随"[⑤]为由将脱脱罢官并流放，

---

① 《皇明本纪》，第20页（出自：邓士龙 辑：《国朝典故》，卷二）。

② 俞本撰、李新峰笺证：《纪事录笺证》，卷之上，第28页，"至正十四年"。

③ 匡裕彻：《关于张士诚的出身》。

④ 《皇明本纪》，第20页（出自：邓士龙 辑：《国朝典故》，卷二）。

⑤ 宋濂等：《元史》，卷四三，《顺帝纪》。

于是"（元）兵遂大溃，大率皆归红巾"[1]，朱元璋反而得以进一步增强了自己的实力，然后以战胜者的姿态回到了滁州。此时郭子兴没有再剥夺朱元璋的兵权，因为他此时希望能据滁州而称王，需要朱元璋的支持，不过朱元璋知道当时天下大乱，各地豪杰多有称王称帝的，百姓对此很反感，加之滁州也并非大城市，实在不宜在此称王，因此劝阻了郭子兴并说服郭子兴让自己率军南下攻取和州从而进窥太平路，谋取江淮。

也是在至正十四年（1354）底，朱元璋的姐夫李贞携带其子李保保自淮东前来投奔朱元璋，朱元璋很高兴，将李保保当作自己儿子一般抚养并让他改姓朱并更名为文忠。这位时年十四岁的少年就是日后威震北元的名将李文忠。不过与得到一位杰出的侄子相比，在新一年的进军和州之战中，朱元璋将有更大的收获，正是这一收获在朱元璋此后进取江淮的过程中为他立下了汗马功劳。

---

① 叶子奇：《草木子》，卷四上，《谈薮篇》。

5. 和州之战与巢湖水军

至正十五年（1355）正月，鉴于滁州缺乏粮饷，不足以供养大军，朱元璋成功说服郭子兴派遣他攻取和州，谋求更大的发展。和州在滁州以南，距离相对较远，但和州紧邻元朝江浙行省太平路，能够成为谋取江淮的重要跳板，因此朱元璋决定先夺取这里。

为了保证夺取和州的成功，朱元璋耍了一个诈谋。朱元璋此前攻打义兵营寨时曾得到过两枚"庐州路义兵"兵号。这里插述一句，元末各地在起义军蜂起的同时，也有很多支持元朝政府或者虽不支持元朝政府，但仍旧敌视红军武装的地方武装，他们通常自称"义兵"，这些义兵的共同点正是大多非常敌视红军，因此在朱元璋的发展中往往会给他造成困扰，而这些义兵的存在和元末的社会心态有关，关于这点，我们在讲到朱元璋谋取江淮时会详细介绍，此不赘言。朱元璋决定好好利用这两枚获得的兵号，他复制了三千枚兵号，"拔勇者，衣青衣，腹背悬此，垂髻左衽，佯为彼兵"①，同时又令万人穿绛色服装，紧跟其后，相距二十余里，南攻和州。这一计划的目的当然是为了出其不意，谋求以最小的代价最快地攻取和州。

然而在计划的执行过程中却发生了变故。大军本来按照计划，穿青衣者在前，穿绛衣者在后。青衣者过了陡阳关，此时和州守军的外围部队已经知道了，他们迅速报告和州守军庐州路义兵来了。和州方面不加怀疑，城中父老"以牛酒迎之"②。面对和州百姓的热情迎接，青衣部队竟然忘记了自己的任务，"异其道而饮食"③，而其后的绛衣部队未加侦察，直接"循正道而抵和阳"④，计划就此被打破，元朝守将率军出战，击败绛衣部队，"逐北二十余里"⑤。此时青衣部队却刚要抵达和州，他们又碰上了得胜归来的守军，双方再次展开大战，然而这次青衣部队获得了胜利，元朝平章帖木儿败走，红军就这样阴差阳错地攻下了和州。

---

① 《皇明本纪》，第21页（出自：邓士龙 辑：《国朝典故》，卷二）。
② 《皇明本纪》，第21页（出自：邓士龙 辑：《国朝典故》，卷二）。
③ 《皇明本纪》，第21页（出自：邓士龙 辑：《国朝典故》，卷二）。
④ 《皇明本纪》，第21页（出自：邓士龙 辑：《国朝典故》，卷二）。
⑤ 《皇明本纪》，第21页（出自：邓士龙 辑：《国朝典故》，卷二）。

对于前线发生的这一切，朱元璋此时还并不清楚。最初，绛衣部队败退回来报告郭子兴称"衣青衣者皆陷于阵"[①]，这令郭子兴非常震惊，他为此怒责朱元璋，恰在此时，又得到消息说元朝派遣使者前来招抚，这让郭子兴更为惊慌。当时滁州大军几乎全部出动攻打和州，滁州城内非常空虚。为了营造滁州城内兵马充足的景象，郭子兴将城内剩余不多的兵马都集中在元使进城的南门及城内南街上。此后在会见元朝使者时，郭子兴又表现不好，为此愈加窘迫。不过郭子兴此时还算冷静，他没有接受处决元使的意见，而是将之放走，让元使仍旧搞不清楚城中虚实，元军由此不敢骤然进兵。

次日一早，滁州城内再次得到消息，和州的元兵已经败走。为了证实这个消息，郭子兴派遣朱元璋率两千人亲自前去和州查验虚实。朱元璋一路收集败军，在黄昏时分才抵达和州，查实了和州已经被红军攻占，于是在当夜入城安民。

朱元璋在和州城内开始树立自己的最高权威，他先是命令亲信徐达带头修茸城墙，由此带动大军加固了城防。徐达是朱元璋最早的亲信嫡系之一，朱元璋在《御制中山王神道碑》中这样记述徐达跟随自己的过程："王年二十有二，值元末兵兴。岁癸巳，朕集义旅，王来麾下。朕视其所以，周旋几二年，动静语默悉超群英，于是命为帅首，凡有微征，以代朕行。""岁癸巳"即至正十三年（1353），彼时朱元璋刚参加濠州红军不久，地位低微，徐达此时即对朱元璋忠心耿耿，堪称铁杆嫡系，在黄金所著的《皇明开国功臣录》中也有类似的记载。凡此种种，都足见徐达跟随朱元璋之早及受朱元璋信任的程度。朱元璋以徐达带头修茸和州城防，又故意扮红脸以徐达修茸城防不利对其进行责罚，从而树立了威望，带动了非嫡系部队共同兴工修茸城防，从而逐渐树立了自己在和州军中的最高权威。不过，朱元璋权威的完全树立，还要等到郭子兴去世之后。

与此同时，朱元璋还整顿了城内红军抢掠妇女的行为，安定了民心。最后，朱元璋出兵击败了元朝反攻和州的军队，稳固了自己对和州的占领。朱元璋在和州的一系列举措使他在和州初步拥有了超越郭子兴的权威，地位得到了进一步提升，为他此后在郭子兴去世后获取郭系红军中三号人物的地位奠定了基础。

与这些成就相比，朱元璋在和州之战中还有一个更大的收获，就是他成功收服了巢湖内的水军。

---

① 《皇明本纪》，第21页（出自：邓士龙 辑：《国朝典故》，卷二）。

朱元璋收服巢湖水军是在攻取和州之后，所谓"下和州，而含山次第平"[①]，朱元璋在抵御住了元军反扑之后攻打彭祖水寨、含山县。含山县当时为外号"双刀赵"的赵普胜和李扒头所据，这支军队为元末彭祖家起义军的一部分，属于和濠州红军不和的天完红军系统。根据记载，赵普胜、李扒头拥有的这支水军以巢湖为根据地，据有相当的实力。因此，朱元璋在平定和州后攻击他们，可谓顺理成章。然而，朱元璋能够迅速取得成功，还得益于一个人的帮助，他就是左君弼。左君弼在元末起兵时，也属于"彭祖家"系统，不过关系不如赵普胜、李扒头那么紧密，又因为左君弼占据巢湖附近的多宝寺，因此也号"多宝家"。

当时，赵普胜、李扒头已经与左君弼结仇，因此朱元璋与左君弼联合，夹击李扒头，"其李力不及，被窘于巢湖，因无依倚，遣人来诉，欲以舟师归我"[②]。李扒头走投无路，率领所部水军归降了朱元璋，赵普胜则彻底投向了天完红军，后来为谋求篡夺天完红军最高权力的陈友谅所杀。至于左君弼，此后与朱元璋的关系或战或和，最终归附了朱元璋，直至明朝建立很久之后，才被朱元璋找借口杀掉，这是后话了。

李扒头率所部巢湖水军来降，对朱元璋意义重大。朱元璋正是以此为基础组建了自己的水军，这支水军此后在朱元璋手下南征北战，立下了汗马功劳，其中的廖永安、廖永忠兄弟和俞通海等人，后来均成了朱元璋军中举足轻重的将领，廖永忠更是成了开国侯爵之一。

至正十五年（1355）四月，巢湖水军归附不久，就初露锋芒，在朱元璋本月于裕溪口攻打元朝中丞蛮子海牙的战斗中，"（廖）永安等操舟如飞，左右奋击，大败其众"[③]，对取胜起到了关键作用。到了六月，朱元璋已经做好了南渡长江进攻太平路的一切准备。不过在这准备过程中，朱元璋还得处理几件让他头疼的事情，濠州红军本部的孙德崖等人因为缺乏粮草南下来到和州，他与郭子兴再次发生了冲突。此后，郭子兴的去世也让郭系红军的最高权力出现了真空。如果不能处理好这些问题，朱元璋的大业也就无从谈起，因此，朱元璋再度面临重要的决策。

---

① 宋濂：《金江南等处行枢密院事赵公神道碑铭》。
② 《皇明本纪》，第26页（出自：邓士龙 辑：《国朝典故》，卷二）。
③ 《明太祖实录》，卷三，第31页，"乙未年五月"。

6. 郭子兴去世与龙凤政权

朱元璋方才初步稳固了自己在和州的地位，麻烦就找上门来了。濠州本部孙德崖等四位首脑因为濠州粮饷不足，于是率军大举南下到了和州郊外。其中孙德崖居首，他要求朱元璋让他在和州居留几个月。朱元璋当然知道孙德崖来者不善，但碍于"彼众我寡，若阻其来，倘有争夺，我必力不能支"[①]，于是只能容许孙德崖率军入城。

不仅有了外患，朱元璋此时还面临内忧，就是郭子兴再度发作的疑心病。因为朱元璋在和州大举扩张势力，郭子兴本就不放心，如今和郭子兴有仇的孙德崖又进了和州城，实在不容郭子兴不怀疑朱元璋的忠诚。再加上郭子兴的属下也不满朱元璋的崛起，力图将"多取子女，强要三军财物"[②] 的罪名归到朱元璋头上，将他置于死地，这些因素综合起来，最终促成了郭子兴自滁州亲自南下和州问罪。

朱元璋听说郭子兴亲临和州，立即明白了危险所在，他也明白自己此时对和州军马还没有建立起绝对的控制，特别是郭子兴手下地位颇高的张天祐，他认为凭自己的资历，完全不用听朱元璋的指挥，因此并不服从，在修葺和州城防时，朱元璋用责罚亲信徐达的方式才暂时收服了张天祐，但随着郭子兴的到来，张天祐会采取怎样的态度，朱元璋是可以预见的。因此，为了应对郭子兴的到来，朱元璋召集手下官员说道：

> 此来问罪，恐昼不至，若或夜至，诸人只待我至门首，亲辟户迎。[③]

朱元璋的做法就是采取低姿态，预先打扫干净住处，诚惶诚恐地迎接郭子兴，以求平息郭子兴的怒气。如果能照此执行，效果应该会不错，然而此时又暴露出了朱元璋对和州人马控制的薄弱，"谗者"混入了守门人中，他们在郭子兴果然于夜

---

① 《皇明本纪》，第 24 页（出自：邓士龙 辑：《国朝典故》，卷二）。
② 《皇明本纪》，第 24 页（出自：邓士龙 辑：《国朝典故》，卷二）。
③ 《皇明本纪》，第 24 页（出自：邓士龙 辑：《国朝典故》，卷二）。

间抵达和州时故意没有报告朱元璋。朱元璋听说后，不待"辟户"完成，直接"先开门以迎"，将郭子兴一路迎接到下榻之处。此时情势仍旧颇为危急，朱元璋立即请求进见郭子兴，当他见到郭子兴时发现郭子兴果然怒火正盛。当郭子兴质问朱元璋"其罪何逃"时，朱元璋抓住机会，巧妙地化解了郭子兴的怒气，他回答道："儿女之罪，又何逃耶？家中之事缓急皆可理，外事当速谋。"

朱元璋的妻子是郭子兴的养女，因此朱元璋将自己归为郭子兴的"家人"，认为自己与郭子兴之间的问题只是"家事"，随时处理都可以，但"外事"紧急，必须马上处理。郭子兴虽然性格刚烈，脾气暴躁，但也立即理解了朱元璋话中所指，这个"外事"就是已经进入和州且拥兵自重的孙德崖。孙德崖曾经绑架郭子兴并将郭子兴弄至遍体鳞伤，而朱元璋后来又在彭早住的支持下率军杀入孙德崖家中救出了郭子兴，因此双方可谓有深仇大恨，郭子兴此时也来到和州城中，安全自然很成问题。

果然，在郭子兴进城第二天，孙德崖就找上门来了。孙德崖向朱元璋表示既然郭子兴来了，自己就要率军离开和州了。朱元璋一听就知道大事不好，他立即报告郭子兴要其注意防备，然后亲自前去与孙德崖会面。郭子兴此时不敢亲自前去会见孙德崖而是由朱元璋前去交涉，也能够看出郭子兴此时的实力已经不如朱元璋，因此不得不让朱元璋前去。孙德崖想必也知道这一点，他明白只要能够拿下朱元璋，那么无论郭子兴还是和州，全都不在话下。因此，朱元璋此行实则危机重重。

在第一次交涉中，孙德崖坚持一定要离开。朱元璋见孙德崖态度坚决，且察觉到孙德崖没有在此时动手的打算，于是表示"两军舍城，今一军尽起，恐下人有不谐者，公当留后，令军先行"①，即让孙德崖先让军队出城，自己留后，以求稳定其部队，不致发生混乱。孙德崖表示同意，大军即日出城。

孰料在孙军出城过程中又生变故。朱元璋一日出城送别朋友，一路送出了十五里。此时突然有人来报告称城内孙、郭两军发生冲突，已经发生伤亡。朱元璋此时已经身处孙德崖军中，情况危险，于是立即呼唤部将耿炳文、吴祯率领部分骑兵前来自己身边。当两人率领少量人马抵达后，朱元璋"急策而长驱"，以求奔回和州。此时城外孙军也发现出了变故，"左右军大呼，群骑追逐"，朱元璋势单力薄，最终被孙德崖之弟擒获。

---

① 《皇明本纪》，第24页（出自：邓士龙 辑：《国朝典故》，卷二）。

孙德崖之弟将朱元璋用铁锁锁住，将要加害。值此千钧一发之际，朱元璋一位张姓友人站出来表示孙德崖尚在和州城中，很可能已经被郭子兴擒获，若此时加害朱元璋，孙德崖也必然没有活路。孙军虽然认为有理，但仍旧痛恨不已。张姓友人又立即进入和州，从郭子兴手下解救出了孙德崖，在他的斡旋下，朱元璋才保全了性命，得以返回和州，孙德崖也被释放。孙德崖返回濠州，后来病逝于城中。至正二十六年（1366）四月，濠州李济开城投降元廷，濠州落入元朝之手。

朱元璋虽然在此次内讧中差点丢掉了性命，但好在有惊无险。郭子兴则不然，这次内讧对郭子兴心理造成了极大的震撼，他因此生病，没多久就于和州去世，后来被朱元璋追封为滁阳王。郭子兴手下的大军陷入了群龙无首的境地，朱元璋的机会来了。

郭子兴去世后，濠州红军一面料理丧事，一面必须对郭子兴去世后出现的权力真空进行填补。此时孙德崖在附近虎视眈眈，濠州红军余部必须尽快处理这一问题。关于此后濠州红军余部的发展问题，《天潢玉牒》记载"会滁阳王卒，（朱元璋）遂并其军"，朱元璋自己在《钦定滁阳王庙碑岁祀册》里也称"及王薨，王子不能驭诸豪英兵"，也认为在郭子兴去世后，濠州红军余部失去了核心，处境危险。那么朱元璋是否在郭子兴去世后真的如此顺利就掌握了这支红军的最高权力呢？虽然《明太祖实录》对朱元璋尽力维护，认为他没有接受此后龙凤政权的任命并掌握了濠州红军的最高权力，但只要参考其他史料，就能够发现，事实与此有一定的差距。

在郭子兴去世后，有资格成为这支队伍新核心的人有三个，他们分别是郭子兴长子郭天叙、郭子兴手下重要将领张天祐、手下兵力最为雄厚的朱元璋。然而这三人也都存在缺陷，郭天叙虽然是郭子兴长子，但无论在威望还是能力上又远不如乃父，诚如朱元璋所说"王子不能驭诸豪英兵"，郭天叙不具有独自掌控最高权力的能力。张天祐虽然是郭子兴手下重将，但实力不足，和州之战虽不情愿，但已经隶属朱元璋行动，此时自然也不具有独掌权力的充足资本。那么朱元璋呢？毫无疑问，朱元璋此时拥有了最强大的兵力，也立下了很多功勋，但他资历甚浅，和州之战中张天祐就曾不够配合，此时要想服众也有难度。因此，这就注定了郭子兴去世后濠州红军的最高权力只能是集体掌握，也就是由这三人共同掌握。

既然无法形成一个单一的最高核心，那么寻找一个新的核心就是濠州红军此时的当务之急了。当时对濠州红军来说有两个选择：韩林儿、刘福通的龙凤政权和徐寿辉、陈友谅的天完政权。因为濠州红军与天完红军的敌对历史，天完政权很容易就被排除了，向龙凤政权输诚就成了濠州红军的必然选择。另外，龙凤政权以"为宋复仇"为号召，朱元璋等在其下效力，也在某种程度上具有了一个"大义"的名分，有利于日后的发展，当然，这是后话了。

至正十五年（1355）初，刘福通已经奉韩林儿于亳州称帝，韩林儿自称宋徽宗九世孙，国号宋，年号龙凤，是年即龙凤元年。虽然在年底亳州就被元军攻陷，韩林儿、刘福通不得不迁都安丰，但俞本在《纪事录》中仍旧按照习惯称呼龙凤政权为"亳都"。濠州红军余部要想向龙凤政权输诚，自然需要派人前去亳州表达这一意愿，郭天叙作为名义上的最高统帅，自然不能前往，因此人选就只能在张天祐和朱元璋两人中选取一人了。张天祐自然想朱元璋去，自己好借此巩固实力，然而朱元璋也不是善茬，加上手下兵力雄厚，张天祐的计划受到了朱元璋手下将领的阻碍，他们明确告诉张天祐："公当自察，果能率众御胡，则朱往；不然，则公往。"①当时和州周边局势险恶，不仅"日于元战"，还要应对虎视眈眈的孙德崖，而这一切军事部署都要依靠"总兵戎于和阳"的朱元璋。因此，张天祐只好放弃让朱元璋前往亳州的想法，亲自前去亳州输诚，此举虽然让张天祐失去了在和州巩固发展势力的机会，但他却因为直接和龙凤政权接触而掌握了濠州红军的最高政治权力，也不是没有收获。

张天祐自亳州归来后带来了龙凤政权的任命，郭天叙被任命为都元帅，张天祐被任命为右副元帅，朱元璋被任命为左副元帅。元朝尚右，即以右为尊，龙凤政权也延续了这一习惯，因此，朱元璋的这个"左副元帅"在军中位居第三，朱元璋是濠州红军名义上的第三号人物。而"元帅"这个职务当继承自元朝宣慰使司都元帅府制度，元朝宣慰使司在需要用兵时可以管理都元帅府和元帅府，红军"元帅"之职当沿袭于此。郭子兴在世时就是"元帅"，朱元璋此时也成为"元帅"，从而成为全军领袖之一。由此，濠州红军开启了郭天叙为名义上的最高统帅，张天祐掌握政治权力，朱元璋负责军事的格局，构成了濠州红军的三根支柱。

从这一体制可以看出，朱元璋此时还没能完全掌握濠州红军的最高权力，不过他已经掌握了至关重要的军事权力，接下来他要渡过长江，经略江南，拓展自己的基业，而整个濠州红军的最高权力，他也将逐步取得。

---

① 《皇明本纪》，第26页（出自：邓士龙 辑：《国朝典故》，卷二）。

第二章

立业江淮

1. 开府太平："权归于上矣"

　　至正十五年（1355）六月，濠州红军已经明确了和龙凤政权的隶属关系，朱元璋也在巩固和州的作战中取得了初步胜利，于裕溪击破元中丞蛮子海牙的水寨，在作战中，刚刚归附朱元璋不久的巢湖水军将领廖永安等"操舟如飞，左右奋击，大败其众"，为朱元璋取得胜利立下了大功。此后，郭天叙、张天祐、朱元璋三人明确了濠州红军的发展策略：渡过长江，谋取江南。又因为朱元璋此时掌握了最雄厚的军事力量，因此渡江的军事行动，自然主要由朱元璋负责。而渡江后的第一战就是要夺取元朝的太平路。此处附带一句，常遇春正是在当年四月归降朱元璋的。常遇春当时在盗贼刘聚手下，骁勇非常。但他察觉了刘聚没有远略，因此主动投奔和州的朱元璋，朱元璋突然得到这样一位壮勇之才，非常喜爱，任命他为前锋。此后，常遇春逐渐发展为朱元璋手下可以与徐达比肩的名将。

　　六月初一，朱元璋正式率大军自和州出发，东渡长江。大军刚出发，就遇上大雾，因此在江上耽误了一天。次日天明，朱元璋将军队分为两路，右路由西南，左路由东北，会师于牛渚矶上。因为天气转好，军队很快抵达了江东。此时，朱元璋需要选择在何处登陆，打响渡江后的第一战。当廖永安向朱元璋提出这一问题时，朱元璋已经选定了这一地点，"采石正镇，陆广人稠，其牛渚矶，周际江渊，况备者寡，可先取其矶"①，选定了采石作为开战之地。为什么选择采石呢？采石位于后来的太平府府城西北三十里，夺取采石，有利于进取太平。同时，正如朱元璋所说，元军在采石防备薄弱，朱元璋以雄猛之师对薄弱之众，结果也就不难预见了，"彼不敢当，备矶者溃，备镇者亦溃，遂下采石及沿江诸垒，尽降破之"②。

　　夺取了采石及沿江诸垒，自然应该乘胜进取太平。然而此时朱元璋军却遇上了问题，大军在和州长期为粮食匮乏的问题所困扰，此时渡江来到太平，只想着夺取粮食然后返回和州。朱元璋面对军心不稳的局面，知道一旦渡江返回，不仅大军会从此斗志全无，元军也势必加强江防，此后就不会再有谋取江南的机会了，因此

---

①《皇明本纪》，第26页（出自：邓士龙 辑：《国朝典故》，卷二）。

②《皇明本纪》，第26页（出自：邓士龙 辑：《国朝典故》，卷二）。

必须采取断然措施。朱元璋效法当年项羽破釜沉舟的做法，"因是以刃断群舟之缆，推入急流，须臾船漾漾而东下，诸军恐之"[1]，此时，朱元璋对大军宣告：

> 前有州曰太平，子女玉帛，无所不有，若破此一州，从其所取，然后方放汝归。[2]

大军此时已无退路，只能相信朱元璋的承诺，进军太平城下。太平当时由元朝平章完者不花防守，朱元璋率军猛攻太平，"我军攻良久，遂拔之"，太平金事张旭遁走，"父老出城迎上"。不过大军进城后，问题才刚刚开始，因为朱元璋此前许愿大军攻克太平后子女玉帛"从其所取"，此时到了兑现的时候，士卒已经开始抢掠了。朱元璋的目的是要在江南建立基业，当然不能坐视，因此，他立即拿出了自己和李善长共同拟定的禁约，严禁军队掳掠，及时阻止了军队的抢掠行动，稳定了太平的民心。

朱元璋军攻占太平路后，朱元璋改太平路为太平府，以李习知府事，同时设立太平兴国翼元帅府，朱元璋自任"太平兴国翼大元帅"，李善长为帅府都事，潘庭坚为帅府教授，汪广洋为帅府令史，陶安为参幕府事。从这一系列人事任命可以看出，朱元璋已经在有意吸引各地知识分子以为己用，扩大政权的基础。

在这里，我们需要认识一下太平府和太平兴国翼元帅府是怎么回事。元朝在行省下设道，道下设路，为第三级行政区划。红军每攻克一路，都要改路为府，府这一新的行政区划延续到了明朝。那么既然有了府，为何又要设一个元帅府呢？这就要说到红军的制度了。元末红军在各地实行两套制度并行管理，除了设立管民的府外，还要设立管军的翼元帅府。而如前所说，翼元帅府来源于元朝宣慰司都元帅府和元帅府，为龙凤政权综合元朝的元帅府与翼千户所设立的，翼元帅府的任命有时也和其上的都元帅府出现混淆。最终，翼元帅府成为后来明朝卫所的雏形。

朱元璋本为濠州红军的左副元帅，此时又兼任太平兴国翼大元帅，虽然在名义上仍旧低于郭天叙的都元帅和张天祐的右副元帅，但实际情况已经完全不同了。和州之战后，朱元璋手下已经掌握了三万余人马，彼时郭子兴手下才万余人马，此时

---

[1] 《皇明本纪》，第26页（出自：邓士龙 辑：《国朝典故》，卷二）。

[2] 《皇明本纪》，第26页（出自：邓士龙 辑：《国朝典故》，卷二）。

朱元璋又以濠州红军第三号人物左副元帅之职兼任太平兴国翼大元帅，守御太平，虽非全军首领，但实力无疑已经凌驾于主帅之上。因此俞本称"是时，三帅虽共府置事，运筹决策皆自上裁。将士乐战，军民倾向，权归于上矣"①。这是当时情况的真实反映。

平定太平后，朱元璋军又陆续攻克溧水、溧阳，迫近集庆路。由此，引发了元朝义兵元帅陈也先进攻太平，一连串的阴谋也由此而起。

---

① 俞本撰、李新峰笺证：《纪事录笺证》，卷之上，第38页，"至正十五年"。

2. 陈也先的阴谋

朱元璋开府太平并自任太平兴国翼大元帅的行动很自然激起了元廷的反扑。元军很快从两个方向开始反攻太平，一路由此前被朱元璋击败的元中丞蛮子海牙率水军封住采石，封闭"姑熟之口"，以求截断朱元璋军的归路；另一路由"义兵元帅"陈也先率领，共计数万人，直接进攻太平。

行文及此，有必要谈谈元末的这些"义兵"的问题，这和元末的社会心态有着密切的关系。我们已经知道，朱元璋后来北伐的口号是"驱除胡虏，恢复中华，立纲陈纪，救济斯民"，将元朝视为异于中华的"胡虏"，他的目标是恢复华夏正统。在明朝建立后，朱元璋的一系列政治举措也是以重新明确"夷夏之防"为目标。然而，当我们回到元末社会，会发现当时的社会心态并没有对元廷如此敌视。

元朝作为第一个实现大一统的少数民族王朝，疆域空前辽阔，多民族文化相互交融，加之元朝又没有像清朝那样强制推行不受欢迎的"剃发易服"政策，奉行"因俗而治"。因此，到了元末，汉族地区的"胡化"其实已经到了很深的程度。在中国北方，自北宋灭亡后，北方地区曾被女真族建立的金朝统治，金朝推行强制同化政策，造成了北方汉人的第一次"胡化"。蒙古灭亡金朝后，虽然没有推行强制同化，但北方汉人又不可避免地接受了以蒙古族影响为主的第二次"胡化"。因此，相较于南方，北方的"夷夏意识"更为淡漠，甚至当元朝南下灭亡南宋时，北方士人为元朝起草的檄文里已经认为元朝为华夏，南宋反而成了夷狄，"先谓吊民而伐罪，盖将用夏而变夷"，将元朝南下灭亡南宋视为"用夏变夷"的正义行动。明朝建立后，明廷在"恢复华夏衣冠"的过程中，甚至不得不对北方进行特别关注，因为北方已经深受北族影响，对明廷刻意强调的"夷夏之防"已经几乎毫无概念了。

南方由于处于南宋统治下，因此基本没有受到以金朝为代表的第一次"胡化"影响，元朝统一全国后，奉行"因俗而治"，也并没有强行对南方进行同化。但政治环境的变化仍旧产生了影响，由于元廷奉行种族歧视政策，原南宋统治区内的"南人"想要为官非常困难，因此促使南方士人在习俗上主动向元朝靠拢，以求被视为同类，得到为官的机会。士人的行动带动了整个社会，造成了南方"今南人衣服、饮食、性情、举止、气象、言语、节奏，与之俱化，唯恐有一毫不相似"的局面。明朝建立后，南方已经是"宋之遗俗，消灭尽矣"的局面。

正是因为传统汉族地区对元朝社会风俗的逐渐认同，因而到了元末各地出现红军起义时，同时出现各种民间"义兵"为元廷战斗或者单纯就是为了反对红军也就不足为奇了，甚至有些"义兵"领袖还是地方很有声望的人。如婺源人汪同，就曾经组织"乡兵"对抗红军。至正十七年（1357）为朱元璋部将邓愈于徽州诱捕，被迫投降。至正二十年（1360），他抛妻弃子，辗转北投元廷，更得到元顺帝"御笔褒宠曰'江南忠义之士'"的殊荣。甚至到朱元璋占领江南乃至建立明朝，攻克大都后，仍旧有不少士人以元朝遗民自居，甘愿投奔遁入沙漠的北元朝廷，著名的如陈高、戴良等都是这方面的代表，他们虽然受到了朱元璋的笼络，但最终都坚决地谋求回到元廷怀抱。这就是元末社会的真实情况，这种情况造成了后来朱元璋在相当时期内陷入了"造反无理"的窘境。关于这一点，朱元璋在给割据四川的夏主明玉珍的信中也曾表示士人、百姓对他"驱逐元虏以为生民主"的苦心"第以中原人物，解此者甚少，尚为彼用，疏为可恶"，这也成为影响朱元璋日后政策的一个重要因素。

具体到陈也先，在其他史书中，他的名字也被写为"陈埜先"，这一差异并不是记载错误，实际这两个名字都是翻译自蒙古语 esen，这也能从一个侧面看出汉人"胡化"的程度。陈也先作为义兵元帅，与元中丞蛮子海牙和元行台御史大夫、集庆路守将福寿都有密切的关系，并与他们都有配合作战的历史。

至正十五年（1355）六月朱元璋攻占太平并开府于此后，蛮子海牙立即以水军封住采石，关闭"姑熟之口"，企图切断朱元璋军退路，同时，陈也先率大军从陆路反扑太平府。面对声势浩大的陈也先，朱元璋并没有急于出战，而是"按兵于城，观彼施勇，以窥彼计"[1]，不多时，朱元璋发现"彼无奇谋"，于是命徐达、邓愈、汤和出兵姑熟之东，转战城北，同时又命一支奇兵绕出其后，出其不意，陈军腹背受敌，大军被击溃，陈也先本人被生擒。对于陈也先，虽然朱元璋认为"其人奸诈多端"[2]，但还是故意放了他一条生路。陈也先试探朱元璋的意图，表示"生我为何？"即为什么放我一条生路，朱元璋则表示"方今天下，中原鼎沸，豪杰并

---

① 《皇明本纪》，第 27 页（出自：邓士龙 辑：《国朝典故》，卷二）。
② 《皇明本纪》，第 27 页（出自：邓士龙 辑：《国朝典故》，卷二）。

起，自为声教者不知其数。汝既英豪，岂不知生汝之故"？[1] 陈也先明白朱元璋是看重他的军队，于是表示愿意替朱元璋招降手下军马，并立即写信招来了部队军官。

七月，朱元璋将陈也先留在太平，亲自率军会同张天祐进攻集庆路，以图会合陈也先部下大队人马。然而此次进攻并没有取得成功，大军返回太平。不到一个月，朱元璋再度出征集庆路，目标仍旧是与陈也先部下人马会合，这次，朱元璋带上了陈也先。陈也先于是趁机与部下密谋，表示集庆不可以力攻，必须声言攻城而不出战方能取胜，陈也先也由此"仍与元合"[2]，只是还没有和朱元璋公开对立。面对陈也先的做法，朱元璋心知肚明，但他仍旧与陈也先"结为昆季，宰乌牛白马以祀天地，歃血为誓"[3]，相约共同进攻集庆路。立誓后，朱元璋就放了陈也先，而陈也先也不出意外地回到了元廷的怀抱，甚至在九月想诱骗朱元璋"临其军受俘"[4]，即前去接收他的军马，但朱元璋没有上当。

诡异的事情正是发生在九月，在这个月，郭天叙、张天祐率军从东南方向的溧阳、句容、官塘、方山一路进攻集庆路，陈也先则表示将在板桥加以配合。郭、张联军与集庆守军大战于秦淮河上，战况十分激烈。孰料此时陈也先临阵反戈一击，与集庆守将福寿合兵进攻郭、张联军，"我师失利，（张）天祐、郭元帅皆战死"[5]，"杀溺二万余"[6]，濠州红军遭受了惨重的失败。

这次战役过程非常诡异。首先，郭天叙、张天祐在七月已经离开太平，活动于溧阳、句容一带，九月自官塘、方山进攻集庆，长途奔袭，根本不可能直接与身在板桥的陈也先磋商配合作战的问题。因此，郭天叙、张天祐的进军，只能是履行此前朱元璋与陈也先所立"共攻建康府"[7]的约定。既然如此，朱元璋已经在九月看出陈也先回到了元廷一边并拒绝了陈也先让他"临其军受俘"的圈套，也没有如约进军。那么他为何不警告郭、张二人暂缓进军，而是坐视他们如约进军，对陈也先毫无防备并最终落入圈套败亡呢？无论从哪个方面来讲，朱元璋都难逃陷害郭、张二

① 《皇明本纪》，第27页（出自：邓士龙 辑：《国朝典故》，卷二）。

② 《皇明本纪》，第27页（出自：邓士龙 辑：《国朝典故》，卷二）。

③ 俞本撰、李新峰笺证：《纪事录笺证》，卷之上，第39页，"至正十五年"。

④ 《明太祖实录》，卷三，第37页，"乙未年九月"。

⑤ 《明太祖实录》，卷三，第37页，"乙未年九月"。

⑥ 《皇明本纪》，第28页（出自：邓士龙 辑：《国朝典故》，卷二）。

⑦ 俞本撰、李新峰笺证：《纪事录笺证》，卷之上，第39页，"至正十五年"。

人之嫌。

从这次战役的结果来看，虽然福寿、陈也先取得了对濠州红军部队的一次大胜，但他们主要消灭的是郭天叙、张天祐系统的部队，朱元璋系统的部队并没有遭受损失。对朱元璋来说，郭、张之死对他绝对是利好消息，他在十一月即"独任元帅府事"[1]，实现了对濠州红军部队的大权独揽。朱元璋利用了陈也先的阴谋实现了自己更大的阴谋，可见其谋略之老辣。而实现了大权独揽的朱元璋，此时已经开始着手整顿内部，然后进取集庆，建立更为广大的基业。至于陈也先，他在这次大胜后追击红军途中被义兵误杀，戏剧性地结束了自己的一生。

---

[1] 俞本撰、李新峰笺证：《纪事录笺证》，卷之上，第43页，"至正十五年"。

3. 集庆之战：江南等处行中书省

朱元璋在至正十五年（1355）十一月开始"独任元帅府事"，谋求实现自己对濠州红军的大权独揽，而随着这一变化，在他手下逐渐形成了三股势力，分别是自朱元璋南略定远以来多次归附和收服的嫡系；作战上相对独立的巢湖水军，最后就是在郭天叙、张天祐阵亡后失去了领导核心的郭子兴旧部。郭子兴的次子郭天爵虽然作为郭子兴的代表被保留了下来，但他手中并无实权，此后郭子兴旧部的领军人物是邵肆、邵荣兄弟，特别是邵荣。关于邵荣的问题，我们在之后会讲到。朱元璋此时面临必须镇服手下各方势力这一问题是一个不争的事实，而要想做到这一点，最好的方法就是通过战功，朱元璋选定的目标就是夺取元朝江浙行省的心脏——集庆路。

朱元璋开府太平后，面临的局势还颇为险恶。蛮子海牙封锁着姑熟，陈义的陆寨位于江陵县，胡同知的水寨位于芜湖，胡良成据有溧水，朱元璋的控制区"四境穷蹙"[1]。因此，朱元璋独任元帅府事后立即调总管廖永安、俞通海率领巢湖水军攻克了胡同知的水寨，取得了进取集庆的初战胜利。

攻克胡同知水寨后，朱元璋改善了红军在水路的处境，他立即将目标对准了蛮子海牙。因为蛮子海牙的水军颇为强大，朱元璋为了对付他，专门"命工造巨炮，以舟载之"[2]，想要通过这一新式武器对蛮子海牙造成毁灭性打击。

至正十六年（1356）二月，朱元璋亲自率军进攻采石，打击蛮子海牙。俞本在《纪事录》中记载"上命总管廖永安等率水寨，制炮架于兵船，以攻三山中丞水寨"[3]。俞本对此役红军水军战舰的装备记载非常准确，但他却记错了朱元璋此役的目标。三山位于南京西南五十七里，自古以来为城防要冲，位于今江宁县境长江东岸、板桥镇西的三山营一带。而此时蛮子海牙还在更靠外的芜湖至镇江南岸守御。红军方才遭受了郭、张二人的惨败，蛮子海牙必不至于收缩防御于三山，而红军也

---

① 黄金：《皇明开国功臣录》，卷三一，《吴昇传》，第732页。

② 《皇明本纪》，第28页（出自：邓士龙 辑：《国朝典故》，卷二）。

③ 俞本撰、李新峰笺证：《纪事录笺证》，卷之上，第46页，"至正十六年"。

不具备直接攻击三山的条件。因此，朱元璋选择与蛮子海牙决战的地点只能是"西绝和州，南窥太平"的采石。

红军与蛮子海牙水军的战斗非常激烈，自辰时开始一直持续到午时，红军终于凭借新式巨炮击败了蛮子海牙。蛮子海牙退至三山与陈也先之侄陈胜①共同防守，朱元璋攻克采石，打开了进攻集庆的通路。

三月，朱元璋水陆并进，陆路进取位于江宁镇（今江宁县西南江宁镇）的陈胜板桥营，陈军此时已无斗志，全军一心投降，红军得兵三万六千余人。与此同时，廖永安由水路进攻三山，再次击败蛮子海牙，迫使蛮子海牙只能退入集庆城内与福寿共同防守。为了安抚投降的陈军，朱元璋让陈胜仍旧统领旧部。

三月初十，朱元璋终于抵达了此战的最终目标——集庆。为了营造声势，朱元璋在大军距离集庆城还有五里时就让全军鼓噪而进，此举大大打击了元军的斗志。元朝行台御史大夫、集庆守将福寿督军出战，被红军击败，只能退回城中防守。红军直抵城下，以云梯登城，城中无法支撑，红军成功攻破城池。福寿继续督兵巷战，但元军大势已去。面对大军崩溃的局面，福寿决定尽忠到底，他"坐伏龟楼前，指挥左右更欲拒战，或劝之遁，福寿叱而射之，督战不已，遂死于兵"②，结局非常壮烈。朱元璋很赞赏福寿尽忠的行为，"上令棺敛焚瘗之，命工绘像，附于晋忠臣卞壶庙"③，明朝建立后，朱元璋还多次对福寿进行表彰，几乎将他塑造成了一个尽忠职守的典范。元军平章阿鲁灰、参政伯家奴、集庆路达鲁花赤达思等战死，御史王稷、元帅李宁等三百余人被俘，蛮子海牙投奔张士诚而去。廖永安率军乘胜顺流东下，负责招降蛮子海牙的溃军，他自龙江至瓜州直抵朱金沙，招抚了数十万人口。不仅如此，辰州、沅州、荆襄地区的苗军也在元帅康茂才的率领下大量归降朱元璋，凡此种种，都极大地扩充了朱元璋的实力。

攻占集庆后，朱元璋立即着手以此为基地建立自己的政权，他先召谕集庆军民表示"吾率众至此，为民除乱耳。汝宜各安职业，毋怀疑惧。贤人君子有能相从立功业者，吾礼用之。居官者慎毋暴横，以殃吾民"④，初步安定了人心。此时，龙凤政权的封赏也很快到来，在朱元璋攻克集庆的至正十六年（1356）三月，朱元璋就

①　陈胜即陈兆先。
②　《明太祖实录》，卷四，第42页，"丙申年三月"。
③　俞本撰、李新峰笺证：《纪事录笺证》，卷之上，第48页，"至正十六年"。
④　《明太祖实录》，卷四，第42页，"丙申年三月"。

被升为枢密院同金，这是对朱元璋"独任元帅府事"的确认，七月，朱元璋再升为江南等处行中书省平章政事。

这里我们需要认识一下朱元璋这两个新官职大概是什么地位。红军官职很多沿袭自元朝，这在之前已经反复说过。元朝枢密院高官依次为知院、同知、副枢、金院、同金、院判，其中同金为正四品。红军沿用了同知、金院、同金、院判的设置，其中院判高于翼元帅，为正三品，同金则高于都元帅，为从二品。朱元璋任枢密院同金，职衔已经超越了当初郭天叙所任的都元帅，完全符合他"独任元帅府事"的身份。朱元璋在升任枢密院同金后，很快对下属机构进行了调整。朱元璋改集庆路为建康府，同时设立天兴建康翼统军大元帅府，以廖永安为统军大元帅，赵忠为兴国翼元帅，将自己曾经担任的职务任命给了下属。很快，朱元璋又以"金陵险固，古所谓长江天堑，真形胜地也"[1]为由，改建康府为应天府。

这里有一个记载分歧，"建康府"之名仅见于俞本《纪事录》，《明太祖实录》中集庆路是直接改为应天府，并没有建康府之过渡。那么这个建康府的记载可不可靠呢？笔者以为是有道理的，因为直接改名应天府并不符合红军当时的习惯。红军政权一向在地方同时设立管民的府和管军的翼元帅府，在改路为府方面，虽然红军会对府名不时进行调整，但一般开始都是先恢复宋代旧名。同时，在翼元帅府方面，在此前后朱元璋先后设立了太平兴国翼元帅府、天兴建康翼统军大元帅府、淮兴镇江翼元帅府，其中兴国、天兴、淮兴皆为翼元帅府名，而太平、建康、镇江则理应为府名。因此，朱元璋确有可能先改集庆路为建康府，后来因为打算以建康为根本之地，才将名字改为更加意味深长的"应天府"。关于这一问题，李新峰先生曾在专文《明朝建国前的"应天府"与"建康"》对此进行了详细考证，此非本书主题，笔者就不再啰唆了。

朱元璋升任枢密院同金后，立即进军镇江，徐达、汤和率陆军，廖永安率水军，水陆并进。守卫镇江的苗军元帅完者图出走，平章定定战死于鹤林门，徐达自仁和门进入镇江，红军改镇江路为江淮府，同时建立淮兴镇江翼元帅府，徐达、汤和均升元帅，当年十二月，朱元璋又将江淮府改回原名镇江府。六月，红军兵克广德路，改为广兴府并设立广兴翼元帅府。此后，朱元璋再设行枢密院于太平，以总管花云为院判，基本在江南立稳了脚跟。于是在七月，龙凤政权设立江南等处行中

---

① 《明太祖实录》，卷四，第43页，"丙申年三月"。

书省，朱元璋也获得了一个至关重要的新任命：江南行省平章政事。

元朝制度，行中书省下有行省丞相、行省平章，均为从一品高官，但由于行省丞相经常设而无人，因此平章通常被视为行省最高长官。升任江南行省平章是朱元璋一生中极为关键的一步，此前朱元璋的职务都是武职，此时转为文官，从中央派遣到地方作战的武将一跃成为主持一省军政的封疆大吏，身份产生了质的变化。事实上，朱元璋也确实好好利用了自己的新身份，他在几个方面采取了措施，平衡了各方势力，逐步树立了自己在全军中的独尊地位，慢慢实现了独立于龙凤政权的目的。

首先，朱元璋设立了帐前总制亲兵都指挥使司和参议府这两个在元朝行省制度中从未出现的机构。帐前总制亲兵都指挥使司一方面是朱元璋的侍卫亲兵；另一方面也肩负统率全军主力的责任。至于参议府，这在元朝是隶属于中书省下的机构，朱元璋在江南行省下设立参议府，显然是将江南行省视为自己的中书省，已经隐含了自立的苗头。朱元璋任行省平章后，郭子兴次子、郭天叙之弟郭天爵被任命为右丞，不过这一郭子兴后裔的代表作为摆设的意义更大。

不过仅仅设立两个机构是远远不够的，还需要恰当配置这些机构中的人员，这也是最考验朱元璋政治智慧的。朱元璋既然已经由枢密院同金转升行省平章，那么枢密院自然需要有人补上，从最后枢密院中的人员安排来看，朱元璋肯定花了不少心思。徐达、汤和、邵肆、邵荣、廖永安在建省之初就升为枢密院同金，俞通海、张德胜、邓愈、华高、张德林、赵继祖、赵忠、赵伯中等人则升为院判。这是一份内涵丰富的名单，特别是升任同金的几位，值得特别关注。徐达、汤和是朱元璋嫡系，都是在朱元璋身份微末之时即忠心跟随，此时封赏自在情理之中。廖永安是巢湖水军的代表人物，巢湖水军在东渡长江、攻克太平、集庆、镇江等战役中都立有大功，让廖永安作为巢湖水军的代表进入枢密院也合情合理。这里面最值得关注的人物就是邵肆、邵荣兄弟。

邵肆为邵荣兄长，他在郭子兴军中资历极深，至正十四年（1354）朱元璋刚升为总管时，邵肆已经是红军中地位仅次于郭子兴的总管，地位与朱元璋相当。邵荣资历虽不如邵肆，但地位也不低，至正十五年（1355）红军东渡长江时，邵荣名列徐达、冯国用（冯胜之兄）之后，居第三位。虽然这个序列因为并未包含郭天叙、张天祐的部属而显得不够完整，但也能在一定程度上反映邵荣的地位。由于邵肆在升任同金后不久即阵亡，邵荣就成了朱元璋军中郭子兴旧部的最高代表。至至正十九年（1359）二月，邵荣已经担任平章要职，成为军中第三号人物。枢密院的名单综合了朱元璋嫡系、巢湖水军、郭子兴旧部三方的重要人物，堪称一个用心良苦的安排。

相对而言，帐前亲兵都指挥使司和参议府的人员要单纯许多。冯国用被任命为帐前亲兵都指挥使司都指挥使，康茂才因为率领大量苗军投降的大功任副指挥。与此同时，朱元璋还设立左右翼元帅府和五部都先锋，华云龙、唐胜宗、陆仲亨、邓愈等朱元璋手下著名将领都升任元帅。此外，朱元璋颇为欣赏的常遇春也在五翼军中任职。可以看出，对于帐前亲兵都指挥使司这样一个统率全军主力的重要机构，朱元璋嫡系人员在其中占有绝对优势，这也保证了此后朱元璋对主力部队的绝对控制。关于五部都先锋的具体情况，我们将在后文讲到。参议府方面，第一谋臣李善长任正五品左右司郎中，次年四月升为参议，获得了和他地位相符的职务。

此处需要附带谈一个问题，《明太祖实录》在记载至正十六年（1356）七月江南行省成立时同时记载此时"诸将奉上为吴国公"，意思即朱元璋在升任江南行省平章的同时称吴国公。《明太祖实录》如此记载自然给人一种朱元璋此时已经完全脱离龙凤政权的感觉，由此证明他此后行事完全是独立行动，和龙凤政权没有任何关系。然而此处记载是不准确的，根据《纪事录》的记载，朱元璋称吴国公是在至正二十一年（1361），彼时朱元璋已经在龙江—龙湾之战中大败陈友谅，势力得到了极大拓展，由此获得了与他新地位更相符的封爵。关于这点，最直接的证据有两条。一方面，朱元璋的谋臣之一朱升在至正十七年（1357）提到朱元璋只称呼"江南行省平章朱公"，这足以证明在至正十六年（1356）朱元璋并没有得到吴国公这一封爵；另一方面，龙凤政权在至正二十三年（1363）为朱元璋追封三代时给予朱元璋先祖的官位名号是"先府君开府仪同三司、上柱国、录军国重事、中书省右丞相、太尉、吴国公"，这一称号应与彼时朱元璋的官位名号一致。因此，朱元璋称吴国公当在至正十七年（1357）之后，至正二十三年（1363）之前，俞本于《纪事录》中的记载应当颇为可靠。

无论朱元璋是否此时同时称吴国公，总的来说，朱元璋对江南行省的设置是颇为僭越的，朱元璋以行省平章的身份居于全军最顶端，其余所有人员都成了他的下属，濠州红军已经在一定程度上能够独立于龙凤政权。唯一麻烦的是郭子兴旧部人马，其中郭天爵凭借行省右丞的身份仍旧在一定程度上为朱元璋造成困扰，这也注定了他日后的悲惨结局。不过在当时的局面下，朱元璋还顾不上处理他。因为随着朱元璋势力在江南的快速扩张，他不可避免地和一个人发生了矛盾，这个人就是张士诚。

4. 常州拉锯：与张士诚恩怨的开端

朱元璋占领了太平、集庆、镇江地区，在江南初步站稳了脚跟，建立了江南等处行中书省，自任行省平章。此后，朱元璋避开了西部的天完红军政权，不与之交锋，而是立即采取了向南和向东两个方向发展的策略。至正十六年（1356）七月，江南行省成立当月，邵肆、韦德成就奉命南下进攻宁国路，然而此次进攻是失败的，红军被后来归附朱元璋的朱亮祖击败，邵肆阵亡，韦德成溺死，大军只能退回广德。

向南发展不利，朱元璋就将目标转移到了东方。而此时在朱元璋控制区以东，是势力刚刚得到进一步发展的张士诚。在朱元璋准备进攻集庆的至正十六年（1356）二月，张士诚攻陷了元朝平江路，改为隆平府，之后又攻占了湖州、松江、常州。当朱元璋攻占镇江并建立江南行省时，其东境已经与张士诚接壤了。由于张士诚与元廷之间藕断丝连的联系以及收留被朱元璋击败的元将蛮子海牙等因素，注定了两人难以和平相处。因此，当邵肆于至正十六年（1356）七月进攻宁国路失败后，张士诚抓住这个机会，派遣手下名将吕珍进攻镇江，其前哨已经进至瓜埠。

面对张士诚的进攻，才升为同金不久的徐达率军迎敌，另一位同金廖永安则率水军乘夜进至镇江，于龙潭将吕珍击败，解了镇江之危。此时，朱元璋又亲自领军追击吕珍败军至江阴，"大获士卒船只以归"[1]。

此时镇江之危已解，朱元璋仍旧率大军追至江阴，其目的显然已经不是单纯援助镇江了。从朱元璋此时给徐达的信中命令"当速出军攻毗陵，先机进取，沮其诈谋"[2]可知，朱元璋已经将目标对准了镇江以东，张士诚实际控制的常州。镇江在常州西北，江阴在常州东北，朱元璋让徐达"速出军攻毗陵"，自己则进军江阴，很明显是为了从两个方向对常州路构成夹击。

徐达接到朱元璋谕令后立即东进常州，"进薄其垒，且遣使来告贼已窘迫，请

---

① 俞本撰、李新峰笺证：《纪事录笺证》，卷之上，第65页，"至正十六年"。

② 《明太祖实录》，卷四，第46页，"丙申年七月"。

益师以破之"①，于是朱元璋"遣兵三万往助之"②。得到生力军的徐达亲自驻军常州城西北，汤和驻军城北，张彪驻军城东南，对常州构成包围之势。然而正在此时，徐达军中的前义兵元帅郑金院突然以七千人临阵倒戈，反入常州，导致徐达军在一定时期内陷入了措手不及的局面。八月，张士诚手下元帅江通海投降朱元璋。不过徐达军中最大的叛变事件是六月陈保二的叛归张士诚，他不仅自己背叛了朱元璋，还挟持走了朱元璋手下的几位将领，张士诚敢于在七月以吕珍进攻镇江，应当就与陈保二带来的情报有关，而这是在红军进军常州前夕，对朱元璋造成了很大震动。

军中变故迭生，无疑让朱元璋十分恼火。朱元璋一面"命自元帅徐达以下皆降一官"并以书责备他"虐降致叛，老师无功，此吾所以责将军，其勉思以补前过，否则必罚无赦"③；一面重整旗鼓，于十一月派朱文正、常遇春率领援军两万，"与（徐）达、（汤）和共总大军，攻常州"④。朱文正为朱元璋侄子，此时已经升为同金，常遇春虽为统军大元帅，但资历尚浅，因此这两万大军的领导当为朱文正，《明太祖实录》不记朱文正而只记常遇春当是因为后来朱文正因罪被朱元璋废杀，属于刻意隐没。

濠州红军此时已经在常州城下云集了数万大军及徐达、常遇春、汤和、廖永安、胡大海、朱文正等大量重要将领，不仅稳固了军心，而且已经对常州守军形成了绝对优势。张士诚虽然不甘并以吕珍增援常州，但已无力回天了。又经过了一段时间的攻城拉锯战，城中弹尽粮绝，常州城终于在次年，即至正十七年（1357）三月被濠州红军攻占，朱元璋改常州路为长春府，当然，很快又将之改回常州府。而在至正十七年（1357）二月，耿炳文已经攻克长兴，进入湖州。朱元璋与张士诚之间漫长的恩怨就此拉开序幕。而朱元璋在东线取得初步胜利后再度将目标对准了南方的宁国路，此次，他志在必得。不过在此之前，他要先对军队进行整顿，建立一套相对完善的制度，避免再度出现常州之战中那种临阵倒戈的局面。

---

① 《明太祖实录》，卷四，第46页，"丙申年七月"。

② 《明太祖实录》，卷四，第46页，"丙申年七月"。

③ 《明太祖实录》，卷四，第47页，"丙申年八月"。

④ 俞本撰、李新峰笺证：《纪事录笺证》，卷之上，第66页，"至正十六年"。

5. 五部都先锋：初立军制

朱元璋在占领常州地区后，稍微放缓了扩张的步伐。至正十七年（1357）至至正十八年（1358）初，朱元璋一面与张士诚于太湖争雄；一面在江南建省的基础上进一步建立军制，这也是朱元璋第一次系统建立军事制度，因此具有非常重要的意义。在阐述这次建立军事制度时，笔者所引资料多出自《纪事录》与《明太祖实录》，故此两处史料，不再单独注明。

这次确立军制肇始于至正十六年（1356）七月江南行省建立之时，当时，朱元璋"置帐前总制亲兵都指挥使司""置左右等翼元帅府""置五部都先锋"，之后随着朱元璋军事实力的进一步扩充，他终于以此为基础进一步完善了军队制度，而其完善，主要就是从"五部都先锋"和"左右等翼元帅府"两个方面入手的。关于这次军事制度的确立，俞本因为亲身参与其中，故而留下了颇为直接的记载，不过俞本的记载比较混乱，需要结合其他史料才能明白是怎么回事。

朱元璋最关注的自然是自己的亲卫部队，这也正是俞本身处其中的"守御士"。这支部队又称"帐前黄旗先锋"，由帐前亲兵都指挥使冯国用负责组建，选用的都是"年壮、英勇、多历战阵者"，大约有三百六十人。对这些人，朱元璋非常看重，均"赐衣甲，悬象牙牌"，在象牙牌背面，刻有朱元璋亲书"守御士"三字，每人姓名刻在象牙牌侧面。又因为"用黄绢尺幅印以朱字"，故也号"帐前黄旗先锋"。这支部队的作用顾名思义，是保卫朱元璋的出入，作为朱元璋的亲随部队。当时俞本也在其中，故此朱元璋后来称俞本为"曾跟朕小厮"。从这些记载似乎会让人觉得这支部队非常特殊，其实不然。负责组建这支军队的人是帐前亲兵都指挥使冯国用，因此"黄旗先锋"必然隶属于"帐前总制亲兵都指挥使司"，而朱元璋在设立帐前总制亲兵都指挥使司时同时设立了左右等翼元帅府和五部都先锋。再考察朱元璋手下将领的升迁过程，严德升都先锋后掌黄旗军，狄崇由右部都先锋升帐前都先锋，周显由前部先锋升帐前都先锋。从朱元璋的机构设置和手下将领的升迁过程我们可以知道帐前总制亲兵都指挥使司下辖五部都先锋，五部都先锋则管理黄旗先锋。

另外四支同样隶属于五部都先锋部队中的三支与三支特殊的部队有关，分别是花枪军、青军和长枪军。花枪军当时活动于湖州长兴、武康、广德一带，曾与张士诚交战。濠州红军占领广德后，逐步收纳了活动于这一带的花枪军。朱元璋此时以花枪军为基础组建了被俞本称为"大号先锋"的部队。青军的情况则稍微复杂，这支部队虽然"号'青军'"，但"其党张监骁勇善用枪，又号'长枪军'"。这支部队归降朱元璋经过了一个漫长的过程，最早开始归降可以追溯到至正十六年（1356）十月左右，但整个青军、长枪军的归附则迟至至正十七年（1357）底。朱元璋以这两支军队中的精锐组建的军队被称为"铁甲士"，命都先锋陈德元统领。不仅如此，朱元璋还将剩下的青军也充分利用起来，以青军王老哥为首又组建了"骁骑士"。最后，除了"黄旗先锋"（"守御士"）、"大号先锋"（花枪军）、"铁甲士"（长枪军）和"骁骑士"（青军）外，五部都先锋中还有一支常以"银牌先锋"之名出现的部队。就这样，朱元璋在左、右、中、前、后五翼元帅府后又逐步建立了与这五部对应的五部都先锋，而五部都先锋又按照职能、兵种分为"黄旗先锋"（"守御士"）、"大号先锋"（花枪军）、"铁甲士"（长枪军）、"骁骑士"（青军）和"银牌先锋"，一个成系统的军队制度基本建立了起来。

最后，需要特别谈谈常遇春的职务。常遇春在随朱元璋渡江之初官职为承信校尉、领军先锋，也常被称为都先锋。至正十六年（1356）七月江南行省建立后，常遇春于当年十一月升为统军大元帅。至正十七年（1357）三月因攻克常州有功，又升为中翼大元帅。乍看之下，常遇春可谓乘火箭上升，此时职位已经非常显赫。其实不然，从前文我们已经知道，五翼元帅府管辖五部都先锋，因此五翼军虽然是朱元璋的亲军，但级别并不算特别显赫，翼元帅府为后来卫的雏形，常遇春这个"中翼大元帅"甚至在帐前都司都指挥使冯国用之下，仅仅只是五翼元帅府中将领的常态而已，而此后常遇春也确在相当时期内于五翼军中作战，受冯国用节制，这也符合常遇春此时资历尚浅的客观情况，不应过分夸大。

随着军事制度的建立，朱元璋进一步加强了自己对濠州红军的控制，逐步树立了自己最高领导人的地位。而随着对手下各方军队整合的完成，朱元璋也完成了内部的团结平衡工作，这一切都让他在此后与张士诚与陈友谅的争雄中具有了另外两者不具备的扎实的制度基础。实际在朱元璋建立军事制度的过程中，他已经与张士诚在太湖地区展开了血腥的争夺。

6.宁国、长兴之役：太湖争雄

至正十七年（1357）二月，朱元璋已经较为稳固地占据了江南应天、镇江、太平三府地区。朱元璋在紧锣密鼓地展开军队制度建设的同时，也开始在控制区内加征粮饷以充军需，在一个月之内就筹集到了数十万大军的用度。同时，朱元璋还铸造了"应天通宝"和"大通中宝"两种铜钱，这两种铜钱"与历代银钱相兼使"[①]，开始建立自己的货币政策。这一系列政策无疑对稳固控制区内的秩序有相当的好处。

在军队制度与经济制度逐步建立起来后，朱元璋决定继续向东、南两个方向发展。在优先性上，朱元璋决定先向东方发展，继续打击张士诚，这也是吸取了上一年先向南发展不利，结果东部为张士诚所乘的教训。至正十七年（1357）二月初一，耿炳文、刘成奉命自广德进攻湖州路长兴州，张士诚以将领赵打虎率军三千迎敌，但他们根本不是耿炳文的对手。耿炳文击败赵打虎后一路追击，直抵长兴西门，赵打虎弃城而走，耿炳文占领长兴，长兴一战，耿炳文生擒张士诚长兴守将李福安及跟随他的义兵二百余人。朱元璋对战果非常满意，改长兴州为长安州，同时建立永兴翼元帅府，耿炳文担任总兵都元帅，刘成任左副元帅，李景元为右副元帅，驻守长兴。朱元璋实现对长兴的控制绝不单纯是控制了一州之地，在朱元璋控制长兴后，他的控制区就到了太湖边上，不仅从南部切断了张士诚对还处在濠州红军围困中的常州的支援，也为下一步与张士诚争雄于太湖预先建立了支撑点。紧接着在三月，常州被攻陷，濠州红军从南、北两个方向逼近宜兴，一旦攻占宜兴，则朱元璋从北、西、南三面控制住了太湖。廖永安因功升为行枢密院同金，俞通海为行枢密院判官，常遇春为中翼大元帅，胡大海为右翼统军大元帅。

然而在进一步进攻宜兴之前，朱元璋突然将目标转向了此前损兵折将的宁国路上，在长兴方面暂时改取守势，以抵御张士诚的反扑为主，耿炳文则出色地完成了任务。四月，朱元璋亲自领军，率徐达、常遇春等人南下宁国路，兵锋直指治所宣城，结果元朝宣城守将谢国玺不战而逃，濠州红军轻松取得宣城，"秋毫无犯，城

---

① 俞本撰、李新峰笺证：《纪事录笺证》，卷之上，第76页，"至正十七年"。

之内外安堵如故"①。然而在宣城下的宁国县，红军却遇到了激烈抵抗，在此坚守的正是去年挫败红军，导致韦德成溺死，邵肆阵亡的朱亮祖。宁国县"城小而坚，攻之久不下，（常）遇春中流矢，裹创与战"②，战局非常激烈。朱元璋听说小小宁国县竟然久攻不下，亲自前去督战。朱元璋登高而望，愤怒地表示"如斗之城，敢抗吾师？！"朱元璋"命造飞车，前编竹为重蔽，数道并进攻之"③，守将之一杨仲英不能抵御，开城投降，红军攻入城中，生擒朱亮祖及得到大量士马。对于朱亮祖，朱元璋"怜其志壮，挥三铁简而生之"④，由此不仅得到了一员勇将，更起到了凝聚人心的作用。占领了宁国路的治所宣城和最难攻打的宁国县后，宁国路下的太平、旌德、南陵、泾县等属县也相继被攻下，红军很快控制了整个宁国路，改为宁安府，当然，朱元璋最终仍旧将名字改回了宁国府。占领宁国路后，朱元璋不仅可以由此挺近徽州路，还能东进协同自广德、常州南下的军队进一步进攻湖州路。对这样一个战略要地，朱元璋安排了相当雄厚的班子守卫。朱元璋在攻打滁州时收养的义子何文辉协同后来守卫西北的名将宋晟的父亲宋朝用驻守宣州，先锋陈德驻守宁国县，最后，还安排虽然被李善长猜忌但能力极强的段兴驻守南陵，防卫西部的天完政权。

在朱元璋料理完宁国之事后，耿炳文也于五月攻取了安吉，从而基本实现了对整个湖州路的控制，耿炳文的副将费聚负责驻守新设立的安吉奕总管府，朱元璋在太湖以南建立起了以长兴为主要据点的军事体系，开始与张士诚争雄于太湖。朱、张双方在太湖的争夺非常残酷，同在五月，朱元璋先发起进攻，水军将领俞通海"以舟师略太湖马迹山，降张士诚将钮津等"⑤。然后，俞通海乘胜取道东洞庭山追击，好运没有继续追随俞通海，他遭遇了张士诚手下名将吕珍率领的大军，俞通海仓促迎战，手下将领都想要撤退，但俞通海明白此时撤退只能演变为溃退，于是坚定地宣布：

　　　　不可，彼众我寡，退则情见，彼益集其众，邀诸险以击我，我何以当之？不如与之战！⑥

---

① 俞本撰、李新峰笺证：《纪事录笺证》，卷之上，第82页，"至正十七年"。
② 《明太祖实录》，卷五，第52页，"丁酉年四月"。
③ 《明太祖实录》，卷五，第53页，"丁酉年四月"。
④ 《皇朝名臣琬琰录》，前集卷一，第一册。
⑤ 《明太祖实录》，卷五，第54页，"丁酉年五月"。
⑥ 《明太祖实录》，卷五，第54页，"丁酉年五月"。

俞通海于是率军力战，身先士卒，"矢中右目下，通海不为动"①，终于迫使吕珍在搞不清楚濠州红军具体数量的情况下退走。

俞通海的血战只是开始，六月，徐达攻取江阴、甘露，开始征伐常熟，从陆路谋求切断太湖上张士诚军队与外界的联系，配合水军在太湖上的战斗。七月，徐达在常熟取胜，生擒并杀掉了张士诚之弟张士德，同一个月，红军也攻下了宜兴，彻底切断了太湖西部的通路，朱元璋在太湖上取得了第一阶段的胜利。接连的失败让张士诚几乎在太湖上陷入绝境，此时他只剩下一步棋可以走，那就是投降元朝，减轻压力，从而能够全力对付朱元璋。张士诚在至正十七年（1357）八月以投奔他的元朝前江南行台御史中丞蛮子海牙替他送信请降于元朝，元廷对此自然乐于接受，授张士诚太尉之职。

当张士诚终于摆脱了来自元军方面的压力时，朱元璋方面已经派邓愈攻占了徽州路，改为兴安府，进一步扩大了自己的势力范围。于是，一系列更残酷的战斗发生了。八月初七，濠州红军与张士诚军大战于常州与平江交界的望亭、新安，红军最终攻占两地并进取石牌。望亭、新安之战结束后，双方又于八月中旬在江阴下的马驮沙交战，红军没有攻下马驮沙，因此在次年正月又以廖永安、俞通海、桑世杰率大军第二次进攻马驮沙，经过一场血战，红军仍旧没能占有马驮沙，桑世杰还战死了，张士诚终于算是赢下一程。朱元璋在马驮沙遭遇挫折，但经过近一年的争夺战，他已经控制了太湖大部，特别是已经控制了宜兴通向太湖的咽喉大浦口，从总体上来说，朱、张双方在太湖上的争夺是朱元璋获得了胜利。当然，张士诚还会掀起激烈的反扑，但彼时局势已经大不相同了。

至正十七年（1357），朱元璋不仅在太湖地区的征战中击败了张士诚，针对天完政权，他也取得了一系列胜利。常遇春在巩固了宁国府后又攻取了池州、枞阳，与徽州配合从东、南两面逼近长江上游重镇安庆。当年八月，濠州红军还最终夺取了整个扬州路。至当年底，朱元璋已经实现了"是时，天下豪杰虽多，独上全有江左及淮右数郡"②，成功达成了立业江淮的目标，此时的朱元璋已经可以进则谋取天下，退则保有江东，成为真正的一方之雄。元末争雄的战事，由此进入了一个新的阶段。

---

① 《明太祖实录》，卷五，第54页，"丁酉年五月"。
② 《皇明本纪》，第30页（出自：邓士龙 辑：《国朝典故》，卷二）。

第三章

两线作战

1. 与张士诚冲突的升级

朱元璋在取得至正十七年（1357）的巨大胜利后，就开始陷入了东、西两线作战的局面，当然，在这一过程中，朱元璋的主要战略方向发生过数度变动。然而在至正十八年（1358）初，东线张士诚仍旧是朱元璋的主要对手。张士诚通过归降元廷减轻了北方的压力，因此，他和朱元璋之间的冲突在新的一年里迅速升级。

正月，张士诚在第二次马驮沙之战取胜后立即反扑常州，但被汤和击败。随后，朱元璋立即还以颜色，命行枢密院判邓愈派兵进攻婺源州，"斩其首将帖木不花，遂克其城"①。随后，元帅胡大海于三月再度奋起，攻克淳安、建德等县。在昌化、于潜、淳安作战中，李文忠开始崭露头角，他"破苗獠于于潜、昌化""进次淳安，夜袭破伪洪元帅营"②。三月十八日，胡大海、李文忠攻占建德路，改为严州府。建德路与湖州路对张士诚的重要根据地杭州路构成南北夹击，对于驻守严州府的将领，朱元璋选择了正在崛起的李文忠，李文忠以帐前总制亲军都指挥使司左副督指挥的身份率青军、长枪军本部驻守严州府。此后李文忠在严州前线屡立战功，至至正二十年（1360）已升为同佥枢密院事。

李文忠镇守严州之初，就面临严峻的局势。在严州地区，有一支以苗族为主体的苗军，首领叫杨完者，这支军队是一支相对独立的少数民族力量，既不服从元廷，也不听从江南红军势力。四月初，杨完者率军进攻朱元璋控制的徽州，被胡大海击败，很快，元军何世明也乘虚打击杨完者。杨完者在徽州占不到便宜，于是东下侵扰严州，屯兵于严州府以北的乌龙岭。镇守严州的李文忠立即进军乌龙岭，"大破之"③。但杨完者没有受到致命打击，他于五月卷土重来，这次李文忠在邓愈的率领下再次击败杨完者，败走的杨完者又遭到胡大海的截击，走投无路之下只能逃往杭州。最终，随着张士诚对杭州的完全占领，杨完者被张士诚所杀。朱元璋方面稳固了对严州的控制，但也和张士诚正式在杭州形成了对峙。

---

① 《皇明本纪》，第 30 页（出自：邓士龙 辑：《国朝典故》，卷二）。

② 董伦：《曹国李公神道碑铭》（载：《皇明名臣琬琰录》，前集卷二）。

③ 俞本撰、李新峰笺证：《纪事录笺证》，卷之上，第 96 页，"至正十八年"。

虽然李文忠在严州前线屡立战功，但在至正十八年（1358）针对张士诚的作战中，朱元璋还是遭遇了一次重大损失。廖永安在当年六月至七月，先后在常熟及通州郎山击败张士诚，因此廖永安于十月率水军乘胜攻打张士诚于太湖，但在深入追击的过程中遇上了张士诚手下悍将吕珍，廖永安作战失利，又遇上战船搁浅，本人被张士诚俘虏。廖永安当时已经身居枢密院同金，为巢湖水军的核心人物，他的被俘对巢湖水军无疑是一个巨大的打击，也让这一势力失去了核心。面对这一局面，朱元璋决定提拔廖永安之弟廖永忠，廖永忠在三月已经担任枢密院同金，此时朱元璋又将廖永忠升为金院，统领巢湖水军。朱元璋不选择地位此前仅次于廖永安的俞通海而提拔廖永忠，显然是不想俞通海趁机独大，而廖永忠确也不负众望，此后不仅率水军屡立战功，更是对朱元璋忠心耿耿，确保了巢湖水军的稳定。而廖永安此后坚决不降张士诚，因此一直被张士诚监禁直至至正二十六年（1366）七月于苏州去世。朱元璋听闻后，给予了廖永安极高的追赠。

东线，在廖永安战败后，张士诚趁机反扑江阴，被朱元璋精心选择的守将吴良击败，双方再度形成僵持。与此同时，西线也不太平，随着陈友谅逐渐掌握天完红军的最高权力，陈军对朱元璋的威胁也日趋严重。至正十七年（1357）底至至正十八年（1358）初双方在池州、枞阳地区的拉锯战朱元璋仍旧记忆犹新，朱元璋方面接连损失张德胜、赵忠两员将领，也没能完全控制这两处地方。此时的朱元璋无疑面临一个抉择，下一阶段，东线与西线孰先孰后？当时朱元璋的主要军事力量都集中于东线，突然转换战略方向，必然会劳师动众，且张士诚才取得了太湖上对朱元璋的胜利，同时为了巩固杭州，肯定不会善罢甘休，一旦他乘虚袭击朱元璋后方，后果不堪设想。这一结果，朱元璋显然也看到了，因此，朱元璋决定先在东线取得一次大胜利，让张士诚在一定时间内无力西向，然后再回过头来对付西线的威胁。因此，朱元璋很自然地将目标瞄准了浙东。

不过，在进攻浙东之前，朱元璋还干了一件事，那就是杀掉了郭子兴的幼子郭天爵。对于这位江南行省右丞，朱元璋一直觉得碍事，于是在至正十八年（1358）七月，朱元璋以"与群小阴谋"的罪名诛杀了郭天爵。郭天爵是否真的有罪此时已经不重要了，朱元璋通过这一行动彻底灭绝了郭子兴的后裔，从此以后，濠州红军中再也没有了郭子兴的象征，而朱元璋则在五月已经被龙凤政权升为丞相，他终于如愿地进一步巩固了对濠州红军的绝对控制。很快，朱元璋便在十月放心地亲征浙东了。

2. 亲征浙东

至正十八年（1358）十月，在处理完内部问题后，朱元璋开始谋取浙东地区。这里要先解释一下浙东具体是指什么地方。元朝在江浙行省南部设立浙东道宣慰司，管辖庆元、绍兴、温州、台州、婺州、衢州、处州等路。翻开元末地图我们可以知道，浙东道这几路都位于张士诚十分看重的杭州路以南，朱元璋一旦对浙东道地区实现控制，杭州路除了东面临海，就会被朱元璋势力三面包围，成为瓮中之鳖。朱元璋的目的非常明显，就是要让张士诚动弹不得，才好腾出手来处理日益紧张的西线。

朱元璋先将目标锁定了婺州路，十月，枢密院判胡大海攻取了婺州路兰溪州，擒获元廉访使赵秉仁等十四人，建立闽越翼元帅府，正式开始经略婺州。与此同时，邵荣、徐达也在北线进行配合，开始围攻八月叛变的宜兴，宜兴奋力坚守，邵荣、徐达久攻不下，朱元璋也不愿意在宜兴耽误太多时间，于是指示邵荣、徐达，"宜兴城小而坚，猝未易拔，闻其城西通太湖口，张士诚饷道所由出，若以兵断其饷道，彼军食内乏，城必破矣"[①]。朱元璋的分析无疑是正确的，濠州红军前一阶段与张士诚于太湖上争雄的目标之一就是为了控制太湖口，切断张士诚的粮道，因此红军才在至正十七年（1357）七月攻克常熟后乘胜占领宜兴。也正是因为宜兴的重要地位，张士诚才不肯轻易放弃，因此才有了宜兴在至正十八年（1358）八月叛变。邵荣、徐达此时集中力量于围攻宜兴，疏忽了对太湖口的控制，在朱元璋的提醒下，"乃分兵绝太湖口而并力急攻城，遂拔之"[②]，改宜兴州为建宁州。

宜兴的问题虽然顺利解决，胡大海方面却自占领兰溪州后就未能再有进展。十一月底，朱元璋已经不能接受婺州之战的迟缓局面，决定亲自率军征讨婺州。此次亲征与以往不同，根据《明太祖实录》记载，朱元璋率领的征讨浙东的军队有十万人，"一马军兼二步军"[③]，规模超过此前的用兵规模，不仅如此，朱元璋还"悬

---

① 《明太祖实录》，卷六，第68页，"戊戌年十月"。

② 《明太祖实录》，卷六，第68页，"戊戌年十月"。

③ 俞本撰、李新峰笺证：《纪事录笺证》，卷之上，第98页，"至正十八年"。

金牌，铸云'奉天都统中华'"①，表明此时朱元璋的目标已经不局限于割据江南了，他已经将目标对准了整个"中华"。而当大军行至青山时，朱元璋又如当初渡江进攻太平时一般，对军士们许下了一个诺言，"汝等辛苦如此。克浙东后，令汝等俱享福快乐"②，意义非常的浙东之战开始了。

　　十二月，朱元璋一面下令整理辖区内的户口；一面率领大军前往婺州，一路招来儒生听取他们的意见，表现得非常礼贤下士。可以看出，他此时已经开始有计划地整顿地方、笼络儒生，其目的已经明显不是割据一方这么简单了。朱元璋抵达德兴，听说张士诚已经据有绍兴路之诸暨，于是改变路线，沿此前濠州红军已经占领的兰溪进军，至十二月十八日抵达婺州城下。一到婺州城下，朱元璋立即将胡大海升任金枢密院事，用以表彰他在兰溪的战功。然后，朱元璋仍旧没有急着攻城，而是先采取怀柔政策，派遣掾史周德远入城招谕，结果也不出所料，婺州此前成功抵御了胡大海的进攻，此时自然不会轻易投降，周德远的招抚没有成功，朱元璋立即"督兵围之"③，开始攻城。当时的婺州城周边军力确实不容轻视，驻守处州路的元朝参知政事石抹宜孙在朱元璋攻占徽州时已经派遣其弟石抹厚孙率领狮子战车数百辆，由参议胡深率车师增援婺州，同时自己率军万人出缙云策应，胡大海难以既要攻城又同时应付这些增援部队，因此才会婺州城久攻不克。

　　石抹厚孙此时已经抵达了婺州，但胡深没那么快，他才走到松溪，听说朱元璋亲征，便"观望不敢进"④，朱元璋即时侦查到了这一情况，决定就以迟疑的胡深为突破口，他对众将说：

> 　　婺倚石抹宜孙，故未肯即下，闻彼以车载兵来援，此岂知变者？松溪山多路狭，车不可行。今以精兵遏之，其势必破，援兵既破，则城中绝望，可不劳而下之。⑤

　　朱元璋以己之长攻敌之短，充分利用婺州的地形，第二天就派遣胡大海的养子

---

① 俞本撰、李新峰笺证：《纪事录笺证》，卷之上，第98页，"至正十八年"。
② 俞本撰、李新峰笺证：《纪事录笺证》，卷之上，第98页，"至正十八年"。
③ 《明太祖实录》，卷六，第71页，"戊戌年十二月"。
④ 《明太祖实录》，卷六，第72页，"戊戌年十二月"。
⑤ 《明太祖实录》，卷六，第72页，"戊戌年十二月"。

胡德济将胡深诱入梅花门外"纵击，大败之，擒其前锋元帅季㻬章，并获其所制惊马器仗，（胡）深等遁去"[1]。胡深败走，婺州城内果然陷入绝望中，婺州城内的元朝枢密院同金宁安庆、都事李相"开门纳大兵"[2]，濠州红军成功占领婺州，元朝浙东廉访使杨惠、婺州达鲁花赤僧住战死，南台侍御史帖木烈思、院判石抹厚孙、廉访佥事宁安庆等人被俘。十二月二十日，朱元璋进入婺州，下令安民，禁止军士劫掠。二十二日，朱元璋于婺州金华设立中书分省，改婺州路为宁越府，中书分省此时称江南行省宁越分省，至至正二十二年（1362）改为浙江等处行中书省，仍开省于金华。婺州路的平定是朱元璋平定浙东的第一步，朱元璋在中书分省设立后立即在政治上展现出高姿态，他下令"于省门建立二大黄旗，两旁立二牌，旗上书云：'山河奄有中华地，日月重明大宋天。'牌上书云：'九天日月开黄道，宋国江山复宝图。'"[3]对于亲征前对军士的许诺，朱元璋也进行了兑现，给予银碗、段匹等赏赐，"以实青山之言，取信于天下"[4]。与此同时，朱元璋还"召儒士许元、叶瓒玉、胡翰、吴沉、汪仲山、李公常、金信、徐孳、童冀、戴良、吴履、张起敬、孙履皆会食省中，日令二人进讲经史，敷陈治道"[5]，竭尽全力笼络当地儒士。朱元璋的政治意图已经很明显了，他要"为宋复仇"，从元朝手中夺取天下。

至正十九年（1359）正月，朱元璋收到了割据浙东部分州郡的方国珍的书信，方国珍要求与朱元璋联合对抗张士诚，对此朱元璋自然乐于接受，但此时方国珍其实仍旧阴持两端，因此并没有给朱元璋提供什么实际帮助。关于方国珍的事情，我们之后再说。到了新的一年，朱元璋规取浙东诸路的计划只完成了婺州一路，因此他在"抚定宁越"后很自然的"欲遂取浙东未下诸郡"[6]。在采取进一步的军事行动前，朱元璋认为有必要申明此后进军过程中的纪律问题，朱元璋召集诸将说道：

> 仁义足以得天下而威武不足以服人心，夫克城虽以武而安民必以仁，吾师比入建康，秋毫无犯，故一举而遂定。今新克婺城，民始获甦，政当抚恤，

---

① 《明太祖实录》，卷六，第72页，"戊戌年十二月"。

② 《明太祖实录》，卷六，第72页，"戊戌年十二月"。

③ 《明太祖实录》，卷六，第73页，"戊戌年十二月"。

④ 俞本撰、李新峰笺证：《纪事录笺证》，卷之上，第101页，"至正十八年"。

⑤ 《明太祖实录》，卷六，第75页，"戊戌年十二月"。

⑥ 《明太祖实录》，卷七，第77页，"己亥年正月"。

使民乐于归附，则彼未下郡县亦必闻风而归。吾每闻诸将下一城、得一郡，不妄杀人，辄喜不自胜。盖师旅之行，势如烈火，火烈则人必避之，故鸟不萃鹰鹯之林，兽不入网罗之野，民必归于宽厚之政，为将者能以不杀为心，非惟国家所利在己，亦蒙其福为之子孙者，亦必昌盛。尔等从吾言，则事不难就，大功可成矣。[①]

朱元璋显然是鉴于在此前的作战中，军中屡禁不止的劫掠现象，特意在此时对诸将申明军纪，他要的不仅是军事上的胜利，更是政治上的胜利。事实证明，虽然朱元璋的军队在此后的作战中并没有完全做到朱元璋所说的话，但这段话的政治影响还是非常重要的。

随后，战事首先在北部展开，平章邵荣破张士诚于余杭，开始攻打杭州路，正式开启了下一阶段的作战。从此后的战局进展来看，朱元璋此时的战略重心仍旧在南线浙东一带，北部此时的战事只是策应。也正是由于北线的这一性质，此后的进展颇为缓慢，无论是在余杭还是临安，朱元璋方面都没有取得十分明显的进展。

相比于北方，朱元璋在南方做了更充足的准备，他将耿再成升为行枢密院判官，率军屯于缙云县黄龙山，准备规取处州路。金院胡大海则率兵先期攻取诸暨州，改为诸全州，又升谢再兴为院判以镇守诸全，胡大海则兵进绍兴路。对于朱元璋在南、北两线同时展开的进攻，张士诚在二月以反扑江阴作为应对，张士诚显然是希望通过进攻江阴来牵制朱元璋的兵力，从而减轻杭州方面的压力。根据《明太祖实录》的记载，此次进攻，张士诚"战舰蔽江而下"，声势浩大。面对张士诚的攻势，江阴守将吴良命其弟吴祯率一支军队出北门与张士诚交战，又命元帅王子壮率军出南门，合击张士诚军队，终于将其击败，生擒二百余人，溺死无数，抵御住了张士诚的大举进攻，让朱元璋的战略得以继续进行。但胡大海在二月进攻绍兴时失利，未能取得进展。同时，北线局势也不容乐观，邵荣在湖州击败张士诚之兵，"追至城下"[②]，然而此后局势出现了变化，张士诚军队退入城中拒守，邵荣则包围了湖州城。第二天，城中全军出战，邵荣迎战失利，只能退回临安设伏，总算是成功击退了张士诚方面反攻的军队，维持住了北线的稳定。可以看出，朱元璋在婺州取

---

① 《明太祖实录》，卷七，第77页，"己亥年正月"。

② 《明太祖实录》，卷七，第81页，"己亥年正月"。

胜后明显有些操之过急，至正十九年（1359）第一阶段的作战普遍没能取得预期的效果。

到了三月，尝到了一定甜头的张士诚开始反攻严州，李文忠采用了与吴良类似的夹击策略才击退张士诚军。东线方才陷于胶着，西线也响起了警报。天完红军的赵普胜进犯宁国府太平县，攻破青阳、石埭等县，朱元璋军段兴、王掌卿阵亡。虽然朱元璋军在四月再度收复了池州，但西线的局势仍旧没有缓解。同月，陆仲亨进攻衢州路也没有成功，但朱元璋已经不能再在东线耽误时间了，在李文忠于严州击溃张士诚部队后，朱元璋于五月任命胡大海镇守宁越，"进取之宜，悉以付尔"①，随后立即于六月初八返回建康，开始应对日趋严峻的西线。朱元璋在离开浙东前，对投降的张士诚士卒进行了处理，"士诚降卒五千余人分给帐下，留守婺州，恐生叛意，意欲带回京，恐中途遁去，悉斩于双溪上"②，这无疑和年初朱元璋声称的"为将者能以不杀为心，非惟国家所利在己，亦蒙其福为之子孙者，亦必昌盛"大相径庭。这只能反映出这一阶段作战失利给朱元璋造成的苦闷以及他对张士诚方面人员的极端不信任，这也为日后他对张士诚控制区采取的某些极端严酷的政策奠定了基础。

---

① 《明太祖实录》，卷七，第84页，"己亥年五月"。

② 俞本撰、李新峰笺证：《纪事录笺证》，卷之上，第107页，"至正十九年"。

3. 安庆与陈友谅

　　至正十九年（1359）九月，天完政权中的重要将领赵普胜接到陈友谅的消息，表示要在指定日期前来会师，共同对付朱元璋。赵普胜自率巢湖水军余部投奔徐寿辉后，长期与仇敌朱元璋作战，立下不少战功，他丝毫没有意识到自己已经激起了图谋夺取天完政权最高权力的陈友谅的忌恨，加上这时又出现赵普胜将要归降朱元璋的谣言，终于让陈友谅找到了借口。当陈友谅如期率军抵达时，一无所知的赵普胜"具烧羊迎于雁议"[①]，赵普胜还登上陈友谅的战船与陈友谅见面，自然刚好落入陈友谅的圈套，被陈友谅"执而杀之"，陈友谅遂"并其军"[②]，陈友谅终于拥有了天完政权中最雄厚的实力。十二月，陈友谅又如法炮制，当徐寿辉执意到达陈友谅的根本之地江州后，陈友谅"尽杀其部属，惟存寿辉，乃以江州为都，奉寿辉居之"[③]，彻底架空了徐寿辉这位天完皇帝。陈友谅很快"自称汉王，立王府于城西门外，置官署，自是事权一归于友谅"[④]。最终，至正二十年（1360）闰五月初三，陈友谅在攻下太平府后于采石舟中"令壮士持铁挝自后碎其首弑之"[⑤]，以这样的方式杀害了徐寿辉。徐寿辉死后，陈友谅随即称帝，国号汉，建元大义，建立了元末明初著名的汉政权，从而也开始了他和朱元璋之间直接的激烈交锋。

　　虽然天完政权和龙凤政权历来敌对，但追溯朱元璋与天完政权之间的交锋，还是江南等处行中书省建立之后的事。至正十九年（1359）十月，濠州红军攻占池州。十一月，濠州红军乘胜进攻枞阳，在攻打枞阳的激烈战斗中，驻守安庆的赵普胜"于江中暗以铁索横截"[⑥]，张德胜所率水军战船被铁索截住，张德胜等都被俘虏，陆路军马也溃散了。至正十八年（1358）四月，赵普胜反攻池州，成功占领池州，枢密分院院判赵忠被俘，濠州红军的西进行动又回到了原点。直至至正十九年

①　《明太祖实录》，卷七，第 87 页，"己亥年八月"。

②　《明太祖实录》，卷七，第 87 页，"己亥年八月"。

③　《明太祖实录》，卷八，第 101 页，"庚子年闰五月"。

④　《明太祖实录》，卷八，第 101—102 页，"庚子年闰五月"。

⑤　《明太祖实录》，卷八，第 99 页，"庚子年闰五月"。

⑥　刘辰：《国初事迹》，第 94 页（出自：邓士龙辑：《国朝典故》，卷四）。

（1359）四月，徐达才亲自率军收复池州，作为对赵普胜进犯宁国府的回应，徐达也因收复池州之功被加授奉国上将军。统观这一阶段朱元璋与天完政权的交锋，可谓动作迟缓而效果有限。究其原因，还在于这一阶段朱元璋的重点是在东线与张士诚交战并争夺浙东地区，西线自然被轻视了。

至正十九年（1359）四月，由于西线警报频发，朱元璋的目光开始逐渐转向了西线。为了取得优势，朱元璋决定夺取长江上游的重要关隘——安庆。不过朱元璋此时仍旧要先料理好东线的残局，幸而虽然胡大海进攻绍兴不利，但李文忠成功于严州两度击败张士诚的进犯并进而在宜兴生擒此前叛降张士诚的陈保二。五月，朱元璋安排好胡大海镇守宁越后于六月初八返回建康。而就在六月底，俞通海即率军攻打赵普胜，以求夺取安庆，但并没有取得成功，"不克而还"[1]。赵普胜驻守的安庆成了濠州红军面前一块难啃的骨头。对于赵普胜这个对手，朱元璋手下诸将颇为担忧，但朱元璋则看穿了天完政权内部的矛盾，认为"普胜虽勇而寡谋，（陈）友谅挟主以令众，上下之间，心怀疑贰，用计以离之，一夫之力耳"[2]。朱元璋的眼光无疑非常敏锐，赵普胜虽然难以对付，但毕竟有勇无谋，陈友谅才是真正的对手，并且天完政权内部的矛盾也是可以利用的。

七月，朱元璋一方面令常遇春猛攻衢州，开始平定浙东诸道西部地区；另一方面，他再度将目光对准了长江上游的安庆，整体目光都转移至西线。七月，朱文正、徐达等率陆军，并廖永忠、俞通海率水军，水陆并进开向安庆。八月，元帅朱文逊、陈友谅攻陷无为州。九月初三，徐达自无为州登陆，乘夜进至浮山寨并击败赵普胜，徐达一路进至潜山界。陈友谅手下参政郭泰带病渡过沙河迎战徐达，仍旧被击败，徐达攻克潜山县。就在此时，发生了陈友谅诱杀赵普胜而"并其军"的事件，于是，濠州红军的对手就从赵普胜变为了更难对付的陈友谅。陈友谅发起的内讧引起的震荡并没有对安庆前线造成明显的影响，反而让此后徐达的进军变得困难。水路方面，俞廷玉于十月率水军配合陆路徐达进攻安庆，依旧没能攻克，俞廷玉更卒于军中。失去了水军的配合，徐达更加难以施展，也只能停止了对安庆的进攻，这即是朱元璋在《御制中山王神道碑》中所说的"六月师还，未几，遣王西征皖城，水陆并进，微北"。徐达在回师途中再度攻克潜山和无为，这也是此次不成

---

① 《明太祖实录》，卷七，第85页，"己亥年六月"。
② 《明太祖实录》，卷七，第86页，"己亥年六月"。

功的西进行动的一点成果。

就在朱元璋与天完政权于安庆反复争夺的时期，常遇春在衢州路终于取得进展，经过几个月的血战，濠州红军在连克信州路、饶州路后，常遇春终于在九月攻克衢州路，守将宋伯颜不花投降，红军获得大量粮储，改衢州路为龙游府。为了经理衢州，朱元璋以武义知县杨苟知龙游府事，同时设立金斗翼元帅府，唐君用为元帅。最后，朱亮祖以枢密分院判官的身份命宁越分省都事王恺兼领军储，常遇春则率军返回宁越，因功升为金枢密院事。

统观朱元璋这一阶段的作战，我们能够发现无论是在对抗张士诚的东线还是在对抗天完政权的西线，都没能取得太大的进展。这并不能完全归之于朱元璋战略的错误，而是与朱元璋手下军队此时的战斗力还没能超过他的对手有关。关于这一点，从朱元璋此后加紧训练军队的做法能够充分看出，而随着军队战斗力的提升，朱元璋在此后的作战中逐渐占据了更大的优势。不过这一时期局势最大的变化仍旧莫过于陈友谅已经夺取了天完政权的最高权力，陈友谅与张士诚不同，张士诚自始至终没有夺取天下的愿望，能够守住既有势力范围，他就很满足了。陈友谅则不同，这位曾为县吏的渔夫之子的目标是全天下，因此他方才除掉赵普胜就把已经控制浙东诸道大部的朱元璋视为大敌，西线战事越来越激烈。与此同时，东线的张士诚也乘机再度展开了对朱元璋的进攻，朱元璋由此进入了一段东西两线同时进行较大规模频繁作战的时期，直至西线爆发了规模浩大的龙江—龙湾之战，整个局势乃为之一变。

4. 东西两线

至正十九年（1359）十月，张士诚再次大举反扑江阴。然而江阴要地在吴良的防守下固若金汤，张士诚在二月的大举进攻都被吴良成功化解，此次进攻规模不如二月，自然也难不倒吴良，"吴良遣万户聂贵、蔡显将兵间道出无锡、三山绝其后。士诚兵惧，遁去"[①]。

东线稳定后，朱元璋在婺州路、衢州路和信州路都已占领的情况下命金院胡大海于十一月率军向更南方的处州路进发。朱元璋对处州路早有计划，他在当年初就将耿再成升为行枢密院判官，率军屯于缙云县黄龙山，准备规取处州路。但此后胡大海在绍兴路被张士诚牵制，无力经略处州。随后西线告警，朱元璋与陈友谅于安庆展开激烈争夺，加之饶州路、信州路、衢州路都在激战，就更加无暇顾及还在更南方的处州路了。

十一月，胡大海以大军压向处州路，直指此前曾出兵阻止朱元璋规取婺州路的元朝参知政事石抹宜孙。石抹宜孙堪称朱元璋在规取浙东时遇上的元朝将领中最难缠的一位。在北方三路尚在激战的情况下，为了应对朱元璋即将展开的对处州路的大举进攻，石抹宜孙派遣手下元帅叶琛屯兵桃花岭，参谋林彬祖屯于葛渡，镇抚陈仲真、照磨陈安屯樊岭，元帅胡深守卫龙泉，共同构成一道防线，准备抵御即将到来的进攻。然而由于此后战局的复杂变化，朱元璋并没有立即对处州路展开进攻，结果反而出现了"久之，将士怠弛，皆无斗志"[②]的局面。随后，又发生了胡深归降朱元璋的重要事件。胡深归附朱元璋后，将整个处州路的虚实全都告诉了朱元璋，"且言处州兵弱易取"[③]。胡大海听了胡深的情报后大喜过望，立即进军樊岭与耿再成会合，随即发动进攻，"大败其兵，连拔桃花岭、葛渡二寨，遂薄城下"[④]。

防线失守，胡大海大军兵临城下，本已兵力不足的石抹宜孙更加不可能取胜，

---

① 《明太祖实录》，卷七，第89页，"己亥年十月"。
② 《明太祖实录》，卷七，第89页，"己亥年十一月"。
③ 《明太祖实录》，卷七，第89页，"己亥年十一月"。
④ 《明太祖实录》，卷七，第89页，"己亥年十一月"。

他只能弃城与叶琛、章溢逃往建宁，胡大海遂攻克处州并逐渐将处州路下七邑全数占领，林彬祖则逃往温州，濠州红军改处州路为安南府并同时建立安南翼元帅府。

占领处州路，不仅使浙东道西部诸路全部被朱元璋控制，更让朱元璋的势力大幅向南扩展。然而朱元璋的发展历程注定不会顺利，刚在西线取得重大进展，东线的张士诚又挑起了争端，于是，朱元璋再度发动了对杭州路的大规模进攻。

十二月，鉴于张士诚对分水县新城的反复骚扰，朱元璋对杭州路发起了一次大规模进攻，朱元璋此次一反常态，不再执着于绍兴路，而是直取杭州路，显然是希望给予张士诚最大的打击以求一劳永逸地解决东线的问题。关于此次进军杭州路的将领，《明太祖实录》记载为常遇春，《纪事录》则记载为邵荣。常遇春此时虽然已经升为金院，但杭州毕竟是元朝江浙行省首府。此时的常遇春还难以担当总攻大任，此役主将还当是此时濠州红军中的二号人物邵荣，不过因为后来邵荣被朱元璋诛杀，因而《明太祖实录》刻意隐没了大量邵荣的事迹。

此次对杭州的进攻并不顺利，至至正二十年（1360）三月濠州红军仍旧没能取得实质进展，"元帅刘忙古歹及掾史商尚质又皆战死，城不得下"[1]，朱元璋不得不召还了军队，更告诫常遇春：

> 克敌在勇，全胜在谋，昔关羽号万人敌，为吕蒙所破者，为无谋也，尔宜深戒之。[2]

杭州之役失利，加之此前两攻安庆失利，让朱元璋充分认识到了军队中存在的战斗力问题。濠州红军能够在对付内部不和的元军及诸如俞通海攻打福山、刘家港、白茅港等战斗中取胜，但一旦要和陈友谅或张士诚等地方重要割据势力进行诸如争夺安庆、攻打杭州等大规模战役，就显得有些力不从心。因此，朱元璋决定在东、西两线都还颇为紧张的时刻，仍旧对军队进行一下专门训练。

朱元璋在至正十九年（1359）十二月提拔亲军副都指挥使杨璟为枢密院判官。至正二十年（1360）四月，也就是在杭州之役结束一个月后，朱元璋趁着东、西两

---

① 《明太祖实录》，卷八，第93页，"庚子年三月"。
② 《明太祖实录》，卷八，第93页，"庚子年三月"。

线还相对平静的时候，"命亲兵指挥杨璟领帐前将士，于宜兴西湖习水战"[1]，为了表示重视，朱元璋还在五月"亲领水、陆二寨将士，驾海船及风斗快船，于采石江上教习"[2]。然而就在这次教习过程中，突然暗云蔽日，连天上的星星都能看到，一个时辰之后天色才恢复正常。我们今天看到这段记载，自然知道朱元璋是遇上了日全食，但在当时，这一天文现象着实让大军受惊不小，更被赋予了神学上的意义。而一个月后陈友谅对池州、太平的大举进攻，甚至一度危及应天府似乎也证明了这一点。

不过在至正二十年（1360）上半年，除了军事行动，朱元璋还有另一大收获。三月，刘基在朱元璋几次相请下终于归顺了朱元璋。刘基曾在元廷为官，且在当地名声卓著，此时归顺，无疑代表着浙东知识分子已经逐渐认同了朱元璋和他将要建立的新政权。朱元璋和刘基的第一次见面时间并不长，刘基甚至是和此前从处州逃走的叶琛、章溢及此前已经和朱元璋有过接触的宋濂三人共同进见朱元璋的。当时朱元璋询问四人"四海纷争，何时而定？"章溢回答："天道无常，惟德是辅，不嗜杀人者能一之。"[3]这无疑和朱元璋的理念不谋而合，朱元璋非常高兴，对归顺的四人礼遇有加。不过令朱元璋没想到的是，他扭转天下局势的机会竟然在闰五月以一种意外的方式来到了。

---

① 俞本撰、李新峰笺证：《纪事录笺证》，卷之上，第121页，"至正二十年"。

② 俞本撰、李新峰笺证：《纪事录笺证》，卷之上，第122页，"至正二十年"。

③ 《明太祖实录》，卷八，第93页，"庚子年三月"。

5. 意义非常的龙江—龙湾之战

　　西线的灾难开始于至正二十年（1360）闰五月初一，陈友谅发动了鄱阳湖决战之前对朱元璋最大的一次攻势，以舟师大举进攻太平府。太平守将枢密院判花云与朱文逊率领仅仅三千军马抵抗，凭借坚城竟也抵挡住了陈友谅大军的围攻。于是陈友谅决定改变策略，他发现太平府城墙倚江而建，自己的战舰可以直抵城下，士兵从船上直接登城进攻。这一致命弱点，朱元璋由于此前主要目光集中于东线，竟然没有进行有效的补救。于是，陈友谅"引巨舟泊城西南，士卒缘舟尾攀堞而登，城遂陷"[①]，花云等被俘，皆不屈而死。战后，朱元璋于六月改筑太平府城墙，将西南城墙内移二十余步，与姑溪拉开距离，弥补了这一缺陷。后来朱元璋攻占洪都后，也有类似的改筑做法。此后的局势发展也证明了朱元璋此举是非常深谋远虑的。

　　陈友谅占据太平后，应天局势立即显得十分危急，陈友谅此时志得意满，很快于闰五月初三于采石舟内对徐寿辉"令壮士持铁挝自后碎其首弑之"[②]，徐寿辉死后，陈友谅随即称帝，国号汉，建元大义，建立了元末明初著名的汉政权，从而也正式开始他和朱元璋之间直接的激烈交锋。据说登极大殿举行之时，"又值大雨，冠服皆濡湿，略无仪节"，因此"识者知其必无成"[③]，这其中自然有牵强附会的成分，然而陈友谅称帝的时机确实颇为仓促，他在内部还未完全统一的情况下匆忙弑主称帝，之后作战赢了还好，万一失败，内部势必发生叛乱造成不稳。后来局势的发展也证明了这一点。

　　攻陷太平后，陈友谅立即率军直扑应天而来，为了确保成功，陈友谅还派人联络张士诚，相约对朱元璋东西夹击。不过张士诚与后来鄱阳湖之战时一样，并没能有效配合陈友谅夹击朱元璋。我们无法知道张士诚究竟是因为与陈友谅有过节还是战略眼光不足，反正张士诚的迟钝给了朱元璋扭转局势的机会。

　　然而面对陈友谅十倍于自己的兵力，朱元璋仍旧不敢掉以轻心，而朱元璋方面

---

① 《明太祖实录》，卷八，第95页，"庚子年闰五月"。

② 《明太祖实录》，卷八，第99页，"庚子年闰五月"。

③ 《明太祖实录》，卷八，第99页，"庚子年闰五月"。

此时也出现了主张朱元璋亲征的建议。对此，朱元璋是持保守态度的，他认为亲征并不可行，因为一旦自己率军亲征，陈友谅凭借优势兵力，完全可以避开朱元璋的主力，以偏师牵制朱元璋，却以大军直取应天，半日就可抵达。如此，朱元璋必定首尾不能相顾。最后，朱元璋亲自确定了迎战陈友谅的战略，他决定在龙江—龙湾地区迎战，此次战役也成为鄱阳湖决战之前决定朱元璋与陈友谅命运的最重要一战。

为了将陈友谅诱入既定战场，朱元璋决定先施一个反间计。他将康茂才找来，定下康茂才派遣自己手下的一位老阍者前去陈友谅处表示康茂才愿意归降。陈友谅在确认康茂才现在在防守江东桥且江东桥为木桥后，相信了康茂才的话，约定陈友谅军至江东桥呼喊"老康"，康茂才即率众反戈一击。朱元璋听完消息，知道陈友谅已经中计，于是立即赶工将江东桥改为铁石桥，然后在龙江—龙湾地区部署战场。朱元璋让邵荣、冯胜率五翼军三万人屯于石灰山侧，常遇春屯于龙湾，徐达屯于龙江城南门外，杨璟则驻兵大胜港，张德胜、朱虎在率舟师出龙江关外。至于朱元璋自己，则"总大军于卢龙山，令持帜者偃黄帜于山之左，偃赤帜于山之右"并亲自告诫全军"寇至则举赤帜，举黄帜则伏兵皆起"[1]，全军严阵以待，迎接陈友谅的到来。

闰五月初十，陈友谅率军东下至大胜港，然而这里有杨璟率军抵御，水路狭窄，只能通过三艘船。于是陈友谅引军退出，转往江东桥，希望能在康茂才的配合下突破这里。然而当陈友谅抵达江东桥时却发现这座桥是一座铁石桥，于是大为惊讶，连呼"老康"也没有回应，陈友谅才终于知道自己上当了。而此时陈友谅的弟弟五王陈友仁已经率军沿长江准备进攻龙江城。龙江为秦淮河北流入江水道，由龙江沿着秦淮河可以直抵应天府城壕，可见龙江城地位之重要。因此，朱元璋于此不仅布置了重兵，加固城墙并深挖堑壕，更"创莲花桩于江濒二里许以拒舰"[2]。汉军到此，发现龙江不同于太平，不能以战舰抵近攻城，陈友仁于是转而率舟师进攻石灰山，同时以赵普胜原来的部将张志雄率原属赵普胜的军队进攻龙湾。事实证明，这是一个极其愚蠢的决定，张志雄虽然因为骁勇善战而被称为"长张"，但却因为不满陈友谅谋杀赵普胜而在此战中不肯尽力，最后影响到了战局的发展。

张志雄的军队在龙湾遇上了常遇春，邵荣则在石灰山迎战五王陈友仁，至于徐

---

① 《明太祖实录》，卷八，第103—104页，"庚子年闰五月"。
② 俞本撰、李新峰笺证：《纪事录笺证》，卷之上，第123页，"至正二十年"。

达，负责驻守中路策应。不料，常遇春与张志雄于龙湾交战，"数战不利"[1]，蔡镇抚在内的数十名骑士全数阵亡。邵荣与陈友仁于石灰山交战，双方相持不下，然而居中策应的徐达在对陈友仁的战斗中同样陷入不利局面。陈友仁所部在取得一定优势后立即弃舟登岸立栅，进行追击，锋芒甚锐，但也逐渐远离了战船。朱元璋抓住战机，命邵荣沿江而西截击，切断了登陆的汉军与舟师的联系，汉军首尾不能相顾，随着此后朱元璋方面发起的反攻，终于大败。张志雄方面本无战心，此时又遇上风急水涌，于是索性全军投降了朱元璋。

朱元璋方面，正在邵荣率军截击登陆汉军时，一场阵雨来到，迟滞了登陆汉军的进攻，朱元璋则反过来利用了恶劣天气，举起赤帜，诸军尽起与登陆汉军交战。阵雨停止后，朱元璋又命举起黄帜，包括冯胜、常遇春在内的伏兵尽出，徐达、张德胜、朱虎也赶来会合，终于以局部优势兵力击溃了登陆汉军。陈友仁知道作战已经失败，于是赶紧率登陆汉军撤退，不料又遇上退潮，加上张志雄投降，断绝了陈友仁的另一条退路，登陆汉军只能艰难地退往江岸，"舟胶浅，卒不能动，杀溺死者无算，俘其卒二万余人"[2]，陈友仁侥幸登船退走，陈友谅则"乘别舸脱走"[3]，陈友谅原来所乘战舰坐席下之前康茂才写给他的信也被缴获，徒然给朱元璋提供了笑料。

陈友谅既然在龙江—龙湾之战大败，朱元璋自然不会放过这个进一步削弱陈友谅的大好机会，于次日立即命廖永忠、俞通海率水军逆流而上，开始乘胜追击，同时以余元帅趁机第三次进攻安庆。朱元璋军先于慈湖、三山一带纵火焚烧陈友谅水军，又于采石再度大败汉军，陈友谅在心腹猛将张定边的掩护下放弃太平，一路退回根据地江州，朱元璋军则一路追至池州才返回，余元帅也成功占领了安庆这一应天上游要地。在整个追击过程中，朱元璋军方面损失了张德胜、官音奴两员将领。

最后，要说说被俘汉军的问题。对于这数万俘虏，要供养他们是一件很麻烦的事情。因此，朱元璋一开始决定将他们全数赦免，让当地百姓供养他们。但随着战局的进展，朱元璋明显对这一方案不放心起来，于是"旋作水牢羁之，月余，死者过半"[4]，将乱世无比残酷的一面展现了出来。

关于龙江—龙湾之战，朱元璋自己在《阅江楼记》中也承认石灰山的三万伏

---

①　俞本撰、李新峰笺证：《纪事录笺证》，卷之上，第123页，"至正二十年"。

②　《明太祖实录》，卷八，第104—105页，"庚子年闰五月"。

③　《明太祖实录》，卷八，第105页，"庚子年闰五月"。

④　俞本撰、李新峰笺证：《纪事录笺证》，卷之上，第123页，"至正二十年"。

兵在战役过程中发挥了至关重要的作用，然而关于这支举足轻重的军队是由谁率领的，记载上却出现了分歧。《明太祖实录》将石灰山伏兵的统帅归于冯胜和常遇春，又特别突出了常遇春的作用。然而宋濂为常遇春所写的《鄂国常公神道碑铭》中只称常遇春在此战中"共谋击败之"，并没有大书特书常遇春的功劳，且当时常遇春虽然在精锐的五翼军中作战，但地位甚至还不如冯胜，此战中即便如《明太祖实录》所记，他也不应是独居大功之人。统率石灰山三万伏兵之人应如俞本《纪事录》中所记为当时濠州红军武将中地位最高的邵荣。

不过实录于此隐没邵荣可以说是因为邵荣后来被朱元璋所杀，但刻意突出常遇春则不能单纯以常遇春后来地位重要而定论。《明太祖实录》初修于建文年间，而明惠宗朱允炆之父懿文皇太子朱标的元配敬懿皇太子妃常氏为常遇春之女，虽然明惠宗为常氏去世后朱标续弦的吕氏所生，但常氏也是明惠宗的嫡母。《明太祖实录》如此记载有明惠宗刻意拔高自己父亲的岳父之嫌疑。我们通常说明太宗朱棣两次重修《明太祖实录》对历史多所篡改，殊不知这种做法从被他推翻的明惠宗朱允炆在位时期就已经开始了。

陈友谅败走后，朱元璋迎来了一个向西大发展的时期。至正二十年（1360）闰五月，即陈友谅败走当月，金院胡大海亲率大军攻占信州路，改信州路为广信府，同时立龙虎翼元帅府。六月，枢密院判耿再成于庆元县再度击败石抹宜孙，将他进一步逐出浙东地区。李文忠则于八月攻占桐庐辉寨，于九月升为同金枢密院事。而同样在九月，徐寿辉旧将欧普祥也派人向朱元璋输诚，进一步削弱了陈友谅方面的力量。最终，至正二十一年（1361）正月，龙凤政权加授了朱元璋一个合乎他身份的爵位——吴国公。

朱元璋成为吴国公，又迈出了自立过程中的关键一步，他不仅立即开始改置官署，同时也要在军事上有所作为，因此就有了朱元璋亲征江州之战。

6. 吴国公：亲征江州

　　至正二十一年（1361）正月，由于朱元璋于龙江—龙湾之战中击败陈友谅并乘机西进的巨大功绩，龙凤政权授予了朱元璋吴国公这一爵位。朱元璋在江南行省平章的官职上被加授吴国公的爵位，这不是单纯意义上的升赏。加授吴国公后意味着朱元璋可以在龙凤政权这一母政权下建立吴这一子政权，迈出了自立过程中的第一步。

　　朱元璋也确实抓住了这一机会，利用对属下封赏的机会，对机构进行了一系列调整。正月，朱元璋升金院邓愈为中书省参政。二月初一，大规模的机构调整开始了。朱元璋改分枢密院为中书分省，这一调整让朱元璋集团更加靠近一个政权，也进一步明确了治所位于应天的江南等处行中书省中央与占领的地方之间的行政隶属关系，这是行政方面。军事系统方面，朱元璋在三月改枢密院为大都督府，枢密院同金朱文正为大都督并节制中外诸军事，李善长则以中书省参议的身份兼司马事。与此同时，枢密院同知邵荣正式得到了中书省平章政事这一和加授吴国公前的朱元璋几乎对等的职务，常遇春则得以升为参知政事。从邵荣的升迁不难看出他此前在龙江—龙湾之战中确曾立下了关键性功劳，也得到了应有的封赏，当然，这也是朱元璋出于平衡集团内派系的考虑。对常遇春的升赏则是对自己亲信的提拔。到了四月，李善长也由中书省参议升为参知政事，能够更为名正言顺地辅佐朱元璋。

　　在中央，朱元璋除了对官署机构和人事任命进行调整外，还建立了一系列制度。同样在至正二十一年（1361）正月，朱元璋开始建立盐法，实现对食盐的专卖，置局设官开始从商人那里以每二十分取一的比例抽取利润以资军饷。随后，朱元璋又于二月建立宝源局，以求进一步健全对货币的铸造。宝源局奉命铸造了"大中通宝"钱，仍旧与历代铜钱相兼使，规定四百为一贯，四十为一两，四文为一钱，当年共铸钱四百三十一万。确定了从食盐中抽取利润后，朱元璋又将目光对准了茶叶，他在宝源局设立后又建立茶法，规定商人买茶后需要将所买数目赴官纳钱请引后方能出境交易，每一引包含茶叶一百斤，需纳钱二百。如此，朱元璋通过对茶业经营的垄断也能够从茶叶中抽取相对稳定的利润。通过这一系列政策，朱元璋能够从控制区内得到稳定而充足的军饷，这也是他不同于其他割据势力之处，而稳定的后勤供应也是朱元璋最后能够从群雄中胜出的一个关键性因素。

最后，朱元璋进一步完整了地方政权的建设，而在地方政权建设中，朱元璋又特别着眼于和张士诚交界的东线。至正二十一年（1361）五月，朱元璋以枢密院同金胡大海为中书分省参知政事，镇守金华。同金枢密院事李文忠则奉命于严州筑城防守。六月，面对永兴翼元帅耿炳文以"其地邻敌境，乞留广兴翼兵相为应援"[①]的请求，朱元璋将之驳回，命耿炳文"练饰军士，自为镇守"[②]，这显然是要地方拥有足以独自对抗敌人的力量，不能过度依赖外援。事实证明，朱元璋的这一系列举措对于稳固地方起到了非常良好的作用，后来在朱元璋西征江州期间东线频繁的叛乱之所以没有最终酿成大祸，应该说与朱元璋这一阶段对地方的建设有分不开的关系。

到了八月，一切内部安排都已经进行得差不多了，又由于七月陈友谅以张定边攻破要地安庆，愤怒的朱元璋杀掉了逃回的余元帅。最终，朱元璋决定以更大的军事胜利来证明自己，于是发动了亲征江州之战，以求进一步打击陈友谅。

八月初，朱元璋先遣使前往汴梁与元将察罕帖木儿通好，稳住了北方。然后，八月初六，邓愈率军攻克浮梁，陈友谅守将侯邦佐等弃城而逃。院判于光再攻乐平洲，击败陈友谅手下总管萧明，生擒万户彭寿等六十余人。随后，朱元璋在得到李明道带来的陈友谅内部的情报后于八月十二日亲率舟师出龙湾讨伐陈友谅，徐达、常遇春等重要将领都跟随出征。

根据俞本《纪事录》中的记载，朱元璋此次出征"海船五十余帮，大者可容千人，小者八百人，船五只为一帮，惟上所乘船容一千三百人"[③]。在这规模宏大的舟师中，有风斗船五十余只，还有平口浅船载有马匹、粮赏、军器跟在最后。另外，朱元璋还选出轻便快船，命伶俐官军乘之作为前锋。"船列百余里，涂粉为号，画黑云板旗钉于船尾"[④]，军士所立之处，都写上姓名，称为"信地"，不得擅离，否则一律斩首，"旌旗蔽天，衣甲曜日，金鼓之声震于远近"[⑤]。其中，朱元璋所乘大船尤其特殊，在这艘船上，一面大蓝旗悬于中桅，上面缋有"奉天"二字，又悬黄号带于旗端，上书"奉天征讨，纳顺安民"，又以大蓝旗上制红色"美"字，悬于二桅

---

① 《明太祖实录》，卷九，第114页，"辛丑年六月"。

② 《明太祖实录》，卷九，第114页，"辛丑年六月"。

③ 俞本撰、李新峰笺证：《纪事录笺证》，卷之上，第139页，"至正二十一年"。

④ 俞本撰、李新峰笺证：《纪事录笺证》，卷之上，第139页，"至正二十一年"。

⑤ 俞本撰、李新峰笺证：《纪事录笺证》，卷之上，第139页，"至正二十一年"。

上。朱元璋如此声势浩大地征讨陈友谅，且如此布置自己的乘船，很明显已经以天下正统自居，要讨平一切割据势力，实现海内的统一。由此可以看出，朱元璋非常看重这次亲征，他这次西征的最初目标很有可能是为了彻底消灭陈友谅。

朱元璋亲率舟师先以绝对优势二度攻克安庆，然后进至彭泽县小孤山，原属蜀主明玉珍的将领傅友德归降了朱元璋。傅友德在元末跟随山东李喜喜起兵，转而进入四川地区。李喜喜失败后，傅友德转投明玉珍手下，但明玉珍不能任用。于是傅友德又走武昌投奔陈友谅，然而陈友谅更为过分，不仅不能任用傅友德，还将他羁押起来。愤懑不已的傅友德在朱元璋西征至小孤山时抓住时机投入朱元璋帐下。朱元璋知道傅友德的能力，对他的归降非常高兴，"用为将"[1]，后来傅友德在北伐和平定四川中都立下大功，证明了朱元璋的眼光。此外，傅友德的归降还有另一个重要作用，就是进一步给朱元璋提供了此时陈友谅方面的情报，让朱元璋能够决策长驱直入。

收降傅友德后，朱元璋大军进至湖口，击败了在此侦逻的陈汉军队，大军追至江州。敌军濒临城下，陈友谅只得亲自率军迎敌。此时，朱元璋将舟师分为两翼夹击汉军，"又大破之，获其舟百余艘，友谅穷促，夜半挈妻子弃城走武昌"[2]。八月二十四日，朱元璋大军进入江州，发现陈友谅已经将宫殿、府库、仓廪付之一炬，率领城中主要将士弃城而走。朱元璋的军队只俘虏了一批汉军家属。因为战果有限，朱元璋并没有止步于江州，而是立即命徐达、邵荣总水寨继续追击，又相继占领蕲州、黄州，院判赵伯中攻占饶州、抚州。

九月二十二日，朱元璋对湖广发动了进攻，陈友谅逃离江州后，以湖广武昌为都，朱元璋此举显然意在直指陈友谅。徐达以薛显率军沿汉阳城沿江焚烧舟楫。次日，大军开始攻城，陈友谅也知道不能丢失武昌，加上他已经收拢了主力部队，于是亲自登上黄鹤楼督战，坚守城池。徐达此来较为仓促，未能准备好攻城器械，徐达军自寅时开始进攻，午时仍旧未能突破城防，只能将城外房屋焚毁后撤退。

徐达进攻武昌失败，说明此时朱元璋军力的进攻能力已达极限，再难取得进展。徐达自武昌撤走后，率舟师转至汉阳、沔阳地区，在襄河口、沌口"以竹编巨

---

[1]　黄金：《皇明开国功臣录》，卷五，《傅友德传》，第339页。
[2]　《明太祖实录》，卷九，第119页，"辛丑年八月"。

篓，贮砖石于内，填塞坝口，出水高丈余，阔十丈"①。与此同时，徐达还令已经阵亡的桑世杰之子桑敬率领快船三百余艘前往鄂州侦查，自己则率主力驻屯三江口，聚兵黄州对岸，从水、路两个方向威胁武昌。徐达的这一部署说明他的战略已经出现了变化，由直取武昌变为在固守江州的前提下徐图进取。

然而局势的发展让徐达的这一计划也落空了。十一月，在得知张士诚已经派司徒李伯昇对长兴再度发动猛烈进攻的消息后，朱元璋在九江待不住了，他知道长兴城中此时仅有七千余士兵，而张士诚则是以十余万之众水陆并进直薄城下。朱元璋于是先命帐前都先锋陈八、元帅王国宝率应天军马，元帅沈友仁、华高率宜兴、宁国军马，总管彭某、万户费聚率广兴、安吉军马共同救援长兴，然后又在十一月十一日命邵荣、常遇春率军东返驰援长兴。不仅如此，朱元璋也在随后匆匆赶回应天坐镇，甚至让徐达放弃江州以最快速度东援。徐达率军东返后，汉军很快就重新占据了江州。然而徐达军还在半路上，长兴之围已经解除。

陈八、王国宝等人率领的第一批援军乘夜对张士诚军实施劫营，张士诚"诸军皆惊溃"②，婴城据守的耿炳文此时也派遣左副元帅刘成出西门迎敌，希望构成内外夹击，但终究因为兵力悬殊，双方再度形成胶着，"于是寇复围城，结九寨为楼车，下瞰城中，运土石填濠隍，放火船烧水关，攻城益急，城中昼夜应敌几月余，内外不相闻"③，这虽然说明此前耿炳文"练饰军士，自为镇守"的措施已经有了明显的效果，但长此以往，长兴终究难免陷落。邵荣、常遇春于十一月二十七日赶到长兴后才终于将负责围攻长兴的李伯昇击溃。长兴解围时，徐达还在东返途中，于是奉命立即掉头驻于浔阳，随即第二度向江州发动进攻，"大败五王之兵，杀死、被擒者殆数万"④，再度占领江州，朱元璋也很快返回九江坐镇。

徐达轻而易举再度占领江州，说明陈友谅方面对江州的控制力已经很薄弱了。随着朱元璋方面的势力较为稳固地控制了江州地区，元江西行省控制区内的陈汉官员也开始出现不稳。至正二十二年（1362）正月，陈友谅任命的江西行省丞相胡廷瑞派遣同金康泰至九江纳降，朱元璋由此得以将抚州路、建昌路、龙兴路等地区全部纳入控制中，随后，朱元璋就离开九江，前往龙兴。正月二十日，朱元璋抵达龙

①　俞本撰、李新峰笺证:《纪事录笺证》，卷之上，第143页，"至正二十一年"。
②　《明太祖实录》，卷九，第121页，"辛丑年十一月"。
③　《明太祖实录》，卷九，第121—122页，"辛丑年十一月"。
④　俞本撰、李新峰笺证:《纪事录笺证》，卷之上，第145页，"至正二十一年"。

兴路，二十七日，改龙兴路为洪都府。二月，朱元璋又将洪都府西面临水城墙向内移入三十里，将东南城墙拓展二里余，这显然是吸取了此前太平因为城墙临水而被陈汉军攻占的教训。安排完洪都之事后，朱元璋结束了此次西征，很快便返回了应天。此后，洪都就在一定时期内成为了朱元璋对抗陈友谅的最前线。

　　朱元璋此时显然已经意识到，自己的力量此时还不足以完全消灭陈友谅。陈友谅虽然在龙江—龙湾之战中遭到重创，之后又丢失了江州，但在退守武昌后仍旧保有了相当的力量，以至于在徐达东返后能迅速再度占据江州，此后又能重新夺取安庆，而这从之后鄱阳湖决战中陈友谅聚集的庞大兵力也可以得到佐证。当然，这不是朱元璋停止进军的唯一原因，东线爆发的大规模叛乱导致胡大海被杀，朱元璋不得不返回处理也是重要原因之一。朱元璋在龙江—龙湾之战后迅速西进，在最大限度上扩大了战果，虽然未能实现彻底消灭陈友谅的目标，但占领江州、洪都仍旧是极大的战果，特别是洪都，因其坚固而险要的位置成为此后一段时间内朱元璋对抗汉军的最前线，避免了再度出现汉军直趋太平，迫近应天的局面。此后的鄱阳湖决战，陈友谅正是因为久攻洪都不下，错失了绝佳战机。由此观之，此次西征可谓奠定了日后朱元璋与陈友谅之间胜败的基础。

第四章

吴王

1. 频繁的叛乱

至正二十二年（1362）对朱元璋而言无疑是令人心烦的一年，因为在这年他不仅被东西频发的叛乱所困扰，张士诚和陈友谅也不时向其发动进攻，内忧外患让他疲于应对，因而未能在开疆拓土上取得什么成果。

二月初七，叛乱首先在东线爆发，金华苗军元帅蒋英、刘震、李福叛乱，杀害镇守金华的参政胡大海、郎中王恺、总管高子玉，举金华而叛。浙东突然爆发如此巨大的叛乱有其原因的，胡大海在至正十七年（1357）攻占建德路时，苗军元帅刘震等人跟随员成自桐庐前来归降胡大海。苗军以骁勇善战著称，胡大海对于苗军大量归降非常高兴，将他们留在麾下，非常信任与倚重。然而胡大海忽视了苗军的民族特性，刘震等人心里并没有完全接受朱元璋政权，心里一直有叛乱的打算，但因为胡大海"遇己甚厚"[1]，一直没忍心下手。这时，李福对众人说："胡参政待我辈信厚，然兵之柄在主将，不杀主将，则事不成。举大事宁暇顾私恩乎？"[2] 于是刘震下定决心，联络同为苗军的李祐之等人，约定二月初七共同举兵。

到了二月初七，蒋英等人进入分省衙署请胡大海至八咏楼下观弩，胡大海不加怀疑，欣然答应。胡大海走出衙署将要上马时，钟矮子按照蒋英事先的计划跪在胡大海前进言说："蒋英等欲杀我！"[3] 胡大海还没来得及回答，只是回过头来看着蒋英。此时蒋英从袖中拿出铁槌做出要打钟矮子的样子，结果"因中（胡）大海脑，仆地。（蒋）英即断其首，提于马上以示同佥宁安庆、院判张斌，胁其从己"[4]。之后，蒋英等人又杀害了胡大海之子，抓住了王恺，王恺对叛军义正词严地说："吾职居郎署，同守此土，义当死，宁从贼耶？"[5] 虽然刘震希望能保全王恺，但在和王恺有嫌隙的吴德珍的劝说下，王恺最终还是遭到杀害。

金华全城被叛军占据，整个浙东中书分省无疑都受到震动。回到金华城中，躲

---

① 《明太祖实录》，卷一〇，第128页，"壬寅年二月"。

② 《明太祖实录》，卷一〇，第128页，"壬寅年二月"。

③ 《明太祖实录》，卷一〇，第128页，"壬寅年二月"。

④ 《明太祖实录》，卷一〇，第128—129页，"壬寅年二月"。

⑤ 《明太祖实录》，卷一〇，第129页，"壬寅年二月"。

过一劫的典史李斌知道情况紧急，"怀省印，缒城走严州，告变于朱文忠（李文忠）"①。李文忠听说金华叛乱，立即派遣元帅何世明、掾史郭彦仁等率军讨伐金华。何世明兵至兰溪，蒋英知道自己不是对手，于是驱掠城中子女向西投降了张士诚，何世明得以顺利进入金华。此时，还在城中的张斌、吴德珍再次至何世明马前请降，何世明知道王恺死于吴德珍之手，想要杀了他，张斌力劝何世明说："杀一德珍则降者皆惧，后人不复来降矣！"②吴德珍才捡回一条命，金华之乱被平定了下来，胡大海的养子胡德济也终于得以为养父奔丧，朱元璋称帝后大封功臣时追封胡大海为越国公以示纪念。

胡大海被杀，金华不能无人镇守，于是朱元璋命左司郎中杨元杲前往金华总理军储，李文忠也亲自前往金华安抚军民，当李文忠进入金华时，"父老遮道诉曰：'士民不幸遭叛寇屠戮，日夜望王师以解倒悬，今将军至，吾属无患矣！'"③在李文忠的亲自主持下，金华地区终于又安定下来，朱元璋改浙东中书分省为浙东等处中书省，升同佥李文忠为浙东行省左丞。金华之乱虽然让朱元璋失去了包括胡大海在内的一批重要将领，也造成了整个金华地区的骚动，但好在没有让金华落入敌手，在李文忠以大军压境下，金华很容易就收复了。

然而金华的叛乱只是开始。随着蒋英于金华叛乱，他此前联络过的处州苗军元帅李祐之、贺仁得等也于二月十一日杀掉院判耿再成、都事孙炎、知府王道同及朱文刚等跟随作乱，据守处州城。李文忠才处理了金华叛乱，又遇上处州出事，只得再派出元帅王祐等率军屯于缙云山以图恢复。三月初一，朱元璋得知了处州叛乱的消息，丝毫不敢掉以轻心，立即派出平章邵荣率军前去讨伐。

一波未平，一波又起。邵荣还没抵达处州，张士诚就已经找上门来。三月初七，张士诚乘蒋英叛乱之机派遣其弟张士信率军一万余人包围了诸全。诸全守将谢再兴与张士诚军鏖战二十九日未能分出胜负，于是只能也向浙东方面此时的最高负责人浙东行省左丞李文忠求援，但李文忠此时还在处理金华叛乱的善后，同时又要派兵前往处州，手上已经没有多少可以调动的兵力了。但诸全方面又不能不援救，李文忠只能又派出同佥胡德济前去援救诸全。胡德济的援军无异于杯水车薪，谢再

---

① 《明太祖实录》，卷一〇，第129页，"壬寅年二月"。

② 《明太祖实录》，卷一〇，第129页，"壬寅年二月"。

③ 《明太祖实录》，卷一〇，第129页，"壬寅年二月"。

兴果然很快就"复以援兵少而敌众，请益兵"①，即请求增加援兵。面对谢再兴的增兵请求，李文忠面临的却是"是时，金华叛寇初定而严州逼近敌境，处州又为叛苗所据"②的局面，他已经拿不出更多的军队了。但诸全方面的围困又不能不解，李文忠与都事史炳讨论后认为虽然已经无法派出更多援军，但邵荣率大军前往处州所造成的声势却可以利用。于是，李文忠等便开始扬言："右丞徐达、平章邵荣领大军至严州，克日进击。"③并使间谍将之揭榜张贴于义乌古朴岭上。这一消息真假掺杂，张士信手下的士兵看见，果然发生动摇，加之张士信生活骄侈，不能约束士卒，于是士兵们开始计划乘夜撤退。胡德济掌握了这一情报，和谢再兴秘密商定乘夜由谢再兴开城出击，自己也"鼓噪从之"④，形成内外夹击的声势。张士信方果然中计，"寇兵乱走，自相蹂践及溺死者甚众"⑤，终于解了诸全之围。

诸全之围方解，邵荣正待对处州用兵，西线也燃起了烽火，朱元璋用心甚多的洪都被叛军攻陷了。三月十七日，在康泰的策动下，祝宗于江西举兵叛乱，攻陷了洪都府。祝宗、康泰当初跟随胡廷瑞归降朱元璋时本就和胡廷瑞不是一条心，虽然被迫归降，但仍旧不时对胡廷瑞抱怨，胡廷瑞也只能不断开解二人。加之此时朱元璋身在洪都，两人未能立即反叛。朱元璋返回应天后，胡廷瑞对二人越来越不放心，于是向朱元璋暗示性地陈述了两人的叛意，朱元璋立即派遣使者至洪都让两人率军前往湖广听徐达调遣，这显然是要解除两人的兵权，让他们身处徐达麾下大军之中，从而动弹不得。两人率军乘船行至女儿港，终于决定横下一条心，举兵叛乱，他们劫掠了一艘运布的商船，"掠其布为旗号，反兵劫洪都"⑥，他们当天日暮时分就抵达洪都城下并立即展开攻城，很快攻破了新城门。此时邓愈正在洪都城中原来的廉访司中居住，听闻叛军已经进城，在数十名骑兵的保护下仓促出走，一路上且战且走，几十名骑兵多数遇难，邓愈连续换了三匹马，最后用其养子的马才得以从抚州门逃脱，奔回应天向朱元璋报告洪都失陷的消息。洪都城中的都事万思诚、知府叶琛全部死难。三月二十五日，朱元璋听完邓愈的汇报，立即命身在汉阳的徐

---

① 《明太祖实录》，卷十一，第137页，"壬寅年三月"。
② 《明太祖实录》，卷十一，第137页，"壬寅年三月"。
③ 《明太祖实录》，卷十一，第138页，"壬寅年三月"。
④ 《明太祖实录》，卷十一，第138页，"壬寅年三月"。
⑤ 《明太祖实录》，卷十一，第138页，"壬寅年三月"。
⑥ 《明太祖实录》，卷十一，第138页，"壬寅年三月"。

达回师讨伐洪都叛军。至此，南面的处州和西面的洪都都陷入叛乱之中，朱元璋又同时陷入了两场战事。

三月二十七日，邵荣终于抵达处州，他没有犹豫，立即命院判张斌等人对处州四门同时展开进攻。四月，邵荣与手下元帅王祐、胡深等人放火烧毁处州东北门，终于攻破处州，李祐之自杀，贺仁得逃往缙云山，被当地百姓擒获送往应天，被朱元璋诛杀。邵荣平定了处州叛乱，留下王祐镇守后班师返回了应天。同月，徐达也以绝对优势夺回了洪都，祝宗逃往新淦投奔邓志明，最终被邓志明所杀，康泰也在逃往广信途中被追兵抓获送往应天。但与贺仁得的待遇不同，因为康泰是胡廷美的外甥，所以朱元璋宽恕了他。洪都在朱元璋刚刚离开不久就爆发如此严重的叛乱，让朱元璋意识到必须派遣得力将领镇守洪都。于是，在徐达夺回洪都后，朱元璋命大都督朱文正协同元帅赵德胜、参政邓愈等人共同镇守洪都。朱文正在洪都"增浚城池，严为守备"①，为后来抵抗陈友谅的围攻奠定了坚实的基础。

朱元璋内部频发叛乱，敌对势力自然不会放过这一机会，张士诚反扑诸全就是先例。五月，福建元军趁机攻打建昌，身在处州的张斌、王德明立即前去策应建昌，他们先攻克金溪，然后进取韩婆关，与福建都镇抚赵珍交战，虽然王德明于此战死，但濠州红军还是顺利进至建昌城下，解除了元军对建昌的进攻。

到了六月前后，陈友谅也发动了对安庆的又一次进攻，安庆守将院判赵伯中和元帅陈八（一作程八）弃城而逃，知府谭若李见主将逃跑，也只能跟随逃离安庆，陈汉军队几乎没费吹灰之力就再度占领了安庆。但陈汉军队此时已经失去了洪都，因此也不能稳固控制安庆，不久主动退走，谭若李于是召集幕僚入城安民，希望能够有所弥补。但对于赵伯中、陈八、谭若李等人不战而失安庆，朱元璋大怒，认为"主将不能固守，城陷远遁避之。知府不能远走，寇退乃能入城安民。将伯仲（中）等照失陷城池诛之"。常遇春此时劝说："伯仲等系渡江旧人，姑用赦之。"朱元璋则说："不依军法，无以戒后。"②于是"俱令绞死，暴于道以示众"③，不过刘辰在《国初事迹》中的记载更温和，为给予他们妻子一条弓弦，令他们自缢而死。朱元璋对于失守安庆的将领，无论是至正二十一年（1361）七月失守安庆的余元帅还

---

① 《明太祖实录》，卷十一，第140—141页，"壬寅年五月"。

② 刘辰：《国初事迹》，第94页；（出自：邓士龙 辑：《国朝典故》，卷四）。

③ 俞本撰、李新峰笺证：《纪事录笺证》，卷之上，第169页，"至正二十二年"。

是本年失守安庆的赵伯中等人，都是杀掉以正军法，除了有严肃军纪的作用，另一方面也说明了安庆极端重要的地理位置，对于将领不能固守这里，朱元璋是非常愤怒以至于不能容忍的。八月，陈友谅进一步趁机攻陷了吉安。安庆最终在九月被徐达重新控制并修缮了城池。

十月，本年规模最大的一次叛乱在池州爆发。根据刘崧《槎翁文集·孙先生传》的记载，池州元帅"罗友贤复据贵池、东流、太平、石埭、祁门、黟县、余干、乐平诸县以叛，屡招之不下"。因为邵荣已经于八月因为一场奇怪的"谋反"案而被杀，为了平定这场叛乱，朱元璋不得不派常遇春率应天主力前去平叛。常遇春于十一月攻占罗家山寨、高家山寨和麻城，但直到次年正月才占领罗友贤的根据地神山寨，擒杀罗友贤，彻底平定了此次叛乱。

至正二十二年（1362），朱元璋在频繁的内忧外患中度过了。不过比起这些军事行动，本年最轰动性的事件仍旧是朱元璋清洗军中二号人物邵荣的所谓"谋反"案，这起案件颇为诡异，也对朱元璋最终建立起自己的绝对权威非常重要，因此有必要专门进行一下分析。

2. 不寻常的邵荣案

至正二十二年（1362）八月初八正是中秋夜，不过这天晚上朱元璋的心情很复杂，他在中秋之夜将平章邵荣、参政赵继祖这两位郭子兴旧部的代表人物全部诛杀于应天聚宝门，完成了对手下队伍的一次大清洗，这一事件也超越当年困扰朱元璋的内忧外患成为至正二十二年（1362）朱元璋方面最具轰动性的事件，其中尤以诛杀邵荣这一此时濠州红军中的二号人物最为重要。

然而当我们回顾整个邵荣案，却会发现在很多关键方面的记载都语焉不详，对于这位濠州红军二号人物之死，实在是有太多的疑问，因此，我们需要专门分析一下此案的相关问题，这样才能让我们充分认识此案在朱元璋发展壮大过程中的重要意义。

首先，关于邵荣案发和伏诛的时间就有分歧。俞本《纪事录》记载为：

> 八月初七日，平章邵荣、参政赵继祖等部海船于二村港，哨张氏，谋叛。部下士刘某遁回，密告于上。令平章廖永忠、都护康铎①邀饮，擒之。解至上前，泣数其罪，共宴数日。至中秋夜，俱斩于聚宝门。首告者授指挥，守广德。②

毫无疑问，邵荣伏诛是在中秋夜。然而在《明太祖实录》中，邵荣伏诛则是在七月十三日，罪名也不一样，为"平章邵荣、参政赵继祖谋反，伏诛"③。七月的说法见于宋濂所写《张中传》中，《明太祖实录》中的时间当沿袭于此。而刘辰在《国初事迹》中则和俞本《纪事录》保持一致。那么究竟哪个时间更可靠呢？

刘辰在《国初事迹》中明确记载邵荣七月才返回应天，八月案发被捕。宋濂虽然在文集中记载了很多明初史事，然而时间顺序经常错乱，这无疑影响了其记载的

---

① 俞本记载有误，康铎早已去世，当为康茂才，俞本几乎逢康茂才则误写为康铎。

② 俞本撰、李新峰笺证：《纪事录笺证》，卷之上，第170页，"至正二十二年"。

③ 《明太祖实录》，卷十一，第141页，"壬寅年七月"。

可靠性了。另外，俞本《纪事录》中着重强调邵荣是在中秋夜被杀。综合起来，还当以八月为可靠。

另一个问题，向朱元璋密告邵荣者究竟是何人？《明太祖实录》记载为宋国兴，刘辰《国初事迹》只言是"元帅宋某"[1]，没有记载清楚究竟是何人，潘柽章《国史考异》则认为是宋国兴的弟弟宋晟。那么，究竟是谁呢？对此，杨士奇在后来为西宁侯宋晟所撰《西宁侯宋公神道碑铭》中记载宋朝用、宋国兴父子"从张天祐克五河、泗州、盱眙，又并进总管。乙未，从上克和州，渡江下采石、太平。总管邵荣等潜有异谋，国兴察知以闻，荣等伏诛。从克溧阳，进攻南台，国兴战殁，命公（指宋晟）袭兄职。丙申……从克南台，公父升广德元帅。丁酉，随广德公克宣州，还，改广德公天宁翼元帅，以老，留建康。……己亥，（宋晟）袭天宁翼元帅"[2]。然而杨士奇的记载中有一个重大的时间错误，就是将邵荣案发的时间误记为乙未年，即至正十五年（1355）。也正是因为杨士奇的这一记载失误，让这段记载的时间都很成问题。而《明太祖实录》又坚称告发的是至正十五年（1355）已经战死的宋国兴，刘辰《国初事迹》才会认为宋国兴在至正十五年（1355）并未战死，而潘柽章在《国史考异》中则认为"元帅宋某"应该指的是宋国兴的弟弟宋晟，都是希望能够避免矛盾，得到一个可靠的解释。

然而刘辰认为宋国兴并未战死并无证据，潘柽章认为"元帅宋某"指宋晟也有问题，即宋晟在当时名位低微，虽然兄长战殁，其弟袭职的记载应该没有问题，但宋晟从其兄宋国兴那里袭来的只是一个总管，直到其父宋朝用以年老留应天一段时间后才将其父"天宁翼元帅"的职务继承过来。因此，宋晟当时并不具备向朱元璋密告的条件。因此，这个"元帅宋某"即使按照排除法也只剩一个人选了，就是宋国兴、宋晟兄弟的父亲宋朝用，也被记载为"老宋元帅"。当我们回到杨士奇的记载，宋朝用曾担任"广德元帅"，后来又"改天宁翼元帅"，完全符合俞本记载的密告者"守广德"的记载。因此，这个密告者确实最可能是宋朝用。

然后，就是邵荣的罪名了，俞本《纪事录》中记载的为"谋叛"，《明太祖实录》中则是"谋反"，定罪明显重于《纪事录》。要分析这一点，我们有必要看看邵荣自己的供词。刘辰在《国初事迹》中记载了这样一段对话：

---

[1]　刘辰：《国初事迹》，第89页（出自：邓士龙 辑：《国朝典故》，卷四）。
[2]　杨士奇：《东里文集》，卷一二。

太祖命壮士执邵荣、赵继祖连锁，置酒待之，问曰："我与尔等同起濠梁，
望事业成共享富贵，为一代君臣。尔如何要谋背我？"荣答曰："我等周年出
外取讨城池，多受劳苦，不能在家与妻子相守同乐，所以举此谋。"不饮酒，
止是追悔而泣，太祖亦泪下。[①]

这段对话中，朱元璋只是责问邵荣为何要"谋背"他，邵荣的供词也只是将责
任揽在自己身上，为手下开脱，希望能够保全他们。由此可见，当时朱元璋为邵荣
定的罪名只是要"谋叛"自己而不是更进一步的"谋反"，《明太祖实录》更有可能
是出于宣传目的进一步加重后的罪名。

最后，我们来分析一下朱元璋处理邵荣案的方式以及常遇春在里面的作用。到
了至正二十二年（1362），朱元璋手下的势力又发生了变化，此时主要由濠州旧部
（包含朱元璋嫡系及横山历次归附人员、郭子兴旧部）、巢湖水军和渡江以来陆续归
附的人员。其中朱元璋嫡系、横山历次归附人员和渡江以来陆续归附人员都是绝对
服从朱元璋的，巢湖水军自从廖永安被张士诚俘虏，朱元璋提拔廖永忠与俞通海共
同统领后，也实现了对朱元璋的绝对服从。因此，只剩下濠州旧部中的郭子兴旧部
这一部分最难处理了。郭子兴旧部中的张天祐、郭天叙和郭天爵都已经直接或间接
地被朱元璋杀掉了，只剩下了邵荣和赵继祖两人，邵荣此时又是军中二号人物，居
于平章高位，战功卓著，他的存在无疑会让朱元璋感到如芒在背，必须进行处理。

朱元璋派去诱擒邵荣的两员将领是廖永忠和康茂才。廖永忠已经说过了，是此
时巢湖水军的首要将领，康茂才则是朱元璋渡江时带领大批苗军归附的，属于渡江
后陆续归附人员。朱元璋让这两人去诱捕邵荣而特意绕开了濠州旧部，无疑是不想
走漏消息让邵荣铤而走险，由此可见朱元璋的老谋深算。

邵荣被捕后，无论哪一份史料都不约而同地记载了朱元璋很动感情地和邵荣
交谈，谈及两人起兵的过往，甚至流下眼泪的场景。刘辰《国初事迹》甚至记载说
"太祖欲禁锢其终身，听其自死"[②]。而《明太祖实录》和《国初事迹》还都记载了常
遇春劝朱元璋杀掉邵荣。《明太祖实录》记载朱元璋"不欲即诛（邵荣、赵继祖），

系于别室"并对诸将表示"吾不负邵荣，而荣所为如此，将何以处之？"常遇春此时劝朱元璋说"荣等凶悖，一旦忘恩义，谋为乱逆，不利于主公，将害及我等。纵主公不忍杀之，我等义不与之俱生"①，朱元璋于是含泪杀掉了邵荣、赵继祖。刘辰《国初事迹》中常遇春也有类似的劝说，认为留下邵荣"是违天也。所以后人仿效，遇春心实不甘"②。在徐达屯兵西线不在应天的条件下，常遇春这里独能劝说朱元璋，说明他已经通过扎实的战功成为朱元璋集团中一位举足轻重的将领，但他坚决劝说朱元璋杀掉邵荣与他之前劝说朱元璋饶丢掉安庆的赵伯中一命可以说态度截然相反。这一方面可以说赵伯中与常遇春同属渡江归附，常遇春愿意为他说话；另一方面却也可以说是朱元璋授意常遇春这样做的，朱元璋自己唱白脸，让常遇春唱红脸，最终实现清洗掉邵荣的目的。这可以说是朱元璋一开始就设计好的一个圈套。

朱元璋执法以严格著称，之前的余元帅、赵伯中等人，都因为战败失地，被朱元璋毫不留情地诛杀。但对于身负"谋叛"大罪的邵荣、赵继祖等人，朱元璋则上演了一出很动感情的戏码，这无疑说明一方面，邵荣等的罪名是很成疑问的，内部不同意见很多，朱元璋需要很动感情地表现他也不愿意杀掉邵荣，以求平息舆论；另一方面，即便是如此，朱元璋还是坚持杀掉了邵荣，足见权衡利弊后，朱元璋认为杀掉邵荣能够为自己带来的政治利益大于损害，因此，邵荣必须死。

事实说明，朱元璋确实达到了目的，邵荣、赵继祖死后，郭子兴旧部这一势力彻底被打压了下去，再也不能兴风作浪，而这一切都保证了在次年朱元璋与陈友谅生死对决的鄱阳湖决战中朱元璋能够令行禁止，不用担心内部再出现问题，这也奠定了朱元璋此后能够迅速发展并最终登上顶峰的基础。

---

① 《明太祖实录》，卷一一，第142页，"壬寅年七月"。

② 刘辰：《国初事迹》，第90页（出自：邓士龙辑：《国朝典故》，卷四）。

3. 被包围的洪都

至正二十三年（1363）二月初一，终于平定了罗友贤叛乱的朱元璋对诸将申明了一道命令，这道命令被称为"将士屯田之令"，朱元璋"命诸将分军于龙江等处屯田"，此时由于"康茂才屯积充牣，他将皆不及"，因此特别下令重申这一命令，要求"诸将宜督军士及时开垦以收地利，庶几兵食充足，国有所赖"[①]。

而朱元璋这一命令的发端可以追溯到至正十七年（1357）。当年，朱元璋控制区内普遍发生饥荒，朱元璋鉴于安丰刘福通等人"知食而不知耕种，所以有饥馑，而不能支敌兵"[②]及"牛不耕田廪无粟，淮上三年食人肉"[③]的局面，特命将应天东南两面城墙之外、排栅之内的空地分给帐下各军，让他们夏天种瓜茄，冬天种菜，以求实现自给自足。为此，朱元璋还专门检查了手下将士手上有没有老茧，并特别告谕他们："汝等手有茧者，勤劳人也；无茧者，懒人也。汝等不见江北人乎？茄菜可济一时之饥，殆冬，果成圃矣。"[④]至正二十三年（1363）的申明可以看成是对此的考察。

另一方面，二月初七，朱元璋将浙东行省治所由金华移至严州。这一举措是出于军事上的考虑，因为张士诚每次侵扰浙东都会以诸全和严州作为目标，治所设在金华，每次援救都会因为路途较远而导致援兵不能及时抵达。不过，促使朱元璋果断行事的原因或许还有一个，就是张士诚手下的猛将吕珍于二月围困了龙凤政权的都城安丰，杀掉了刘福通，小明王韩林儿陷入了极端困难的境地，不得不向朱元璋求援。朱元璋直接面临了张士诚更大的威胁，同时也不能不对小明王韩林儿进行援助，何况援助韩林儿对他有利无害，这也促使他对浙东行省的建制进行调整并在随后再度陷入了与张士诚的交战中。张士诚对安丰的军事行动也给朱元璋提供了一个难得的机会，朱元璋知道，若能就此控制住小明王韩林儿，这将是一笔极为重要的

---

① 《明太祖实录》，卷一二，第 148 页，"癸卯年二月"。

② 俞本撰、李新峰笺证：《纪事录笺证》，卷之上，第 81 页。"至正十七年"。

③ 吴志淳：《儿牧牛诗》；（出自：《吴主一集》）。

④ 俞本撰、李新峰笺证：《纪事录笺证》，卷之上，第 81 页。"至正十七年"。

政治资本，因此他在三月应韩林儿方面的求援命令，令右丞徐达、参政常遇春前去救援安丰，他们击败了吕珍和左君弼的援军，成功解了安丰之围困，控制住了韩林儿。鉴于安丰经历此次战乱，已经荒残无比，朱元璋因此将韩林儿奉至滁州安置，小明王韩林儿至此彻底沦为了朱元璋的傀儡。徐达、常遇春随后奉命回军包围了左君弼的据点庐州，开始了久拖不决的围城战。不过此时的朱元璋还没来得及充分考虑这次行动带来的影响，就已经陷入一场更大的危机——逐渐恢复元气陈友谅又回来了。

至正二十三年（1363）四月二十三日，逐渐恢复元气的陈友谅"复大举兵围洪都"①。陈友谅此次大举东进，自然是为了改变自龙江—龙湾之战以来，自己屡败于朱元璋，因而"疆场日蹙"②的局面。此次，陈友谅倾全力而出，"乃作大舰来攻，舰高数丈，外饰以丹漆，上下三级，级置走马棚，下设板房为蔽，置橹数十，其中上下人语不相闻，橹箱皆裹以铁，自为必胜之计。载其家属、百官，空国而来"③。由此可见，陈友谅此次是志在必得，甚至抱有不成功便成仁的想法。

陈友谅想要东进，必须先夺取洪都，因此，洪都就成了此时的焦点。陈友谅的计划仍旧是仿效自己当年攻取洪都和后来攻陷太平的方法，利用洪都城墙倚江而建，以战舰抵近城墙，士兵从船上直接登城进攻。然而他没有料到的是，朱元璋夺取洪都后，吸取太平府被攻陷的教训，火速将洪都西面临水城墙向内移入三十里，将东南城墙拓展二里余。因而，当陈友谅此次兵临洪都时，他发现原来的计划已经不可能实现了，因此，陈友谅改变方略，"以兵围城，其气甚盛"④。当时镇守洪都府的是朱元璋的侄子大都督朱文正，面对陈友谅声势浩大的攻势，在与诸将讨论后，他采取了分城拒守的策略。朱文正以参政邓愈防守抚州门，元帅赵德胜等防守宫步、士步、桥步三门，指挥薛显等守章江、新城二门，元帅牛海龙等守琉璃、澹台二门，朱文正则居中节制诸军，亲率精锐两千往来驰援。

四月二十七日，洪都的战事已经进入了非常激烈的局面。当日，陈友谅重点进攻邓愈防守的抚州门，"其兵各戴竹盾如箕状，以御矢石，极力来攻，城坏三十余

---

① 《明太祖实录》，卷一二，第151页，"癸卯年四月"。
② 《明太祖实录》，卷一二，第151页，"癸卯年四月"。
③ 《明太祖实录》，卷一二，第151页，"癸卯年四月"。
④ 《明太祖实录》，卷一二，第151页，"癸卯年四月"。

丈"①，邓愈先以火铳击退疯狂进攻的汉军，然后一边继续作战一边随即竖立木栅防御。汉军立即抢攻木栅，朱文正"督诸将死战，且战且筑，通夕城完"②，总算暂时抵御住了汉军的进攻，但也导致包括总管李继元、元帅牛海龙、赵国旺等不少将领战死。

五月，陈友谅在攻陷无为后继续猛攻洪都，此次陈友谅转攻新城门。防守新城门的指挥薛显决定不仅仅防御，而是主动"开门突战"③，虽然成功击退汉军，但自己也付出了极大的伤亡。六月，面对洪都久攻不克的局面，陈友谅再度转变策略，他开始建造器械攻打洪都水关，希望突破这里的木栅。朱文正则命壮士手持长槊从栅内刺向敌军，结果敌军从栅外夺过长槊继续进攻。于是朱文正又命将铁钩烧热攻击，汉军无法抢夺，攻势受挫。朱文正这种"随方应之"④的防御策略让陈友谅非常恼火，他只能再度进攻宫步、士步二门，赵德胜极力防御，但傍晚时分在门楼内中流矢而亡，成了洪都之战中朱元璋方面最大的损失。洪都到此时已经坚持了近两个月，朱文正虽然凭借杰出的指挥坚守住了洪都，但洪都如果长久面临陈友谅优势兵力的进攻而又得不到援助，最后仍旧难逃陷落的命运。因此，向朱元璋求援就是必须的了。

千户张子明承担起了突围前往应天向朱元璋求援的任务，他取道东湖乘一艘小渔船乘夜出水关越石头口，历时半个月才见到了朱元璋，向他禀告了洪都危急的局势。面对朱元璋对陈友谅兵力的询问，张子明表示虽然陈友谅军力强大，但只要援兵赶到，一定可以破敌。谁知，朱元璋的回答却是要朱文正"但坚守一月，吾自当取之"⑤。张子明对此无疑非常惊讶，因为凭借他此前的分析，洪都无论如何不可能再坚守一个月，但他不能逼问朱元璋不能立即派出援兵的理由，只能想办法返回洪都告知他们朱元璋的命令。然而在返回途中，张子明在湖口被陈友谅的士兵抓获。为了将消息告知城内，张子明答应替陈友谅去洪都城下劝降。结果张子明一到城下立即大喊："大军且至！但固守以待！"⑥张子明虽然随即被汉军杀害，但援军将至

---

① 《明太祖实录》，卷一二，第152页，"癸卯年四月"。

② 《明太祖实录》，卷一二，第152页，"癸卯年四月"。

③ 《明太祖实录》，卷一二，第154页，"癸卯年五月"。

④ 《明太祖实录》，卷一二，第155页，"癸卯年六月"。

⑤ 《明太祖实录》，卷一二，第156页，"癸卯年六月"。

⑥ 《明太祖实录》，卷一二，第156页，"癸卯年六月"。

的消息已经传入了城内，成功实现了鼓舞士气的目的。

　　然而无论张子明还是洪都城内此时都不知道，朱元璋现在确实无法立即派出援军。徐达、常遇春还在围攻庐州左君弼，战事久拖不决，已经陷入胶着。祸不单行，恰在陈友谅进军洪都的四月，前一年三月还在诸全与张士诚军队鏖战，对朱元璋忠心耿耿的诸全守将、枢密院判官谢再兴发动叛乱并投降了张士诚。

　　谢再兴之所以从对朱元璋忠心耿耿发展到叛变投敌，背后有着不为人知的原因。谢再兴因为镇守和张士诚控制区临近的诸全，加之张士诚又是贩盐出身。因此，谢再兴常让部将左总管和糜万户和张士诚控制的杭州维持商业往来。无论谢再兴是出于怎样的目的和张士诚控制区做生意，这在朱元璋看来都是"阴泄机务"[1]的变相资敌的行为。因此，朱元璋在得知这一切后不仅立即诛杀了这两人，还将谢再兴召回建康，以参军李梦庚总制诸全兵马。这一切举措无疑会让谢再兴感到自己已经失去了朱元璋的信任。但接下来朱元璋却又将谢再兴的长女嫁给了自己的侄子朱文正，将谢再兴的次女嫁给了自己的亲信徐达，甚至还让谢再兴返回诸全镇守。无疑，朱元璋是对谢再兴表示信任，希望以此安抚谢再兴。但李梦庚在诸全的存在仍旧让谢再兴感到自己受到了故意掣肘，因而"愤愤不乐"[2]。至正二十三年（1363）四月二十六日，即陈友谅发动对洪都的大举进攻后三天，谢再兴在诸全杀害知州栾凤，抓住参军李梦庚、元帅陈元刚，放弃绍兴投降了张士诚，在东线狠狠捅了朱元璋一刀。然而张士诚和龙江—龙湾之战之前一样，没能利用这个机会和陈友谅夹击朱元璋，从而让朱元璋能够从庐州调回精锐军马援救洪都。

　　在诸全的叛乱中，总管胡汝明抛妻弃子逃回李文忠处报告了情况。李文忠立即派遣同金胡德济屯兵五指山下准备应对敌人的进攻，同时报告了朱元璋。朱元璋的反应也很迅速，他立即任命胡德济为浙东行省参知政事，主持当地大局。朱元璋之所以不能立即对诸全采取积极行动是因为徐达、常遇春此时被左君弼牵制于庐州，脱身不得。徐达、常遇春对庐州的围困从三月持续到五月，仍旧没有什么进展，"（庐）州城三面阻水，攻之不克"[3]，其间徐达虽然成功击退左君弼乘夜对营地的偷袭，但仍旧无法破城，双方陷入胶着。

---

① 《明太祖实录》，卷一二，第152页，"癸卯年四月"。
② 《明太祖实录》，卷一二，第152页，"癸卯年四月"。
③ 《明太祖实录》，卷一二，第154页，"癸卯年五月"。

六月下旬，朱元璋从张子明那里得知洪都的危急局面后，除了让张子明回去告知城中再坚守一个月外，也立即于六月二十七日从庐州召还徐达、常遇春，放弃进攻庐州，"还师援洪都"①。七月初六，在徐达、常遇春已经返回后，朱元璋进一步决定亲自率军援救洪都。此时的朱元璋或许已经意识到，这将是决定他和陈友谅命运的最后决战，他对众将说：

> 陈友谅构兵不已，复围洪都。彼累败不悟，是天夺其魄而促之亡也。吾当亲往，尔诸将其各整舟楫率士马以从。②

当日，朱元璋大军会师祃蠡，龙江上舟师二十万也全数出动，中书左丞徐达、参知政事常遇春、帐前亲军都指挥冯胜、同知枢密院事廖永忠、俞通海等全部跟随出征。虽然途中冯胜因为自己的战船被大风吹翻而被朱元璋遣回应天，但大军仍旧于六月十五日进抵湖口，先锋指挥戴德则以一军屯于泾江口，一军屯于南湖，并派人调动信州兵马防守武阳，这三手都是为了预先阻断陈友谅的退路。六月十九日，陈友谅在得知朱元璋亲征后，也放弃了围攻八十五日不克的洪都，东出鄱阳湖迎战朱元璋。最终决定两人命运的鄱阳湖决战爆发了。

---

① 《明太祖实录》，卷一二，第156页，"癸卯年六月"。
② 《明太祖实录》，卷一二，第157页，"癸卯年七月"。

4. 决定性一战：鄱阳湖决战

朱元璋的大军由松门进入鄱阳湖，他或许已经知道此战将会非常激烈，因此对诸将说了一番慷慨激昂的话：

> 两军相斗勇者胜，陈友谅久围洪都，今闻我师至而退兵迎战，其势必死斗，诸公当尽力，有进无退，剪灭此虏，正在今日！[1]

这是鼓舞士气方面。在装备方面，此次朱元璋也做了充分准备，"衣甲、铠仗、旗帜、火炮、火铳、火箭、火蒺藜、大小火枪、大小将军筒、大小铁炮、神机箭，及以芦苇作圈，围五尺，长七尺，糊以纸布，丝麻缠之，内贮火药、捻子及诸火器，名曰'没奈何'"[2]，为应对接下来的水战做了充分准备。在军队部署上，徐达、常遇春为前锋，廖永忠、俞通海分别为左、右翼，"余船列帮而进"[3]。为了便于指挥，朱元璋比上次亲征江州时更为严格，规定"昼则视旗帜，夜则视灯笼；远则听信炮，近则听金鼓"[4]。除了朱元璋所乘"美"字船居中，他以翱、翔二船为左、右副，以风斗快船为前导，其余大小船只相继而进，朱元璋方面水军"旌旗蔽日，金鼓震天，帆幔遮水，衣甲耀日，遥列数百里"[5]，深入湖口，进至左蠡，在这里与陈友谅的大军遭遇，双方旋即开战。

朱元璋见到陈友谅战船首尾相连，知道这种做法不利于大军进退，于是分舟师为十一队（一说为"十二屯"），火器、弓弩依次列阵，要求诸将接近汉军战船后先发射火器，再发射弓弩，最后才短兵相接。七月二十一日，双方正式于康郎山交战，朱元璋命徐达、常遇春、廖永忠等进兵，"突入虏阵"[6]，双方陷入混战。由于

---

① 《明太祖实录》，卷一二，第158页，"癸卯年七月"。

② 俞本撰、李新峰笺证：《纪事录笺证》，卷之上，第175页，"至正二十三年"。

③ 俞本撰、李新峰笺证：《纪事录笺证》，卷之上，第175页，"至正二十三年"。

④ 俞本撰、李新峰笺证：《纪事录笺证》，卷之上，第175页，"至正二十三年"。

⑤ 俞本撰、李新峰笺证：《纪事录笺证》，卷之上，第175页，"至正二十三年"。

⑥ 宋濂：《平江汉颂》；（出自：宋濂：《銮坡前集》，卷一）。

朱元璋方面的战船为白色，陈友谅方面的战船为红色，鄱阳湖上"惟以白、红分两军"[1]。陈友谅方面的战船虽然比朱元璋方面巨大，但朱元璋方面的战船更为坚固。因此第一天的战斗一开始，朱元璋方面占据了一定的优势，徐达身先士卒，击败了汉军前军，杀一千五百人，夺取了一艘汉军大船，朱元璋方面军威大振。于是俞通海继续乘风发射火炮，成功焚毁汉军战船二十余艘，"烟焰障天，咫尺不能辨，声震山谷，军浮水面，波浪漂没"[2]。然而，朱元璋方面也损失了七艘战船，指挥韩成、元帅宋贵、陈兆先等阵亡。

此后，局势突然开始向不利于朱元璋的方向发展。徐达"挢战不已，火延及达舟，敌遂乘之，达扑火更战"[3]，形势非常危急。朱元璋立即派船援助徐达，才将汉军击退。正在此时，陈友谅手下猛将张定边发现了刚好搁浅的朱元璋的战船，加之此时朱元璋身边防御力量薄弱，于是决定擒贼先擒王，"奋前欲犯上舟"[4]。朱元璋的战船因为搁浅，无法躲避，只能与张定边方面展开近战，局势危险到了极点。在此千钧一发的时刻，常遇春及时赶到，一箭射中张定边，终于迫使张定边退走。此时，俞通海也赶回朱元璋身边，"舟骤进水涌，上舟遂脱"[5]。

朱元璋脱险后，廖永忠立即开始追击张定边，"定边走，身被百余矢，士卒多死伤"[6]，失去了威胁朱元璋的能力。随后，常遇春的战船也遭遇搁浅，朱元璋再度率战船前去救援，这时一艘战败的战船从上游漂下，将常遇春的战船从险境中撞了出来。到了当天日暮时分，朱元璋方面诸将都有退意，但朱元璋知道此时退却必然导致溃败，因此集合诸将，"申明约束，喻以死生利害"[7]，稳定了军心，诸将都表示愿意死战。随后，朱元璋对部属进行了调整，第一天作战中受创较重的徐达奉命返回应天防守。七月二十一日的大战中，"百里之内，水色尽赤，焚溺死者动一二万，流尸如蚁，满望无际"[8]，双方都没有占到明显的优势，甚至朱元璋方面的将领还产

---

① 俞本撰、李新峰笺证：《纪事录笺证》，卷之上，第176页，"至正二十三年"。

② 俞本撰、李新峰笺证：《纪事录笺证》，卷之上，第179页，"至正二十三年"。

③ 《明太祖实录》，卷一二，第158页，"癸卯年七月"。

④ 《明太祖实录》，卷一二，第158页，"癸卯年七月"。

⑤ 《明太祖实录》，卷一二，第158—159页，"癸卯年七月"。

⑥ 《明太祖实录》，卷一二，第159页，"癸卯年七月"。

⑦ 《明太祖实录》，卷一二，第159页，"癸卯年七月"。

⑧ 宋濂：《平江汉颂》；（出自：宋濂：《銮坡前集》，卷一）。

生了退意，这也注定了次日的战斗会更为激烈。

七月二十二日，战况更趋激烈。最初，一切又仿佛昨天战况的重演，朱元璋方面一开始即令"诸军奋击敌舟，敌不能当，杀溺死者无算"[1]。但很快，局势再度发生逆转。龙江—龙湾之战中归降朱元璋的赵普胜旧将张志雄的战船被汉军战船团团困住，张志雄无法脱身，最后自刎而死。与此同时，朱元璋方面丁普郎、余昶、陈弼、徐公辅等将领也全部战死，汉军连舟而来，准备乘胜进击。眼看朱元璋就要遭遇惨败，结果恰在此时，鄱阳湖上刮起了东北风，朱元璋抓住这个机会，决定发动火攻，"上命以七舟载荻苇，置火药其中，束草为人，饰以甲胄，各持兵戟若斗敌者。令敢死士操之，备走舸于后，将迫敌舟，乘风纵火，风急火烈。须臾，抵敌舟，其水寨舟数百艘悉被燔，烟焰涨天，湖水尽赤，死者太半"[2]。陈友谅之弟五王陈友仁、陈友贵、平章陈普略等人全都死于这次火攻，朱元璋方面乘胜大举进攻，斩首两千余级，取得了第二天战斗的胜利。

七月二十二日大战后，双方在二十三日都停下来休整，陈友谅方面固然是因为损失惨重，一时赌气，朱元璋方面虽然取胜，但将领阵亡甚多，也需要停下来。因此，七月二十三日双方都没有采取敌对行动，朱元璋遣使陈友谅处致祭死于自己火攻的五王陈友仁，陈友谅方面也以礼遣回朱元璋的使者。

经过一天短暂的平静，七月二十四日，双方"复联舟大战"[3]。朱元璋抓住汉军战船巨大不利运转的弱点，对它们环而攻之。俞通海、廖永忠、张兴祖、赵庸等人更是驾着六艘战船深入汉军船阵搏击。朱元璋方面见六艘战船很快没了踪影，以为他们已经全数覆没，谁知这六艘船又突然"旋绕敌船而出"[4]，朱元璋方面看见六舟尚存，士气大振，"勇气愈倍，合战益力，呼声动天地，波涛起立，日为之晦"[5]，双方自辰时战至午时，朱元璋方面取得了胜利，"敌兵大败，弃旗、鼓、器仗浮蔽湖面，友谅遂夺气"[6]。

双方四天之内凡三战，朱元璋方面虽然取得了胜利，但双方战损都非常严重，

① 《明太祖实录》，卷一二，第159页，"癸卯年七月"。
② 《明太祖实录》，卷一二，第159—160页，"癸卯年七月"。
③ 《明太祖实录》，卷一二，第160页，"癸卯年七月"。
④ 《明太祖实录》，卷一二，第160页，"癸卯年七月"。
⑤ 《明太祖实录》，卷一二，第160页，"癸卯年七月"。
⑥ 《明太祖实录》，卷一二，第160页，"癸卯年七月"。

接下来怎么行动对双方战略眼光都是一个很大的考验。陈友谅方面，张定边认为既然作战不利，希望能保护陈友谅退保鞋山，但通路已经被朱元璋截断，陈友谅方面只能"敛舟自守"[①]，一时不敢轻举妄动。朱元璋方面则屯兵柴棚，距离汉军五里，继续阻断其退往鞋山的通路。朱元璋此时也面临是乘胜继续进攻还是见好就收的选择，此时朱元璋手下诸将都建议退军让士卒得以休整，从这点也能看出通过三场战斗，朱元璋方面虽然取胜，但实际并没占到太大便宜。朱元璋虽然认为这样做有故意示弱之感，但众意难违，只得乘夜偷越浅滩，退至两军最初相遇的左蠡，陈友谅也跟随朱军进至湖矶，两军在此再度展开相持。此时，朱元璋控制住了湖口，汉军成功退往鞋山，朱军占住水路优势，屯战船于上游，凭借湍急的水流牢牢控扼湖口，占住先机。陈友谅方面知道自己地利不如朱元璋，于是坚决不出湖口，双方就这样相持到了八月下旬。

在这相对漫长的相持过程中，朱元璋知道战局不宜久拖不决，为了促使陈友谅出战，他在七月底给陈友谅写了一封信。在信中，朱元璋讽刺陈友谅：

> 公失此计，乃先与我为雠。我是以破公江州，遂蹂蕲、黄、汉、沔之地，因举龙兴十一郡奄为我有。今又不悔，复启兵端，既困于洪都，两败于康山，杀其弟侄，残其兵将，损数万之命，无尺寸之功，此逆天理悖人心之所致也。公乘尾大不掉之舟，顿兵敝甲，与吾相持，以公平日之狂暴，正当亲决一战，何徐徐随后，若听吾指挥者，无乃非丈夫乎？公早决之。[②]

陈友谅看完书信，果然大怒，不仅扣留朱元璋的使者，更下令将寨中俘获的朱元璋士兵全数杀害。朱元璋知道后则反其道而行之，下令保护并医治俘获的陈友谅方面的士兵，争取动摇对方的军心。然而陈友谅虽然愤怒，仍旧从战局考虑没有出战。于是朱元璋决定写信进一步激怒陈友谅。这次，朱元璋在信中说：

> 昨兵船对泊湖矶，尝遣使赍记事往，不睹使回，公度量何浅浅哉？大丈夫谋天下，何有深仇？夫辛卯以来，天下豪杰纷然并起，迩来中原，英雄兴

---

① 《明太祖实录》，卷一二，第161页，"癸卯年七月"。

② 《明太祖实录》，卷一二，第162页，"癸卯年七月"。

问罪之师，挟天子令诸侯，于是淫虐之徒，一扫而亡。公之湘阴，刘亦惧而往，此公腹心人也，部下将自此往矣，江淮英雄，惟存吾与公耳，何乃自相吞并？公今战亡弟侄，首将又何怒焉？公之土地，吾已得之，纵力驱残兵来死城下，不可再得也。设使公傥幸逃还，亦宜修德，勿作欺人之寇，却帝名而待真主。不然，丧家灭姓，悔之晚矣！①

陈友谅看完书信，愤愤不已。此时，朱元璋又派将攻占蕲州、兴国，夺取了汉军海船十余艘，朱文正此时又放火烧毁汉军掠粮船，汉军粮绝，局势越发困难，终于不得不出战。

八月二十六日，进退失据的陈友谅终于不得不谋求突破湖口，退回武昌。汉军进至泾江口，朱军继续扼守湖口东岸。对于汉军的困兽之斗，本身损失已经颇为严重的朱军本来应该是无力阻挡的，此时忽然西风大作，汉军在湖口无处驻泊，顺流漂流而下，形势突然恶化。朱元璋从身边的都督佥事仇成口中知道了陈友谅所乘之船，决定抓住突现的战机，给予汉军致命一击。

朱元璋亲自登上所乘"美"字号战船的船头宣布："将士勿动！"接着又向天祈祷："黎民被难数十年，吾今除暴解纷，实天祐之。克此奸雄，四方宁息，汝等士卒俱令富贵。今当尽心，以报天意！"随即拔剑命令："交锋之际，擅离信地、不用心者，斩！"②朱元璋随即命令钉上战船水门平基，撤掉上下木梯，利用西风大作，以必死的决心向汉军发起进攻。进至距离汉军红船大约三百步时，朱元璋方面的白船"箭铳、将军筒、标叉俱发如雨。红船将士无所躲避，仅以板牌遮身，或伏匿或趋走，无出视者，白船径过矣"③。此时，朱元璋又让常遇春、康茂才率火船对汉军再度发起进攻，终于彻底击溃汉军，"红船将士望之，如山崩"④，"敌兵奔溃"⑤。陈友谅知道汉军已不能支撑，将头从箭窗中伸出想呼唤跟从船只，谁知朱元璋军的白船已经到达，箭铳一齐发射，陈友谅左侧太阳穴中箭，死于舟中，于是一切都结束了。

---

① 《明太祖实录》，卷一二，第163页，"癸卯年七月"。
② 俞本撰、李新峰笺证：《纪事录笺证》，卷之上，第185页，"至正二十三年"。
③ 俞本撰、李新峰笺证：《纪事录笺证》，卷之上，第185页，"至正二十三年"。
④ 俞本撰、李新峰笺证：《纪事录笺证》，卷之上，第185页，"至正二十三年"。
⑤ 宋濂：《鄂国常公神道碑铭》；（出自：宋濂：《銮坡前集》，卷二）。

朱元璋很快就从汉军降卒那里得知了陈友谅的死讯，不禁大为兴奋，传令乘胜追击，同时不要妄杀陈氏将士。次日，陈友谅手下平章陈荣、参政鲁某、枢密使李才、小捨命王、副枢贾金院及指挥以下，纷纷率船归顺朱元璋，足有五万余人。只有太尉张定边、杨丞相、韩副枢乘夜以小船偷偷载着陈友谅的尸体及其子陈理退回武昌，朱元璋追之不及。张定边拥立陈理在武昌继承帝位，改元德寿，但当时的人都知道，陈汉政权已经是苟延残喘了，朱元璋彻底消灭陈汉政权已经只是时间问题了。九月初六，朱元璋班师回到应天，对诸将论功行赏，廖永忠因为在鄱阳湖决战中的杰出表现得到了朱元璋的特别嘉奖，御书"功超群将，智迈诸师"[1]二牌立于廖永忠门首。九月十六日，还不到半月，朱元璋就留下李善长、邓愈守卫应天，再度亲率大军征讨武昌，发动了彻底消灭陈汉政权的战争。

---

[1]　俞本撰、李新峰笺证：《纪事录笺证》，卷之上，第186页，"至正二十三年"。

5. 大举西进：吴王的基业

就在朱元璋再度率领大军西征之时，东线的张士诚终于反应了过来，谢再兴率领张士诚给予的军队侵犯东阳。然而，张士诚已经错过了对付朱元璋的最佳时机，此时的李文忠已经能够从容应对来自东线的进攻了。

李文忠以部将夏子实、郎中胡深为前锋，在义乌与谢再兴军接战。李文忠则亲自率精锐骑兵"横出其后击之"①，谢再兴大败而去。此战之后，胡深知道张士诚不会善罢甘休，一定还会再来，而此时朱元璋的兵力集中于西线，东线只能暂取守势。因此，胡深从诸全的战略地位出发，认为诸全为浙东行省之藩屏，诸全失守，则衢州也不能支撑，因此他建议李文忠"乃度地，距诸全五十里，于五指山下筑城备御，分兵戍守之"②，这一建议得到了李文忠的批准，筑城工作风风火火地开展起来。九月二十九日，新城才修筑完毕不久，张士诚果然再次以大军来犯，"张士诚将李伯昇大举入寇，兵号六十万"③，然而此次李伯昇连诸全都没能靠近，只能顿兵新城之下，不久便退兵了。李伯昇此次进攻几乎没有遇到像样的战斗，就如此轻易退兵，似乎不是很好理解。但张士诚随后再度与元廷反目，自立为吴王，这就能够解释李伯昇为何匆匆返回了，张士诚需要提防元廷的报复。从此时直至朱元璋发动旨在消灭张士诚的战争为止，东线便一直维持在这种对峙的格局。

张士诚自立为吴王，对此时正在西征的朱元璋几乎没什么影响。朱元璋于十月初七抵达武昌城下，"马、步、舟师水陆并进"④。抵达城下后，常遇春立即分兵武昌四门，"立栅围之，又于江中联舟为长寨，以绝其出入之路"⑤，开始围困武昌。不仅如此，为了进一步孤立武昌，朱元璋军还分兵循汉阳、德安进军，于是湖北诸郡陆续归降朱元璋。

到了十二月，武昌仍旧处于围困中，朱元璋却决定返回应天了。十二月初一，

---

① 《明太祖实录》，卷一三，第172页，"癸卯年九月"。
② 《明太祖实录》，卷一三，第172页，"癸卯年九月"。
③ 《明太祖实录》，卷一三，第172页，"癸卯年九月"。
④ 《明太祖实录》，卷一三，第172页，"癸卯年十月"。
⑤ 《明太祖实录》，卷一三，第172—173页，"癸卯年十月"。

朱元璋命常遇春总督诸将继续围困武昌，并告谕他"彼犹孤屯处牢中，欲出无由，久当自服。若来冲突，慎勿与战，但坚守营栅以困之，不患其城不下也"①。随后，朱元璋便离开武昌，于十二月十九日返回应天。随后，朱元璋于十二月二十三日阅兵于鸡笼山下。朱元璋的做法似乎令人难以理解，为何在西线战局进行到关键之时突然这么着急地返回应天。彼时应天并没有出现危机，东线的战事李文忠也能够从容应对，凡此种种，都不足以解释朱元璋为何在此时如此急于返回应天。事实也证明，正是朱元璋此时急于返回应天，导致武昌战局在一定时期内陷入胶着，未能取得突破。那么朱元璋究竟为什么一定要在此时返回应天呢？

关于这一问题的答案，到次年，即至正二十四年（1364）正月就一切真相大白了。至正二十四年（1364）正月初一，在李善长、徐达等人的尊奉下，朱元璋自立为吴王，建立吴国。随着功业的发展，特别是消灭了陈友谅，疆域日益扩大，小明王韩林儿也被自己完全控制，再加上张士诚自立为吴王的刺激，都让朱元璋意识到自己有必要在吴国公的基础上更进一步了。因此，他之所以将西线战事托付给常遇春并匆匆赶回应天，正是为了赶在至正二十四年年初自立为吴王，进一步完善自己的政权建设，宣布自己的政治、军事目标，在舆论上占据先机。随着朱元璋自立为吴王，建立吴国，他的基业也正式进入一个新的阶段。

前文曾经提到，至正二十三年（1363）三月，朱元璋为小明王韩林儿解安丰之围后将之奉至滁州安置，韩林儿至此完全沦为了朱元璋的傀儡，龙凤政权此后不再对朱元璋有任何实际的约束力了。之后，朱元璋取得了鄱阳湖决战的决定性胜利，陈友谅阵亡，残存的陈汉政权被孤立于武昌。朱元璋功业日隆，终于在至正二十四年（1364）正月在李善长、徐达等的尊奉下于应天自立为吴王，建立了自己的吴政权。因为张士诚此前已经自立为吴王，因此按照地理位置，朱元璋的政权又被称为西吴，张士诚的政权则被称为东吴。明眼人都能看出，陈汉政权业已不能对朱元璋构成威胁，之后的对决必然是两位吴王之间的战争，不过本节要先讨论的是朱元璋自立为吴王这一事件本身的意义。

朱元璋自立为吴王和此前的吴国公性质是完全不同的，吴国公是出于龙凤政权的封授，吴王则完全是朱元璋在属下的拥护下自立为王，韩林儿完全没能发挥任何作用也不可能发挥作用。这很清楚地表明了朱元璋政权已经完全是一个独立的政权

---

① 《明太祖实录》，卷一三，第173页，"癸卯年十二月"。

了，他和龙凤政权之间的隶属关系可以说在实际上已经结束了。而当我们继续审视朱元璋自立为吴王后的政权建设，则能看出朱元璋的野心还不仅于此。

朱元璋自立为吴王后立即"建百司官署"[①]。在中央，朱元璋正式建立中书省，因为自己还不是皇帝，因此中书省下不能设置丞相。于是，朱元璋设立左右相国，仍旧根据元朝以右为尊的原则，任命李善长为中书右相国，徐达为中书左相国，均为正一品高官。左右相国下为平章政事（从一品），担任这一职务的是常遇春和俞通海，均为军中高级将领。最后，日后的丞相汪广洋此时担任中书右司郎中（正五品），后来叛变朱元璋并最终被杀的张昶担任中书左司都事（正七品）。结合《明太祖实录》其他零散的记载我们还能知道，中书左丞（正二品）由汤和担任，他后来在至正二十四年（1364）三月升为平章政事，中书右丞（正二品）由李文忠担任，他后来在至正二十六年（1366）十二月升为平章政事。而参知政事（从二品）、左司郎中（正五品）、员外郎（正六品）和检校（正七品）此时没有记载有人担任。

从朱元璋此时对中书省的建设能够看出两方面的问题。一方面，我们能够看出，此时的中书省还受到了元朝明显的影响，比如朱元璋沿袭了元朝以右为尊的习俗，右相国地位高于左相国。而处于自己此时的地位，朱元璋也没有僭越，整个政权建设仍旧大体维持在王国的建制，这也符合朱元璋崛起过程中总体较为重视实干而不喜欢过于锋芒毕露的风格。

另一方面，我们又能矛盾地发现，朱元璋此时已经是按照一个全国性政权的格局在建设自己的中枢机构，虽然总体仍旧是王国规制，但整个机构的细致设置又已经是一个全国性政权的规模，后来明朝建立后的中书省正是在此时中书省的基础上进一步完善而成的。无疑，我们可以说朱元璋此时统治的疆域已经颇为辽阔，为了有效统治这东抵苏杭，西及湖广，南至两广，北越江淮与元朝接壤的广阔土地，需要一个较为复杂细致的中书省。同时，我们也能看出，此时的中书省虽然设置完备，但很多职位设而无人，这就表明此时的吴国政权仍旧是战时体制，除了必须人员外，相关机构都尽量精简以方便作战。我们不应忽视，朱元璋的野心并不仅仅是统治这样一片土地，他有着更大的野心，就是建立全国性的政权，完成统一天下的理想，这才是这位吴王此时心中真正的基业。

新的中书省刚刚建立，朱元璋就对徐达表露出了这种心迹。至正二十四年

---

① 《明太祖实录》，卷一四，第175页，"甲寅年正月"。

（1364）正月初三，朱元璋退朝后对左相国徐达等人说了这样一番话：

> 卿等为生民计，推戴予。然建国之初，当先正纪纲。元氏昏乱，纪纲不立，主荒臣专，威福下移，由是法度不行，人心涣散，遂致天下骚乱。今将相、大臣、辅相于我，当鉴其失宜，协心为治，以成功业。毋苟且因循，取充位而已。①

接着又说：

> 礼法，国之纪纲。礼法立则人志定，上下安。建国之初，此为先务。吾昔起兵濠梁，见当时主将皆无礼法，恣情任私，纵为暴乱，不知驭下之道，是以卒至于亡。今吾所任将帅，皆昔时同功一体之人，自其归心于我，即与之定名分、明号令，故诸将皆听命，无敢有异者。尔等为吾辅相，当守此道，无谨于始而忽于终也。②

　　朱元璋这番话的意思很明白，他要求不论是中书省的辅佐之臣还是军中的能战之将，都不能因为新政权的建立而安于现状，"因循苟且"，更不能没有礼法，"恣情任私，纵为暴乱"。他的目标是要取代"纪纲不立，主荒臣专，威福下移，由是法度不行，人心涣散，遂致天下骚乱"的元朝政权，因此此时的吴国政权只是在"卿等为生民计，推戴予"的情况下建立的一个过渡政权而已。

　　随后，朱元璋又在正月初五于白虎殿和儒士孔克仁讨论天下形势，朱元璋对孔克仁说的一番话更进一步表露了他的最终目标：

> 自元运既隳，连年战争，加以饥馑、疾疫，十室九虚，天厌于上，人困于中。中原豪杰，智均力齐，互相仇敌，必将有变，欲并而一之，势猝未能。吾欲以两淮、江南诸郡归附之民，各于近城耕种，练则为兵，耕则为农，兵农兼资，进可以取，退可以守。仍于两淮之间，馈运可通之处，积粮以俟。

---

① 《明太祖实录》，卷一四，第176页，"甲寅年正月"。
② 《明太祖实录》，卷一四，第176—177页，"甲寅年正月"。

兵食既足，观时而动，以图中原。卿以为何如？①

孔克仁则表示："积粮训兵，待时而动，此长策也。"② 对朱元璋的策略表示赞同。

从朱元璋对孔克仁说的话中能够看出，此时朱元璋已经为自己制定好了进退两套方案，即在实行兵农合一的屯田制的基础上，积存粮饷，一旦时机成熟，则进而图取中原，取代元朝，实现对天下群雄"并而一之"的目标。即便局势不利，仍可退保既有地区，徐图进取。凡此种种，都充分表明了朱元璋的野心绝不是仅仅当一个吴王，他的终极目标是全中国的皇帝。

不过要实现从吴王到后来的明朝开国皇帝这最后一步，此时的朱元璋还有一段路要走。而首要的问题，就是要彻底消灭以陈友谅之子陈理为首的陈汉政权残余。此时常遇春自朱元璋返回应天以来，已经顿兵武昌城下近两个月。眼看武昌战局陷入胶着，朱元璋决定再次"亲往视师"③，实现彻底消灭陈汉政权，平定湖广的目标。

---

① 《明太祖实录》，卷一四，第 177 页，"甲寅年正月"。
② 《明太祖实录》，卷一四，第 177 页，"甲寅年正月"。
③ 《明太祖实录》，卷一四，第 177 页，"甲寅年正月"。

第五章

两个吴王

1. 湖广的底定

至正二十四年（1364）二月初一，鉴于"诸将围武昌久不下"[1]，朱元璋决定再度亲往武昌视师。二月十七，朱元璋抵达武昌。刚一到达，他就遇上了陈汉丞相张必先率军前来救援武昌。此前，武昌被常遇春等长久围困，陈汉太尉张定边知道长此下去，武昌必然难保，于是派人乘夜由观音阁缒城而出，前往岳州向张必先求援。张必先对陈汉政权颇为忠心，因为骁勇善战，得到了"泼张"的绰号，因此他立即率军奔赴武昌而来，谁知刚好撞上了朱元璋。

张必先引兵抵达了武昌城外二十里的洪山，朱元璋派常遇春趁张必先立足未稳之时，先行攻击。张必先的军队还没集结完毕就被常遇春打了个措手不及，"敌兵大败，遂擒必先"[2]。此战结束后，为了震慑武昌城内守军，促使他们尽快投降，朱元璋接下来对此战的俘虏干了一件颇为暴虐的事情，"俘军一千余人，每四人共用麻编头发，木椿钉于鹦鹉洲上。是夜风雨，寒风大作，殆晓，冱死者过半"[3]。鹦鹉洲当时在武昌城西江中，濒临西南城墙，靠近黄鹤楼。至正二十一年（1361）九月，徐达进攻武昌，陈友谅正是坐镇黄鹤楼指挥，成功挫败了徐达的攻势。此次朱元璋选择这里肆行酷虐，属于反其道而行之，用以震慑城内。除了虐杀俘虏，朱元璋也进行政治攻势，他命令将张必先绑到武昌城下，对城内守军宣告："汝等所恃者泼张，今已为我擒，尚何恃而不降耶？！"张必先也对城内的张定边喊话说："吾已至此，此事不济矣！兄宜自图，速降为善。"张定边"气索不能言"。[4]随后，傅友德更进一步夺取了武昌东南的高冠山，从而能俯瞰城中，城内形势一览无余。

这三手彻底击溃了武昌守军坚守的信心，朱元璋决定趁热打铁，派遣陈友谅旧臣罗复仁入城劝降，许诺只要陈理归降，必不加害，还能永葆富贵。陈理最终被说动，请降于朱元璋。至正二十四年（1364）二月十九日，陈理"肉袒衔璧"[5]，率

---

① 《明太祖实录》，卷一四，第177页，"甲寅年二月"。

② 《明太祖实录》，卷一四，第178页，"甲寅年二月"。

③ 俞本撰、李新峰笺证：《纪事录笺证》，卷之上，第194页，"至正二十四年"。

④ 《明太祖实录》，卷一四，第178页，"甲寅年二月"。

⑤ 《明太祖实录》，卷一四，第179页，"甲寅年二月"。

张定边等大小官员，出武昌东门向朱元璋投降，陈汉政权正式灭亡。朱元璋抚慰了陈理，让他根据自己的需要取用府库中的储蓄，以礼对待陈友谅的父母。对于陈汉文武官僚，则让他们依次携带妻子儿女出城。朱元璋随后入城安民，赈济百姓，很快就重新恢复了武昌城内的秩序。此后，陈友谅之弟、人称"二王"的陈友才也前来向朱元璋投降。朱元璋将陈氏家族人员均送往应天，三月，朱元璋封陈理为归德侯。洪武五年（1372），陈理与其他一批归降人员最终被送往高丽安置，离开了明朝。

武昌稳定后，朱元璋于二月二十一日设立湖广行中书省，枢密院判杨璟任行省参政。二月二十二日，朱元璋离开武昌返回应天，同时带走了陈理等人。至于常遇春，则要留下来负责平定整个湖广地区。由于朱元璋在武昌的怀柔政策，加之陈汉皇帝陈理已经归降朱元璋，因此湖广地区大部分愿意投降，此后吴军的战事基本没有遇到太大的阻力。

当年三月，早就和朱元璋有所联络的欧普祥率部以善化、刘阳、醴陵归附朱元璋。七月，徐达终于攻占庐州，左君弼逃往安丰，徐达奉命南下经略湖南诸郡，常遇春则在迫使熊天瑞归降，略定赣州后又将潭州邓青的叛乱镇压下去，成功占领潭州。九月，徐达攻取江陵，改为荆州府。随后，傅友德奉命攻取夷陵，改为陕州。十一月，抚州守将金大旺成功镇压邓青部将罗五的叛乱。

平定湖广的战事一直延续到了至正二十五年（1365）初，徐达在这年三月底班师返回应天，常遇春负责收尾的战事，他在四月开始攻取安陆、襄阳诸郡，直至八月，整个湖广基本底定，战事方才告一段落。

随着湖广的陆续平定，朱元璋解除了西线的后顾之忧，终于可以全力对付东线的张士诚了。然而在此之前，他先对军队进行了一番整顿和重新洗牌。至正二十四年（1364）的这次军队建制是朱元璋自至正十六年（1356）初立军制以来最重要的一次军队建设。透过这次军队建设，我们能够看出西吴、东吴两位吴王治军的不同之处，而他们二人之间的胜败，也部分由此决定。

2. 西吴与东吴

至正二十四年（1364）三月，朱元璋带着于武昌归降的陈理等人回到了应天。随后，在徐达、常遇春继续平定湖广其他地区，张士诚再度开始在东线进行骚扰的背景下，朱元璋对吴军的军事机构进行了一次重大的调整，他确立了大都督府的官制。大都督府在至正二十一年（1361）已经设立，但彼时制度颇不完善。经过至正二十四年（1364）这次官制确立，大都督府自此与中书省一样，都延续到了随后建立的明朝，直到朱元璋罢中书省为止，可谓影响深远，基本奠定了日后明朝的军事制度。这一制度直到洪武四年（1371）至洪武七年（1374）才再度进行调整。

大都督府中的最高官职为大都督，品秩从一品。朱元璋的侄子朱文正在至正二十一年（1361）以来一直担任大都督之职，此时《明太祖实录》没有记载朱元璋任命别人担任大都督，故朱文正应当凭借防守洪都的巨大战功和朱元璋侄子的亲信身份继续留任大都督之职。大都督之下设有左右都督，均为正二品职位，其下还设有同知都督（从二品）、副都督（正三品）、佥都督（从三品）等职位。

然而明确大都督府官制只是开始，朱元璋接下来又进行了一系列军事制度的完善。朱元璋在明定大都督府官制的同一个月，即三月很快又明确了各卫亲军指挥使司指挥使—同知指挥—副使，千户所千户—副千户—镇抚—百户等具体隶属关系及品秩。随后，他设立"武德、龙骧、豹韬、飞熊、威武、广武、兴武、英武、鹰扬、骁骑、神武、雄武、凤翔、天策、振武、宣武、羽林十七卫亲军指挥使司"[1]，原来的统军元帅郭子兴[2]被任命为鹰扬卫指挥使，傅友德被任命为雄武卫指挥使，原右翼副元帅金朝兴担任龙骧卫指挥同知，陆续健全了设置。随着卫所制度的建立，原本设在各地的翼元帅府自此正式走入历史，卫所取而代之并成为有明一代独具特色的军事制度并一直延续到清朝中期。既然卫所制度已经建立，翼元帅府已经走入历史，相关配套设置也应跟着完善。于是，朱元璋紧跟着便在四月"立部伍

---

[1] 《明太祖实录》，卷一四，第185页，"甲寅年三月"。

[2] 这个郭子兴不是朱元璋最初投奔的滁阳王郭子兴，而是朱元璋手下的同名将领。

法"①。鉴于此前对归降将领仍旧沿用他们的旧有官职造成的制度混乱，朱元璋此时明下令旨规定：

> 为国当先正名，今诸将有称枢密、平章、元帅、总管、万户者，名不称实，甚无谓。其核诸将所部，有兵五千者为指挥，满千者为千户，百人为百户，五十人为总旗，十人为小旗。②

通过这一举措，朱元璋完成了对手下军队的一次全新整编，将他们整齐划一地纳入新的军队制度中，建立了严格的等级制度和隶属关系，结束了此前军队中名实不符、隶属关系不明等在作战时可能产生纠纷的问题，为下一阶段的作战乃至建国后更进一步的制度确立打下了非常良好的基础。而反观这一时期另一位吴王张士诚的表现，就不免让人失望了。

俞本在《纪事录》中对张士诚的失败有一段颇为精辟的评论，是这样的：

> 俞本曰：予观士诚之败，何也？或曰：时不利也。予对曰：非时也。士诚施仁而不当于理，将士奢侈而惜其生，及牧将士，无异于富家养娇子，岂主国命师之道哉？出师之日，总兵者驻城外，迁延数日不进，遣人诣士诚曰，粮赏不敷矣，士卒不敌矣，衣甲旗帜不鲜矣。俟其增之，方行。又携妓妾从征。及遇大敌交锋，将士溃败而回，又不诛责，却加升赏。如此不亡者，鲜矣。士诚之心，知施恩而不施威，知取之易而不知守之难，故也。③

朱元璋自己也在《大诰三编》里评论张士诚说：

> 天下群雄以十数为之，其不才无志者诚有七八。惟姑苏张士诚，虽在乱雄，心本智为，德本施仁。奈何在下非人，事不济于偃兵。④

---

① 《明太祖实录》，卷一四，第193页，"甲寅年四月"。
② 《明太祖实录》，卷一四，第193页，"甲寅年四月"。
③ 俞本撰、李新峰笺证：《纪事录笺证》，卷之上，第228—229页，"至正二十七年"。
④ 朱元璋：《明大诰研究·御制大诰三编》，《指挥林贤胡党第九》，第385页。

无论俞本还是朱元璋，都非常清晰地道出了张士诚最终失败的原因，赏罚不当、驭下无方，知施仁而不知施威。这一点，在至正二十二年（1362）张士诚所部侵犯诸全之战中已经有所表现，正是因为张士信指挥无方，导致上下离心才会中了李文忠的虚张声势之计。但张士信败退后并没见张士诚加以处罚，甚至在后来朱元璋与张士诚的决战中，张士信仍旧扮演了重要的角色。这一点无疑和赏罚严明的朱元璋形成了鲜明的对比。比如朱元璋在争夺安庆的战斗中，对于防守安庆的将领，无论是连名字也没有留下的余元帅还是军中颇有地位的赵伯中，一旦丢失城池，朱元璋都是毫不犹豫地加以诛杀，如此，才建立起了严格的军纪。

说回至正二十四年（1364），就在朱元璋全面改革军事制度，建立起一套等级严明、令行禁止的制度时，张士诚除了对朱元璋统治区进行一些并没有太大实际意义的军事行动外，并没有什么值得一提的作为。正是这种区别，最终奠定了朱元璋与张士诚之间的胜败形势。

张士诚显然没有意识到朱元璋在鄱阳湖上取得的决定性胜利究竟有多重要。至正二十四年（1364）四月，俞通海率先对张士诚方面发动进攻。平章俞通海、参政张兴祖率军扫荡刘家港，进逼通州，将张士诚手下院判朱琼生擒。此后，朱元璋方面的战事转向略定整个湖广，张士诚方面的战事稍微沉寂了一段时间。

至正二十五年（1365）初，湖广基本底定，西吴军已经开始对陈友定和方国珍作战。与此同时，张士诚终于开始了他对西吴统治区的军事行动。二月十八日，张士诚可以说是毫无创意地再次兴兵二十万，由李伯昇率领，携背叛朱元璋的谢再兴入侵诸全新城。此次为了确保成功，张士诚方面也可以说是进行了精心准备，"部阵延亘十余里，造庐室，建仓库，预为必拔之计。且分兵数万据城北十里，以遏援兵"①。面对张士诚的攻势，新城守将胡德济知道仅凭自己是难以抵挡的，于是除了坚壁据守外，也立即向身在严州的浙东行省右丞李文忠告急，胡德济派人对李文忠说："敌兵甚众，非大发兵不能济。"②李文忠当然不敢怠慢，立即派遣指挥张斌、元帅张俊率军出浦江，作为胡德济的声援。

张士诚方面见李文忠分兵救援新城，立即以兵自桐庐进犯严州，企图直捣西吴政权浙东省的根本之地。李文忠以舟师扼守江面，结果方一交战，千户谢右就被

① 《明太祖实录》，卷一六，第220页，"己巳年二月"。
② 《明太祖实录》，卷一六，第220页，"己巳年二月"。

东吴伏兵所擒。初战失利，在浙东守军内部引起了恐慌，幸而李文忠"意气自若，分署诸将，各为备御"①，他以何世明、袁洪、柴虎据守严州，其他自指挥朱亮祖以下全部跟随李文忠出征。李文忠率军进至浦江后，下令全军衔枚直趋诸全新城，同时派人要求处州方面以兵前来会师。胡德济派人对李文忠表示他手下兵力加上自己的仍然不足，但李文忠则意气风发地表示："昔谢玄以兵八千破苻坚百万众，兵在精不在众也。"②

二月二十九日，李文忠进抵龙潭。在这里，李文忠得知东吴军队即将到达，当夜，新城中潜出的士卒也及时告知了他东吴军的一些情报。从这些情报出发，李文忠和城内约好次日一早与东吴军进行决战。李文忠对众将说："敌兵甚众，今当尽死力击之，不如令者，斩。"③次日黎明，李文忠于营外张开两翼等待东吴大军，左翼包括元帅徐大兴、汤克明，右翼则是严德、王德。此外，指挥张斌、元帅张俊作为先锋。李文忠自己则坐镇中军。

当东吴军出现在视野之内时，处州的军马也赶到了，李文忠以前龙游总制夏仲毅率后军守住隘口，"于是我军大奋，直前击之"④。两军交战之后，李文忠亲自跃马直冲敌军中坚，"当者迎槊而毙，敌中军枭将周遇等披靡"⑤，英勇非凡，谢再兴率领的苗军见到此情此景，也为之震慑。于是"遂大溃，弃兵甲走，自相蹂践，我军辗而歼之，逐北十余里，溪水尽赤，死者以万数"⑥，李文忠乘胜追击，彻底击溃李伯昇，解除了东吴军对诸全新城的围困。

张士诚此次对诸全的进攻堪称准备最充分的一次，但依旧在李文忠面前撞得头破血流。此后，随着朱元璋方面军事系统调整的结束，双方的攻守形势彻底逆转，张士诚不再能够主动进攻朱元璋，局势逐渐变为朱元璋日益主动地进攻张士诚，直至最后发动彻底消灭张士诚的战争。

---

① 《明太祖实录》，卷一六，第221页，"己巳年二月"。
② 《明太祖实录》，卷一六，第221页，"己巳年二月"。
③ 《明太祖实录》，卷一六，第221页，"己巳年二月"。
④ 《明太祖实录》，卷一六，第222页，"己巳年二月"。
⑤ 《明太祖实录》，卷一六，第222页，"己巳年二月"。
⑥ 《明太祖实录》，卷一六，第222页，"己巳年二月"。

3.朱文正案："心里闷，说不得许多"

朱文正案实际是在朱元璋对张士诚作战的过程中发生的，时间介乎朱元璋平定陈理后整顿内部至发动消灭张士诚的战事之间，堪称朱元璋早期可与邵荣案并列的大案。邵荣案是朱元璋对原郭子兴旧部的清洗，朱文正案则是朱元璋对嫡系内部异己势力的清洗。

朱文正作为朱元璋的侄子，一直深受朱元璋的信任。朱元璋在至正二十年（1360）所撰《朱氏世德碑记》中记载"先兄重四公有子曰文正，今为都督"，地位可谓非常突出。虽然关系如此亲密，但也并非没有矛盾，朱元璋对朱文正的父亲、自己的大哥朱重四就非常不满，后来他在《御制纪非录》中说："朕不幸有骨肉乖离之患，而从孙（朱）守谦（朱文正之子）之祖（朱重四），幼因皇考（朱元璋父亲朱五四）惜之甚，及壮，无状甚焉。其非奉父母之道，有不可胜言。"[1] 不满之情见乎文字。

虽然如此，朱元璋对这位早年与自己相依为命的侄子还是非常器重的，朱文正也在朱元璋的东征西讨中立下汗马功劳。至正二十一年（1361）三月，朱元璋改枢密院为大都督府，枢密院同金朱文正为大都督并节制中外诸军事，获得了极高的军事地位。至正二十二年（1362）洪都叛乱平定后，朱元璋命大都督朱文正协同元帅赵德胜、参政邓愈等人共同镇守洪都。朱文正在洪都"增浚城池，严为守备"[2]，后来在至正二十三年（1363）面对陈友谅对洪都的猛烈围攻，坚守洪都八十五日，为朱元璋调兵遣将与陈友谅进行决战赢得了宝贵的时间，这也成为朱文正一生军事生涯的顶峰。

然而，正当朱文正意气风发地率军讨伐新淦邓仲谦时，突然在至正二十五年（1365）正月二十五日被朱元璋以有罪"免官，安置桐庐县"[3]，没有丝毫前因后果，可谓非常突兀，此后除了记载朱文正有"使守江西，遂骄淫暴横，夺民妇女，所用

---

① 朱元璋：《御制纪非录》，"靖江王"。
② 《明太祖实录》，卷十一，第 140—141 页，"壬寅年五月"。
③ 《明太祖实录》，卷一六，第 217 页，"乙巳年正月"。

床榻僭以龙凤为饰，又怨上不先封己""上遣人责之，文正惭惧，谋降张士诚"①的罪名和免官后"后文正卒"②的记载外，朱文正也不再出现在《明太祖实录》中。一个如此重要的人物，如此草率地结束关于他的记载，无论如何都是不正常的。更何况说朱文正此时谋划投降张士诚也于情理不合，朱文正当时正在江西地区作战，距离东线张士诚颇为遥远，很难想象朱文正会在这种时候，又是在朱元璋其他军队的环绕之下图谋投降张士诚。因此即便朱文正真的有谋叛投降张士诚的罪名，也必定不是这个时间，《明太祖实录》对朱文正案的记载必定有所隐讳。

当我们审视《纪事录》的记载，我们会发现朱文正直至至正二十六年（1366）仍旧在东线对张士诚的作战中发挥了重要作用。《纪事录》记载当年"七月，上命相国（徐）达、平章（常）遇春俱加征南大将军，授以印剑，征浙西。以侄朱文正乃授大都督，节制中外诸军事，为监军"③。浙西指的是元朝所设的江南浙西道肃政廉访司，管辖杭、嘉、湖、建、平、常、镇、松、江地区，其中杭、嘉、湖、平、松正是张士诚东吴政权的核心区域，因此这无疑是朱元璋对张士诚的一次重要用兵。当年八月朱元璋颁布"吴王令旨：命左相国徐达做总兵、大将军，平章常遇春做副将军，统领大势马步舟师征取浙西、苏州等处城池，招抚军民，仰大小将官悉听节制。依奉施行者。"④也证实了此次作战。虽然俞本记载朱文正为大都督的时间有明显延迟，但这里的重点疑问并不在此，而在于朱文正是否在此次作战中担任了监军这一重要职务。

关于朱文正是否担任监军并到了东线这一问题，我们能从朱元璋在至正二十六年（1366）四月给徐达的一封书信中找到答案。朱元璋在信中说："今再差克期赍批前去，教左相国与同委官朱文正会议，须要留下精细能干边上头目镇遏淮安。"⑤非常明显地记载了朱文正在四月就已经被派往了东线，他在七月担任监军是完全可能的。不过，关于东线监军是何人的记载，也不是完全没有分歧，《明太祖实录》在四月就记载"上命李文忠往徐达军，会议淮安城守事宜"⑥，顾诚先生据此认

---

① 《明太祖实录》，卷一六，第217—218页，"乙巳年正月"。
② 《明太祖实录》，卷一六，第218页，"乙巳年正月"。
③ 俞本撰、李新峰笺证：《纪事录笺证》，卷之上，第215页，"至正二十六年"
④ 王世贞：《弇山堂别集》，卷八六、诏令杂考·与魏国公书，龙凤十二年八月，第1637页。
⑤ 王世贞：《弇山堂别集》，卷八六、诏令杂考·与魏国公书，龙凤十二年八月，第1636页。
⑥ 《明太祖实录》，卷二〇，第278页，"丙午年四月"。

为王世贞是在抄录文件时错将"李文忠"抄为"朱文正"导致了错误。要弄明白这个问题，我们需要分析李文忠当时有没有可能担任监军。我们知道，李文忠在至正二十二年（1362）浙东频繁叛乱后一直担负镇守浙东的重任，更才在至正二十五年（1365）挫败了张士诚军队对诸全新城的一次大规模进攻，可谓担负重任。此后并未看到朱元璋任命新的人选镇守浙东，因此李文忠绝无可能被调往淮安，《明太祖实录》的记载必定是出于为尊者讳的目的有意抹去朱文正的功绩。因此，我们可以确知，朱文正的最终的案发时间断非在至正二十五年（1365）正月，而是在至正二十六年（1366）七月以后。而朱文正的最终结局恐怕也不像实录所说的那样轻松。

根据《纪事录》的记载，朱元璋对朱文正的处理有两次，第一次是因为朱文正镇守江西时"大肆不敬，强夺军民妇女，淫而杀之，填于井中，及僭用乘舆及服用"①，"潜命道士朱书上年甲，钉地厌之"②，被朱元璋"贬为庶人，安置六合县"③，六合县当为桐城县之误，这应当就是实录中记载的至正二十五年（1365）正月朱文正被贬。然而随着此后征讨浙西的需要，朱文正在至正二十六年（1366）被再度起用任徐达、常遇春的监军，这也就是《国初事迹》中记载的"复遣文正往濠州祭祀，暮夜与从人议，有异志。从人备告，太祖废之"④，这也就是至正二十六年（1366）七月后的朱文正第二次案发，也就是《纪事录》中记载的朱文正并不安于庶人的身份，在征讨浙西的过程中，"至太湖中，文正欲叛归张氏，事泄"，最终被朱元璋"取回，饿死"⑤。那么，究竟是什么罪名让朱元璋对亲侄子朱文正痛下杀手呢？

固然，在征讨浙西时图谋叛归张士诚自然是极大的罪名，但能够让朱元璋对至亲下如此杀手，恐怕不单纯是这个罪名。关于朱元璋对朱文正的愤怒，最能够表现这一情感的是他写给外甥李文忠的一封信，这封信朱元璋以白话写成，非常通俗易懂，感情表达也可谓非常直白：

---

① 俞本撰、李新峰笺证：《纪事录笺证》，卷之上，第215页，"至正二十六年"。
② 俞本撰、李新峰笺证：《纪事录笺证》，卷之上，第215页，"至正二十六年"。
③ 俞本撰、李新峰笺证：《纪事录笺证》，卷之上，第215页，"至正二十六年"。
④ 刘辰：《国初事迹》，第79页（出自：邓士龙 辑：《国朝典故》，卷四）。
⑤ 俞本撰、李新峰笺证：《纪事录笺证》，卷之上，第215页，"至正二十六年"。

　　老舅家书，付保儿（李文忠），教你知道驴马（朱文正）做的人。当自从守江西，好生的行事不依法度。近来我的令旨，为开按察司衙门，他三日不接我言，教在江上打著船，便似教化的一般。他又差人往浙西城子里官卖物事。及至开我令旨，不许军民头目来听，密行号令，但有按察司里告状的，割了舌头，全家处死。在那里奸人家妻女，多端不仁。我禁人休去张家那下买盐，他从江西自立批文，直至张家盐场买盐。江上把截的不敢当，尽他往来，南台城里仓与库四处俱各有物。其余多等不仁不孝的勾当，我心里闷，说不得许多。保儿且知道这几件，你父亲到时，自有话与他说也。保儿守城子，休学驴马。①

　　在这封信中，朱元璋只说朱文正干了"不仁不孝的勾当"，并没有说他谋叛。在整封信中，朱元璋毫不避讳地对李文忠谈了他对朱文正的不满和朱文正的罪名，并表示"我心里闷，说不得许多"。然而倘若朱文正在朱元璋写这封信时有谋叛的行为，纵然朱元璋再怎么"心里闷"也不会不对李文忠说。因此，我们可以推定朱元璋给李文忠写这封信时朱文正还没有谋叛的罪名，这封信中朱文正的罪名是他至正二十五年（1365）第一次案发后的罪名，此后朱文正还被再度起用过，因此认为朱元璋是因为这个罪名将朱文正饿死无疑是不恰当的，这也进一步证明了实录对朱文正案的刻意隐没，只记载了第一次案发并将朱文正之死系于此后。

　　那么，最终促使朱元璋杀掉朱文正的就只能是谋叛这一大罪了，除了在朱元璋给李文忠的信中透露出了朱文正与张士诚之间早就存在的私人商业往来外，这从朱元璋的《太祖皇帝钦录》和《御制纪非录》中也都能得到证实。在《太祖皇帝钦录》中，朱元璋记载朱文正"事觉，教之不听。未几，谋奔敌国。又觉，而方因之，然后而殁"②。《御制纪非录》中也记载"大逆之道既泄，朕恐为人所潜，特召面审之。其应之词，虽在神人，亦所不容。其逆凶之谋，愈推愈广，由是鞭而后故"③。无疑，最终促使朱元璋痛下杀手的原因正是朱文正在征讨浙西期间"谋奔敌国"。

　　朱文正因大逆被朱元璋所杀，但朱元璋并没有牵连朱文正的儿子朱守谦（当时

---

　　①　王世贞：《弇山堂别集》，卷八六、诏令杂考·与曹国公手书，洪武九年三月九日亲笔，第1653—1654 页。

　　②　朱元璋：《太祖皇帝钦录》，"洪武十二年三月二十三日"。

　　③　朱元璋：《御制纪非录》，"靖江王"。

名朱铁柱），朱元璋特地将朱守谦招来对他说："尔父不率教，忘昔日之艰难，恣肆凶恶，以贻吾忧。尔他日长大，吾封爵尔，不以尔父废也。尔宜修德励行，盖前人之愆，则不负吾望矣。"[1] 后来，朱守谦被朱元璋封为靖江王，朱重四和朱文正也得到了南昌王的追赠。

　　朱文正案后，朱元璋清洗掉了嫡系内部的异己势力，增强了内部凝聚力，发动最终消灭张士诚战争的时机成熟了。

---

① 《明太祖实录》，卷一六，第218页，"乙巳年正月"。

4. 剪除两翼

朱元璋在至正二十六年（1366）征讨浙西的军事行动虽然让西吴军夺取了张士诚起家的主要地区高邮，但整个行动因为朱文正案发而夭折，没能取得预期的效果。但朱元璋与张士诚之间势力的消长注定了朱元璋不会就此止步。很快，他就发动了最终消灭张士诚的战争。

至正二十六年（1366）八月初一，朱元璋刚刚完成了对应天的拓建工程，就立即以讨伐张士诚告祭大江之神，在祭文中，朱元璋表明"今姑苏张士诚，处我东南之境，数来生衅"①，自己为了天下生民，决定彻底荡平张士诚。随后，朱元璋任命中书左相国徐达为大将军，平章常遇春为副将军，率军二十万讨伐张士诚。可以看出，朱元璋此次对将领的安排和此前征讨浙西的行动并无二致，唯一的区别就是这次并没有设立监军。然而人事安排上的相似只是表面现象，这次行动的战略与征讨浙西是截然不同的。

完成了对将领的任命后，朱元璋又在西苑召见徐达、常遇春等将领。在强调了一番军纪问题后，朱元璋问众将："尔等此行用师，孰先？"常遇春立即回答道："逐枭者必覆其巢，去鼠者必熏其穴。此行当直捣姑苏，姑苏既破，其余诸郡可不劳而下矣。"常遇春从军事角度出发，认为当擒贼先擒王，只要拿下苏州，消灭了张士诚所在，整个苏杭地区都不难平定。谁知朱元璋并不认同，朱元璋认为："不然。士诚起盐贩，与张天骐、潘原明等皆强梗之徒，相为手足。士诚苟至穷蹙，天骐辈惧俱毙，必并力救之。今不先分其势，而遽攻姑苏。若天骐出湖州，原明出杭州，援兵四合，难以取胜。莫若出兵先攻湖州，使其疲于奔命，羽翼既披，然后移兵姑苏，取之必矣。"朱元璋从全局出发，认为只有先消灭张士诚作为依赖的张天骐和潘原明，将张士诚彻底孤立后才能够将之彻底消灭。然而常遇春仍旧坚持自己直捣姑苏的方案，公然和自己的主公朱元璋叫板，双方各执一词，陷入僵局。最后，朱元璋变色说道："攻湖州失利，吾自任之。若先攻姑苏而失利，吾不汝贷也！"终于通过强硬手段统一了意见，决定先攻取湖州张天骐，后来在具体行动中又增加了

---

① 《明太祖实录》，卷二一，第295页，"丙午年八月"。

杭州潘原明作为第一期作战目标，最终成为先剪除张士诚两翼，再直取苏州的作战方案。①

在最终行动前，朱元璋还玩了一个花招。为了迷惑张士诚，朱元璋利用平定湖广时并非诚心归降的熊天瑞行反间计，他让徐达、常遇春出发时带上熊天瑞，同时对外只宣称是直捣姑苏，熊天瑞必定会找机会叛投张士诚，如此就能通过熊天瑞的叛逃将错误的情报带给张士诚，从而有利于掩藏自己剪除张士诚两翼的这一真实目的。

八月初，徐达、常遇春率军正式从龙江出发。八月十二日，大军抵达太湖。八月二十日，常遇春率先在湖州港口击败东吴军，进至洞庭山。八月二十四日，大军进至湖州毗山，再度击败东吴军。此后，张士诚驻军湖上，不敢轻易迎战。恰在此时，熊天瑞叛归张士诚，按照朱元璋的设计将错误情报带给了张士诚，导致张士诚在此后的作战中更加谨慎，不敢放开手援助湖州和杭州两处，错失了战机。

八月二十五日，徐达、常遇春率军抵达湖州城外三里桥。镇守湖州的东吴右丞张天骐分兵三路迎战西吴军，其中参政黄宝为南路，院判陶子实为中路，张天骐亲自为北路，同金唐杰为后续部队。此时，有术士劝说常遇春此时不能作战，但常遇春知道战机不容失，愤怒地表示："两军相当，不战何待？！"②决定立即开战。徐达让常遇春进攻南路黄宝，王弼进攻北路张天骐，自己亲自进攻中路陶子实，最后还安排骁勇善战的将领王国宝率长枪军"直扼其城"③。

双方交战后，常遇春顺利击败黄宝，黄宝败走想要逃入城中，孰料湖州城吊桥已经断了，黄宝无法进城，只能回身继续作战，最终被常遇春生擒，同时被擒的还有元帅胡贵以下二百余人。黄宝的南路惨败，中路陶子实与北路张天骐不敢浪战，纷纷收缩兵力退回城中坚守。面对湖州危急的局势，张士诚也不是毫无反应，此前多次在浙东与西吴军队作战的司徒李伯昇奉命由荻港潜入湖州城内，但他并没有带来足够的兵力。随后西吴军队将湖州城四面包围，在南门击败了守军，城中遂难以动弹。

湖州为张士诚东吴政权的重要一翼，张士诚也不敢轻易放弃，于是再以平章朱暹、王晟，同金戴茂、吕珍，院判李茂和自己第五个儿子率军六万赶来救援，对外

① 《明太祖实录》，卷二一，第297—298页，"丙午年八月"。

② 《明太祖实录》，卷二一，第299页，"丙午年八月"。

③ 《明太祖实录》，卷二一，第299页，"丙午年八月"。

号称三十万。比之于徐达、常遇春率领的大军，这六万军队能够起到的作用实在很有限。吕珍等抵达湖州后，屯兵城东旧馆，安营扎寨构筑工事，和城内遥相呼应。

面对吕珍等人的援军，徐达与常遇春、汤和等分兵扎营于东阡镇南的姑嫂桥，"连筑十垒，以绝旧馆之援"①。西吴军声势浩大，李茂、唐杰、李成三人为西吴军势所震慑，临阵脱逃。如此一来，吕珍方面援军本就不雄厚的兵力又遭到了进一步削弱，根本无法再担负援救湖州的重任，转而只能寄希望于和屯兵于乌镇之东的潘元绍互为声援。孰料潘元绍在西吴军的夜袭下竟然也逃跑了，这充分说明东吴军的军纪已经荡然无存了。张士诚此时没有别的办法，只能亲自率军前来救援湖州。徐达与张士诚的援军大战于皂林之野，大败张士诚军，迫使张士诚退走，终于彻底孤立了湖州。

进入九月，朱元璋在保证湖州仍旧处于围困中的条件下，于九月十一日命镇守浙东的李文忠率军进攻杭州，剪除张士诚的另一翼，同时也让张士诚在湖州与杭州之间顾此失彼，最终哪一翼都保不住。对此，朱元璋在给李文忠的上谕说得也很明白：

> 徐达等取姑苏，张士诚必集兵以拒。今命尔攻杭州，是掣制之也。我师或冲其东，或击其西，使彼疲于应战，其中必有自溃者，尔往宜慎方略。②

可以看出，朱元璋此时以李文忠独自率军攻取杭州，虽然有剪除张士诚另一翼的原因，但更多是为了从杭州方面牵制张士诚对湖州的救援，从而为徐达、常遇春尽快攻取湖州创造条件，因此，朱元璋没有给李文忠增派军队，只是让他"宜慎方略"。

回到湖州，徐达自九月初击败张士诚派出的以徐志坚为首的新一批援军后，张士诚方面的战斗意志日渐薄弱。虽然如此，张士诚仍旧又派出了右丞徐义前往旧馆侦察形势。常遇春掌握了徐义的行踪，阻断了他返回的通路。徐义进退失据，只能偷偷派人前去邀约张士诚之弟张士信出兵与旧馆地区残存的东吴军合兵一处迎战朱元璋。张士诚得知这一计划后，也派遣赤龙船前来相助，徐义才得以逃脱，返回张

---

① 《明太祖实录》，卷二一，第300页，"丙午年八月"。
② 《明太祖实录》，卷二一，第301页，"丙午年九月"。

士诚处。

徐义虽然逃脱，常遇春却趁机抓住了全歼旧馆东吴军的机会。潘元绍本来率赤龙船屯于平望，此时放弃赤龙船，改乘小船潜至乌镇，企图打通前往旧馆的道路。常遇春则由别港一路追至平望，放火烧毁了赤龙船，导致潘元绍率领的东吴军"军资器械一时俱尽"[①]，军心瓦解，作鸟兽散。此战之后，旧馆地区包括吕珍在内的东吴残军"旧馆兵援绝，馈饷不继，多出降"[②]。旧馆大捷最终确立了西吴军的胜局。

十月，湖州之战进入了惨烈的最后阶段，徐达将擒获的东吴军将士在湖州城下处决，导致城中大震，随后常遇春攻取乌镇，潘元绍等部彻底瓦解，大部归降了西吴。同样在十月，李文忠在杭州方面取得了意外的进展，朱亮祖、耿天璧奉命进攻桐庐，张士诚方面将目光完全集中在湖州，杭州方面被打了个措手不及，桐庐投降，李文忠进兵合围了余杭。

十一月初五，徐达命冯胜将归降的东吴悍将吕珍处决于湖州城下，敦促李伯昇投降。李伯昇虽然知道湖州局势已经毫无希望，但仍旧不愿意投降，他在城上说："张太尉养我厚，不忍背之。"[③]李伯昇抽出刀来想要自杀，被左右抱住，他们对李伯昇说："援绝势孤，久困城中，不如降。"[④]李伯昇陷入迟疑，不能决定，此时同在城中的右丞张天骐、总管陈昧等人直接向西吴军投降，李伯昇被众人所挟，也投降了朱元璋，湖州终于被攻陷。与此几乎同时，李文忠也攻下了余杭，兵进杭州。镇守杭州的潘原明此时已经知道李文忠的厉害，以杭州归降。李文忠受命镇守杭州，并由此进而成功招抚绍兴。此后，李文忠开始负责为随后进军苏州的徐达提供给养。至此，张士诚赖以拱卫苏州的两翼完全瓦解。在整个湖州、杭州战役中，西吴军在湖州俘虏了黄宝，在杭州俘虏了蒋英、刘震，这几位都是至正二十二年（1362）浙东叛乱时杀害参政胡大海的重要人物。他们被送回应天，"解至上前，生燃三人，以祭故参政胡大海"[⑤]。

攻占湖州、杭州后，西吴军并没有停下脚步，徐达立即向最后的目标——苏州进军，大军先至南浔，东吴元帅王胜归降，徐达进而包围吴江，参政李福、知州杨

---

① 《明太祖实录》，卷二一，第303页，"丙午年九月"。

② 《明太祖实录》，卷二一，第303页，"丙午年九月"。

③ 《明太祖实录》，卷二一，第306页，"丙午年十一月"。

④ 《明太祖实录》，卷二一，第306页，"丙午年十一月"。

⑤ 俞本撰、李新峰笺证：《纪事录笺证》，卷之上，第220页，"至正二十六年"。

彝投降，最终于十一月二十四日进抵苏州城南鲇鱼口。在这里，徐达击败了东吴将领窦义，康茂才进至尹山，再度击败企图反攻的东吴军，焚烧了数千艘东吴战船和大量辎重。此战之后，张士诚失去了出城反击的能力，徐达进兵包围了苏州。朱元璋与张士诚之间的最后一场战役打响了。

5.苏州围城战

至正二十六年（1366）十一月二十五日，徐达进军包围了苏州城，这里是张士诚的老巢，朱元璋消灭张士诚的战争终于走到了最后一幕。

围攻苏州的战役，徐达可谓进行了充分的准备。合围苏州后，徐达驻军葑门，常遇春驻军虎丘，郭子兴位于娄门，华云龙驻于胥门，汤和负责阊门，王弼率军驻于盘门，张温为西门，康茂才为北门，耿炳文驻军城东北，仇成在城西南，何文辉在城西北，"四面筑城围困之，又架木塔与城中浮屠对，筑台三层，下瞰城中，名曰'敌楼'，楼每层施弓弩、火铳于上，又设襄阳炮以击之，城中震恐"[①]。而徐达、常遇春所率大军的补给，都由镇守杭州的李文忠负责供应，"文忠悉运军需、钱粮、赏赐、衣甲以给军需"[②]。

不过苏州也不同于湖州、杭州，这里毕竟是张士诚的根本之地，生死攸关，他也不会轻易放弃。徐达首先通过擒获的城外援军将领莫天祐派往城中联络的杨茂，从而得知了城内张士诚与城外莫天祐的虚实，从而定下了围攻的计划。徐达首先进攻娄门，张士诚迎战，结果以徐达手下将领茅成阵亡，西吴军攻势受挫结束。

十二月十二日，朱元璋罢浙东行省，于杭州开设浙江等处行中书省，李文忠任行省平章政事，同时也恢复本姓李，绍兴路同时改为绍兴府，诸全州改为诸暨县。朱元璋的这一举措表明虽然苏州还没有被攻下，但他已经视整个浙东为自己的领土了，从而健全了自己政权在这里的行政建制。在至正二十六年（1366）的最后一个月中，围困中的苏州并没有发生大规模的战事，因为此时朱元璋主要忙于次年改元的相关事务，因此暂时放缓了苏州方面的军务。最终，朱元璋接受群臣的建议，次年正式改元为吴元年，关于这一事件的意义，笔者将在下一章中讲述，这里就不赘言了。

吴元年（1367）五月，改元的工作初步告一段落，朱元璋决定拿下苏州，彻底消灭张士诚。朱元璋先给张士诚写了一封信，这封信颇为简单明了，朱元璋在信中说：

---

① 《明太祖实录》，卷二一，第309页，"丙午年十一月"。

② 俞本撰、李新峰笺证：《纪事录笺证》，卷之上，第223页，"至正二十六年"。

成汤放桀、武王伐纣、汉祖灭秦，历代皇帝之兴，兵势相加，乃为常事。当王莽之亡、隋之失国，豪杰乘时蜂起，图王业、据土地。及其定也，必归于一天命所在，岂容纷然？虽有智者，事业弗成，亦当革心，畏天顺民，以全身保族，若汉之窦融、宋之钱俶是也。自古皆然，非今独异。尔能顺附，其福有余，毋为困守孤城，危其兵民，自取灭亡，为天下笑。[①]

朱元璋的得意之情是见乎文字的，这封信因此更像是给张士诚的一份最后通牒，让他选择投降或者灭亡。对此，张士诚当然没有回信。六月，苏州围城战的战事终于进入了最激烈的阶段。

吴元年（1367）六月，苏州被包围已经半年有余，朱元璋也面临着元朝方面越来越大的威胁，加上朱元璋本人也在计划着正式称帝建国，因此结束苏州的战事就成了当务之急。六月初四，张士诚决定尝试突围决战，他发现苏州城左侧的西吴军军阵严整，难以触动，于是派遣徐义、潘元绍潜出西门，希望掩袭西吴军。东吴军转至阊门，直奔常遇春军营而来，常遇春及时注意到了东吴军的到来，立即分兵北濠，先截断东吴军的后路，然后亲自率军迎战。两军陷入混战，许久都未见分晓。此时城中的张士诚又派参政黄哈剌把都率军千余人前来相助，接着又亲自率军攻打山塘作为援兵，山塘地区道路狭窄，张士诚进军受阻，稍微退却。常遇春知道战机来了，于是摸着王弼的背对他说："军中皆称尔为猛将，能为我取此乎？"[②] 王弼很干脆地答应了，"即驰铁骑，挥双刀往击之，敌众小却"[③]。常遇春则抓住时机乘势掩杀过去，张士诚大败而回，人马在沙盆潭中溺死甚众，张士诚坐骑受惊让他跌入水中，差点也命丧于此，幸被救起，用肩舆抬入城中，"计忽忽无所出"[④]。李伯昇趁此时派人进城劝降，仍旧没有效果，这意味着战斗还得进行下去。

六月初七，苏州城中又发生了一件令张士诚感到雪上加霜的事。当日，张士诚亲自率军出胥门挑战，被常遇春击退。张士诚的弟弟张士信则在阊门城楼上督战，关于此后发生的事情，是颇为戏剧性的。张士信在城上看见城下张士诚战败，急忙

---

① 《明太祖实录》，卷二三，第337—338页，"吴元年五月"。
② 《明太祖实录》，卷二四，第341页，"吴元年六月"。
③ 《明太祖实录》，卷二四，第341页，"吴元年六月"。
④ 《明太祖实录》，卷二四，第341页，"吴元年六月"。

大呼："军士疲矣！且止且止！"① 于是鸣金收兵，常遇春则乘势发动进攻，大破张士诚，追至城下并奋力攻城，还"筑垒迫其城"②，使张士诚再也不能出城作战。好不容易才终于抵御住西吴军的进攻，张士信决定在城楼上休息一下，当他正在吃桃子时，头部突然中了一发城下发射的石炮，当场阵亡。

张士信的意外阵亡让张士诚在失去张士德后又失去了张士信这一亲信，城内局势愈发险恶，"（徐）达令四十八卫将士围城，每一卫制襄阳炮架五座，七稍炮架五十余座，大、小将军筒五十余座。四十八卫营寨列于城之周遭，张氏欲遁，不能飞度。四面铳炮之声，昼夜不绝"③。

战事这样一直持续到九月，苏州城内军心已经彻底瓦解。九月初八，苏州城内进行了最后一次反击尝试，熊天瑞让城内制作飞炮打击城外西吴军，徐达则命军中将木材架成屋状，上面再放上竹笆，让士兵隐藏在下面躲避攻击。如此，徐达成功攻破葑门，常遇春攻破阊门新寨，渡桥直抵城下。张士诚见局势危急，让枢密唐杰登城迎战，他自己则亲自驻军门内，令参政谢节、周仁立栅以修补外城。唐杰料到自己无法抵挡西吴军的全力进攻，直接投降，由此带动了周仁、徐义、潘元绍等一干人等相继投降，"士诚军大溃，诸将遂蚁附登城"④，苏州城终于被攻破。

苏州城破，徐达、常遇春率大军攻入城中，张士诚则进行了最后的抵抗，他让副枢密刘毅率领最后的两三万残军与西吴军大战于万寿寺东，几乎毫无悬念的失败了，最后只剩下数骑逃回。张士诚知道自己已经彻底无力抵抗，于是在齐云楼下堆上柴薪，让妻妾、侍女登上齐云楼自尽，然后一把火烧掉了齐云楼。至于张士诚自己，则独自坐在宫殿中，准备上吊自杀。此时，李伯昇奉徐达之命赶到，破门而入，救下了正在上吊的张士诚，"士诚瞑目不言，乃以旧盾昇之出葑门，途中易以户扉，昇至舟中"⑤，成了西吴军的俘虏。随后，包括张士诚和他的东吴官属都被送回应天。关于张士诚的结局，虽然《明太祖实录》称朱元璋希望保全张士诚，但张士诚自己自缢而死，朱元璋只能将其好生安葬，但《纪事录》透露了完全不同的情况，"上召见，张士诚但慎目，不言，不食，赐之衣冠，亦不受。遂令卫士扛于笪

① 《明太祖实录》，卷二四，第 344 页，"吴元年六月"。
② 《明太祖实录》，卷二四，第 344 页，"吴元年六月"。
③ 俞本撰、李新峰笺证：《纪事录笺证》，卷之上，第 228 页，"吴元年"。
④ 《明太祖实录》，卷二五，第 363 页，"吴元年九月"。
⑤ 《明太祖实录》，卷二五，第 364 页，"吴元年九月"。

桥，御杖四十而死。上命焚瘗于石头城"①。《国初事迹》的记载稍微温和些，但也认为是朱元璋杀害了张士诚，"城破，械张士诚同王、蔡、叶到京，太祖命缢杀之"②，基本可以认定，张士诚是死于朱元璋之手。然而无论哪种结局，张士诚这一朱元璋长期以来的心腹大患都被消灭了，整个浙东地区也逐渐宣告平定，平江路被改为苏州府。

另外，就在徐达与张士诚大战于苏州城下之时，朱元璋还在江淮地区面临了元朝地方军阀的挑战。朱元璋在江淮地区这两场战役的胜利最终确立他江南地区霸主的身份，也为他在次年称帝建国并进而北伐中原积累了足够的资本，下面，就让我们看看朱元璋在徐州地区与元朝军阀的交锋。

① 俞本撰、李新峰笺证：《纪事录笺证》，卷之上，第228页，"吴元年"。
② 刘辰：《国初事迹》，第97页；（出自：邓士龙 辑：《国朝典故》，卷四）。

6.江淮的平定

朱元璋与元朝位于中原地区的军阀势力的沟通始于至正二十二年（1362），主要对象是自至正十八年（1358）以来长期以河南府路为根据地对抗龙凤红军的元朝将领、中书平章兼河南枢密事察罕帖木儿。

至正二十二年（1362）六月，在朱元璋主动遣使联络下，汉化甚深的察罕帖木儿致书朱元璋，但没有放回朱元璋派去的使者。朱元璋对于察罕帖木儿致书而不放回使者的做法颇不以为然，他对左右表示："予观察罕帖木儿书，辞婉而媚，是欲啖我，我岂可以甘言诱哉？况徒以书来，而不返我使者，其情伪可见。吾观天下事势，若天未厌元而彼之所为有以厌服人心，则事未可知。今其所为，违天背理，岂能有成？且人谋不如天，从天与人，人不得违，人贪天，天必不与。我之所行，一听于天耳。夫天下，犹器也。众人争之必裂，一人持之则完。今张士诚据浙西，陈友谅据江汉，方国珍、陈友定又梗于东南，天下纷纷，未有定日，予方有事之秋，未暇与较，姑置不答。"[1]朱元璋认为察罕帖木儿不放回使者是没有诚意，加上当时朱元璋还有陈友谅与张士诚这两个大敌要对付，因此对察罕帖木儿的致书采取了不给答复的消极态度。

然而朱元璋不知道的是，当时察罕帖木儿集团的内部矛盾已经非常尖锐了，不放回使者未必是察罕帖木儿本人的决定，很快，察罕帖木儿就被降将田丰、王士诚刺杀，他的养子扩廓帖木儿（王保保，但并非如传言所说是汉人而是蒙古人）接管了军队，拜为太尉知枢密院事、中书省平章政事、银青荣禄大夫。扩廓帖木儿很快攻破益都，杀掉了田丰、王士诚，为其养父报了仇。随后，扩廓帖木儿开始和元朝另一位军阀孛罗帖木儿争夺山西、河北，但他也没有忘记和朱元璋保持联系。至正二十二年（1362）十二月，驻军汴梁的扩廓帖木儿派遣尹焕章为使者致书朱元璋并献上马匹。从此后扩廓帖木儿对朱元璋及其政权的敌视态度来看，此次遣使献马显然并非出自本心，只是为了在他与孛罗帖木儿大战期间消除南方的后顾之忧。朱元璋此时也并未将北方作为主要敌人，因此并没有对扩廓帖木儿采取敌视态度。

---

[1] 《明太祖实录》，卷十一，第141页，"壬寅年六月"。

　　至正二十三年（1363）正月，朱元璋派遣中书省都事汪河护送尹焕章返回汴梁，同时也给扩廓帖木儿带去了一封回信，朱元璋在这第一封给扩廓帖木儿的信中第一次全面阐述了自己对元朝的看法及自己的志向：

　　　　元失其政，中原鼎沸，庙廊方岳之臣，互相疑沮，丧师者无刑，得志者方命，悠悠岁月，卒致土崩。阁下先王奋起中原，英勇智谋，过于群雄，闻而未识，是以前岁遣人直抵大梁，实欲纵观，未敢纳交也。不意先王捐馆，阁下意气相期，遣送使者涉海而来，深有推结之意，加之厚贶，何慰如之？薄以文绮若干用酬，雅意自今以往，信史继踵，商贾不绝，无有彼此，是所愿也。[1]

　　此时朱元璋正处在鄱阳湖决战前夕，自己的未来尚且很不明朗。因此在给扩廓帖木儿的回信中，他虽然表达了自己起兵是因为"元失其政"，但他并没有表达出自己要推翻元朝取而代之的想法，对扩廓帖木儿也是着意结交，并不愿意仇。这也很好理解，现在还不是和北方开战的时候。然而朱元璋的此次回信却是石沉大海，扩廓帖木儿不仅扣留了朱元璋的使者，也没有给朱元璋回信，这也不难理解，扩廓帖木儿本就只是想拖住朱元璋，并没有真正结交的想法。

　　至正二十四年（1364）十二月，已经彻底消灭陈友谅的陈汉政权的朱元璋再次致书扩廓帖木儿。时移世易，势力得到极大扩展的朱元璋在给扩廓帖木儿写信时态度也产生了变化，朱元璋在信中劝诫扩廓帖木儿说："尝观英雄得志于天下也，何其难哉。立于始或沮于终，成于前或坠于后，此古今之所深惜也。曩因元政不纲，中原大乱，其命将出师，罔有攸济者。"对于扩廓帖木儿与孛罗帖木儿的争斗，朱元璋也表达了自己的看法："迩闻北庭多事，变生肘腋，控制河朔，挟令夷夏，孛罗犯阙，古今大恶，此正阁下正义明道，不计功利之时也。夫以阁下雄才，待之有余。然常胜之家，意多轻敌，应变之术，不可不审。今阁下居河南四战之地，承颍川（指颍川王察罕帖木儿）新造之业，边度未固，近郊多垒，其所以军民相附，邻与不窥者，诚以颍川存日，能尽抚养盟好之道而人不忍遽绝也。或孛罗侵寇不已，阁下何靳一介之使，渡江相约？予地虽不广，然春秋恤交之意常窃慕焉，且乱臣贼

①　《明太祖实录》，卷一二，第147页，"癸卯年正月"。

子，人人得而诛之，又何彼此之分哉？"最后，朱元璋还通报了自己平定陈汉的战绩。[1]

可以看出，随着局势的变化，朱元璋此时虽然仍将扩廓帖木儿放在和自己平等的地位上，称之为"阁下"，但在实际中已经将自己凌驾在了扩廓帖木儿之上，俨然以长辈的口吻在教训扩廓帖木儿。可想而知，此次致书自然也是石沉大海，杳无音信。也正是与朱元璋致书扩廓帖木儿几乎同时，朱元璋针对元朝的另一番话更能说明他此时的真实态度。至正二十四年（1364）十二月底，朱元璋对廷臣说道：

> 元本胡人，起自沙漠，一旦据有中国，混一海内。建国之初，辅弼之臣，率皆贤达，进用者又皆君子，是以政治翕然可观。及其后也，小人擅权，奸邪竞进，举用亲旧，结为朋党，中外百司，贪婪无耻，由是法度日弛，纪纲不振，至于土崩瓦解，卒不可救。今创业之初，若不严立法度以革奸弊，将恐百司因循故习，不能振举，故必选贤能以隆治化，尔等有所荐引，当慎所择。[2]

朱元璋这番话的主题虽然是让廷臣在举荐人才时要务求谨慎，但同样值得关注的是朱元璋在这番话中已经公开将元朝视为迥异于汉族的"胡人"异种政权，态度已经表现出了明显的排斥与敌视，结合这段话看朱元璋此次致书扩廓帖木儿的态度变化，也就很容易理解了。

到了至正二十五年（1365）七月，朱元璋又一次致书扩廓帖木儿。此时朱元璋正值对张士诚发动全面进攻的前夕，然而扩廓帖木儿已经开视频繁骚扰江淮地区，对朱元璋平定江淮的进程构成了不小的威胁。因此在这封信中，朱元璋以稳住扩廓帖木儿为主，同时也表达了自己对扩廓帖木儿扣留使者并骚扰朱元璋自己控制区的不满：

> 曩者，初无兵端，尹焕章来，得书惠骑，郎（即）遣汪河同往，为生者贺，殁者吊。使者去而不回，复遣人往，皆被拘留。且阁下昔与孛罗构兵，雌雄未决，尚以知院郭云、同佥任亮攻我景陵，掠我沔阳。予思此城虽元之

---

[1] 《明太祖实录》，卷一五，第210页，"甲辰年十二月"。
[2] 《明太祖实录》，卷一五，第211页，"甲辰年十二月"。

故地，久在他人之手，予从他人得之，非取于元也。阁下外假元名，内怀自造，一旦轻我，遂留前使。予虽不较，但以阁下内难未除，犹出兵以欺我，使其势专力全，又当何如？阁下果若挟天子令诸侯，创业于中原，则当开诚心，示磊落，睦我江淮。今乃遣竹昌忻都率兵深入淮地，杀掠人民，殆非所宜。况有自中原来者备言张思道、李思齐等连和合从，专并阁下，此正可虑之秋，安可坐使西北数雄结连关内，反舍近图欲趋远利，独力支吾，非善计也。予尝博询广采，闻中军将欲为变，恐不利于阁下，故再遣人叙我前意，述我所闻，阁下其图之。节次使命，若能遣回，庶不失旧好，惟亮察焉。[①]

可以看出，朱元璋这封信非常用心。朱元璋首先表达了自己希望与扩廓帖木儿维持睦邻友好关系的愿望。他虽然对扩廓帖木儿骚扰江淮和扣留使者表达了不满，但并没有采取强硬态度。与此同时，朱元璋还从为扩廓帖木儿分析利害关系出发，认为他的威胁主要在与他争夺中原地区尚未分出胜负的孛罗帖木儿及割据西北的张思道、李思齐等人，不应舍近求远，与朱元璋逐利于江淮。朱元璋如此放低姿态，当然不是实力不足，而是要集中兵力消灭张士诚，无力同时对北方的扩廓帖木儿采取攻势。

然而朱元璋的这封信仍旧没有起到明显的作用，双方撕破脸皮已经是迟早的事情了。至正二十六年（1366）七月，朱元璋在命徐达、常遇春征讨浙西前致书扩廓帖木儿，在这封信中，朱元璋仍旧提到了扩廓帖木儿扣留使者的问题，"曩者，尹焕章来，随遣汪河报礼，至今不还。予思阁下之意，当此之时，孛罗提精兵往云内，与京师密迩，其势必先挟天子，阁下恐在其号令中，故力与之竞，若归使者，必泄其谋，故留而不遣"[②]。随后，朱元璋仍旧强调了双方应该睦邻友好的观点，又从历史发展的过程为扩廓帖木儿分析了当时的利害关系。这封长信是朱元璋谋求稳住扩廓帖木儿的最后一次努力，朱元璋甚至已经很直白地对扩廓帖木儿说："倘能幡然改辙，续我旧好，还我使臣，救灾恤患，各保疆宇，则地利犹可守，后患犹可缓，为阁下利岂浅浅哉？如或不然，我则整舟楫，乘春水之便，命襄阳之师经唐邓之郊北趋嵩、汝，以安陆、沔阳之兵掠德安向信、息，使安丰、濠泗之将自陈、汝

---

① 《明太祖实录》，卷一七，第236—237页，"乙巳年七月"。

② 《明太祖实录》，卷二〇，第288页，"丙午年七月"。

捣汴梁，徐邳之师取济宁，淮安之军约王信海道舟师会俞宝同入山东，加以张、李及天保奴腹心之疾，此时阁下之境，必至土崩瓦解。"① 说明自己已经做好了随时撕破脸的准备。

事实说明，扩廓帖木儿吃硬不吃软，他对江淮地区的骚扰有增无减，朱元璋要想平定江淮，必须消除扩廓帖木儿的威胁。吴元年（1367）正月，朱元璋在撕破脸前最后一次致书扩廓帖木儿，这封信与去年的信大同小异，朱元璋让扩廓帖木儿深思是否一定要与自己为敌，话已经说得颇重。扩廓帖木儿很快就在二月给出了自己的回答，"元将扩廓帖木儿遣左丞李二侵徐州"②，李二驻军陵子村，西吴参政陆聚令手下指挥傅友德率军迎敌。当时西吴军对苏州的围攻正进行到关键时刻，傅友德此时可谓身负重任，因为他要在没有兵力补充的情况下击退元军，否则将对整个江淮战局产生难以预料的影响。

傅友德率军两千余人乘船进至吕梁，他决定主动寻找战机。终于，元军出动劫掠四邻，傅友德立即命令手下舍舟登岸对李二发动攻击。李二派遣裨将韩乙迎战，傅友德身先士卒，"奋槊刺韩乙坠马，其兵败去"③。初战取胜，傅友德不敢掉以轻心，他知道李二必定不会善罢甘休，一定会增兵前来报仇，于是返回徐州城中，"开门出兵陈城外，令士皆卧枪以待"④。很快，李二果然率军前来攻城，"友德令鸣鼓，我师奋起，冲其前锋，李二众大溃，多溺死，遂生擒李二及其将士二百七十余人，获马五百余匹"⑤，彻底击溃了扩廓帖木儿对徐州的侵犯，确保了徐达、常遇春对苏州的围攻不受干扰。在北线傅友德的有力配合下，西吴军最终于六月攻破苏州，擒杀张士诚并逐渐平定了东至松江的整个江淮地区。随着整个江南的渐次平定，朱元璋在南方实现了初步统一，称帝建国的时机成熟了。

---

① 《明太祖实录》，卷二〇，第290页，"丙午年七月"。
② 《明太祖实录》，卷二二，第317页，"吴元年二月"。
③ 《明太祖实录》，卷二二，第318页，"吴元年二月"。
④ 《明太祖实录》，卷二二，第318页，"吴元年二月"。
⑤ 《明太祖实录》，卷二二，第318页，"吴元年二月"。

第六章

大明开国

1. 吴元年

　　吴元年，在元朝是至正二十七年，公元纪年是 1367 年，韩林儿的龙凤年号止于上一年，即龙凤十二年（1366）。1367 年也是朱元璋称帝建国的前一年，因此，这次改元是朱元璋称帝建国的最后一步，具有特殊的意义。

　　朱元璋改元最重要的意义之一就是表明他正式和韩林儿的龙凤政权断绝了关系，实现了完全的自立门户。如此，身在滁州的韩林儿就成了一个不得不处理的问题。朱元璋当然不愿意背上"弑君"的恶名，但对韩林儿又不能不做出处置。因此，就出现了韩林儿最后颇为诡异的结局。

　　《明太祖实录》出于为尊者讳的目的，并没有记载这位龙凤政权皇帝的结局，因此，我们只能从其他史料中进行分析。钱谦益在《国初群雄事略·宋小明王》一开篇的概述中就记载韩林儿"在位凡十有二年，丙午冬殁于瓜埠"[1]。"丙午"即至正二十六年（1366），也即龙凤十二年。在后面的详细记载中，钱谦益引用了《通鉴博论》和《庚申外史》中的记载作为佐证，这两段记载都将韩林儿的死归因于发生在瓜步渡口的一次颇为诡异的船难，核对这两部史料的原文，可知钱谦益的引用还是基本准确的。明太祖朱元璋第十七子、明宁献王朱权所著《通鉴博论》中记载"丙午，至正二十六年……是岁，廖永忠沉韩林儿于瓜步，大明恶永忠之不义，后赐死"[2]。瓜步即瓜埠，朱权为朱元璋之子，《通鉴博论》也是他奉朱元璋之命编纂完成的，他能够如此记载，可信度应该相当高，韩林儿当确为廖永忠在奉他从滁州至应天途中沉于瓜步的。

　　权衡所著《庚申外史》中则记载"先是，小明王驻兵安丰，为张士诚攻围，乘黑风暴雨而出，居于滁州。至是，朱镇抚具舟楫迎归建康，小明王与刘太保至瓜州渡，遇风浪拍舟没，刘太保、小明王俱亡"[3]。《庚申外史》的记载有颇多不准确之处，"刘太保"刘福通在至正二十三年（1363）就已经死于张士诚手下将领吕珍之

---

①　钱谦益《国初群雄事略》，卷一，《宋小明王》，第 3 页。

②　朱权：《通鉴博论》，卷下，历代天运纪统，第 180 页。

③　权衡：《庚申外史》，卷之下，第 241 页。

手，不可能在至正二十六年（1366）跟随韩林儿自滁州出发去应天。"朱镇抚"无疑是指朱元璋，然而此时朱元璋早已不是镇抚而是吴王了。虽然如此，《庚申外史》仍旧从一个侧面证明了韩林儿确实是在瓜步渡江前往应天途中被淹死的，所不同的是，《庚申外史》将这次船难归因于天灾而不是人祸。

从以上这些记载可以看出，廖永忠是韩林儿最后结局中的一位关键人物，要弄清楚这次船难的真相就离不开分析廖永忠。廖永忠在兄长廖永安战败被张士诚俘虏后就被朱元璋提拔为水军中的重要领导人，此后率领水军在朱元璋平定全国的战争中立下了汗马功劳。洪武三年（1370），朱元璋大封功臣，廖永忠被封为德庆侯。然而廖永忠最终的结局却和与他相关的韩林儿之死一样，成为一桩众说纷纭的悬案。

关于廖永忠之死这桩悬案，笔者会在此后的章节中专门谈到，这里能够先说一句的是，廖永忠这位开国侯爵之死必定不是《明太祖实录》中记载的自然死亡。而廖永忠在朱元璋对其问罪时说的一句话则可以为解开韩林儿之死的真相提供重要的证据。根据俞本在《纪事录》中记载，在洪武七年（1374）至洪武八年（1375），朱元璋得到廖永忠家人密奏称廖永忠"卧床、器用、鞍辔、鞯镫僭拟御用"，朱元璋于是召见廖永忠，问他："汝知罪乎？"廖永忠则回答："已知矣。"朱元璋又问："汝知何罪？"廖永忠则回答："天下已定，臣岂无罪乎？"惹得朱元璋大怒。[①]廖永忠这句"天下已定，臣岂无罪乎"可谓饱含深意，刚好从一个侧面印证了朱权在《通鉴博论》中的说法，不过朱权为朱元璋开脱，认为廖永忠是擅自行动，将之与朱元璋进行了切割，也为后来朱元璋清洗廖永忠赋予了一层正义的色彩。然而从《纪事录》中朱元璋愤怒的态度及《庚申外史》中提到是朱元璋安排护送韩林儿从滁州赴应天的种种记载都能够认定，廖永忠是奉朱元璋之命行事，在瓜步渡口处理掉了碍事的韩林儿，从而为朱元璋随后的改元乃至最后称帝建国扫清障碍。

韩林儿死于至正二十六年（1366）十二月，也就在当月，群臣就上言朱元璋提出改元建议，他们称："一代之兴，必有一代之制作。今新城既建宫阙，制度亦宜早定。"于是朱元璋"以国之所重，莫先庙社，遂定议以明年为吴元年，命有司营建庙社，立宫室"[②]。正式确定次年改元吴元年并在应天营建宗社、宫室。

---

① 俞本撰、李新峰笺证：《纪事录笺证》，卷之下，第386页，"洪武七年"。

② 《明太祖实录》，卷二一，第311页，"丙午年十二月"。

从次年正月，也就是吴元年（1367）正月开始，朱元璋不仅加快了消灭张士诚并进而威胁方国珍、陈友定的进程，也为最终的称帝建国进行了最后的一系列准备。首先，吴元年（1367）二月，应天作为未来大明都城，其外城拓建完工，九月又完成了内城和皇城部分。

随着张士诚在六月困坐苏州城中，扩廓帖木儿对徐州的进犯也被击退，江淮大定。七月初十，中书右相国李善长第一次对朱元璋进行劝进，劝说朱元璋即皇帝位，李善长说："殿下起濠梁，不阶尺土，遂成大业。四方群雄，铲削殆尽，远近之人，莫不归心。诚见天命所在，愿早正位号以慰臣民之望。"朱元璋知道此时火候还没成熟，于是说："我思功未覆于天下，德未孚于人心，一统之势未成，四方之涂尚梗，若遽称大号，未惬舆情。自古帝王之有天下，知天命之已归，察人心之无外，犹且谦让未遑，以俟有德。常笑陈友谅初得一隅，妄自称尊，志骄气盈，卒致亡灭，贻讥于后，吾岂得更自蹈之？若天命在我，固自有时，无庸汲汲也。"[1] 巧妙地拒绝了李善长的劝进。

随后，朱元璋继续推行他的政策调整。九月，张士诚最终覆灭，朱元璋进行了第一轮封爵，李善长受封宣国公，徐达受封信国公，常遇春受封鄂国公。随后，朱元璋一面命朱亮祖开始讨伐温、台地区的方国珍，一面开始调整中书省的官制。朱元璋将中书省、都督府的断事官一律改为从五品，知事俱为提控案牍、省注，各行省照磨、管勾一律正八品，理问所正理问为从五品，副理问为从六品，都镇抚司都镇抚为正五品，副镇抚为正六品，理问所镇抚司知事同样俱为提控案牍、省注，开始全面统一官制。十月，朱元璋又下令改变政权内一直沿用的元朝以右为尊的"尚右"习俗，改为一律"尚左"，即以左为尊。秉持这一原则，李善长的官职由右相国调整为左相国，徐达则由左相国调整为右相国，其他官职凡涉及左右的都进行了调整。

朱元璋的这一系列调整进一步明确了他和元朝分庭抗礼的决心。与之相配合，朱元璋在九月二十五日致书元朝宗室表明自己是起兵平乱及将会善待被俘元朝宗室的意思，同时又致书扩廓帖木儿，表明自己已经平定江淮，让他也要认真考虑自己的出路。十月十七日，朱元璋已经正式命令徐达开始北伐并随即檄谕中原，正式开始了由南向北统一中国的战争。

---

[1] 《明太祖实录》，卷二四，第350页，"吴元年七月"。

另外，十一月，方国珍兵败投降，徐达顺利进军山东，称帝建国的一切条件都成熟了。十二月，随着《律令直解》的制定颁布，朱元璋终于在十二月二十二日接受了群臣的推戴劝进，祭告上帝、皇祇，宣告：

> 惟我中国人民之君，自宋运告终，帝命真人于沙漠，入中国为天下主，其君臣父子及孙，百有余年。今运亦终，其天下土地，人民、豪杰分争。惟臣，帝赐英贤为臣之辅，遂戡定诸雄，息民于田野。今地周回二万里广，诸臣下皆曰："生民无主。"必欲推尊帝号，臣不敢辞，亦不敢不告上帝、皇祇。是用明年正月四日于钟山之阳设坛备仪，昭告帝祇，惟简在帝心。如臣可为生民主，告祭之日，帝祇来临，天朗气清。如臣不可，至日当烈风异景，使臣知之。[①]

随后，登基大典的筹备工作紧锣密鼓地展开，一个新的朝代即将诞生，中国历史也将正式走入一个新的阶段。

---

① 《明太祖实录》，卷二十八下，第439页，"吴元年十二月"。

2. 金陵称帝：虚惊一场的登基大典

吴二年（1368）正月初三晚，自去年十二月二十日以来连日的大雪天气仍旧没有好转，"未即位之先，雪没市乡"[①]，"自壬戌（十二月二十日）以来，连日雨雪阴沍"[②]，"雪雨方晴，寒风大作，星暗云墨"[③]。包括朱元璋在内的君臣此时心里无疑都颇为紧张，因为次日就要举行登基大典，朱元璋将要在应天称帝建国，天气如此恶劣，无论如何都不是一个好兆头。朱元璋无疑还会想到自己在去年十二月二十二日祭告上帝、皇祇时宣告的"如臣可为生民主，告祭之日，帝祇来临，天朗气清。如臣不可，至日当烈风异景，使臣知之"，难道上天不赞同自己即位吗？

然而到了正月初四四鼓时分，当朱元璋身着衮冕升坛告祭天地时，天气陡然转好，"即位之时，香雾上凝天而下霭地，独露中星"[④]，"天宇廓清，星纬明朗"[⑤]，"天霁云静，星朗风息"[⑥]，朱元璋君臣心中因为天气而虚惊了一场，而这一神奇而巧合的天气变化后来被宣传为天命所归的"天开景运之祯也"[⑦]。

既然天气晴好，登基大典自然如期举行。朱元璋在告祭天地后于应天南郊即皇帝位，定国号为"大明"，建元"洪武"，以应天为京师，即后来的南京，朱元璋正式即位于郊坛之南，中书左相国李善长率百官北面行礼，三呼万岁。随后，朱元璋率领以世子朱标为首的诸子奉四代先祖的神主至太庙，追尊四代先祖为皇帝、皇后。行礼完毕，朱元璋返回奉天殿，李善长再次率领文武百官上表祝贺朱元璋登基，朱元璋接受了百官的朝贺。接下来，朱元璋命李善长奉册宝立吴王妃马氏为皇后，吴世子朱标为皇太子。皇后与皇太子确立后，轮到大臣了，朱元璋以李善长为中书省左丞相，以徐达为中书省右丞相，其他官员也进行了类似变化，由吴王官职

---

① 朱元璋：《明太祖御制文集》，卷十六，《纪梦》。
② 《明太祖实录》，卷二九，第479页，"洪武元年正月"。
③ 俞本撰、李新峰笺证：《纪事录笺证》，卷之下，第242页，"吴元二年"。
④ 朱元璋：《明太祖御制文集》，卷十六，《纪梦》。
⑤ 《明太祖实录》，卷二九，第479页，"洪武元年正月"。
⑥ 俞本撰、李新峰笺证：《纪事录笺证》，卷之下，第242页，"吴元二年"。
⑦ 解缙：《天潢玉牒》，第6页（出自：邓士龙 辑：《国朝典故》，卷一）。

变为大明皇帝下的官职。

次日，即洪武元年（1368）正月初五，朱元璋颁布《即位诏》，这是朱元璋一生中非常重要的一份诏书，值得全文引用：

> 朕惟中国之君，自宋运既终，天命真人于沙漠，入中国为天下主，传及子孙，百有余年，今运亦终，海内土疆，豪杰分争。朕本淮右庶民，荷上天眷顾，祖宗之灵，遂乘逐鹿之秋，致英贤于左右，凡两淮、两浙、江东、江西、湖、湘、汉、沔、闽、广、山东及西南诸部蛮夷，各处寇攘，屡命大将军与诸将校，奋扬威武，已皆戡定，民安田里。今文武大臣、百司众庶，合辞劝进，尊朕为皇帝，以主黔黎。勉循舆情，于吴二年正月初四日，告祭天地于钟山之阳，即皇帝位于南郊，定有天下之号曰大明，以吴二年为洪武元年。是日，恭诣太庙尊四代考妣为皇帝、皇后，立太社、太稷于京师。布告天下，咸使闻知。[①]

上引《即位诏》为朱元璋《明太祖御制文集》中的版本，是最原始的版本，《明太祖实录》中的版本在此基础上又进行了润色，让文字显得更加书面化。朱元璋在《即位诏》中除了确定了新国家的国号、年号与都城，更公开宣布了新国家的纲领，即元朝国运已经告终，自己的大明政权将会应天顺人，取代元朝，成为全国范围内的合法政权。

除了这些，在今后的诏书格式上，朱元璋也进行了创新。元代诏书开头通常为"上天眷命"，朱元璋认为"其意谓天之眷佑人君，故能若此，未尽谦卑奉顺之意"，决定此后将诏书开头改为"奉天承运，庶见人主奉若天命，言动皆奉天而行，非敢自传也"[②]。

最后，朱元璋对自己已经去世的兄弟们进行了追封。至此，整个登基大典才算结束。

然而登基大典只是第一步，新政权的官僚机构不能完全沿用吴国时期的设置，必须适应新的形势，首先就是中书省。自隋唐以来，中书省的最高长官为中书令，

---

① 朱元璋：《明太祖御制文集》，卷一，《即位诏》。
② 《明太祖实录》，卷二九，第483页，"洪武元年正月"。

而大明开国时的中书省里，并设中书左、右二丞相，是否设立中书令就成了颇受关注的一个问题。

朱元璋第一次对官僚机构的设置表露出看法是在正月初七迁入新宫后对中书省官员所说的一段话中表达出来的，朱元璋说："成周之时，治掌于冢宰，教掌于司徒，礼掌于宗伯，政掌于司马，刑掌于司寇，工掌于司空，故天子总六官，六官总百执事，大小相维，各有攸属，是以事简而政不紊，故治。秦用商鞅变更古制，法如牛毛，暴其民甚而民不从，故乱。卿等任居宰辅，宜振举大纲以率百寮，赞朕为治。"[1] 朱元璋在这段话中表达的思想和他后来废除中书省后表达的思想空前一致，就是要建立"故天子总六官，六官总百执事，大小相维，各有攸属，是以事简而政不紊"的政治制度，中书省官员只是"赞朕为治"，而不能拥有相对独立的相权。

然而官员们似乎并没有理解朱元璋话里的含义，御史中丞刘基、学士陶安很快又向朱元璋进言，提出"适闻中书及都督府议仿元旧制，设中书令，欲以太子为之"[2]。他们虽然推举皇太子朱标为中书令，看似并不企图将相权归于自己，但太子为中书令必然不能持久，一旦中书令设立而太子又不能再担任这一职务，则势必要在大臣中重新选人担任，如此一来，中书省就可以理所当然地拥有了相对独立的相权。朱元璋对此看得很清楚，他果断地拒绝了这一建议并对刘基等人说：

> 取法于古，必择其善者而从之，苟惟不善，而一概是从，将欲望治，譬犹求登高冈而却步，渡长江而回楫，岂能达哉？元氏胡人，事不师古，设官不以任贤，惟其类是与，名不足以副实，行不足以服众，岂可取法？且吾子年未长，学未充，更事未多，所宜尊礼师傅，讲习经传，博通古今，识达机宜。他日军国重务，皆令启闻，何必效彼作中书令乎？[3]

朱元璋的意思很明白，此时太子还年幼，无力承担中书令的职责，日后太子成长起来了，"军国重务，皆令启闻"，有中书令之实，也不必再设立中书令。随后，朱元璋很快为太子朱标选择了辅官，其中包括了中书左丞相李善长。官员们碰了一

---

① 《明太祖实录》，卷二九，第 487 页，"洪武元年正月"。
② 《明太祖实录》，卷二九，第 491 页，"洪武元年正月"。
③ 《明太祖实录》，卷二九，第 491 页，"洪武元年正月"。

鼻子灰，只能称赞朱元璋"陛下立法垂宪之意实深"[1]。君权与相权第一回合的交手至此告一段落，朱元璋很快便将目光重新转回了军事行动上，毕竟北方的元朝还拥有相当的实力，南方的方国珍、陈友定残余势力还需要平定，西部明氏于四川的夏政权对朱元璋也逐渐不友好起来。然而君权与相权的分歧并未在根本上获得解决，这一对矛盾在日后还会爆发并最终走向废除中书省这一结局。

---

① 《明太祖实录》，卷二九，第491页，"洪武元年正月"。

3. 方国珍与陈友定

在朱元璋的登基大典结束后不久，有一位特殊的人来到南京朝见朱元璋，他就是方国珍。方国珍的军队已经在上一年底被彻底击败，他也投降了朱元璋，此次朝见在某种程度上会决定方国珍今后的命运。

方国珍，后来为了避讳朱元璋表字中的"国"字，去掉了自己名字中的"国"字，改名方珍，最后又在名字中间加上"谷"字，改名方谷珍，台州黄岩人。方国珍走入元末群雄的行列是在至正八年（1348），是年十一月，方国珍与其弟方国瑛、方国珉召集邻里惧怕元朝统治的百姓起兵，聚众海上，很快达到了数千人之众。他们"劫掠漕运，执海道千户"[①]，很快便震动了元廷。元朝浙江行省参政朵儿只班奉命率舟师剿灭方国珍，结果兵败被方国珍所擒。方国珍并不想和元朝为敌，因此不仅没有杀害朵儿只班，反而让他代自己向元廷请求招安。元顺帝此时鞭长莫及，于是降诏授方国珍庆元定海尉。方国珍受职后回到台州，但仍旧维持了自己的军事力量，逐渐在庆元、温州、台州地区形成了一股割据势力，甚至与张士诚之间发生了冲突。

至正十二年（1352），元军大举进攻徐州，同时命江浙行省募集舟师守卫长江。方国珍对元廷此举颇为怀疑，认为募集舟师是针对自己，于是再次反叛元朝。得知方国珍复叛，元廷命台州路达鲁花赤泰不华率军征讨，结果泰不华在与方国珍作战中阵亡，方国珍进一步巩固了自己在庆元、温、台地区的地位。此后由于各地红军蜂起，元廷应接不暇，加之浙东张士诚锋芒甚锐，元廷也希望能够利用方国珍牵制张士诚，便转而希望再度招安方国珍。至正十六年（1356）三月，方国珍再度接受元廷的招安，元朝授予方国珍海道运粮漕运万户兼防御海道运粮万户职务。次年七月，由于方国珍进攻张士诚的功劳，元廷又任命方国珍为江浙行省参知政事，仍兼海道运粮万户，随后又升万户府为防御运粮义兵都元帅府，方国珍为都元帅。

方国珍与朱元璋发生交集是在至正十九年（1359）正月。作为对去年底朱元璋遣使的回应，方国珍于正月初二遣使至浙东面见朱元璋，除了献上黄金五十斤、白

---

① 《明太祖实录》，卷八八，第 1560—1561 页，"洪武七年三月"。

金一百斤、金织文绮一百端外，更奉上了一封自己写给朱元璋的书信，在信中，方国珍大拍朱元璋的马屁，称"国珍生长海滨，鱼盐负贩，无闻于时。向者，因怨构诬，逃死无所，遂窜海岛，为众所推，连有三郡，非敢称乱，迫于自救而已。惟明公倡义濠梁，东渡江左，据有形胜以制四方，奋扬威武以安百姓。国珍向风慕义，欲归命之日久矣，道路壅遏不能自通。今闻亲下婺城，抚安浙左，威德所被，人心景从，不弃犷愚，猥加诲谕，开其昏蒙，俾见天日，此国珍所素愿也。谨遣使奉书，上陈恳款，或有指挥，愿效奔走，首言为定，明神实临"①。

对于方国珍的迷魂汤，朱元璋没有轻信。朱元璋知道，方国珍此时与张士诚的关系颇为紧张，张士诚又已经归附元朝，元廷此时不会为了方国珍而得罪张士诚，而朱元璋已经在浙东和张士诚大举开衅，方国珍无疑是看重朱元璋可以帮助自己牵制张士诚，因此此时示好必然是为求自保，然后好在朱元璋与张士诚之间阴持两端，保全自己。朱元璋既然看透了这点，便只是派遣浙东行省都镇抚孙养浩回访方国珍，没有给他任何承诺。

然而方国珍并没有就此罢休，他在三月二十五日又派遣郎中张本仁为使者，携带其次子方关至浙东朱元璋处。这次，方国珍将迷魂汤升级，表示愿意"以温、台、庆元三郡来献，且以其次子（方）关为质"②。方国珍此举诱惑力着实很大，但当时的局势注定这只是一纸空头支票。当时在朱元璋与方国珍之间还隔着张士诚，就算方国珍真的愿意献上三郡之地，朱元璋也势难越过张士诚去接收这些土地。方国珍仍旧是想将朱元璋拉下水，让他帮助自己对抗张士诚。

在朱元璋方面，虽然本来也正在和张士诚交战，但此时西部还有一个更大的威胁，这便是正在迅速崛起的陈友谅，因此朱元璋不会为了方国珍而在东线陷入不能自主的境地。但朱元璋也不想与方国珍就此交恶，于是一面委婉地拒绝了方国珍以其次子方关为人质，一面又对方国珍献上三郡之地的请求予以接受，更在八月"遣博士夏煜授方国珍福建等处行中书省平章政事，国章福建行中书省右丞，国瑛福建行中书省参政，国珉枢密分院金院，各给符印，仍以本部兵马城守，俟命征讨"③，反将了方国珍一军。果然，当夏煜抵达庆元后，方国珍就陷入两难境地，"欲不受，

---

① 《明太祖实录》，卷七，第78页，"己亥年正月"。

② 《明太祖实录》，卷七，第82页，"己亥年三月"。

③ 《明太祖实录》，卷七，第88页，"己亥年八月"。

业已降，欲受，又恐受制"①，只得诈称自己有病在身，只能接受平章之印，不愿任职，对待使者也颇为倨傲，只有方国珉接受了枢密分院署事的职务。

夏煜返回应天，如实汇报了方国珍并无归降诚意，必须以军事力量才能压服方国珍。朱元璋对此早有预料，但自己此时的主要对手还是张士诚和陈友谅，还不想和方国珍过多计较，便在至正二十年（1360）正月派遣都事杨宪至庆元面见方国珍，送上自己的书信。在信中，朱元璋一面责备方国珍"吾始以汝为豪杰，识时务，不待征讨，幡然归命，嘉汝之意，命以高官，兄弟显荣，自制一面，岂效他人阳交阴备，徒为羁縻之国而已"，但也留有余地，"顾以汝率先来归，姑忍须臾，待汝自改耳。汝及今能涤心改过，不负初心，则三郡之地庶几可全，福禄庶几可保"②。十一月，方国珍遣使向朱元璋谢过，但并没有更进一步的表示，因此朱元璋在十二月再度派遣夏煜出使方国珍，又送去一封朱元璋带有责备的书信。面对朱元璋方面的压力，方国珍在至正二十一年（1361）三月遣使向朱元璋献上礼物，朱元璋虽然接受了方国珍的善意，但并没有接受他献上的礼物。

这便是朱元璋与方国珍早期关系的常态，朱元璋抓住方国珍曾表示归降这一点对其进行责备，方国珍也总是能够及时表示谢罪，但并无更多表示，而朱元璋此时的主要精力放在陈友谅和张士诚两个大敌上，也没有给方国珍施加更多的压力。虽然在至正二十五年（1365）双方之间已经发生了冲突，但并没有爆发大规模战事。

朱元璋与方国珍之间的关系发生变化是在吴元年（1367）九月，当时，张士诚已经覆灭，登基大典也在紧锣密鼓的筹备中。朱元璋没有必要再和方国珍玩文字游戏了，他需要消灭方国珍，让他来给自己的登基大典增光添彩。于是，在朱亮祖平定新昌周边地区后，朱元璋正式在九月二十四日命朱亮祖进军台州，发动了消灭方国珍的战争。

台州为方国珍家乡，他自然不会轻易放弃。方国珍对朱亮祖的军队发动了猛烈的反击，吴军虽然击退了方国珍军队的进攻，但也有所损失，指挥严德战死。十月，战事继续进行，朱亮祖进军黄岩州，镇守此处的是方国珍的弟弟方国瑛。方国瑛直接放弃了试图在陆地上进行抵抗，他烧毁廨宇、民居，乘船逃到了海上。方国瑛釜底抽薪，陆地上的元军将领哈儿鲁投降了吴军，黄岩州的陷落标志着方国珍势

① 《明太祖实录》，卷七，第88页，"己亥年八月"。
② 《明太祖实录》，卷八，第91—92页，"庚子年正月"。

力在台州的决定性失败。

台州基本平定，吴军的下一个目标是庆元，这里是方国珍的根据地，方国珍本人就在庆元，因此不是一个好对付的地方。由于朱亮祖连续作战，实力损耗较大，朱元璋在十月十日加派御史大夫汤和为征南将军金大都督府事，吴祯为副将军，率领常州、长兴、宜兴、江阴诸处军马，攻取庆元。与此同时，朱元璋还对庆元展开攻心，他在十月十一日檄谕温、台、庆元百姓，明确表述了自己的目标：

> 庆元方国珍，始由海上细民，因元失政，首倡祸乱，盗据三郡，兄弟、子侄伪列官曹，肆其贪虐，为民巨害。昔常遣人纳降，吾念尔民之故，即许之不疑，彼怀奸匿诈，旋即背叛，交构闽寇，犯我边疆，故命师往讨罪，止方氏，其他士民有诖误者，皆非本情，毋妄致疑，各归本业，有能仗义擒斩魁党来归者，吾爵赏之。[①]

朱元璋此举意在割裂方国珍与温、台地区百姓之间的联系，虽然此后的效果并不理想，但朱元璋本来也没寄希望于仅凭攻心就能够拿下温、台地区。朱亮祖在十月攻克温州，吴军的目标只剩下了庆元。十一月初一，朱亮祖率舟师在乐清之盘屿击败了方明善的水军，一路追至楚门海口，然后展开了对方明善的招抚。

与朱亮祖相策应，汤和在十一月初九也取得了一次决定性的胜利。汤和率军自绍兴渡过曹娥江，进至余姚，余姚知州李枢、上虞县尹沈煜归降，汤和得以率军直抵庆元城下。汤和在兵力上占据优势，于是同时对庆元城四门展开攻击。此时，朱元璋的攻心策略发挥了一定的作用，庆元四门府判徐喜率领庆元官、民出西门归降。方国珍没有办法，只能驱赶部下乘船逃往海上。汤和则抓住绝佳战机，以舟师对方国珍穷追猛打，方国珍虽然试图在海上与吴军一决雌雄，但以庆元败军迎战汤和的得胜之师，结局几乎已经注定，"我师击败之，斩首及溺死者甚众，擒其伪副枢方惟益、元帅戴廷芳等，获海舟二十五艘、马四十一匹，国珍率余众入海。和还师庆元，徇下定海、慈溪等县，得军士二千人、战舰六十三艘、马二百余匹、银印三、铜印十六、金牌二、钱六千九百余锭、粮三十五万四千六百石"[②]，吴军大获

---

① 《明太祖实录》，卷二六，第388页，"吴元年十月"。

② 《明太祖实录》，卷二七，第410页，"吴元年十一月"。

全胜。

十一月十七日，为了彻底消灭方国珍在海上的残余力量，朱元璋又追加廖永忠为征南副将军，率水师从海上会同汤和对方国珍发动最后一击。方国珍方面此时又迎来一件雪上加霜的事，方国瑛向朱亮祖纳降，这意味着朱亮祖方面的战事已经结束，他很快也能加入将要对自己发动最后一击的吴军行列。孤悬海上的方国珍面对吴军大军压境，大家都知道前途渺茫，内部开始瓦解。十一月二十日方国珍部将徐元帅、李金院等率所部军马至汤和处归降。方国珍见军心已经瓦解，只得也派人向汤和纳款，接洽归降。

十二月初五，方国珍正式派其子方明完（方关）奉表谢罪，方国珍在表文中称朱元璋为"主上"，自称"臣"，表现出了完全的臣服。初九日，方国珍与其弟方国珉率所部谒见汤和于军门，全军投降，汤和派军护送方国珍等人前去应天，吴军改庆元路为明州府，方国珍势力终于覆灭。

洪武元年（1368）正月初七，方国珍至南京朝见已经登基的朱元璋。面对俯首称臣的方国珍，朱元璋且喜且让地说："若来何晚也？"[1] 方国珍赶紧顿首谢罪称："臣遭时多艰，逃死海上，终期归附圣明，以全首领，不意又劳王师，然此非出臣心，实群小所误，是以至此，惟陛下哀其愚昧，赦其死罪。"朱元璋则大度地表示："草昧之时，英雄角逐，人孰不欲有为？亦谁能识帝王之有真者？其为去就，不能无所龃龉。尔之所为，亦何足责？朕推赤心待人，汝其自安，勿用怀疑。"[2] 大度地宽容了方国珍，将之安排在京师居住，方国珍后于洪武七年（1374）三月去世，得以善终。

比起与方国珍关系的波折，朱元璋与陈友定之间的关系则要简单很多。陈友定，一名有定，字安国，福州福清县人，与陈友谅并无亲戚关系。与元末其他势力或反元或徘徊于反元、附元之间不同，陈友定一生从未反元，反而以元朝的忠臣自居。至正十二年（1352），面对各地红军蜂起的局面，陈友定应汀州府判蔡公安招募，担任黄土寨（一称"明溪寨"）巡检，正式拥有了一支属于自己的武装力量。此后，陈友定一直立足福建发展，为元朝作战，甚至在至正十八年（1358）击退了陈友谅对清流县的进攻。至至正二十六年（1366），陈友定已经控制了福建全境，

---

[1] 宋濂：《宋濂全集·翰苑别集》，卷一〇，《广西等处行中书省左丞方公神道碑铭》。

[2] 《明太祖实录》，卷二九，第487页，"洪武元年正月"。

成为一位颇有实力的地方军阀。

陈友定走入朱元璋的视野是在至正二十五年（1365），陈友定在是年二月侵犯处州，被胡深击退。随后，吴军和陈友定方面继续发生了一些冲突，胡深开始对陈友定方面发动进攻，在四月攻取了建宁下的松溪，擒获了松溪守将张子玉。胡深攻取松溪后，广信卫指挥王文英于五月初率军进取铅山，在佛母岭再度击退陈友定军队。胡深方面还想继续进军，但他感到自己的兵力不足，于是向朱元璋"请发广信、抚州、建昌三路兵并攻之，因规取八闽"[①]，希望联合包括广信王文英在内的三支军马共同攻取福建。朱元璋此时虽然正在进行鄱阳湖决战胜利后攻取整个湖广地区的战事，但仍旧批准了胡深的计划，命广信卫指挥朱亮祖由铅山，建昌左丞王溥由杉关会同胡深共同进军。

六月，朱亮祖攻取崇安，进至建宁城下。陈友定方面的守将阮德柔婴城固守。正当朱亮祖打算攻城时，参军胡深认为当前时节不宜发动进攻，遂以"天时未协，将必有灾"[②]为由劝朱亮祖暂缓进攻。然而朱亮祖认为大军已然至此，断无退却之理，强令胡深进军。胡深无奈，只能进兵，但毕竟心里不愿意，因此进展缓慢，反被阮德柔屯兵锦江，威胁到了胡深后方。朱亮祖对胡深越发不满，继续催促进军，胡深无奈，只好催动军队进攻，一度攻破阮德柔两处木栅。但阮德柔占有优势，他先以精锐阻挡住胡深的进攻，然后反过来包围了胡深所部。胡深军队尚未建起稳固的营垒，又被重重包围，局势日趋恶化，不得不突围。阮德柔又在胡深突围路线上设下伏兵，成功生擒了胡深。陈友定佩服胡深的勇略，一开始没想加害，孰料碰上元朝使者到来，逼迫陈友定处决胡深，终于导致了胡深遇害。胡深的遇害使朱元璋乘胜攻取福建的计划就此夭折，加之朱元璋在平定湖广后很快又将目光对准了张士诚，于是攻取福建的计划就暂时搁置下来了。

消灭陈友定的计划再度被提起已经是吴元年（1367）五月了。当时，张士诚已经是苏州城内的瓮中之鳖，于是诸将在五月初九再度向朱元璋提起消灭福建陈友定的计划，称："陈友定窃据闽中，擅作威福，宜乘势取之，若因循日久，使得自固，则难为力矣。"朱元璋此时则认为对陈友定不应操之过急，他认为："吾固知之，然方致力姑苏而张氏降卒新附，未可轻举。且陈友定据闽已久，积粮负险，以逸待

---

① 《明太祖实录》，卷一七，第227页，"乙巳年五月"。

② 《明太祖实录》，卷一七，第229—230页，"乙巳年六月"。

劳，若我师深入，主客势殊，万一不利，进退两难。兵法贵知彼知己，用力不分，此万全之策，吾前已计之审矣，徐而取之未晚也。"①既然朱元璋不同意此时行动而张士诚又还未完全消灭，诸将也就不再坚持了。

洪武元年（1368）正月，此时张士诚早已覆灭，方国珍也已经归降，北伐正在稳步进行中，朱元璋又已经称帝建国，为了营造一个稳定的南方以保证北伐的顺利进行，朱元璋认为彻底消灭陈友定的时机已经到了，便在登基大典一结束就命湖广行省平章杨璟进取永州，以刚刚接受方国珍投降不久的征南将军汤和攻取福州，从两个方向对陈友定发动了大规模进攻。

杨璟在永州击退了全州方面的元朝援军，汤和在福州则取得更大进展，他挟战胜之威迅速平定了福州，元廷兴化州守将听说福州失守也归降了汤和，汤和顺利进军延平。之后，正月十一日，明军征南将军胡廷美、副将军何文辉再度兵至建宁，建宁元军守将达里麻决心固守，胡廷美开始攻城，至二十一日成功攻克建宁，克城后，何文辉阻止了胡廷美盛怒之下屠城的打算，为下一步进军营造了良好的条件。正月二十九日，面对汤和大军压境，延平城内的元朝参政文殊海牙投降，明军顺利进入延平，已经贵为平章的陈友定被明军生擒送往南京。在南京，陈友定因为在整个战争过程中顽固对抗明军，因此没有方国珍那样的命运，被朱元璋诛杀，黯然退出了历史舞台。明军则乘胜继续进军，不仅迅速平定福建全境，更以廖永忠、杨璟分别平定了广东和广西，至四月，整个南方基本宣告平定，朱元璋成功为北伐最后的重头戏战役营造出了一个安定的后方。

然而历史事件不是孤立存在的，就在南方的战事进行得如火如荼之时，另一场更加重大的战事已经在北方展开，这就是以元朝为目标的北伐。

---

① 《明太祖实录》，卷二三，第338页，"吴元年五月"。

4. 北伐前夕

通过前面的章节我们已经知道，朱元璋在平定江南的过程中，已经逐渐表露出自己要取元朝而代之的心理。然而朱元璋公开将元朝列为自己最大的敌人，却是直到至正二十六年（1366）才表露出来的。

至正二十六年（1366）四月，在徐达攻占淮安后不久，元朝徐州守将枢密院同知陆聚以徐州、宿州二州之地主动归降，朱元璋大喜，以陆聚为江淮行省参政，仍旧守卫徐州。在告谕徐州官吏、百姓的文告中，朱元璋已经使用了"胡元"这一称呼，公开将元朝从中原正统王朝中异化出去，称"自胡元失政，兵起汝、颍，天下之人，以为豪杰奋兴，太平可致"[1]。不仅如此，朱元璋还将自己的政权与红军完全割裂，称红军起义为"妖党"，"咨尔士民，既罹妖党之祸，复遭胡兵之毒，供馈转输，劳苦日久"[2]。这份文告透露出朱元璋两个鲜明的政治目的：其一，将元朝塑造为非正统；其二，将自己塑造为华夏正统，最终为自己取元朝而代之塑造出鲜明的合法性。由于朱元璋在江南实行的笼络士人的政策，他的这些说法已经不像起兵之初那样无人搭理，而是已经具备了一定的民意基础。

到了吴元年（1377）二月，朱元璋更进一步，在给依附元朝、此时镇守陈州的左君弼的信中，朱元璋已经将元朝当作异国对待，比如告诫他"曩者，兵连祸结，非一人之失。予劳师暑月，与足下从事。足下乃舍其亲而奔异国，是皆轻信群下之言，以至于此，虽悔何及？！"[3]此时朱元璋已经改元并正在为称帝建国做最后的准备，这样进一步将元朝异化，也在情理之中。

吴元年（1367）九月，随着张士诚的覆灭，朱元璋在江南已经没有了能够对他造成实质威胁的敌人，北伐终于提上了议事日程。九月二十五日，朱元璋送信给元朝宗室，表明自己已经占据了江南"东连大海，西抵巴蜀，南及岭广"[4]的广大疆

---

① 《明太祖实录》，卷二〇，第279页，"丙午年四月"。
② 《明太祖实录》，卷二〇，第280页，"丙午年四月"。
③ 《明太祖实录》，卷二二，第320页，"吴元年二月"。
④ 《明太祖实录》，卷二五，第376页，"吴元年九月"。

域，还愿意替元朝消灭其下的军阀割据势力，这显然是在为自己的下一步用兵找借口，因为朱元璋一旦北伐，首先面对的并不是位于大都的元朝中央政府，而是其下的各地军阀势力。

果然，就在朱元璋给元朝宗室送信的同一个月，朱元璋已经和太史令刘基、学士陶安就北伐的可行性展开了讨论。朱元璋首先对刘基、陶安说："张氏既灭，南方已平，宜致力中原，平一天下。"刘基立即表示赞同，称："土宇日广，人民日众，天下可以席卷矣。"然而朱元璋对刘基的乐观有些不以为然，表示："土不可以恃广，人不可恃众。吾起兵以来，与诸豪杰相逐，每临小敌，亦若大敌，故致制胜。今王业垂就，中原虽板荡，岂可易视之？苟或不戒，成败系焉。"刘基立即表示："近灭张氏，彼闻而胆落，乘胜长驱，中原孰吾御者？所谓迅雷不及掩耳。"力劝朱元璋战胜张士诚之余威，尽早北伐。但朱元璋知道元廷不可与张士诚相提并论，再度表示应该谨慎，"深究事情，方知通变。彼方掎角，相为声援，岂得遽云长驱？必凭一战之功，乃乘破竹之势，若谓天下可以径取，他人先得之矣。且尝观之，彼有可亡之机，而吾执可胜之道，必加持重，为万全之举，岂可骄忽，以取不虞也"[①]。朱元璋通过讨论，决定持重待机，北伐不急于一时。

十月，随着方国珍、陈友定的相继覆灭，江南大定。十月十七日，朱元璋正式决定开始北伐。一如往常，在大军出动之前，朱元璋先就战略问题和包括徐达、常遇春在内的诸将展开了讨论，朱元璋认为当前中原的局势是这样的："尚念中原扰攘，人民离散。山东则有王宣父子，狗偷鼠窃，反侧不常。河南则有王保保（扩廓帖木儿），名虽尊元，实则跋扈，擅爵专赋，上疑下叛。关陇则有李思齐、张思道，彼此猜忌，势不两立，且与王保保互相嫌隙。"因此，"元之将亡，其机在此，今欲命诸公北伐，计将何如？"常遇春一如平定张士诚讨论战略时一样，第一个站出来回答："今南方已定，兵力有余，直捣元都，以我百战之师，敌彼久逸之卒，挺竿而可以胜也。都城既克，有破竹之势，乘胜长驱，余可建瓴而下矣。"常遇春的观点仍旧是本着擒贼先擒王的原则，直捣大都，打掉元朝中央政府，如此，其他势力则不难平定。应该说，常遇春的战略在军事上无疑是正确的，一旦元廷中央被消灭，其下的军阀就会陷入群龙无首的境地，有利于明军各个击破。然而朱元璋另有考虑，他认为：

---

① 《明太祖实录》，卷二五，第381—382页，"吴元年九月"。

元建都百年，城守必固。若如卿言，悬师深入，不能即破，顿于坚城之下，馈饷不继，援兵四集，进不得战，退无所据，非我利也。吾欲先取山东，撤其屏蔽，旋师河南，断其羽翼，拔潼关而守之，据其户槛，天下形势，入我掌握。然后进兵元都，则彼势孤援绝，不战可克。既克其都，鼓行而西，云中、太原以及关陇可席卷而下。①

朱元璋认为直捣大都，倘若顿兵坚城之下，各地军阀前来救援，则明军会陷入不利境地。因此他认为应当采取与对付张士诚相类似的战略，先拿下山东、河南，"断其羽翼"，然后再进军大都，最后西进，夺取关陇。这一次，常遇春吸取了平定张士诚时的教训，不再坚持己见，而是和其他将领共同表示朱元璋的战略更为合适。随后，朱元璋又对徐达说："兵法以庙算，胜者得算多也，卿其识之。"②

可以看出，朱元璋的方案更为安全，但却保守了很多。常遇春的方案是以消灭元朝中央及其军事上的有生力量为主，力求通过北伐让元廷从政治与军事上都彻底覆灭。朱元璋的方案则是以层层推进占领土地为主，土地为第一优先，而对于元朝中央和其军队，则保持击败即可，并不谋求彻底消灭。从后来的作战情况可以看出，正是因为山东、河南的战事给了元顺帝以警示，导致元顺帝根本没有固守大都，而是匆匆北逃，给此后的明朝造成了二百余年的"北虏"之患。但朱元璋之所以坚持实行这一较为保守的方案，也有他更为现实的考虑。朱元璋之所以北伐，其第一目标并非通过直捣大都以求消灭元廷中央政府与主要军事力量，而是要稳固地占领中原的土地，因此这也就决定了他不会拿自己的军队去冒险，以求通过直捣大都，吸引各地元军主力而歼灭之，而是演变为最后由南向北逐步推进，最终将元廷逐出中原的情况。另外，从朱元璋后来发布的《北伐诏书》及整个明军平定全国的过程都能够看出，朱元璋心里对明军究竟能够推进到哪一步长时间没有一个明确的概念，这或许也是他宁愿采取层层推进这一保守战略的原因之一。

十月二十一日，朱元璋正式发布"吴王令旨：命中书右丞相、信国公徐达做总兵、征虏大将军，中书平章、军国重事、鄂国公常遇春做总兵、征虏副将军，统领

---

① 《明太祖实录》，卷二六，第394—395页，"吴元年十月"。

② 《明太祖实录》，卷二六，第395页，"吴元年十月"。

大势马步舟师，前去征取中原等处城池，招来军将，安抚人民。大小将士，悉听节制。依奉施行者"[1]，大军二十五万渡过淮河，正式开始了北伐。十月二十三日，朱元璋正式檄谕中原各处百姓，这便是朱元璋发布的著名的《北伐诏书》。

自古帝王临御天下，中国居内以制夷狄，夷狄居外以奉中国，未闻以夷狄居中国治天下者也。自宋祚倾移，元以北狄入主中国，四海内外，罔不臣服，此岂人力，实乃天授。彼时君明臣良，足以纲维天下，然达人志士，尚有冠履倒置之叹。自是以后，元之臣子，不遵祖训，废坏纲常，有如大德废长立幼，泰定以臣弑君，天历以弟酖兄，至于弟收兄妻、子烝父妾，恬不为怪，其于父子、君臣、夫妇长幼之伦，渎乱甚矣！夫人君者，斯民之宗主，朝廷者，天下之本根，礼义者，御世之大防，其所为如彼，岂可为训于天下后世哉？！及其后嗣沉荒，失君臣之道，又加以宰相专权，宪台报怨，有司毒虐，于是人心离叛，天下兵起，使我中国之民，死者肝脑涂地，生者骨肉不相保，虽因人事所致，实天厌其德而弃之之时也。古云："胡虏无百年之运"，验之今日，信乎不谬。当此之时，天运循环，中原气盛，亿兆之中，当降生圣人，驱逐胡虏，恢复中华，立纲陈纪，救济斯民。今一纪于兹，未闻有济世安民者，徒使尔等战战兢兢，处于朝秦暮楚之地，诚可矜悯。方今河、洛、关、陕，虽有数雄，忘中国祖宗之姓，反就胡虏禽兽之名，以为美称，假元号以济私，恃有众以要君，凭陵跋扈，遥制朝权，此河洛之徒也。或众少力微，阻兵据险，贿诱名爵，志在养力以俟衅隙，此关陕之人也。二者其始皆以捕妖人为名，乃得兵权，及妖人既灭，兵权已得，志骄气盈，无复尊主庇民之意，互相吞噬，反为生民之巨害，皆非华夏之主也。予本淮右布衣，因天下乱，为众所推，率师渡江，居金陵形势之地，得长江天堑之险，今十有三年，西抵巴蜀，东连沧海，南控闽越，湖、湘、汉、沔、两淮、徐、邳皆入版图，奄及南方，尽为我有，民稍安，食稍足，兵稍精，控弦执矢。目视我中原之民，久无所主，深用疚心。予恭天成命，罔敢自安，方欲遣兵北逐群虏，拯生民于涂炭，复汉官之威仪，虑民人未知，反为我仇，挈家北走，陷溺尤深，故先谕告兵至，民人勿避。予号令严肃，无秋毫之犯，归我者永

---

① 王世贞：《弇山堂别集》，卷八六、诏令杂考·与魏国公书，吴元年十月，第1641页。

安于中华，背我者自窜于塞外，盖我中国之民，天必命中国之人以安之，夷狄何得而治哉？予恐中土久污膻腥，生民扰扰，故率群雄奋力廓清，志在逐胡虏、除暴乱，使民皆得其所，雪中国之耻，尔民其体之。如蒙古、色目，虽非华夏族类，然同生天地之间，有能知礼义愿为臣民者，与中夏之人抚养无异。故兹告谕，想宜知悉。[①]

朱元璋在北伐诏书中正式提出"驱逐胡虏，恢复中华，立纲陈纪，救济斯民"的北伐纲领，不仅谴责了元廷的荒纵，也逐一声讨了割据各地的军阀。最后，朱元璋为中原百姓指出出路，即以自己为代表的汉族政权才是华夏正统，而愿意归附的蒙古、色目人，也"与中夏之人抚养无异"，从而在最大限度上求得笼络人心，降低北伐进军途中的阻力，事实证明，这份诏书后来确实发挥了相当的作用。然而，在这道诏书中，还有一句话值得特别注意，即"归我者永安于中华，背我者自窜于塞外"，这并不能仅仅看成朱元璋为了减少进军主力而给不愿意臣服的元廷及其下的军事力量一条出路。结合此后明军在全国的行动，特别是后来经略西北的行动能够看出，这句话恰恰反映了朱元璋对于北伐究竟能够按照他的战略进行到何种地步，此时心里并没有底，因此他才通过这句话留出了一定的余地。不过无论如何，随着这一诏书的发布，朱元璋正式与元朝撕破了脸皮，一场声势浩大但目标并不完全确定的北伐，终于不可避免地开始了。

---

① 《明太祖实录》，卷二六，第401—404页，"吴元年十月"。

5. 山东与河南

北伐一开始，徐达首先在山东取得突破。吴元年（1367）十月二十四日，徐达抵达淮安，立即派人前往沂州（今山东省临沂市）劝说镇守那里的王宣父子归降。王信、王宣父子经过考虑，于十月二十八日表示愿意归降。朱元璋虽然派徐唐臣等前往沂州授王信为荣禄大夫、江淮行中书省平章政事，令王信率所部兵马听徐达节制，但他心里对王信并不放心，他给了徐达一道密谕，告诫徐达前去接收沂州时要多加留意，"王信父子反复，不可遽信，宜勒兵趋沂州，以观其变。如王信父子开门纳款，即分两卫军守其地，信父子及部将各同家属遣至淮安，若益都、济宁、济南俱下，各令信军五千及我军万人守之，其余军马分调于徐、邳各州守城，然后发遣其家属与居，惟土兵勿遣，分调之后，仍选其马步精锐者从大军北伐。苟闭门拒守，即攻之"[1]，表露了深刻的不信任，这也是因为王信此前曾多次与朱元璋之间发生冲突，此时如此干脆的归降，难免让人怀疑。

事实证明，朱元璋的担心并不是多余的。十一月，徐达按计划进军，他先抵达下邳，派遣都督同知张兴祖率宣武等卫军队前往徐州，配合进攻山东，他自己则进军榆行镇，元朝金院郦毅、镇抚孙惟德等投降。十一月初八，平章韩政占领梁城，徐唐臣等人也抵达了沂州。果然不出朱元璋所料，王信、王宣根本没有打算诚心归降。他们从徐唐臣那里得知朱元璋要求他们跟随徐达进行北伐，越发不愿意行动，于是暗地里募集军马，于十一月十日反叛，劫持了徐唐臣等人，幸而徐唐臣成功逃脱，告知了徐达这一消息。如此一来，徐达只能通过军事手段接收沂州了。

徐达率军直抵沂州，屯兵于城北。徐达还想再尝试一下政治手段，又派遣梁镇抚前去劝降，但并没有取得成果，反而被王宣以此为资本戏要了一番。徐达大怒，率军奋力攻城。此时城中只有王宣，王信外出募兵尚未返回，王宣估计仅凭城中兵力无法支撑，于是在十一月十二日打开西门，携带元朝授予他的沂国公印及其子王信的宣命向徐达投降。徐达占领沂州后，让王宣写信，命镇抚孙惟德携带书信去招降王信。谁知王信连亲爹的信也不认，杀掉孙惟德，逃往山西。王信一逃，沂州叛

---

[1] 《明太祖实录》，卷二六，第407页，"吴元年十月"。

军失去最后的核心，（王罩）州、莒州、海州、沐阳、日照等县相继归降。王宣因为此前降而复叛，此时也被徐达处死。

沂州平定后，徐达继续率军北上，他在十一月十八日收到了朱元璋的敕谕，给予他两套方案选择：其一是进取益都，同时以精锐部队扼守黄河冲要，切断元军增援的通路；其二为直接进攻济南、济宁，一旦攻占这两处，包括益都在内的山东其他地区将不难平定。徐达决定先夺取益都，他自己率军为东路，于十一月二十九日占领益都，擒获镇守此地的元朝平章俞宝，虽然俞宝后来趁机逃脱，但益都宣告平定。十二月初四，徐达进至长山北河，元朝般阳路总管李圭投降，徐达乘势平定了淄川、新城等处。十二月初七，徐达兵锋指向济南，镇守济南的元朝平章忽林台、詹同、脱因帖木儿率军驱民逃走，留下的平章达朵儿只进巴投降徐达，济南平定。

就在徐达进军的同时，韩政与张兴祖构成西路，韩政奉徐达之命，在攻克梁城后，前往扼守住黄河，切断元军援兵，配合徐达攻取益都，随后韩政率军攻取滕州。张兴祖则自徐州北进，连克东平、东阿、安山等处，最终南下于十二月初八占领了济宁。至朱元璋正式称帝建国时，吴军已经在山东取得了极大的成果，不仅山东南部已经基本平定，北部地区也取得了极大拓展。但朱元璋的战略必然造成的后果也开始显现出来，即徐达虽然成功占领了山东大片土地，但并没有消灭太多元军有生力量，这一问题还将在今后继续显现。

洪武元年（1368）二月，明军在山东终于迎来了一场硬战，元朝平章申荣决定坚守位于山东西北部的东昌，副将军常遇春"攻东昌，坚拒数日。大军四面登梯攻之，遂屠戮，纵军四掠，焚其房舍而去"[①]，成为明军北伐过程中空前惨烈的一战。然而到了《明太祖实录》里，关于这场战斗的记载却是另一番模样，"副将军常遇春师克东昌，元平章申荣自经死"[②]，丝毫没有提到破城后的纵兵屠戮事件。那么，《纪事录》关于东昌之战的记载是否可靠呢？这就需要求助于另一部史料，即前面曾经引用过的宁王朱权的《通鉴博论》。朱权在这部奉其父朱元璋之命编纂的史书中也记载了明军北伐中的大型战役，他提到其他战役一般都称"归附"，如"济宁、莱州、济南、东平、邵武、福州诸路悉皆归附"[③]，唯独东昌之战的记载为"大明克

---

① 俞本撰、李新峰笺证：《纪事录笺证》，卷之下，第250页，"吴元二年"。

② 《明太祖实录》，卷三〇，第525—526页，"洪武元年二月"。

③ 朱权：《通鉴博论》，卷之下，第180页。

取东昌"①，足见东昌之战在整个明军北伐中的特殊性，朱权的记载正是一种"春秋笔法"的体现。

在这里还有一个插曲，就是东昌之战之所以如此惨烈，其实还有一个偶然因素，这便是主持这场战斗的明军主帅——常遇春。常遇春最初效力于盗贼刘聚手下，因此养成了一些陋习，喜爱杀降就是其中一点。比如至正二十年（1360）五月，陈友谅攻打池州，徐达、常遇春率军击败陈军，俘虏三千余人，常遇春表示要将这三千人全数处决，徐达坚决反对，认为不应杀俘以绝人望，两人争执不下，只能报朱元璋裁决。朱元璋赶紧派使者至前线阻止常遇春杀降，然而仍旧晚了一步，这三千人已经被常遇春杀的只剩下了三百人，使朱元璋很不痛快。因此，东昌在城破之后遭到如此残酷对待，当与常遇春的陋习也有分不开的关系。

东昌被攻克后，常遇春率军回到济南，朱元璋加派都督同知康茂才率军北上，协助徐达、常遇春在平定山东后进取河南。三月，山东基本平定，然而南方闽越地区爆发兰秀山贼叛乱，明军先后派遣吴祯、吴良、周德兴、李文忠等人率军前去平叛，至十二月才基本将这些散居岛屿的叛乱者镇压下去。兰秀山的叛乱并未影响明军的北伐，明朝获得山东后，不仅得到了大量人员补充，还获得了山东的漕运之利和粮食、食盐在内的大笔物资，大大充实了军需，明军很快开始进军河南。

在邓愈率先攻克唐州、南阳后，徐达于三月二十九日率大军进至陈桥，迫近汴梁。此时，镇守汴梁的元军将领是李克彝。李克彝听说徐达率大军前来，倒也并不紧张，因为他自信手下有一张王牌，就是左君弼。左君弼此前曾与朱元璋在庐州交战，李克彝认为他熟知明军战法，便决定派他前去迎战明军，自己则"从后乘之"②。应该说，李克彝的计划就思想上来说是不错的，但其中有一个致命弱点，就是他看错了左君弼这个人。左君弼当初在巢湖上曾与朱元璋配合，将巢湖水军逼至走投无路，后来两人虽然交战，朱元璋仍旧归还了手上掌握的左君弼之母，这让左君弼非常感激，他与朱元璋的关系分分合合，一直保持信件往来，可谓藕断丝连。因此，当左君弼听到李克彝的计划后立即表示反对，他认为"南朝军锋不可当，吾见其阵，辄胆落不能战，故奔投至此。况徐相国善用兵，所向克捷，君弼安敢受

---

① 朱权：《通鉴博论》，卷之下，第180页。
② 《明太祖实录》，卷三一，第541页，"洪武元年三月"。

命！"① 李克彝见左君弼早有投降明军之意，知道汴梁局势已经无可挽回，于是乘夜驱赶军民逃出汴梁，遁入河南，左君弼、竹昌则率所部军马向徐达投降，明军占领汴梁。

四月初四，徐达留下都督佥事陈德防守汴梁，亲率步骑兵自中滦进取河南。明军通过虎牢关，进至塔儿湾。迎战明军的是元朝将领詹同、脱因帖木儿率领的五万大军。元军列阵于洛水之北十五里，明军成列后，副将军常遇春发扬了他做先锋时一贯的风格，单枪匹马冲入元军阵中，亲手射杀了元军先锋，造成了元军的混乱。随后，明军大部队乘机压上，加上南风骤起，更加壮大了明军的声势，元军阵脚大乱，不得不退走，明军一路追击了五十余里，取得很大斩获。洛水之战，徐达击溃河南元军主力，脱因帖木儿收拾溃散士卒逃往陕州，李克彝则逃往陕西投奔镇守那里的李思齐。徐达进屯河南城北门外，此时城中最高长官为元朝河南行省平章、梁王阿鲁温，他知道固守只能是死路一条，最终在四月初八携梁王金印出城向徐达投降，随后，常遇春平定嵩州，冯胜则连克陕州、潼关，终于在四月底成功封闭了李思齐由陕西出兵增援大都的道路并为下一步进取陕西打下了基础，冯胜在夺取潼关后奉命返回汴梁，参与朱元璋主持的北上大都的军事会议，而此时，整个河南已经陆续平定。

河南的平定让朱元璋非常高兴，因为汴梁为北宋都城，此时落入明军之手具有极大的政治意义，加之开封位居中原中心位置，在地理位置上较南京更好，朱元璋更产生了以开封为明朝未来都城的打算，因此他决定亲自前往汴梁视察。在出发前，朱元璋先于四月二十三日设立山东行省，他将江西参政汪广洋调为山东参政，这也是这位未来宰相仕途上极为重要的一步。朱元璋则于四月二十四日从南京出发，率大军数万，溯黄河而上前往汴梁视察。一方面是因为"时言者皆谓君天下者宜居中土，汴梁，宋故都，劝上定都，故上往视之"；另一方面则是为了"且会大将军徐达等谋取元都"。②

五月初，徐达亲自安排好河南与陕西交界处的守备后，一面致书太原的扩廓帖木儿进行政治攻势，一面就地募兵，平定河南元军残余势力，为下一阶段夺取大都的作战做准备。朱元璋到达汴梁后在五月二十二日正式改汴梁路为开封府，五月

---

① 《明太祖实录》，卷三一，第541页，"洪武元年三月"。

② 《明太祖实录》，卷三一，第556页，"洪武元年四月"。

二十四日又设立中书省河南分省，日后的宰相杨宪以中书省参政的身份署河南分省事。六月初一，徐达在处理完陕州事务后至开封行在谒见朱元璋，两人就攻取大都的计划展开了讨论，北伐战争进行到了最关键的一步。

6. 攻取大都

　　洪武元年（1368）六月初一，徐达至开封行在谒见朱元璋，朱元璋当然先要慰劳一番，他称赞徐达："将军率师征讨，勤劳于外。古人所谓忠尔忘身，国尔忘家，诚将军之谓也。朕闻河朔之民日夕望吾师至，将军宜与诸将乘时进取而安辑之。"然后发表了自己关于进取大都的乐观看法："朕观天道人事，元都可不战而克，大丈夫建功立业，各有其时，揆时之会，不失事机，在将军等勉之。"[①]

　　徐达听完朱元璋的慰劳和鼓励，顿首告退，但才走没几步，又被朱元璋重新召入。朱元璋对攻取大都毕竟不放心，因此又问徐达："今取元都，计将安出？"徐达当然不能给朱元璋泼冷水，而且他对于克取大都确也很有把握，于是从容回答道："臣自平齐鲁，下河洛，王保保（扩廓帖木儿）逡巡太原，徒为观望。今潼关又为我有，张思道、李思齐失势西窜，元之声援已绝，臣等乘势捣其孤城，必然克之。"[②]徐达的分析入情入理，扩廓帖木儿因为和元顺帝之间的矛盾，在此前徐达率军平定山东、河南的过程中并没有进行有效的增援，因此在徐达最终进军大都的过程中，仍旧有可能持消极态度。另外，随着明军占领陕州、潼关，陕西李思齐、张思道东进增援的道路也被封闭，明军解除了西顾之忧，此时的大都，确与一座防守虚弱的孤城无异，只要正常用兵，攻克不成问题。

　　朱元璋对徐达的回答很满意，但仍旧通过地图进一步表达了自己的担忧，即"卿言固是，然北土平旷，利于骑战，不可无备"，而他提出的解决方案是"宜选偏裨提精兵为先锋，将军督水陆之师继其后，下山东之粟以给馈饷，由邺趋赵，转临清而北，直捣元都，彼外援不及，内自惊溃，可不战而下"。朱元璋仍旧担心一旦其他地区的元军增援大都，将会给明军造成不利，因此他建议徐达以精锐先锋为前导，沿东线进军，趁大都外援未至，内部惊慌失措的时候一鼓作气将其夺取。但徐达也有自己的担忧："臣虑进师之日，恐其北奔，将贻患于后，必发师追之。"徐达的意思就是尽快夺取大都他没有意见，但一定要提防元顺帝北逃留下后患，因此在

---

　　① 《明太祖实录》，卷三二，第563页，"洪武元年六月"。

　　② 《明太祖实录》，卷三二，第563—564页，"洪武元年六月"。

夺取大都后，一定要立即乘胜追击，务求彻底消灭元廷中央。面对徐达除恶务尽的计划，朱元璋再度显示出了自己的保守，他认为："元起朔方，世祖始有中夏，乘气运之盛，理自当兴，彼气运既去，理固当衰，其成其败，俱系于天，若纵其北归，天命厌绝，彼自渐尽，不必穷兵追之，但其出塞之后，即固守疆圉，防其侵扰耳。"应该说，朱元璋此时是过于保守和天真了，对于朱元璋的话，徐达不能反驳，只能接受，他于六月初四离开开封返回河阴，筹划进军大都，专门从陕州跟随徐达返回汴梁的冯胜则被任命为征虏右副将军，参与最后攻取大都的战役，常遇春等人也奉命率军进至出发前最后驻军的陈桥。朱元璋则在处理完河南地区事务后于七月返回南京。后来的事实证明，正是因为明军在出发时并没明确是否乘胜追击，导致后来决定追击时过于仓促，错失了擒获元顺帝的最佳时机，也给此后的明朝历史留下了无穷的后患。①

当然，还有一种可能性，即《明太祖实录》里朱元璋这段话是基于后来明军追击元顺帝失败后为朱元璋找的托词。然而，结合朱元璋在《北伐诏书》中"归我者永安于中华，背我者自窜于塞外"的说法，以及明军后来在西北地区始终没有明确究竟进军到何种地步，导致一些地区得而复弃，弃而复夺的情况来看，朱元璋此时确实很有可能真的比较保守，并没有一定能够生擒元顺帝的把握，仅仅把作战目标定为夺取大都即可。

七月十一日，朱元璋在离开汴梁返回南京前夕敕谕徐达趁"秋气已近，粮饷粗足"②的时机从速进军。当朱元璋在七月二十三日最后决定离开汴梁时，又对前来谒见的徐达进行了鼓励。七月二十八日，朱元璋离开汴梁，冯胜奉命留守。徐达攻取大都的行动也进入了最后的准备阶段。徐达命都督同知张兴祖、平章韩政、都督副使孙兴祖、指挥高显等人率益都、徐州、济宁方面的军队，即此前夺取山东时的西路军与自己的东路军会师于东昌，以求实现集中兵力的目的。与此同时，徐达还让右丞薛显、参政傅友德、左丞赵庸、平章曹良臣、俞通源、都督副使顾时等人率筹备大军渡河事宜。徐达这样安排，正是践行他此前和朱元璋商定的战略，沿东线以最快速度夺取大都，以免战局出现变故，因此，集中兵力就显得十分必要了。

洪武元年（1368）闰七月初二，徐达率军自汴梁出发，于陈桥渡过黄河，开

---

① 《明太祖实录》，卷三二，第564—565页，"洪武元年六月"。

② 《明太祖实录》，卷三二，第571页，"洪武元年七月"。

始了攻取大都的行动。当日进至安丘，薛显、傅友德攻取卫辉，元朝守将平章龙二弃城逃往彰德。初五日，徐达兵临彰德，龙二再度弃城逃走。初七日，徐达抵达磁州，他派人至赣州召指挥王臻还兵守卫漳河，自己则在次日进抵邯郸，元朝守将再度弃城逃跑。随后，徐达又以同样的方式占领了广平。

闰七月十一日，徐达抵达临清，他在这里决定增加手下的兵力，于是派人至东昌令张兴祖率军前来跟自己会合，同时又派人至乐安让华云龙也率军赶来。徐达在东昌集中了所有能够集中的军队。就在徐达等待后续部队赶来的过程中，傅友德抓获了元朝将领李实臣和张处仁，于是决定以两人为向导开通陆路道路，顾时则疏浚闸门，为水军开通道路。

闰七月十四日，常遇春占领德州。闰七月十五日，韩政、孙兴祖等都赶到了临清徐达处，徐达在留下韩政"守东昌并镇抚临清"①后立即率马步舟师沿着此前傅友德开辟出的道路北上，在德州会合了常遇春、张兴祖、高显、毛骧等人。闰七月二十日，徐达占领长芦，二十三日，徐达又占领直沽。直沽为元军海港，明军在这里夺取了七艘元军海船，将其用于搭浮桥以方便大军前进，同时，常遇春、张兴祖则率舟师沿运河东西两侧同时进军，元朝防守海口的将领也速"望风奔遁"，由此"元都大震"②。闰七月二十五日，明军抵达了河西务，在这里，明军总算遇上了一次像样的战役，元朝平章俺普达朵儿只进巴率兵迎战，"我师与战，大败之，擒知院哈刺孙及省院将校三百余人，获马六百匹、船百余艘、粮二千六百石，平章俺普达朵儿只进巴等遁去"③。徐达马不停蹄，立即兵进通州，在河东岸扎营，常遇春则在河西岸扎营。二十七日，元国公卜颜帖木儿率军出大都前来迎战，被常遇春击败，"擒卜颜帖木儿及副枢也先迭儿、脱脱帖木儿，获马四百匹、船百余艘，国公五十八遁去"④，明军在闰七月二十八日占领通州，兵临大都城下。

对照地图我们能够看出，徐达攻取大都的行动明显分为两个阶段，明军自陈桥渡河后沿太行山东麓进军，北上攻克广平路后，突然向东转至临清，在临清徐达集中了兵力，然后沿着运河东西两岸兼程北进，长途奔袭，仅仅用了十天时间就抵达了河西务，随后很快占领通州，抵达大都城下，进军可谓神速。然而徐达占领通

①　《明太祖实录》，卷三三，第593页，"洪武元年闰七月"。
②　《明太祖实录》，卷三三，第594页，"洪武元年闰七月"。
③　《明太祖实录》，卷三三，第595页，"洪武元年闰七月"。
④　《明太祖实录》，卷三三，第595页，"洪武元年闰七月"。

州，大都已在眼前时，他却在通州停留了三日之久以修筑通州城墙，没有趁大都内部人心惶惶的时刻对其发动攻击，显得非常反常。俞本对此解释为"哨兵至燕都城下，不逢敌兵，城上亦无旗帜，疑其有伏兵而回"[1]。

我们现在已经无法得知徐达是因为谨慎还是因为受到了情报误导，抑或是践行朱元璋对元顺帝网开一面的言辞才在占领通州后没有立即对大都发动进攻，但徐达的做法让他错失了第一次擒获元顺帝的机会。实际在闰七月二十八日，元顺帝在分析形势时已经表示"也速已败，扩廓帖木儿远在太原，何援兵之可待也"[2]，认为大都已不可守并在当夜率三宫后妃、皇太子、皇太子妃等人北出建德门逃往上都开平。如果徐达在闰七月二十八日当天不是仅仅派遣哨兵而是以大军迅速挺进大都，还有可能将元顺帝堵在大都城内，即便不能将其包围在大都，也能根据形势迅速追击。但徐达在通州耽误了三天，在八月初二才分兵左、中、右三路夺取了已经成为一座空城的大都。

虽然因为元顺帝的逃走让夺取大都的价值大打折扣，但大都落入明朝手中仍旧在政治上有着极大的意义，这标志着元朝作为中原正统王朝的生命已经结束了。元朝历十一帝、九十八年，至此灭亡。此后的元朝政权则被称为北元，他和明朝之间仍旧有着持续的战事，但性质已不再是争夺中原正统的战争了，明朝成为了无可争议的中原正统王朝，他接下来的使命也变为平定全国并建立一套属于自己的制度了。可以说，夺取大都后，明朝的历史进入了一个新的阶段。

---

① 俞本撰、李新峰笺证：《纪事录笺证》，卷之下，第263页，"吴元二年"。

② 刘佶：《北巡私记》，"至正二十八年闰七月"。

第七章

北征西讨

1.制礼作乐

随着河北地区的平定，特别是攻克大都，明朝取代元朝成为中原新的正统王朝，朱元璋改大都路为北平府。洪武元年（1368）十月，朱元璋又将原属河北的怀庆、卫辉、彰德、广平、顺德、大名、河间、保定、真定九府划归河南分省，北平府则划归山东分省。到了洪武二年（1369）三月，朱元璋觉得这种行政区划并不恰当，于是又做出修改，设立北平行省，划定北平行省下辖八府、三十七州、一百三十六县和一个长芦盐运司。北平府的浮沉正是洪武年间朱元璋逐渐确立明朝各方面制度的一个缩影。行文及此，笔者认为有必要停下来，因为随着明朝攻克大都并成为中原当仁不让的合法政权，朱元璋开始了一系列制礼作乐的行动，这些行动逐渐确立了有明一代各方面的制度，即后来频繁提到的不可更改的"祖制"。然而，这些祖制究竟是什么，有什么意义，如今却还有不少模糊不清的地方。当然，笔者在这里就很多细枝末节的问题反复纠缠，无疑是想从几个大的方面分析朱元璋这一系列制礼作乐行动的意义和产生的深远影响，从而能对洪武年间的明朝历史有一个相对全面的认识。

在开始之前，我们应该有这样一个概念，在这一系列制礼作乐中，最重要的是政治制度的建设，然而这一过程颇为曲折，笔者会在相关章节进行介绍，因而并不是本章的重点，本章涉及的是其他一些方面。

通过前文我们已经知道，整个中原地区经过元朝将近百年的统治，汉族无论在服饰上还是在习俗上，都深深染上了蒙古族的烙印。元朝虽然没有像后来的清朝那样强制推行剃发易服政策，但分治四等人的政策让汉族，特别是南宋统治区内的"南人"受到极大歧视。汉族士大夫为了获取入仕的机会，便主动效法蒙古服饰和习俗，希望被元朝统治者当作同类。在他们的带动下，整个社会在相当程度上被"胡化"了，这也就是朱元璋在北伐诏书中提到的"然达人志士，尚有冠屦倒置之叹"。随着明军北伐的开始，统一进程逐步推进，蒙古成为明军的明显敌人，朱元璋当然认为有必要重新唤醒汉族的民族意识，因此，恢复旧时衣冠与习俗就成了他"制礼作乐"过程中很重要的项目，以达到"新天下之化"与"正天下之统"的目的。

朱元璋"复旧时衣冠"的第一道命令发布于洪武元年（1368）二月十一日，当时朱元璋称帝建国才一个月，明军还在北上途中，大都还在元顺帝手里，就如此迫不及待地发布谕旨，足见恢复衣冠在朱元璋心中的重要地位。朱元璋"诏复衣冠如唐制"。他认为，"初，元世祖起自朔漠以有天下，悉以胡俗变易中国之制。士庶咸辫发椎髻，深檐胡俗（帽），衣服则为裤褶窄袖及辫线腰褶，妇女衣窄袖短衣，下服裙裳，无复中国衣冠之旧。甚者易其姓氏为胡名，习胡语，俗化既久，恬不知怪"。有鉴于此，朱元璋宣布"悉命复衣冠如唐制，士民皆束发于顶，官则乌纱帽、圆领袍、束带、黑靴，士庶则服四带巾、杂色盘领，衣不得用黄、玄，乐工冠青卍字顶巾，系红绿帛带，士庶妻首饰许用银镀金，耳环用金珠，钏、镯用银，服浅色团衫，用纻丝绫罗绸绢，其乐妓则戴明角冠、皂褙子，不许与庶民妻同，不得服两截胡衣，其辫发、椎髻、胡服、胡语、胡姓一切禁止"。[①]

这是朱元璋发布的第一道全面恢复旧时衣冠的政令，也成为此后一系列与衣冠相关改革的基础。洪武元年（1368）十一月，朱元璋下诏定"乘舆以下冠服之制"，陆续确立了皇帝、皇后、皇太子、公侯等人的冠服制度，相比于前代，朱元璋确立的冠服制度最鲜明的特色就是大幅度压缩了冕服的使用范畴。直至唐朝、宋朝，大臣服饰中也是有相应的冕服存在的。然而到了明朝，朱元璋规定冕服（衮冕）、弁服、通天冠、乌纱折上巾为皇室专用，大臣冠服只能够使用梁冠、幞头、乌纱帽等式样，大大拉开了君臣服饰之间的差异，不仅如此，朱元璋在服饰颜色、装饰上也进行了事无巨细的规定，让人眼花缭乱，但归根结底，都是为了达到朱元璋心目中"明等威，辨上下"的目的。这一系列制度执行非常严厉。德庆侯廖永忠、长兴侯耿炳文后来被害的罪名中都有服饰僭越这样一条，而耿炳文被害已经是明太祖朱元璋第四子明太宗朱棣在位的永乐年间了，足见明初明朝政府对此的重视。

除了帝后、公侯、官员的服饰，一般士人的服饰在洪武三年（1370）再度引起了朱元璋的关注。因为此时朱元璋发现洪武元年（1368）制定的包括四带巾在内的服饰虽然是以唐宋为标杆进行的规定，但唐宋服制本也深受游牧民族影响，也并非儒家心中理想的汉族服饰，比如宋朝理学家朱熹就曾批判唐代公服"非先王之法服"。因此，为了标榜自己"恢复汉家衣冠"的决心，朱元璋在洪武三年（1370）二月重新制定了四方平定巾，用以取代原来的四带巾。四方平定巾士人、吏员、平民都可以穿戴，成为很典型的明朝服饰。

---

① 《明太祖实录》，卷三〇，第525页，"洪武元年二月"。

但新的问题又出现了，四方平定巾的广泛使用又影响到了朱元璋"明等威，辨上下"的目的，于是，一系列配套措施相继推出。洪武十四年（1381）在服饰上重农抑商的规定实现了"本末之差"，洪武十五年（1382）颁布的僧侣服饰规范整顿了方外人士的服饰，生员服饰在洪武二十四年（1391）的最终推出实现了"士庶异服"。经过三十余年坚持不懈的服饰改革，朱元璋最终建立起一套等级严明的华夏服饰，实现了"通过等级服饰来刻画和凸显社会各阶层地位高下，以达到清整社会秩序的目的"①，成功建立起一套与所谓"胡元"有着鲜明区别的衣冠制度，这就是著名的"大明衣冠"，这一制度明确了"胡""汉"之间的界限，重新唤醒了汉族的民族意识，新生的明政权也借此获得了广大的社会认同。在这方面，朱元璋可谓是非常成功的。

除了衣冠，朱元璋还致力于重建社会风俗，消除元朝带来的蒙古习俗对社会的浸润，包括全面禁止汉族人取"胡名"，行"胡俗"，同时也不准蒙古人汉化，明确双方界限。甚至在某些方面出现了矫枉过正的问题。比如，唐宋以来一直与土葬习俗并存的火葬习俗，明朝也将之作为蒙古族陋习严令禁止。遭受同样待遇的还有"同姓不婚"，这本来是特指有亲缘关系的同姓，明代则实行"一刀切"，无论是否有亲缘关系，只要同姓，一律不准结婚，由此甚至造成了一些人伦悲剧。在整个洪武年间纷繁复杂的习俗革新中，有一项最值得关注，这就是明朝官方重新在社会基层推行乡饮酒礼制度。

乡饮酒礼为儒家古礼，乡饮为一种古老的乡里燕飨仪式，在先秦已经存在，在仪式中包含了敬老尊贤、孝悌礼让的内涵。与其他古礼不同的是，乡饮酒礼不是上层专有，而是一种下及庶民的礼仪，很早就被认为具有协和乡里、化导民俗的功能，也因为这点，乡饮酒礼得到了孔子的极大推崇，正如《礼记正义》所谓"吾观于乡，而知王道之易易"，通过观察一个国家乡村的情况，就能够知道这个国家政府的情况。由此可知，乡饮酒礼对于一个政权的统治具有重要的意义，但像明朝这样在政府的层面积极推行乡饮酒礼仍旧是前所未有的。

自汉代以来，历代政府虽多有兴举乡饮酒礼的诏令，但政府并未强力主导这一礼仪的推行，地方举行乡饮酒礼也没有政府提供的经费保障。直到明朝，鉴于元朝乡饮酒礼制度的衰亡，明朝政府特别在"复古"的旗号下下令全面振兴这一古礼，

---

① 张佳：《新天下之化》，第二章，第103页。

政府的介入也达到了前所未有的程度。

　　首先，明朝政府不仅屡屡下令申明乡饮酒礼，还在政府的层面上颁布了乡饮仪注并在此后的岁月里对其进行反复修订。然而朱元璋觉得这样还不够，他还在《大明律》与《大诰》这样的法律典籍中给予了乡饮酒礼专条保障。这些是政策、法律层面。其次，就是到了明代，乡饮酒礼的经费保障、在乡里的切实落实也由政府一力承担，从而使之具有了前所未有的政府色彩，其推行也由原来的州县一级向下延伸到了明代构建的最基层社会组织——乡村里社，真正实现了从基层化导民俗的目的。

　　当我们审视明代乡饮酒礼的具体内容，又能够发现鲜明的时代特色。与唐宋将乡饮酒礼与科举相结合，着重“尊贤”的“宾兴贤能”这一方面不同，明代的乡饮酒礼“大率皆本正齿位之说”①，即更着重于尊老这一方面。关于明代的乡饮酒礼更着重于“正齿位”这一点，从其举行的具体过程也能看出。朱元璋在洪武五年（1372）三月下诏天下举行乡饮酒礼时就为之制定了制度，规定以乡村里社为基础，“以百家为一会，粮长或里长主之”，以“百人内年最长者”担任整个仪式中的“正宾，余以序齿”，充分体现了“尊老”的含义。②

　　除了“尊老”，明代乡饮酒礼中的另一个鲜明特点是增加了读律令这一环节。洪武三年（1370）编订的《大明集礼》中，就在乡饮酒礼仪注中增加了读律令的环节，将之安排在整个仪式的末尾，即宾主酬酢之后。然而到了洪武五年（1372）三月正式颁布实行乡饮酒礼时，为了表示明朝政府对这一环节的看重，读律令的环节又被提前到了宾主行酒之前，要求先读律令，再行酒。由于行酒是整个仪式中的传统高潮部分，因此将读律令放在之前，就让其取得了整个仪式中点题的作用，成为整个仪式的核心，重要性不言而喻。根据《礼部志稿》的记载，读律令时，“有过之人俱赴正席立听”，而倘若逃避赴会，“既系顽民，迁徙边缘住坐”，对其执行与必须赴会的人员有着严格的规定。而明代的乡饮酒礼举行往往又十分盛大，如洪武六年（1373）苏州乡饮酒礼，参加人员达三百余人，盛况空前，这也非常有利于律令在社会中的传播。最终，在乡饮酒礼、申明亭、旌善亭三个制度的互相配合下，明廷成功实现了在社会基层普及律法的目的。

　　正是由于明朝不遗余力地实行恢复衣冠、革新风俗的系列行动，最终不仅使

---

　　① 《明太祖实录》，卷七三，第1343页，“洪武五年三月”。

　　② 《明太祖实录》，卷七三，第1343页，“洪武五年三月”。

很多中立士人站到了明廷政府一边，连很多本来忠于元朝的遗民也逐渐接受了新政权，或者虽然不肯为新政权效力，却也至少不再站在新政权对立面甚至进行敌对行动了。明朝政府通过这一系列行动不仅实现了对政权正统性与合法性的塑造，还构建出了一套严密的社会体系，使政府对社会生活的掌控达到了前所未有的地步。又因为这些制度很大部分作为不可更改的"祖制"延续了下来，因此也对整个明朝的社会文化造成了深远的影响，一些影响至今都还能看到，这些或许是朱元璋当初所未能预见到的。

2. 北追元军，直下山西

当徐达于洪武元年（1368）八月初二从齐化门"填壕登城而入"①攻入大都时，元顺帝已经在上个月底徐达还在通州踟蹰不前时带着三宫后妃、皇太子、皇太子妃等人，在百官的扈从下北出建德门逃往了上都开平。徐达在大都只擒获了元顺帝留下的监国宗室淮王帖木儿不花，太尉、中书左丞相庆童，平章迭儿必失、扑赛因不花，右丞张康伯，御史中丞满川等人，对于这些人，徐达一律"戮之"②。这在徐达的整个军事生涯中也是不多见的，这一做法也是一个信号，就是明朝与北元之间已经不存在和平的可能性，他不可能允许元顺帝从容退往上都重整旗鼓，因此，向北追击就成为必然的了。当然，徐达也不是对所有元廷留在大都的人员都采取了诛杀的策略，俘虏的镇南、威顺诸王之子六人就活了下来，大都宫中没来得及走的宫人、妃主也得到了妥善看管，而整个大都的府库也被封存守卫，等待清点。

根据《纪事录》的记载，徐达在攻克大都的次日，即洪武元年（1368）八月初三就"（命）薛右丞、参政傅友德领凤翔等五卫步军三万，出虎口北追元君"③。薛右丞为薛显，虎北口为古北口，这条记载无疑说明徐达攻克大都后没有局限于出征前朱元璋不予追击的言语，很快决定北上继续追击元顺帝，谋求一劳永逸解决问题。但是到了《明太祖实录》中，却根本没有记载这次继续北上的战事，取而代之的是一段颇为奇怪的记载。

《明太祖实录》记载洪武元年（1368）八月初二，即徐达攻克大都同日，"仍命右丞薛显、参政傅友德、平章曹良臣、都督副使顾时将兵侦逻古北诸隘口"④，八月十七日，薛显抵达古北口，"追元溃散遗卒，获马一千六百匹、牛羊八千余头、车二百五十辆而还"⑤，随后，薛显、傅友德奉徐达军令率军转向大同，参加明军平定山西的战事。仔细分析就会发现这段记载完全是自相矛盾的，按照《明太祖实录》

① 《明太祖实录》，卷三四，第600页，"洪武元年八月"。
② 《明太祖实录》，卷三四，第600页，"洪武元年八月"。
③ 俞本撰、李新峰笺证：《纪事录笺证》，卷之下，第266页，"吴元二年"。
④ 《明太祖实录》，卷三四，第600页，"洪武元年八月"。
⑤ 《明太祖实录》，卷三四，第620页，"洪武元年八月"。

的说法，薛显、傅友德率军出古北口只是为了侦察，而且他们似乎达到了目的，发现并击溃了元军残余并颇有斩获。但仅仅为了侦察就动用一位右丞相、一位参政、一位平章再加上一位都督副使，如此阵容，实在太过夸张。而从他们自古北口归来后直接参与了攻取大同的战役可以看出，薛显携带北上的这支军队实力是颇为雄厚的，以至于可以直接自古北口归来后转向大同而不需要休整补充。凡此种种都说明了薛显北上古北口的目的绝不仅仅是为了侦察，必定是冲着北逃的元顺帝去的，但是并没有达成目标，仅仅击溃了一些散兵游勇，因此才在实力几乎没有受损的情况下转向大同参战，《纪事录》对此的记载更为可靠。

那么薛显为何没有追上元顺帝呢？元顺帝出逃是在闰七月二十八日，且携带大量老弱妇孺，行进速度并不快，徐达又是在八月初二攻克大都后立即派大军兼程北上追击，从此后明军与元军作战的情况可以看出，明军是不可能追不上的，因此这其中定然还发生什么事情，这件事导致了薛显北上的徒劳无功。那么，究竟是什么事呢？

要想弄清楚这个问题，我们需要借助元朝方面的一部史料，就是跟随元顺帝出逃的刘佶的《北巡私记》，将之与《纪事录》结合，我们就能够分析出究竟是什么事情导致了薛显追击的失败。《纪事录》记载，薛显、傅友德所率大军在八月初八进至兴州，没有斩获，因为元顺帝北逃走的是东路，但明军追击走的却是西路，因此"两路互差"[1]，刚好错过。当明军抵达古北口时，只擒获了一些元军溃散士卒和牲畜。当大军返回向徐达报告失败原因后，徐达大怒，命傅友德再沿东路追击，然而时间已经是八月底了，元顺帝早已逃远，不可能追上了。

要验证《纪事录》所载明军因为追错了路线而失败的原因是否可靠，就要借助《北巡私记》了。根据刘佶在《北巡私记》中的记载，元顺帝在闰七月二十八日逃出大都，二十九日至居庸关，三十日至鸡鸣山。八月初五，元顺帝得知大都已经失守，初九，抵达中都，八月十五日，元顺帝逃至上都，二十六日得知了薛显至古北口的消息。从元顺帝北逃路线可以看出，居庸关、鸡鸣山、中都、上都一线是在大都西北方向，而明军追击的兴州、古北口一线则在大都东北方向，两军确实因为"互差"而没有相遇，不过俞本将东西记载颠倒了，实为元顺帝走西路北逃，明军沿东路追击，两军错失，明军因此没有追上元顺帝，错失了摧毁元廷的最佳机会，

---

① 俞本撰、李新峰笺证：《纪事录笺证》，卷之下，第 267 页，"吴元二年"。

让元顺帝逃回了上都。

明军追击失败的原因竟然如此富有戏剧性，似乎令人难以置信。但这背后其实是有原因的，正是因为朱元璋在徐达自汴梁北上之前告诫他对元顺帝可以不必穷追，因此导致徐达自出师之初就没有一个明确的战役最后目标，这最终导致他在通州白白耽误了三天，放走了元顺帝。而当徐达攻占大都后，他虽然果断决定继续追击，但因为决定颇为仓促，对北逃敌人的具体情况也没有预先及时掌握，因此虽然派出了豪华的阵容北上追击，结果却追错了方向，最后白忙了一场。与明军北上追击遭遇哭笑不得的失败不同，明军平定整个河北、河南并进而进军山西的战役就顺利多了。

朱元璋对山西是早有规划的。洪武元年（1368）八月初一，徐达还在进军大都途中时，朱元璋就宣布以金陵为南京，以大梁为北京，初步确立了两京制度。明军夺取大都后，一方面立即向北追击元顺帝，一方面对陕西采取进取态势。而无论是为了确保河北、河南地区的安全，还是为进军陕西扫清障碍，山西都必须夺取。另一方面，屯兵山西太原的元朝将领扩廓帖木儿也是明军长久以来的劲敌，而且在明军北伐期间，他手下的军事实力仍旧基本完整，已经成为明朝在中原地区的心腹大患，因此出于纯军事目的，也有必要将其消灭，更何况朱元璋已经在筹划第二度前往开封了。

实际徐达在大都方被攻克之时，就给扩廓帖木儿送去了一封信，希望能够招抚，但不出意料，这次出使毫无结果。洪武元年（1368）八月十四日，朱元璋正式从南京出发前往开封，随后，徐达奉命设立燕山等六卫以拱卫北平。六卫设立后，朱元璋正式命徐达、常遇春率军攻取山西，留下三万人马分属六卫以防卫北平。随后，朱元璋将他的谨慎充分表现了出来，在正式出师前几度为徐达增兵，以策万全。因为让徐达留下了部分军马防守北平，朱元璋以御史大夫汤和为偏将军，与平章杨璟共同跟随徐达征讨山西。汤和是在平定福建地区叛乱后被朱元璋任命从海路运粮支援北伐大军的，但因为海上飓风的原因没有达成任务，因此重新被任命跟随徐达进攻山西。最后，在徐达进军途中，向北追击元顺帝未果的薛显、傅友德也率军加入了夺取山西的大军，兵锋直指大同。不过他们还担负一个任务，就是在转兵西向的过程中继续搜索走西路北逃的元顺帝。

八月二十五日，朱元璋抵达开封。朱元璋到达开封后立即意识到还有必要继续增加徐达手下的兵力，于是第三度增兵，让右副将军冯胜率军"从大将军徐达取山西"①。随着最后一次增兵的结束，明军在山西的大规模战事在九月最终展开。

九月初，朱元璋一方面在北平设立大都督府分府，一方面以就任分府都督佥事的华云龙为主导，开始缩建北平城，而明军在山西的战事也全面展开。徐达以主力在后，八月十一日，张兴祖率军攻克永平。张兴祖在取胜后返回北平领大都督府分府事，明军则继续进军；韦正在沙河擒获元朝将领平章高家奴，"杀戮其众，克其城"②，击退了元朝丞相也速；傅友德则在大同擒获元朝乔右丞相等三十四人。九月二十七日，徐达正式命常遇春、傅友德率军自北平出发，"取未下州郡"③。两人受命后立即出发，攻下保定、中山等处，然后率军直趋真定，在攻克真定后，常遇春继续进军平山寨，配合已经占领河间的徐达作战。

除了常遇春、傅友德一路，还有另一路军马也在山西迅猛推进，这就是冯胜、汤和率领的军队。十月，在朱元璋已经离开开封返回南京后，冯胜、汤和在武陟击败怀庆元军的侦察部队后直抵怀庆，守卫怀庆的元朝平章白琐住已经弃城逃入泽州。占领怀庆后，冯胜率军沿太行山进军，攻破碗子城，占领泽州。就在冯胜迅猛推进之际，他的军队也遭遇了一次挫折。就在明军占领泽州后不久，扩廓帖木儿以部将平章韩札儿、毛义率军反攻，明军杨璟、张斌前往援救，与元军在韩店大战，结果明军失利。

韩店的挫折无损于明军在各处持续不断的胜利，不仅冯胜很快扭转局面，夺取潞州，徐达也夺取了齐堂山寨，傅友德率军下平定州，甚至仅仅奉命防守潼关的郭子兴面对前来进攻的元军也"乘胜击之，追奔数十里，元兵大败"④，几路军马迅速扑向扩廓帖木儿所在的太原。

十一月，傅友德最终略定平定州。随后，主帅徐达自真定出发，沿井陉、固关、平定州、寿阳县、榆次路线进军，在十一月底抵达了太原，明军与扩廓帖木儿之间的第一次决战就将在这里展开。说回扩廓帖木儿方面，他此时正在赶回太原的路上，并不在太原城中。其实他最终与徐达在太原进行决战也有一定巧合性。在明军率军北攻大都时，扩廓帖木儿并未率军勤王，这是他第一次放弃与明军决战。徐达占领大都后，北逃中的元顺帝命扩廓帖木儿率军恢复大都，扩廓帖木儿于是率军

---

① 《明太祖实录》，卷三四，第623页，"洪武元年八月"。

② 俞本撰、李新峰笺证：《纪事录笺证》，卷之下，第268页，"吴元二年"。

③ 《明太祖实录》，卷三五，第630页，"洪武元年九月"。

④ 《明太祖实录》，卷三五，第632页，"洪武元年十月"。

出雁门关，谋求由保安州经居庸关进攻已经改名北平的大都。如无意外，扩廓帖木儿将在北平地区与明军进行决战。然而这次徐达没有给他机会，他敏锐地认识到："王保保（扩廓帖木儿）率师远出，太原必虚，北平孙都督总六卫之师足以镇御，我与尔等乘其不备，直抵太原，倾其巢穴，则彼进不得战，退无所依，此兵法所谓'批亢捣虚'也。若彼还军救太原，则已为我牵制，进退失利，必成擒矣"①。徐达并不为防守北平的孙兴祖等人增加军马，而是率军如前所述直取太原。扩廓帖木儿在保安州听说明军直奔太原而去，果然担心丢失根本之地，于是立即回师太原，这样，两军的决战才最终在太原爆发。

太原之战的整体过程并无太大争议，明军与返回的扩廓帖木儿大军在太原城下相遇，已经恢复河南王封爵的扩廓帖木儿此时信心十足，其军队也锋芒甚锐，"两军对垒，列营二十余里，杀战不决，凡三日"②。徐达见如此下去，太原战局将会相持不下，决定用奇取胜，"达于军中选善劫营军士数十人，是夜，入河南王营劫之"③，于是"河南王觉，单骑遁去，众遂惊溃"④，徐达攻克太原并立即对扩廓帖木儿展开乘胜追击。

虽然明军攻克太原的总体过程没有争议，但在此战前后的一些细节上却引发了不少争论，这些争论充分暴露了《明太祖实录》与《纪事录》这两部史料各自存在的问题。

第一个问题，就是太原之战中常遇春的作用。根据《明太祖实录》记载，当太原战局进入相持局面时，常遇春主动向徐达献策说："我骑兵虽集而步兵未至，未可与战，莫若遣精兵夜袭其营，其众可乱，主将可缚也。"⑤徐达正是采纳了常遇春的建议，才选精干士兵乘夜劫营，一举击溃了扩廓帖木儿的大军，夺取了太原。然而常遇春献策的说法中存在矛盾之处，常遇春之所以建议劫营，是因为"我骑兵虽集而步兵未至"，然而徐达自十一月十九日自真定出发，月底抵达太原，十二月初发动太原之战，如此长的时间，步兵肯定已经跟进，不存在"骑兵虽集而步兵未至"的情况，如此，常遇春献策的前提就不成立了。《纪事录》中自十一月底至

① 《明太祖实录》，卷三七，第707—708页，"洪武元年十二月"。
② 俞本撰、李新峰笺证：《纪事录笺证》，卷之下，第271页，"吴元二年"。
③ 俞本撰、李新峰笺证：《纪事录笺证》，卷之下，第271页，"吴元二年"。
④ 俞本撰、李新峰笺证：《纪事录笺证》，卷之下，第271页，"吴元二年"。
⑤ 《明太祖实录》，卷三七，第708页，"洪武元年十二月"。

十二月初"杀伐不决，凡三日"的说法应该更接近实际，是由于明军与元军战至胶着才让徐达动了劫营的想法。《明太祖实录》之所以在这里刻意突出是由于常遇春进献了关键性决定才让徐达获胜，其目的当与在龙江—龙湾之战的记载中刻意凸显常遇春的情况一样，是明惠宗朱允炆出于常遇春是其父懿文皇太子朱标岳父的原因而有意在实录中将其凸显出来。

另一个问题，同样是《明太祖实录》中的一处矛盾。《明太宗实录》先是记载薛显在洪武元年（1368）十一月在石州追上了元朝将领詹同、脱因帖木儿，将其击败。然而在十二月太原战后，《明太祖实录》又记载薛显、傅友德奉徐达命令与贺宗哲在石州交战。矛盾显而易见，必定有一处的记载是错误的。要弄清这一问题，我们需要看看石州的地理位置。石州位于太原以西的吕梁山中，而十一月时明军主力尚远在太原以东的真定一带。因此，薛显不可能在十一月与詹同、脱因帖木儿在石州交战，明军攻略石州只能是在十二月太原之战后。《明太祖实录》为何会在这里留下如此明显自相矛盾的记载的原因已不可知，但由此我们能够看出官修史料也是存在各种问题的，对其的运用不能迷信。

最后一个问题，就是《纪事录》中存在的问题了。《纪事录》中无论是记载明军北追元顺帝时，还是记载明军进取山西的过程，在记载薛显、傅友德一路时，他虽然也提到薛显，但在记载中却主要记载傅友德的功劳，不仅如此，他还专门突出了此时实录中几乎没有记载的韦正的战绩。当然，结合实录后面韦正传记中的记载我们知道俞本的这些记载是可靠的，但他确实有突出傅友德而忽略薛显的问题存在。究其原因，主要是因为俞本长期在傅友德手下任职，后来又长期跟随韦正戍守西北，两人对俞本都有知遇之恩，算是俞本的恩主。因此俞本在著述中就格外突出了傅友德和韦正的功绩，甚至在后来还更为过分地为两人虚构功绩，从而在一定程度上影响到了《纪事录》的可靠性。

俞本在《纪事录》中除了突出恩主之功劳，还对他看不顺眼的冯胜、郭子兴进行了刻意诋毁。这一点，在记载太原之战时也有所反映，俞本记载太原之战后，"是月，河南王弟詹同令游兵至泽、潞，左都督冯胜迎战，大败"[1]，徐达将傅友德调去，才扭转局面。结合实录等史料，我们能够看到，明军攻克太原后立即乘胜追击，连

---

[1]　俞本撰、李新峰笺证：《纪事录笺证》，卷之下，第271页，"吴元二年"。

克朔州、大同、石州等地，一直追至忻州才"不及而还"①，扩廓帖木儿逃入甘肃境内。整个过程并无冯胜被詹同打败的记载，那么俞本的说法从何而来呢？审视前后记载，明军在泽州、潞州受挫的情况只有十月明军韩店受挫的情况与之相符。然而韩店之战明军受挫的主要责任人是杨璟，冯胜作为杨璟的上级，主要责任并不在他，而且冯胜对这次挫败的处理也非常及时，很快便攻取潞州，扭转了局面。因此，俞本将冯胜记载得如此无能是明显与史实不符的，属于他敌视冯胜的刻意抹黑。遭受同样待遇的还有郭子兴，俞本丝毫没有记载郭子兴在潼关抵御元军的功劳。不仅如此，俞本后来还在记载中捏造史料对冯胜、郭子兴进行抹黑，这又从另一个方面影响了《纪事录》的可靠性。

通过这三个问题，我们已经管中窥豹发现了官修、私修史料各自存在的问题，正如王世贞所说"国史人恣而善蔽真，其叙典章、述文献，不可废也。野史人臆而善失真，其证是非、削讳忌，不可废也。家史人腴而善溢真，其赞宗阀、表官绩，不可废也"②，具体情况具体分析，参照运用才能做到准确。

明军攻取太原后，迅速平定山西，将扩廓帖木儿逼入甘肃，西进中的明军与扼守潼关一带的明军会合。随后，徐达发动了进取陕西，夺占关中的战役。不过令徐达没有想到的是，他在陕西遭遇了空前血腥的一战。

---

① 《明太祖实录》，卷三七，第708页，"洪武元年十二月"。

② 王世贞，《弇山堂别集》，卷20，《史乘考误一》

3. 西进陕西：血腥的庆阳之役

洪武二年（1369）正月初一，这是朱元璋称帝后迎来的第一个新年，他在奉天殿接受了群臣的朝贺并大摆宴席。然而新年的气氛似乎并没有传到正在山西浴血奋战的明军中，徐达在山西的战事进入了尾声。正月十二日，徐达"命右丞薛显总宁国、长兴、宜兴及顺德、泽、潞等兵取桃花、蚁尖等山寨"[1]，同时命傅友德率步骑巡视太和岭西北，顾时巡视太和岭东北，为下一步进军做好准备。桃花寨明军很容易就拿下了，但是蚁尖寨却出现了意料之外的情况，明军连续进攻，都未能攻克。蚁尖寨之所以如此难啃，实为地形使然。《纪事录》记载蚁尖寨"其寨三面壁立，高数百丈，周二百余里，高三层，上有流泉，宜布种五谷。东、西二道，止容一人扶崖而登，悬隔八十余里，南有一路曰鲁口。大军攻之，山上数人守其要害，比军来攻，以巨石滚下，合抱之木迎石而碎，险狭万状"[2]，成化《河南通志》也记载"蚁尖寨，在林县西北蚁尖山，周围八十里，其上平坦，四面险阻，东有路可通，人马独行，居民多避兵其上"，如此险要的地形，无怪乎明军久攻不下。最后，徐达在大军合围的情势下辅以招抚手段，成功引起蚁尖寨内讧，才最终拿下这里。夺取桃花、蚁尖寨的战斗是为之后进军陕西做准备，没想到初战就如此艰苦，似乎也预示了此后进军陕西不会很顺利。

一月剩下的时间里，常遇春率军夺取了大同，傅友德屯兵朔州，朱元璋也亲自派人至太原慰劳诸将，明军已经做好了进军陕西的准备。二月初一，朱元璋下诏开修《元史》，在他看来，元朝已经彻底走入了历史，然而明军此时离平定全国还早得很。二月初七，常遇春自大同返回太原，十九日，会合了常遇春的徐达率军自霍州进至平阳，在这里又会合了已经攻克桃花、蚁尖诸寨的薛显，实现了集中兵力的目的，正式开始规取陕西。

二月二十六日，徐达进至河中，他命指挥张良造好浮桥，常遇春、冯胜率军先渡过黄河，进入陕西，韩政在蚁尖寨战事结束后则并未随大军西进，而是留守顺

---

[1] 《明太祖实录》，卷三八，第762页，"洪武元年二月"。

[2] 俞本撰、李新峰笺证：《纪事录笺证》，卷之下，第280页，"洪武二年"。

德，这支军队后来在庆阳战事吃紧时奉命西进支援，发挥了生力军的作用。三月初一，徐达率大军自蒲州渡过黄河，很快占领蒲城等处，元朝鄜城守将见明军大军前来，也开城投降，徐达乘胜进军，占领栎阳，逼近鄜台。鄜台位于汉代阳陵一带，为泾、渭二水汇合处以西高陵、泾阳、咸阳交界处高地，在元代是拱卫奉元路（今陕西省西安市）的要地，一旦徐达攻克鄜台，明军就突入了奉元路。在这里，徐达将要迎战的对手是元朝镇守陕西的行省平章李思齐。

李思齐在元末逐渐割据陕西地区，至正二十五年（1365）六月，李思齐获元顺帝太子爱猷识理达腊加银青荣禄大夫、邠国公、中书平章政事、皇太子詹事兼四川行枢密院事、虎符招讨使，给予了极高的政治、军事地位，而他本身拥有的实力也不容小觑。俞本称他"总关陕秦陇之兵，西至吐蕃，南至矶头关（鸡头关），东至商洛，北至环庆，皆思齐主之，精兵不下十余万"[1]。而李思齐在陕西也不是没做迎战明军的准备，他亲自坐镇凤翔，命副将许国英、穆薛飞等守卫关中；张思道则与孔兴、脱列伯等人驻军鄜台。然而，当明军大举入关的消息传来，张思道率先动摇，在明军到达三日前就由野鱼口逃走，他一逃走，鄜台的防卫顿时瓦解，明军几乎没费什么力就夺取了这一拱卫奉元路的要地。徐达率军到达鄜台后，分析局势，认为战机甚好，于是让郭子兴率轻骑直捣奉元，自己则率大军跟进。果不其然，张思道的逃跑引起了连锁反应，明军轻易渡过泾水、渭水，进至三陵坡，而元朝陕西行省平章哈麻图在听说明军占领鄜台后就已经弃奉元而逃，明军乘势占领奉元路，将之改为西安府，元朝在陕西东部的防御几乎在一瞬间就崩溃了。

局势变化之快已经超出了李思齐的预料，转眼之间，常遇春已经直扑凤翔而来。李思齐来不及多想，直接放弃了抵抗，率领手下十余万人马在还没看到常遇春影子时就放弃凤翔，向西逃往临洮。常遇春率军进入凤翔时，李思齐已经跑得连影子都没了。战事进行到这时，徐达停下了进军步伐，他在三月十七日以都督耿炳文守陕西，同时命平章杨璟、左丞周凯等还军征讨后方发生叛乱的唐州，稳定后方，又亲自至凤翔进行部署。总之，明军进军陕西战役的第一阶段暂告一段落，虽然明军并未完全停止行动。比如，傅友德随后占领了凤州等地，但大规模战事确实停下来了，明军这一阶段战事进行得太过顺利，也有必要停下来巩固成果。总之，双方都在积蓄实力，为下一阶段的血拼做准备。

---

① 俞本撰、李新峰笺证：《纪事录笺证》，卷之下，第282页，"洪武二年"。

当然，徐达之所以暂缓攻势还有一个更为实际的原因，就是常遇春在四月被调回了北平。朱元璋之所以在陕西战事进行到如此紧张的时刻调回常遇春，乃是因为逃到上都的元顺帝再度出现动作，先是也速南下侵犯通州，一度到达了白河，虽然也速最终遁去，但元军将要再度南下的说法却开始甚嚣尘上，以至于朱元璋也不能够忽视了。在这种情况下，朱元璋只能从陕西将自己的得力干将常遇春调回，以便对北方发动一次大规模攻势。

虽然常遇春率军离开削弱了陕西的明军实力，但徐达在积极调整后仍旧决定继续进军。四月初二，徐达在凤翔召开了一次军事会议，会议上诸将都认为张思道的才能不如李思齐，因此张思道所在的庆阳比李思齐所在的临洮易于攻取。他们主张明军先由幽州进军，夺取庆阳，然后再从陇西方向进攻临洮。徐达却不这么认为，他分析认为"思道城险而兵悍，未易猝拔，临洮之地，西通蕃夷，北界河湟，我师取之，其人足以备战斗，其土地所产足以供军储，今以大军蹙之，思齐不西走胡则束手就降矣。临洮既克，则旁郡自下"①。徐达的权威成功说服了众将，徐达留下汤和守卫大本营和辎重，然后率军前往陇州，做进攻临洮的准备。徐达自陇州进取固关，随后，陕西、山西二行省设立，为徐达下一步的进军奠定了行政基础。

四月十二日，徐达在占领秦州等地后抵达了巩昌，巩昌的元朝将领、官员相继投降。徐达留在了巩昌，将攻打临洮的任务交给了大都督府都督同知、右副将军冯胜。冯胜率军于四月十四日抵达了临洮，他发现临洮的守军已经没有迎战的决心了，徐达在凤翔军事会议上的分析确实非常准确。朱元璋在进取陕西前就曾写信规劝李思齐，因此李思齐此时思想上已经产生动摇，但最终使李思齐归降的还是由于临洮元军中发生了内讧。李思齐有一位养子名叫赵琦，正是他在凤翔劝李思齐"西入吐蕃"②，李思齐和他一同率军退往了临洮，谁知赵琦等人却"私窃宝货、妇女避匿山谷间，思齐遂穷蹙"③。当冯胜率大军濒临城下时，赵琦对李思齐发动最后一击，"遂举临洮降"④，这也是俞本所谓"至临洮，土官平章赵脱儿挟思齐出城降"⑤，赵脱儿正是赵琦，一名脱脱帖木儿，世代都是元朝在西北地区的土官。

---

① 《明太祖实录》，卷四一，第815—816页，"洪武二年四月"。
② 《明太祖实录》，卷四一，第822页，"洪武二年四月"。
③ 《明太祖实录》，卷四一，第822—823页，"洪武二年四月"。
④ 《明太祖实录》，卷四一，第823页，"洪武二年四月"。
⑤ 俞本撰、李新峰笺证：《纪事录笺证》，卷之下，第290页，"洪武二年"。

　　李思齐投降后，明军占领临洮，李思齐、赵琦被冯胜送往徐达大营，徐达又派人将他们连同在巩昌归降的元朝官员护送回南京面见朱元璋。在这些人中，李思齐后来的命运最为特殊。洪武二年（1369）十月，朱元璋以李思齐为江西行省左丞，食禄而不视事。洪武三年（1370）十月，李思齐又升为中书平章，其子孙也获得了世袭指挥佥事的权力，但仍旧食禄而不视事，自此直至他于洪武七年（1374）九月去世。朱元璋给予李思齐极高的政治待遇却不赋予实权，这些都很好理解，而李思齐一生中最大的谜团正是他的去世。

　　李思齐之死之所以成为一个谜团，正是俞本在《纪事录》中的记载引起的。因此，要分析这个问题，我们有必要先看看俞本的记载：

　　　　思齐，至洪武七年，上遣赍制往谕沙漠河南王扩廓帖木儿。至则待之以礼，留数日，遣归，令骑士送至界上。骑士辞思齐，曰："总兵有旨，请留物以作遗念。"思齐曰："我为公远来，无以留赠。"骑士曰："请留一臂。"思齐知不可免，断一臂与之，还京而死。[①]

　　主要的争论就是俞本这段记载是否准确，要分析这一点，就有必要看看其他史料对李思齐之死的记载。《明太祖实录》记载李思齐洪武七年（1374）从征大同，行至代县时"得疾还京师"，朱元璋还在京师赐予李思齐一套新的住宅，李思齐正是在那里去世的。宋濂所写《中书平章政事李公权厝志》中的记载则更为详细，"六年，公复从大将军征大同，至代县，得疾而还。宠劳备至，遣医官络绎治疗，且幸其第视之，寻赐新第一区"，然而李思齐最终还是去世了。从实录与宋濂所记载李思齐"得疾还京"后朱元璋的种种做法，无疑会让人觉得李思齐这病生得很不寻常，其中似乎别有隐情。而朱元璋在自己所写《祭平章李思齐文》中也似乎透露出了这一点，"夫何久疾不痊，以致长往。噫，握兵一世，又得善终，亦人之所难"。朱元璋在祭文中刻意强调李思齐是"善终"，给人以欲盖弥彰之感。实录、宋濂、朱元璋都言辞异常，凡此种种，使钱谦益在明末清初著《国初群雄事略》时已经认为俞本所载属实，李思齐并不是善终，他的死必有隐情。

　　照此看来，《纪事录》的记载就是可靠的了，还有什么问题呢？这就又要说回

---

　　①　俞本撰、李新峰笺证：《纪事录笺证》，卷之下，第290页，"洪武二年"。

《纪事录》了，它的记载也有问题，这便是它记载李思齐是去沙漠诏谕扩廓帖木儿后在返回途中断臂的。然而在当时医疗条件下，倘若李思齐是在沙漠界上断臂，则他绝不可能在返回京师后才去世，他必定在路上就已经去世了。因此，《纪事录》的记载也有问题。那么，究竟是怎么回事呢？让我们回到当时的政治局势上来。明军在洪武五年（1372）北征惨败，导致此后北元南下咄咄逼人，明军只得在洪武六年（1373）再度大举北伐，以期挽回败局。洪武六年（1373）六月，扩廓帖木儿已经兵至雁门，南侵到了大同以南，逼近忻、代二州，明军不得不在七月分兵驻守山西、北平等地。如此，则李思齐诏谕扩廓帖木儿不可能在沙漠，而是如实录所载，是在代州一带明、蒙对峙之地，扩廓帖木儿驻军代州界外，明军则控制着代州，这样，也就能够和《纪事录》中"至界上""还京而死"等记载吻合起来了。

综合起来，李思齐之死的情况就逐渐明晰了。洪武六年（1373），李思齐随徐达北征大同，在代县与扩廓帖木儿对峙。李思齐奉命出代州界诏谕扩廓帖木儿，然而此时自认占有优势的扩廓帖木儿并无归降之意，他派人护送李思齐返回代州，在界上逼迫李思齐留下一条手臂，李思齐虽然活着返回了南京并得到朱元璋极高的礼遇与积极的治疗，但终因伤势过重，于洪武七年（1374）在南京病逝。如此，实录详载洪武六年明军北征将领名单，却独独没有李思齐也就能够解释了，这正是官方的隐讳。

这些都是后话了，说回洪武二年（1369），明军在占领临洮后，按照徐达的计划，转向对庆阳发动了进攻。事实证明，徐达不仅对李思齐的看法很准确，他对驻守庆阳的张思道的看法也很准确，唯一的问题是他低估了张思道、张良臣兄弟在临洮失守后继续固守庆阳的决心，明军正是在这里迎来了征进陕西以来最血腥艰苦的一战。

朱元璋在得知明军已经夺取临洮，李思齐投降后，特地遣使告谕徐达，表达了他对张思道兄弟的担忧，"将军提师西征，所至克捷，今李思齐又纳降矣，但未知庆阳、宁夏攻取如何？张思道兄弟多谲诈，若其来降，宜审处之，勿堕其计也。军中之事，尤宜慎之"[1]，事实证明，朱元璋对张思道兄弟的担忧是很有道理的。临洮卫设立后，徐达率军离开巩昌，回师东北，度六盘山，抵达开城。在这里，徐达获得谍报称元朝豫王驻扎在西安州。这位豫王自元代中期以来长期驻守陕西，他积极

---

[1] 《明太祖实录》，卷四一，第823-824页，"洪武二年四月"。

参加元末战争，然而能力不济，遭到当时众多军阀的排挤，被挤出了陕西，不得不转入六盘山地区。徐达得到了关于这位豫王的情报，立即移兵海那，派遣右丞薛显率精兵五千对豫王发动突袭。豫王不敌，率军遁走，明军缴获其人口、车辆而还。五月，徐达继续进取，他率军出萧关，接连攻克平凉、延安、绥德、葭州等地，逼近了庆阳。

庆阳之战有一个温和的开头。洪武二年（1369）五月初八，张良臣回应明军的建议，表示愿意以庆阳归降。庆阳本为张思道、张良臣兄弟共同驻守，但张思道得知明军占领临洮后，担心庆阳势单力薄，便前往宁夏面见扩廓帖木儿，留下其弟张良臣负责庆阳防务。谁知张思道一到宁夏就被扩廓帖木儿扣押，这无疑恶化了还在庆阳的张良臣与扩廓帖木儿之间的关系，使得张思道联合庆阳、宁夏元军共同对抗明军的计划落空。与此同时，徐达在夺取平凉后就开始谋取庆阳，他令御史大夫汤和率军前往泾州，指挥张焕率骑兵侦逻庆阳，会同汤和部将谢三遣人前去招抚张良臣。张良臣彼时正为其兄长被扩廓帖木儿扣押而愤愤不平，便接受了明军的建议，表示愿意归降。

照此看来，一切都在朝着好的方向发展，明军兵不血刃而下庆阳似乎不成问题了。但是徐达还是犯了一个错误，那就是他忽视了张良臣这个人的性格，张良臣素以骁勇善战而闻名，在军中有"小平章"的称号，这样一位强势的军人，注定是不会甘心轻易投降的，徐达轻视了这一点，他认为既然张良臣已经表示愿意归降，那么庆阳方面应该就已经安全了，况且张良臣在表示愿意归降后先后派遣参政花某、知院李克已、葛八至徐达处献上军民数目和马匹，更让徐达相信张良臣是真心归降。他派遣薛显率骑兵五千、步卒六千，协同李克已等前往庆阳受降。五月十五日，薛显率军抵达庆阳，张良臣率庆阳军民出城迎接，"蒲伏道左，佯为卑下，以示归顺"[1]。到了晚上，张良臣却突然反戈一击，"以兵劫营，我军不意其叛，为所冲溃，指挥张焕被执，显被伤走还"[2]。庆阳降而复叛，徐达终于明白，庆阳是一块难啃的骨头，不可能和平解决，于是对众将宣布："上明见万里外，今日之事，果如前日所谕。然良臣之叛，只取灭亡耳，当与诸公勠力剪之！"[3] 长达三个月的庆阳之

---

① 《明太祖实录》，卷四二，第832页，"洪武二年五月"。

② 《明太祖实录》，卷四二，第832页，"洪武二年五月"。

③ 《明太祖实录》，卷四二，第832页，"洪武二年五月"。

战终于爆发了。

庆阳复叛后，右副将军冯胜、参政傅友德率军自临洮至泾州与徐达会合，随后，汤和也率所部兵马前来与徐达会合。集中兵力后，徐达决定先将庆阳孤立出来，断绝它和周围其他地区元军之间的联系，平章俞通源截断庆阳西侧道路，都督副使顾时切断北部，参政傅友德切断东部，都督佥事陈德切断南部，将庆阳包围了起来。

进入六月后，明军首先取得胜利的是在北方，六月十七日，常遇春攻克了元上都开平，元顺帝向北逃往应昌。但常遇春此后突然于七月初七在柳河川病逝，幸而他的副手平章李文忠临危受命，接替其职务，稳定了军心，保证了明军在北方获取更大的胜利。但北方的大胜无助于庆阳战局的胶着局面，六月十九日，徐达发动对庆阳四门的进攻，"城上矢下如雨，达兵不为之动。既而别将李德明逻环州，获张良臣谍者竹笴，斩之以徇城"[①]，战事进入激烈的攻城阶段。六月二十日，张良臣亲自率军出西门对明军发动反攻，首先与西门外明军中宁国卫军马交战，明军稍稍退却，张良臣认为时机甚好，继续发动进攻，宁国卫军马退后会合武卫营指挥张四共同构成防线，"坚壁不动"[②]，张良臣再难取得进展。此时，冯胜率军对张良臣发动反攻，张良臣不敌，只能退回城中，其反攻是失败告终。此战之后，徐达将原防守南门的陈德调至西门，加强西部防线。张良臣虽然出击失败，但明军在攻城上仍旧未能取得进展。

七月初四，张良臣为了振奋城内军心，约束出城向明军投降的行为，乘大风之日再度率军出城对明军发动攻击，然而明军有了六月的经验，成功将元军击退，张良臣再度退回城中，明军至此已经占据了稳固的优势。败退回城中的张良臣明白自己已经被困在了庆阳，他故技重施，希望能够归降，但徐达有了上次受降的经验，决定不再相信张良臣，对他的建议也置之不理，战事只能继续下去。七月十七日，张良臣见投降无望，反其道而行之，率军出东门挑战，但他遇上了明军龙骧卫军马，不仅自己被击败，他手下的枢密院同佥等官也被明军俘虏。张良臣此后无力再对明军发动主动进攻，明军则将庆阳城四面团团围住，不断发动攻击，彻底切断了庆阳与甘肃的扩廓帖木儿，周边的贺宗哲等人的联系，至七月底八月初，城中已

①《明太祖实录》，卷四三，第846—847页，"洪武二年六月"。

②《明太祖实录》，卷四三，第848页，"洪武二年六月"。

经俨然一派地狱景象，"城中水谷俱绝，互相杀食，饲马以松柏屑，人用黄泥细者，以人油炸而食之"[①]，"内外音问不通而粮饷乏绝，至煮人汁丸泥咽之"[②]。

庆阳已经陷入弹尽粮绝的境地，但明军依旧久攻不克，这其中除了有常遇春被调走削弱了明军兵力且明军此前连续作战，已经较为疲惫的因素外，庆阳城的地形和构造也是一个重要因素。嘉靖《陕西通志》记载庆阳"践土为城，因河为池，虽金汤亦不是过"，而嘉靖《庆阳府志》对庆阳城有更为详细的记载，"城因原阜之势而成，其形似凤，故曰凤凰城。东高一十三丈，西高十一丈，北高九丈，南高九丈，周广七里十三步。其隍引东、西二水，自北抱城而流，合于城南，折流于东，深浅广狭不等，要亦巨流"。明军以疲惫之师攻如此险要之城，自然困难重重。

八月初一，徐达已经不能容忍庆阳战局的持续胶着，他命此时仍旧守卫顺德的韩政率所部兵马立即西进，协助围攻庆阳，这支生力军的抵达成为压死张良臣这匹骆驼的最后一根稻草。八月初四，因为想要投降而被张良臣囚禁的小元帅被其他主张投降的人士救出，他们共同出城向明军投降，这一举动彻底摧毁了城内的军心。八月十二日，随着李文忠在大同击退元军，《元史》告成，庆阳大局已定，朱元璋特遣都督佥事吴祯携带自己的敕书前往徐达处，对西北在庆阳被攻克后的人事进行安排，朱元璋决定：

> 如克庆阳，宜令右副将军都督同知冯宗异（冯胜）掌总兵印，统军驻庆阳，节制各镇兵马，粮饷不（补）给，从前规措，无致伤民。巩昌、临洮、兰州诸军镇守如故，兵不足者益之，如河中四外已宁，则以都督同知康茂才所部士卒三分之，茂才师其二往镇山西，凡太原诸城悉听节制，其一增守陕西，务在处置得宜。然后大将军达、偏将军和回京定议功赏，俟朕与大将军葬鄂国公毕日，大将军当复往定守边之策，戍守诸将诰命悉颁其家，可谕朕意，都督佥事吴祯就令同宗异驻庆阳，平章李伯昇同都督佥事耿炳文守陕西。[③]

朱元璋的这一安排奠定此后一段时期内西北的整体格局，但是他下达这一敕谕

① 俞本撰、李新峰笺证：《纪事录笺证》，卷之下，第 294 页，"洪武二年"。

② 《明太祖实录》，卷四四，第 869 页，"洪武二年八月"。

③ 《明太祖实录》，卷四四，第 865—866 页，"洪武二年八月"。

的时候，明军还没有夺取庆阳。为了拿下庆阳，徐达在韩政率生力军赶到后，下令明军开掘地道向城内进攻，城内虽然进行了最后的顽强抵抗，但终究无力回天，八月二十日，庆阳终于被攻破，徐达率军自北门进入庆阳。张良臣父子投井，徐达命指挥朱杲将他们从井中引出斩首。第二天，徐达又将张良臣党羽二百余人全部斩杀，这也是明军西征期间两次重大杀俘事件之一，另一次发生在此后的定西之战之后，明军这两次杀俘，除了有杀红了眼的因素之外，军队粮饷不继，养不起这么多俘虏也是一个因素。

庆阳被攻占后，贺宗哲率军逃走，扩廓帖木儿也没有对陕西采取实质行动，明军在陕西大局已定。九月，陕西战事基本结束，徐达返回南京，西北明军指挥权根据朱元璋的安排暂时交给冯胜。冯胜驻扎在平凉，明军的下一个目标转向了更远的西番和吐蕃，对手又是此前曾与明军在山西交战，后来逃往甘肃、宁夏一带的元朝河南王扩廓帖木儿，明朝在西北进入了一段开疆拓土的时期。这一时期的史事，存在很多不明之处，而《纪事录》为我们厘清这段历史提供了宝贵的史料，通过它，能为我们折射出一段不一样的历史。

4. 开疆拓土

时间进入洪武二年（1369）九月，明军大规模的战事停息了下来，各条战线的明军主要将领都奉朱元璋的命令相继启程返回南京，前去参加朱元璋主持的自己的爱将鄂国公常遇春的丧礼，当然，对这一阶段有功将士论功行赏也是主题之一。与此同时，朱元璋在政治上也采取了一系列行动，杨宪担任了中书省右丞，临濠继金陵被确立为南京，开封被确立为北京后，它又被确立为中都，今后功臣将会获得的铁券制度也是在这一时期确立的。

说回西北方面，因为扩廓帖木儿的威胁并未解除，因此朱元璋并没有让西北明军将领全部返回，他召徐达回京，将西北地区明军的指挥权交给了右副将军冯胜。徐达在九月离开前线，于十一月返回南京。但令朱元璋没有料到的是，徐达抵达南京一个月后，冯胜竟然也回到了南京。冯胜的擅离职守令朱元璋大为恼怒，他责备冯胜："将军在平凉，外御胡虏，内镇抚关中，国家所托非轻也。乃不俟命，辄引众还，关外之事，将谁任之？"[①] 冯胜虽然顿首谢罪，但人已经回来了，朱元璋也不可能让他又赶回去，这也注定西北地区的战局会受到冯胜擅离职守的影响。

要分析冯胜擅离职守至徐达、冯胜等人率领大批明军返回西北发动对扩廓帖木儿的进攻这段时间内西北地区的局势，就需要认识一位此前提到过的人物——俞本恩主之一的韦正。明军这一时期在西北的开疆拓土也就以徐达等返回为界，分为不同的两个阶段。

韦正在明军平定山西后继续参加了规取陕西的战争，在徐达、冯胜手下作战。洪武二年（1369）四月，冯胜占领临洮，将俘虏的李思齐、赵琦等人送至徐达处。五月，明军又接连占领平凉、延安、绥德等处，俘虏了大批元朝官员，其中便包括元朝的豫王。因此到了六月，徐达交给韦正一个任务，押送这批俘虏前往河南暂时安置，这也是韦正第一次独当一面执行任务。七月，明军对庆阳的围攻进行到了关键时刻，为了保证后方，韦正再度被委以重任，镇守邠州。九月，随着庆阳被攻占，徐达将要回京，韦正又被委以镇守地位更为重要的临洮的任务。因此，在冯胜

---

① 《明太祖实录》，卷四七，第938页，"洪武二年十二月"。

擅离职守的情况下，韦正就成为西北地区剩余明军中一位举足轻重的人物。

徐达之所以委任韦正镇守临洮这一要地，乃是出于他对韦正能力的了解。明军占领临洮后，潘彝一度镇守此处，俞本称他在镇守临洮的五个月间，"彝苛刻、贪贿、嗜杀，临洮内外军民远遁，间有附者，彝嗔来迟，即凌迟之。自四月至九月，无一人降者"①。俞本为了抬高自己的恩主韦正，很有可能刻意贬低了潘彝，但韦正是因为"善于招徕"②才被委任镇守临洮，由此也能够看出，即便潘彝没有俞本所记载的那么不堪，他镇守临洮也不算成功。

韦正镇守临洮后的第一件功绩，就是招抚了洮河以西的土著番族。韦正来到临洮后，立即没收刑具，在市集当众焚毁，这一做法很快将韦正的名声传播了出去，因此"远近闻正代彝，渐有降者"③，对于归降的番族，韦正一律给予衣服、粮米，对于逃走的，他都派人拿着朱元璋的御榜再度前去招抚，甚至做到"远居土穴者，抚之再四；负固者，率壮士掘出之，亦不加刑"④，在这样的政策下，韦正逐渐得到了西北地区的民心。

当时，河州地区土官院史何锁南不时率领番兵至临洮地区骚扰，明军与之发生了多次冲突。对于被俘人员，韦正都以礼相待，"即令浴身、易衣、梳剃，给以酒肉饼饵，纵令还其家"⑤，对于受伤被擒人员，也给予医治。韦正这一政策虽然始终没能使何锁南率部归降，但在西北军民心中产生了深远的影响。洪武二年（1369）九月底，包括在临洮归降的赵琦的弟弟赵三、孙平章、祁院史等一干人等都先后归降韦正，除了这些地位较高者，西北诸部的土官也"相率来降"⑥，庄浪归附，临洮府设立，西北明军控制地区获得了初步的安定。

当然，韦正镇守西北期间，也不都是这样温情的景象，因为徐达、冯胜相继离开，南部的吐蕃开始蠢蠢欲动了，正是在韦正招抚西部土著取得极大进展的九月底，吐蕃联合何锁南部对临洮发动了一次进攻。吐蕃这次进攻是在九月二十四日发动的，吐蕃军队屯兵洮河平原，韦正抵御住了吐蕃的进攻，迫使吐蕃军队退至洮河

---

① 俞本撰、李新峰笺证：《纪事录笺证》，卷之下，第297页，"洪武二年"。

② 《明太祖实录》，卷四五，第904—905页，"洪武二年九月"。

③ 俞本撰、李新峰笺证：《纪事录笺证》，卷之下，第297页，"洪武二年"。

④ 俞本撰、李新峰笺证：《纪事录笺证》，卷之下，第297页，"洪武二年"。

⑤ 俞本撰、李新峰笺证：《纪事录笺证》，卷之下，第297页，"洪武二年"。

⑥ 《明太祖实录》，卷四五，第905页，"洪武二年九月"。

西岸，两军隔洮河形成对峙局面。从后来的战局发展可以知道，韦正知道自己手下兵力单薄，虽然能够抵御住吐蕃的进攻，但无力渡过洮河追击，以求彻底击败吐蕃，于是他请求镇守巩昌地区的郭子兴增援，郭子兴没有怠慢，鹰扬卫指挥使杨广奉命增援临洮。

十一月，杨广的援兵已经到位，韦正决定和杨广联合对吐蕃发动进攻，但是这时韦正发现原本将明军与吐蕃军分开的洮河又成了他面前的障碍，韦正若想乘胜继续进攻吐蕃军队，必须渡过洮河，但当时天气还不够寒冷，洮河并未结冰，又遇上彼时"洮水归槽，深不可渡"①，韦正面临无法与杨广配合作战的局面，而仅凭杨广，其兵力也是无力击败吐蕃军的。眼看作战计划就要流产，谁知天无绝人之路，接下来发生的事情，在各种史书中都被赋予了一层神秘色彩，《明太祖实录》记载"正焚香祝曰：'正仗国家威德，镇抚一方，将以休养生民。今贼在迩而不得击，何以报国家？！天意使贼平，则令河冰。'未几，有冰如巨屋，自上流而下，风随之，河冰遂合"②，《纪事录》记载"韦正乃仰天拜祝，须臾，有一巨筏自上流而下，直至其处，坚冻不动"③。无论是哪一种情况，总之老天爷帮忙，冻住了洮河水，韦正顺利率军渡过洮河，直捣吐蕃军大营。吐蕃军一心对付杨广的军队，根本没想到明军竟然能渡过洮河，被打了一个措手不及，很快溃败，大量投降了明军。

吐蕃、何锁南联军失败后，西北维持了短暂的和平。十二月，扩廓帖木儿在确认明军大部已经离开西北后，亲率大军反扑兰州，俘虏了明朝将领于光，将他带至兰州城下劝降，谁知于光大声鼓励镇守兰州的明军抵抗，并谎称徐达即将率大军前来增援，结果遇害。恼羞成怒的扩廓帖木儿围攻兰州，形势日趋危急，与兰州相邻的临洮自然接到了警报，但韦正的力量面对扩廓帖木儿，无论如何都是无法获胜的，因此只能继续上报，直到朱元璋。洪武三年（1370）正月初三，朱元璋决定解决威胁西北的扩廓帖木儿，于是再度以中书右丞相、信国公徐达为征虏大将军，浙江行省平章政事李文忠为左副将军，都督冯胜为右副将军，御史大夫邓愈为左副副将军，汤和为右副副将军，以极其豪华的阵容率军返回西北，明军开拓西北的行动进入了第二阶段。

---

① 俞本撰、李新峰笺证：《纪事录笺证》，卷之下，第298页，"洪武二年"。

② 《明太祖实录》，卷四五，第904页，"洪武二年九月"。

③ 俞本撰、李新峰笺证：《纪事录笺证》，卷之下，第298页，"洪武二年"。

在讲述徐达返回后明军在西北地区的第二阶段开拓之前，我们有必要先分析清楚一个问题，就是朱元璋在西北地区采取的奇怪的战略。朱元璋为何在夺取庆阳之后没有乘胜进取宁夏，反而将包括徐达在内的大量明军主要将领调回南京，只留下冯胜一人作为主要将领留守西北，后来冯胜擅自离开西北返回南京，朱元璋虽然加以责备，却也并未让其返回，甚至没有再派一员威望足够的将领前往西北接替冯胜放弃的职务，这无论如何都是不正常的。

表面上看，朱元璋调回徐达等人是为了让他们参加常遇春的丧礼，但纵观朱元璋此前在战争中的做法，这个理由却不能令人信服。朱元璋在之前的军事生涯中，对于每一场战争，都是力求达到一定的战略目标，没达到目标之前，他是不会轻易停止脚步的，即便不得不暂时停住，他也会安排好整个前线防御，留下足够的将领和军队，并为下一步作战做好准备。龙江—龙湾之战后朱元璋亲征江州就是最典型的例子，朱元璋不惜两次攻打江州也要实现夺取这一陈友谅政权都城的目标。虽然后来进攻武昌失利，朱元璋不得不停下脚步，但他也在前线洪都安排了侄子朱文正这一有足够分量的将领镇守，正是朱文正后来在鄱阳湖之战前抵御住了陈友谅军队的猛攻，为朱元璋调兵遣将至鄱阳湖与陈友谅决战赢得了时间。

反观朱元璋在明军夺取庆阳后的安排，则完全不是这么回事，如果说朱元璋安排冯胜留守庆阳还算是安排了重要将领镇守的话，冯胜率军擅自离开，几乎抽空了西北地区的明朝军事力量，朱元璋却毫无补救就无论如何都说不过去了。正是因为西北在冯胜离开后既没有统一指挥，也没有充足军队，才会出现韦正抵御吐蕃军队都十分艰难，以至于必须求援于郭子兴。而当扩廓帖木儿南下对兰州发动进攻时，明军就更加难以应付了。

那么，朱元璋为何会做此安排呢？当前存在一种观点，认为这是因为明军在西北地区经过几个月的作战，处境已经十分困难，不仅庆阳之战使明军伤亡惨重，粮饷的缺乏甚至让明军在庆阳之战后屠杀了大量俘虏以节省粮草。因此，朱元璋不得不将大批明军调回休整。这种观点看似有一定道理，但却禁不起推敲。军队休整的需要与粮饷的不足并不构成必须将大量军队和将领调回南京的必须因素。随着明军占领庆阳，陕西地区战事基本结束，明军完全可以就地休整，和平的陕西不仅有条件让明军休整，还可以为下一阶段的作战做准备，即便出于减轻陕西地区的负担调回部分军队，也应只是小部分，而不是后来那样大批军队长途跋涉返回南京休整，等到需要时再度长途跋涉返回陕西，往返路途既耽误时间也会导致军队疲惫。同理，粮饷方面，之前军队乏粮是因为陕西出于战争状态，交通不便，加之军队处于作战状态，位置随时变化，因此运粮困难。陕西实现和平后则不同，交通基本能够保持畅通，明军在相对固定的地方休整，运输也更加容易，同时还能够就地筹措部分粮饷，凡此种种，都优于将大批军队调回南京。故此，认为朱元璋是因为明军艰苦才将之调回南京的说法是难以成立的。

既然不是艰苦，那就肯定是别的原因了。笔者认为，朱元璋之所以将大量主要将领连同大批军队调离陕西，原因当是他此时对明军在西北进军的最终目标没有清晰的概念。随着陕西的平定，明军基本恢复了北宋在西北地区的传统疆域，朱元璋没有下定决心是否继续进取宁夏、甘肃，因此，他才会做出这样一种守势的安排，以主将之一冯胜为主，率部分中低级将领及一定数量的军队驻守陕西。笔者这样说不是没有道理的，后面我们将会看到，此后朱元璋又在西北地区与漠北发动了几次大型战役，但他虽然一度夺取西域与漠北，却始终没有对这两个地区进行实际控制，以至于出现得而复失，失后再夺的情况，西域最终仍旧成为明朝治下的一个羁縻地区。正是这些事实佐证了朱元璋在恢复中国古代特别是北宋传统疆域后，对于是否继续开拓乃至对新得疆域实现实际控制缺乏明确的概念，才导致他在控制陕西后进行了这样的守势安排。

不过话又说回来，朱元璋以主将之一冯胜为主，率部分中低级将领及一定数量的军队驻守陕西的计划若能切实贯彻下去，扩廓帖木儿也难有机可乘，明军下一步无论是固守陕西还是进取宁夏，都能够更加从容。然而冯胜的擅离职守打破了这一局面，西北顿时显得极为空虚，扩廓帖木儿正是抓住这一机会南下入侵，朱元璋不得不应战，明军再度大举开进陕西，徐达与扩廓帖木儿之间的第二场决战就在西北爆发了。

洪武三年（1370）三月，徐达率大军返回西北，进至定西，但他发现扩廓帖木儿已经不在兰州了。正是因为于光在城下那句："我不幸被执，公等坚守，徐总兵将大军行至矣！"[①]的谎话，不仅使得兰州城中士气大振，更让扩廓帖木儿产生疑虑，不敢长久顿兵城下，在徐达真的率军赶来之前就撤围兰州。当徐达在三月二十九日率军进抵定西时，扩廓帖木儿已经退往了车道岘。徐达分析了当前形势，决定对扩廓帖木儿采取步步紧逼的策略，便亲自率军进至沈儿峪，同时派邓愈直逼

---

① 《明太祖实录》，卷四七，第943页，"洪武二年十二月"。

扩廓帖木儿营垒，竖立木栅。

四月初七，朱元璋大封诸子为王，这是朱元璋第一次分封诸子为王，除了嫡长子朱标已经被册立为太子，这次又册封了第二到第十九个儿子为亲王，还另外册封侄子朱守谦为靖江王，在这几位亲王中，就有日后成为明朝第三位皇帝的第四子燕王朱棣，不过此时诸子多未成年，因此虽然受封，却并未前往封地就藩，同时建立的还有宗人府和王府相关机构，这其中有文武两相辅佐藩王，因为此时担任武相的多为功臣，因此朱元璋特别规定武相地位在文相之上，这与宣德之后逐渐形成的文重武轻的局面截然不同，反映了明初特殊的政治背景。

同样在四月，一方面，朱元璋再度致书北元，做虽然希望渺茫，但有益无害的敦促其归顺的工作；另一方面，徐达进一步采取措施逼迫扩廓帖木儿与自己进行决战。关于这场决定西北此后数十年局势的定西之战的过程，却存在一些比较奇怪的地方。根据《明太祖实录》的记载，徐达在四月初八出安定，驻扎沈儿峪口，与扩廓帖木儿隔深沟对垒，连续数日交战，双方未有明显胜负。扩廓帖木儿于是派千余人由间道从东山而下，成功攻破明军东南垒，导致东南一垒全部惊扰不宁。驻守东南垒的是胡大海的养子胡德济，此时已经恢复原名林济峰，他仓促不知所措，眼看东南垒就要被元军突破，幸而徐达及时率援军赶到，才将元军击退。此次事变之后，徐达大为震怒，当即将东南垒指挥赵某及将校数人斩首，重新明确了军纪。但对于林济峰，因为他此前的战功，加上曾是朱元璋爱将胡大海的养子，徐达却不敢擅自处理，便将他送回南京交朱元璋处理。朱元璋虽然念在林济峰往日的功绩宽恕了他的死罪，但同时也去信徐达，授予他完全的临机专断之权，"若将军为立千万年美名，凡有犯者，不必送于天子，须当以斩斫自由"[①]，随后还将林济峰派回西北戴罪立功。徐达也遵照朱元璋的意思宽恕了林济峰，处理完元军偷袭的后遗症，徐达在次日立即对元军发动大型攻势。

若果依实录所载，这里就存在问题了。倘若林济峰之败真的在四月，徐达就算再怎么卓越，也很难在一垒皆惊的情况下在第二天就对元军发动全面攻势。因此，林济峰之败应当在四月徐达与扩廓帖木儿决战之前。从朱元璋给徐达信中"若胡左丞至京师，缘治国与治军不同，念其救信州之勇，守诸暨之功，不忍诛之"[②]，可知

---

① 王世贞：《弇山堂别集》，卷八六、诏令杂考·与徐常冯，洪武三年四月，第1645页。

② 王世贞：《弇山堂别集》，卷八六、诏令杂考·与徐常冯，洪武三年四月，第1645页。

朱元璋下令时，林济峰还没有抵达南京，中道接到朱元璋命令即返回西北前线，赶上了参加随后的决战。如此，考虑到交通因素，林济峰之败当在三月两军初战时较为合理。

同样地，因为林济峰失败并不在四月初八，则实录中两军初日决战这一日期便也存在疑问了。在实录中，明军在初九是在诸将奋勇争先的攻势下一举将元军击溃的，然而扩廓帖木儿此时手握八万大军，明军就算再勇敢，也难以确保一击就将元军击溃，因此，结合《纪事录》的记载，我们能够对定西之战的决战过程有更清晰的认识。首先，决战日期，根据朱元璋致北元太子的信中"今年四月七日，大败其众"① 可以知道，时间为四月初七，和《纪事录》恰好吻合，两相印证，可知四月初七日为决战日期的说法是可靠的。

四月初七，两军决战。由于徐达从初五开始就已经令士卒昼夜不断惊扰元军，导致元军不仅缺粮而无法吃饱，更得不到足够的休息。同时，徐达又选善劫营的将士数十人，初七日夜不令士卒骚扰元军，元军长久不得休息，很快睡熟，明军乘夜劫营，"元兵大溃，遂克其营，河南王仅免遁去。部下大小将帅悉擒，至兴元，斩之"② ，终于将扩廓帖木儿大军击溃，但明军再度因为粮饷不足，在兴元屠杀了大量元军战俘。

扩廓帖木儿在定西战败，在相当时期内失去了威胁明军的能力，明军开始向西北进行了一轮大规模推进，开始认真经略西北。与徐达的胜利相呼应，李文忠在五月于白海子击溃元军，随后攻克应昌，元顺帝已经在四月驾崩，李文忠一路追击即位为元昭宗的太子爱猷识理达腊至北庆州才返回，取得了明军北伐的又一次重大胜利。李文忠大胜后班师返回，明军在漠北虽然击溃了元昭宗，但实际掌握的土地仍旧有限。所幸，邓愈、韦正这一阶段经略西北的行动取得了极大的成功，特别是对河州这一汉、蒙、藏各族杂居地区的成功控制显得尤其重要，虽然尚未打通西域，但保证了明军对整个甘肃地区的稳定控制。

---

① 《明太祖实录》，卷五七，第1119页，"洪武三年十月"。

② 俞本撰、李新峰笺证：《纪事录笺证》，卷之下，第309页，"洪武三年"。

5. 经略西北

明军在洪武三年（1370）四月取得了定西之战的决定性胜利，徐达没有停下脚步。五月初一，徐达以左副将军邓愈率军前去招谕吐蕃，自己则率军夺取兴元。徐达一路，徐达与冯胜、傅友德、李思齐自徽州南出一百八渡至略阳，在这里擒获了元朝平章蔡琳，进入沔州。同时，徐达又遣裨将金兴旺、张龙由凤翔入连云栈，与自己合兵夺取了兴元。明军占领兴元后，徐达留下金兴旺镇守，自己则率军返回了西安。

徐达一路虽然是主力，但在此次经略西北中却只是配角，邓愈一路虽然是偏师，却在这一阶段经略西北的战略中发挥了最大的作用。邓愈率领来自仁和、襄阳、六安、沔阳、巩昌、临洮等卫的人马数万，自临洮出发，目标是夺取明军在洪武二年（1369）四月曾经一度占领了的河州。关于明军曾在洪武二年（1369）四月夺取河州之事，因为《明太祖实录》并未记载冯胜在攻克临洮后曾乘势夺取河州，因此要论证这件事就有了一定的难度。当前，对此记载最为详细的是俞本的《纪事录》，其中记载：

> 大都督冯胜先于洪武二年四月克河州，以为化外之地不可守，将城楼、仓库、房屋尽行焚烧殆尽，拘虏南归。自洮河至积石关三百余里，尸骨遍野，人烟一空。[①]

但我们已经知道，俞本出于自己的立场，历来敌视冯胜、郭子兴，因此这段记载的可靠性就蒙上了很大的疑问，需要有其他史料加以佐证才行。果然，刘三吾在《宋国公冯胜追封三代神道碑铭》中记载了同样的事，"（冯胜）追元大将李思齐于临洮，降其全军，河州等处以次俱下"[②]，证明了冯胜确曾在洪武二年（1369）四月夺取临洮后乘势攻下了河州。

---

① 俞本撰、李新峰笺证：《纪事录笺证》，卷之下，第318页，"洪武三年"。

② 刘三吾：《坦斋先生文集》，卷二。

另外，《明太祖实录》虽然并未记载这次冯胜夺取河州，但在明军于洪武三年（1370）再度占领河州并留韦正驻守后曾记载韦正抵达时见到的河州是"城邑空虚，人骨山积"[1]，从侧面证明了冯胜占领河州时对当地造成的严重破坏并非虚言，这次俞本并未污蔑他。而冯胜在洪武二年（1370）西北战事结束后擅离职守返回南京，无疑正是《纪事录》中冯胜拘河州人口而还的行动，实录中的蛛丝马迹也证明了明军确曾在洪武二年（1370）四月占领过河州，此后由于朱元璋并未有明确的经略西北战略，加上冯胜急于返回南京而擅离职守，导致河州在遭到冯胜的大肆摧残后又被放弃了。朱元璋这一时期对西北战略考虑的不成熟导致明军不得不在洪武三年（1370）再度进军河州并谋求经略该地。

邓愈进军河州，要面对的对手正是韦正在镇守临洮期间曾经面对过的何锁南。何锁南为元朝陕西行省吐蕃宣慰使。当时何锁南手下所能掌握的，除了包括洮州、岷州、常阳、帖成、积石在内的广大地区，还有"十八州六元帅府"[2]。要明白邓愈的行动具有多大的意义，就有必要搞清楚这"十八州六元帅府"究竟包括些什么。《元史》记载，吐蕃等处宣慰司下设有李文店州、帖城河里洋脱、朵甘思、常阳、岷州、积石州、洮州路、脱思马路、十八族共九个元帅府，其中李文店州地位较高，其余八个元帅府都隶属于吐蕃宣慰司。但后世的研究发现《元史》的记载有问题，首先，"脱思马路"存在问题，胡小鹏发现脱思麻所指范围广大，脱思麻宣慰司有时也是吐蕃等处宣慰司的另称，而李文店州（礼文店州）已经说过地位较高，有时独立。如此一来，所谓"脱思马路"和李文店州便都不属于吐蕃等处宣慰司了，吐蕃等处宣慰司下还剩七个元帅府。后来，武沐又发现朵甘思也不应该属于吐蕃等处宣慰司，再排除一个，这么一来，元末明初吐蕃等处宣慰司下实际统管的就是帖城河里洋脱、常阳、岷州、积石州、洮州路、十八族六个元帅府，与《纪事录》所载吻合，证明了俞本通过亲身经历记载西北政局的准确性。

洪武三年（1370）五月二十三日，邓愈攻克河州。六月，在陕西行省员外郎许允德的诏谕下，何锁南率领手下吐蕃等处宣慰司大小头目携带元朝授予的金银牌印、宣敕亲赴邓愈军门请降，明朝控制区顿时得到了极大拓展。但何锁南等归降只是开始，要想稳定控制这些地区，还需要仰赖明朝采取后续措施加以配合，这便是

---

① 《明太祖实录》，卷五六，第1098页，"洪武三年九月"。

② 俞本撰、李新峰笺证：《纪事录笺证》，卷之下，第312页，"洪武三年"。

明朝随后对西北的经略。

六月，随着李文忠的捷报传回南京，朱元璋随即颁布《平沙漠诏》，宣告自己对北元取得了决定性胜利，"削平强暴，混一天下，大统既正，民庶皆安"[①]，但朱元璋只让李文忠将大批元朝高级俘虏带回，却并没有长期占领漠北的打算。这其中固然有当时后勤条件落后，明朝力有不逮的因素，但也与朱元璋受传统观念束缚，对漠北这种"化外之地"并无太大野心有关。他仍旧想着倘若北元朝廷能够彻底归附，则明朝能够最低成本维持北方的安宁，不过这一想法有明一代也未能完全实现。与明军对漠北不求长期占领略有不同，这一时期同时展开的对西北的经略无疑更为务实。

何锁南等归降后，邓愈首先面临的是粮饷缺乏的问题。在与韦正商议后，明军从何锁南等当地少数民族头领处筹集了一定数量的粮食，随后，邓愈立即派遣朱亮祖与韦正对镇西武靖王卜纳剌展开了追击。邓愈采取这一行动并不是好大喜功，而是因为卜纳剌身份尊贵，而且他所统治的地方又位于汉藏交界处，若不将之平定，则明军在河州就不会有安宁的日子。元朝镇西武靖王传统驻地根据《元史》记载是在"朵哥麻思地之算木多城"，这个奇怪的地名随着现在的研究，已经不再陌生了，朵哥麻思地泛指镇西武靖王活动的汉藏交界区域，而算木多城则应该指的是如今黄河西北流段东岸的同德县城。到了元末，镇西武靖王也驻节河州，对当地施加影响。

然而朱亮祖、韦正这次对卜纳剌的进攻却是失败的，明军进至今临夏县西境的乞台山，朱亮祖认为军士负荷过重，影响行军速度，对韦正表示："我以边兵至锐。负荷衣粮如此沉重，安能远征？终不如腹里士卒轻健。"[②]韦正地位不如朱亮祖，难以反对。明军继续进军至土鲁干河（今保安故堡所临的隆务河），遇上河水暴涨，难以渡河，加之朱亮祖之前让士卒轻装，此时粮饷也严重不足，陷入进退两难的境地。六月二十四日，雪上加霜的事情又发生了，"夜，雪雨大作"[③]，朱亮祖手下军士"饥寒特甚"[④]，朱亮祖不得不向韦正求援，韦正立即派巩昌、临洮两卫军士前去接济，才解除了朱亮祖的困境，保证他们平安撤回。

① 《明太祖实录》，卷五三，第1044页，"洪武三年六月"。

② 俞本撰、李新峰笺证：《纪事录笺证》，卷之下，第311页，"洪武三年"。

③ 俞本撰、李新峰笺证：《纪事录笺证》，卷之下，第311页，"洪武三年"。

④ 俞本撰、李新峰笺证：《纪事录笺证》，卷之下，第311页，"洪武三年"。

朱亮祖的追击虽然失败，但对大局影响并不大，朱元璋在八月已经开始诏谕吐蕃，谋求吐蕃和平内附，同时也开始了对盘踞四川的明昇的征讨。西北作为平定四川的后方之一，地位越发重要，镇守这里的重任再次由韦正扛了下来。随着邓愈班师，韦正被任命为河州卫指挥使，前往河州镇守，八月，韦正先率将士在打剌海击败西安王部属，随后在九月抵达了河州，他发现河州经过冯胜的破坏，已经荒残至极，"城邑空虚，人骨山积"①。明军将士目睹河州贫乏的状况，加上本身粮饷缺乏，都不愿在此长期驻守，一夜之间"逾城而遁者七百余人"②。俞本当时正在韦正手下任职，他对军中出现的情况十分担忧，在当晚就向韦正进言："兵志不固，奈何？"韦正也知道，明军要想在河州站稳脚跟，必须先稳固军心，于是他让俞本召集军中千、百户等人。天明后，韦正对他们训话说：

> 圣天子养吾等数十年，托守边城，汝等不受暂时饥寒！吾自武安州与汝等败元游兵，擒李二左丞，曾蒙主上重赏。汝等思归，我当独守此土，以待转运。③

《明太祖实录》中韦正这段话稍有不同，但同样动人：

> 正受命同若等出镇边陲以拒戎狄，当不避艰险，致死命以报国恩。今既至此，无故弃去，一旦戎狄寇边，其谁御之？民被其害，则吾与若等死亡无地，虽妻孥不得相保。与其死于国法，无宁死于王事乎！④

韦正的话果然发挥了作用，止住了军中逃亡的现象，初步稳固了军心。韦正随后又命手下各百户造册上报逃走军士的姓名，派人前往临洮城附近永宁桥和结河桥，凡是见到逃亡的军士，就将韦正的话告诉他们，成功劝回了很多士卒。稳定了军心后，韦正开始经营民心，当时民间讹传官军将要再度放弃河州，韦正派军队

---

① 《明太祖实录》，卷五六，第1098页，"洪武三年九月"。
② 俞本撰、李新峰笺证：《纪事录笺证》，卷之下，第316页，"洪武三年"。
③ 俞本撰、李新峰笺证：《纪事录笺证》，卷之下，第316页，"洪武三年"。
④ 《明太祖实录》，卷五六，第1098—1099页，"洪武三年九月"。

"占荒田屯牧，民心遂安"①，韦正甚至为了增加河州地区的收入，从朱元璋那里拿到了开西边茶马贸易的权利，"正日夜抚循其民，俾各安其居，河州遂为乐土"②。

河州地区日渐繁荣后，韦正再度将目光转向了此前未能收服的元朝镇西武靖王卜纳剌，"正遣兵追之于宁河，杀获颇多"③，卜纳剌有归降的念头，于十月率众至答失蛮沟下营，但不敢靠近河州城。他不知道明朝是否愿意接受他归降，便派人到韦正处陈情说："我等胡人畏威，不敢造次近城。韦相公若到营中同饮金酒，即降，若不来，我等即回。""饮金立誓"是蒙古族习俗，卜纳剌更可能是藏族人，俞本这里很有可能混淆了蒙、藏习俗，但对于史实的记载仍旧是相对准确的。韦正明白，卜纳剌派人前来即是一个招降的机会，但倘若处理不好，也会成为一个祸害，正如他自己对俞本所说："我不造营纳其降，彼兵远来饥甚，必大掠良民而归。虽无大害，恐烦上虑。"他还追溯此前朱亮祖追击失败之事，认为如今卜纳剌主动前来，正可好好利用，"夏月，远劳官军追袭，今亲领众至此，机不可失。我以诚信待人，彼已知之"。韦正整顿马步官军数千人，于四鼓出发，他将马步军布置在两翼，亲自率领亲信精锐数百人直接到了卜纳剌营中。韦正的态度打消了卜纳剌的疑虑，两人在营中按照西番习俗立誓，卜纳剌在次日即率部携带元朝所授金银铜印、金银牌面、宣敕及金玉图书归降明朝，河州地区宣告平定④。

十一月，随着徐达、李文忠班师回京，朱元璋大赏陕西、兰州等处将士，随后开始了大封功臣的行动。洪武四年（1371）正月，随着何锁南、卜纳剌等先后进京朝见朱元璋，朱元璋开始在河州建制完整的官署机构。因为河州地区汉、蒙、藏各族杂错的局面，朱元璋对河州的建制也奉行的是胡、汉共治政策。何锁南方面，他本人被任命为河州卫指挥同知，子孙世袭。朱元璋此时根据元朝吐蕃等处宣慰司的情况设立铁城、岷州、十八族、常阳、积石州、蒙古军、灭乞军、招藏军、洮州九个千户所，至洪武六年（1373）二月，朱元璋进一步完善建制，"置洮州、常阳、十八族等处千户所六、百户所九，各族都管十七，俱以故元旧官、馲𩦺等为之"⑤，其中蒙古军、灭乞军、招藏军三个千户所为何锁南直属部族，铁城、岷州、常阳、

① 俞本撰、李新峰笺证：《纪事录笺证》，卷之下，第316页，"洪武三年"。
② 《明太祖实录》，卷五六，第1099页，"洪武三年九月"。
③ 《明太祖实录》，卷二四五，第3564页，"洪武二十九年"。
④ 俞本撰、李新峰笺证：《纪事录笺证》，卷之下，第321—322页，"洪武三年"。
⑤ 《明太祖实录》，卷七九，第1439页，"洪武六年二月"。

积石州、洮州、十八族则对应元代帖城河里洋脱、岷州、常阳、积石州、洮州路、十八族等六元帅府。至于卜纳剌，朱元璋设立武靖、岐山、高昌三卫，卜纳剌担任武靖卫指挥同知，桑加朵儿为高昌卫指挥同知。这是对于当地部族首领的安排，除此之外，朱元璋也在西北安排了汉族势力，最典型的要属河州卫，韦正作为汉人，担任河州卫指挥使，何锁南作为当地部族领袖担任河州卫指挥同知，往下就是千户所一级了，岷州卫下来源于元代李文店州的礼店后千户所、阶州守御千户所、西固城军民千户所，这些千户所的百户均为汉人。朱元璋通过汉族流官与蒙藏土官共同任用，既稳定了河州的局势，也加强了明朝在当地的控制力，成功将河州乃至整个西北地区营建成了北能抵御蒙古，南能作为进军四川后方的一个重要基地，明廷这一阶段经略西北的行动可以说取得了完全的成功。

6.大封功臣

洪武三年（1370）十一月，随着常遇春、李文忠追击北元，徐达、冯胜、邓愈西征甘肃两方面战事都告一段落，明朝在中原主要地区的正统统治地位已经基本稳固，于是，朱元璋像以往一样，进行了一次大封功臣的行动。这次大封功臣，既是论功行赏，也有平衡逐渐激烈的内部矛盾的因素。关于这些问题，从对武臣和文臣的封赏中能够看出不同的信息。附带一句，本节所引用的内容，主要来源于《明太祖实录》相关部分。

武臣方面，健在的武将中，徐达是无可置疑的头把交椅。在此次封赏前，徐达已经贵为"征虏大将军、银青荣禄大夫、上柱国、录军国重事、中书右丞相兼太子少傅、信国公"，此时获封"开国辅运推诚宣力武臣、特进光禄大夫、左柱国、太傅、中书右丞相、魏国公，参军国事"。这绝非一个简单的封号，在朱元璋此次所封的六位公爵中，只有徐达和李善长是"左柱国"，其他四位都是右柱国，明朝以左为尊，徐达在朱元璋出身微末之时就坚定跟随，一路出生入死，李善长则是朱元璋的首席幕僚之一，朱元璋南下滁州即主动跟随，给予这两位"左柱国"的封号，显示了朱元璋对这两人的特别尊崇。而李善长因为是以刘基为代表的浙东集团的对立面淮西集团的核心人物，朱元璋给予他极高地位就更有一种平衡的味道在里面，这在后面会讲到。

六位公爵中，除了位居第一的李善长是文臣，剩下五位都是武将，明初重武轻文的特殊背景表露无遗，徐达的封号全称已经列出来了，剩下四位武将的封号也值得列出来，从这些封号我们能够看出明显的因资历和军功而划分的等级。位居徐达之后的是一位特殊的人物，常遇春的儿子常茂，因为常遇春已于洪武二年（1369）二月病逝，所以由常茂前来领受其父应得的爵位，但他的封号短了很多，仅为"特进荣禄大夫、右柱国、郑国公"，常遇春在洪武二年（1369）十月获得的追封则是"开府仪同三司、上柱国、太保、中书右丞相、开平忠武王"，完全不是一个级别，由此可以明显看出，常茂只是袭得了其父应得的爵位，但并不享受开国功臣才能获得的"开国辅运推诚宣力武臣"这一尊称，也没有"参军国事"的待遇，朱元璋的封赏可谓非常严格。

常茂之后是"荣禄大夫、浙江等处行中书省平章政事李文忠",他此时获封"开国辅运推诚宣力武臣、特进荣禄大夫、右柱国、大都督府左都督、曹国公,同知军国事",其后是"银青荣禄大夫、大都督府右都督兼太子右詹事冯胜",此时获封"开国辅运推诚宣力武臣、特进荣禄大夫、右柱国、宋国公,同参军国事",最后一位是"荣禄大夫、御史大夫兼太子谕德邓愈",此时获封"开国辅运推诚宣力武臣、特进荣禄大夫、右柱国、卫国公,同参军国事"。这六位公爵的食禄,徐达最高,为五千石,李善长次之,为四千石,其他几位都是三千石。

从这六位国公的封号和食禄,我们能够看出明显的等级。首先,食禄上,李善长虽然位居公爵第一位,体现了朱元璋对曾在中书省中地位高于徐达的李善长的尊重,也体现了他对文臣的尊重,但在具体的食禄上,徐达仍旧是最多的,这无疑是徐达的资历和功绩所应得的地位。其次,更细致的区别在附加待遇上,徐达和李善长均为"参军国事",徐达为三公之一的太傅,李善长为三公之首太师,常茂没有这个待遇,李文忠为"同知军国事",冯胜、邓愈为"同参军国事",待遇逐级下降,虽然都是公爵,但地位的差异通过这些细节已经充分表现出来了。最后,公爵中还有一位追封的,即八月去世于陕州的康茂才此时获得追封"推忠翊运宣力怀远功臣、光禄大夫、湖广等处行中书省平章政事、柱国、蕲国武义公"。

六位公爵,都可谓朱元璋的绝对嫡系或绝对嫡系的后人,往下的封爵,仍以武官为多,但成分就更为复杂了。比如巢湖水军健在的两位见证人就都在侯爵里,廖永忠封德庆侯,俞通源封南安侯,而廖永忠的兄长廖永安,在至正二十四年(1364)朱元璋自立为吴王时就被因为虽被张士诚囚禁但绝不屈服而被遥授为"光禄大夫、柱国、江淮等处行中书省平章政事,封楚国公",赐予"开国辅运推诚宣力武臣"称号,很早就得到了朱元璋给予的开国功臣地位,至正二十六年(1366)七月,廖永安卒于苏州。从巢湖水军这三位的待遇能够看出,朱元璋对已经无法对自己政权产生实际影响的廖永安明显比对廖永忠、俞通源更为慷慨,隐约能够看出戒备之心。另外,随着江南的统一,水军在明军北伐的过程中用武之地较小,廖永忠、俞通源的功绩也注定无法比肩六位公爵,得封侯爵,又可以说是朱元璋的有意照顾了。但倘若将廖永忠、俞通源与侯爵中位列他们之前的汤和、陆仲亨等人对比,则又能发现,他们的功绩是高于汤和的,之所以排在汤和之后,无疑是与朱元璋关系的亲疏之别,这又是朱元璋对巢湖水军系列的刻意压制了。关于廖永忠被打压的问题,刘辰在《国初事迹》中有一段精辟的论述,"永忠论功当封公。太祖谓:

'其所善儒生，窥朕意向，以邀封爵，止封为侯。'"① 显然，朱元璋的理由更多是借口，后来蓝玉北征途中犯了私纳元主后妃的重大错误，但并没有妨碍他班师回京后由永昌侯进封为凉国公。

在侯爵中，除了巢湖水军的两位，还能看到其他人等，比如朱元璋进攻宁国路时被俘归降的朱亮祖，此时封永嘉侯。而洪武中后期崛起的不少名将，此时也在侯爵序列里，比如傅友德此时封颍川侯，后来成为朱元璋留给朱允炆的老臣之一的耿炳文此时封长兴侯。另外，薛显在十二月封永城侯，沐英在洪武十年（1377）十月封西平侯，蓝玉在洪武十二年（1379）十一月封永昌侯，等等。朱元璋在侯爵这个序列里包含了各色人等，仅洪武三年（1370）十一月所封侯爵就有二十八人之多，后来还陆续补充了一些人，而这些人不少在后来都迎来了升迁的机会，可谓一个后备人才库。关于他们升迁后的情况，则又是另一番景象了。

武臣的情况大致如此，下面我们来看看文臣。因为军功是获得封赏的最重要依据，因此相比武臣，开国功臣中的文臣数量就少了很多。但数量虽然少，里面却包含了两位极其重要的人物。

首先，就是在六位公爵中位居首位的李善长。在大封功臣前，李善长已经获得了"银青荣禄大夫、上柱国、录军国重事、中书左丞相兼太子少师、宣国公"的极高地位，此时获封"开国辅运推诚守正文臣、特进光禄大夫、左柱国、太师、中书左丞相、韩国公，参军国事"。从这个封号可以看出，李善长除了在食禄上比徐达少一千石外，在各个方面都高于或至少等同于徐达，李善长为三公之一的太师，高于徐达的太傅，更为重要的是，李善长自明朝开国以来就担任的中书左丞相这一职务，使他在政治上成为权力仅次于朱元璋的人物，徐达虽然是中书右丞相，但长期在外作战，李善长才是中书省实际上的最高长官。也正因为此，以李善长为核心，以地域为区分，形成了洪武年间朝廷上两大党派之一的淮西集团。

既然是两大党派，淮西集团就必定有一个对头，这就是浙东集团，而浙东集团的核心人物是朱元璋手下另一位举足轻重的人物，这便是刘基。然而在此次大封功臣给予的待遇方面，刘基可以说是远不如李善长的。在此次大封功臣中，除了六位公爵、二十八位侯爵，还有两位伯爵。这两位伯爵，其中一位就是刘基，他以御史中丞兼弘文馆学士的身份获封诚意伯。刘基仅获封伯爵，实是因为他归顺朱元璋较

---

① 刘辰：《国初事迹》，第85页（出自：邓士龙 辑：《国朝典故》，卷四）。

晚，资历不足，但他作为朱元璋幕僚的地位实际并不比李善长轻，朱元璋重要的北伐计划，刘基就是重要制定者之一，其重要性由此可见一斑。而在明初的政治格局中，李善长、刘基并为"三大府"机构中的两根支柱。

明朝开国后，朱元璋在中央建立中书省、大都督府和御史台，这三个机构并称"三大府"。其中中书省为正一品衙门，总理政务；大都督府和御史台均为从一品衙门，分别执掌军旅和纠察百官。李善长执掌中书省，为中书省最高长官中书左丞相（正一品），中书省中最高为左右丞相（正一品），其下为平章政事（从一品）和左右丞（正二品）。刘基则是御史台位居第二的人物，他所担任的御史中丞（正二品）仅次于御史大夫（从一品）。至于大都督府，在朱元璋的侄子朱文正被废杀后，实际担任过大都督（从一品）的就只有朱元璋的外甥李文忠了，他是以左都督的身份领大都督府，这两人均为朱元璋亲戚。由此可见，虽然刘基获得的封赏不如李善长，但在政治地位上，差别并没有这么大。

然而事物是发展的，朱元璋建立三大府制度是仿照元朝中书省、枢密院对柄政令、军令，御史台执掌监察的体制。但是到了明朝，因为朱元璋对中书省的格外强调，加之中书省分理六部，掌握了极大的行政权力，终于成了"中书，法度之本，有司所禀承，朝廷命令政教，皆由斯出"[1]的中书省独重的局面。李善长在开国后即执掌中书省，这与他在战争年代担任的职务是分不开的，自江南等处行中书省成立以来，李善长都是朱元璋的重要辅佐，朱元璋自立为吴王后，李善长就是中书右相国，后来朱元璋改尚右为尚左，李善长又成了中书左相国，"军机进退，赏罚章程，多决于善长"[2]，他在明朝开国后担任中书左丞相可谓实至名归。

但事物都有两面性，皇权与相权是有固有矛盾的，战争年代军事需求占优势地位，这种矛盾并不明显。一旦进入和平时期，这种矛盾就日益凸显出来了，加之朱元璋是一位雄才之主，就使得矛盾更加激烈与不可调和了。这种矛盾最初的表现就是朱元璋开国后拒绝设立中书令，从而不让中书省在事实上与名义上都形成一个绝对核心。但当时也仅限于这一步了，因为当时明朝还未控制中原，战争还远未结束。到了洪武四年（1371）大封功臣时，大规模战事已经告一段落，而李善长与刘基的矛盾又日趋激烈，朱元璋也对李善长逐渐不放心起来。由这次大封功臣作为发

① 《明太祖实录》，卷三九，第797页，"洪武二年二月"。
② 张廷玉等：《明史》，卷一二七，《李善长传》。

端，终于引发了一系列政局变动。

李善长作为朱元璋身边的资深幕僚，已经主持江南等处行中书省、中书省十多年之久，既能充当参谋，又能参与机务，还能调和诸将，洪武四年（1371）再获得太师、韩国公的高位，已经可谓根深蒂固，这使朱元璋十分担心。而李善长本人性格也有问题，这导致他在洪武元年（1368）八月因为刘基奉命纠举依附李善长的犯法中书都事李彬并最终将之处斩而与他发生激烈矛盾，李善长甚至动员众多官员向朱元璋弹劾刘基。朱元璋没有听信李善长的意见，但李善长这种做法无疑很不聪明，他将自己在百官中极高的地位暴露在了朱元璋的面前，甚至会让朱元璋产生李善长挟百官逼迫朱元璋就范之感，这只能增加朱元璋的疑心。

李善长的功高震主及居功自傲的行为，让朱元璋逐渐产生了更换丞相的念头。他就此询问过刘基，但刘基却表示"善长勋旧，能调和诸将"[1]，强调李善长的不可替代性。刘基的话可谓说得非常艺术，看似维护李善长，但话中所言"勋旧""调和诸将"均为朱元璋最担心李善长的地方，全部击中了朱元璋的痛处。终于，洪武四年（1371）正月，就在大封功臣后不久，李善长致仕，彻底离开了中书省。

对于李善长之后，谁能执掌中书省的问题，朱元璋是颇为踌躇的。他曾就此和刘基交换过意见。在对话中，朱元璋提出了三个人选：杨宪、汪广洋、胡惟庸。对这三个人选，刘基都表示不赞同，他认为杨宪"宪有相才，无相器。夫宰相者，持心如水，以义理为权衡而已，无与焉者也。今宪不然，能无败乎"；汪广洋"此偏狭，观其人可知"；胡惟庸"此小犊，将偾辕而破犁矣"。最后，面对朱元璋对自己"吾之相无逾于先生"的话，刘基也深知朱元璋内心的担忧，他知道自己不可能执掌中书省，便委婉地回答："臣非不自知。但臣疾恶太深，又不耐繁剧，为之且孤大恩。天下何患无才，愿明主悉心求之。如目前诸人，臣诚未见其可也。"[2]

应该说，刘基的眼光非常敏锐，杨宪有能力无背景，性格狭隘；汪广洋能力比杨宪弱，同样无背景，性格狭隘更甚于杨宪；胡惟庸作为李善长的亲信，有能力有背景，很有可能成为第二个李善长。综合考虑之后，朱元璋选择了杨宪接替李善长执掌中书省。杨宪是在洪武二年（1369）二月由山西参政调为中书右丞的。洪武三年（1370）七月，因为李善长生病，中书省无主，杨宪遂在李善长还未彻底离开的

---

[1]　张廷玉等：《明史》，卷一二八，《刘基传》。

[2]　刘基：《诚意伯文集》，卷二〇，《杂录·故诚意伯刘公行状》。

情况下升任中书左丞，在实际上代李善长主持中书省的工作。朱元璋如此安排，无疑是给日后让杨宪正式执掌中书省铺路，但杨宪刚登上这个位置，屁股还没坐热，就因为性格的原因多次排挤大臣，先后让右丞相汪广洋罢官，刑部侍郎刘炳下狱。最终，杨宪自己遭到李善长弹劾"排陷大臣"[①]，在十一月大封功臣前就被朱元璋处死并连坐了大量人员。

杨宪被处死后，随着李善长致仕，汪广洋被提拔为中书右丞相，胡惟庸为中书左丞。汪广洋就这样以右丞相身份执掌中书省，他作为刘基之外另一个在洪武三年（1370）十一月得封伯爵的人（汪广洋以中书右丞身份获封忠勤伯），任职时间稍微长一些，一直到洪武六年（1373）正月，最终被朱元璋以"畏懦迂滑，其于申冤理枉，略不留意，以致公务失勤"[②]的罪名贬为岭南广省参政。六月，胡惟庸成为右丞相，洪武十年（1377）九月，胡惟庸登上了他人生的顶点，成为中书左丞相，汪广洋再度被任命为右丞相，但他地位已经远不如初了，直到胡惟庸党案爆发，汪广洋受到牵连，也被杀害为止。李善长的亲信胡惟庸成为中书省的新权力核心，但他或许不会想到，他竟成了中国几千年丞相制度的终结者。

最后，论述李善长与刘基之间的矛盾，固然可以用两个集团来解释，但倘若要论述武将中的派系，则没有如此简单。江南行省时期，朱元璋手下大致分为濠州旧部、巢湖水军和渡江后归附三大部分。至洪武三年（1370）大封功臣时，这一区分已经发生了变化，主要分为通过各种手段在渡江前投奔朱元璋的从军人员和通过各种渠道归附朱元璋的人员，前者因为较早与朱元璋建立了良好的私人从属关系而成为亲信，受到重视，后者则受到抑制。这一点在二十八位侯爵中表现得最为典型，这也是为什么廖永忠、俞通源等人会排在汤和、陆仲亨等人之后的根本原因。这种亲疏之别在后来朱元璋对功臣的屠戮中还会持续发挥作用，当然，这是后话了，洪武四年（1371）时的朱元璋还不会想到这么多，随着大封功臣的结束，朱元璋的目光再度转向了军事。随着北方和西北战事暂告一段落，朱元璋决定开始解决西南地区，首当其冲的就是割据四川的明氏夏政权。

---

① 雷礼：《国朝列卿记》，卷三，《中书省左右丞行实杨宪》。

② 《全明文》，卷二，《朱元璋·命丞相大夫诏》。

第八章

灾难

1. 平定四川

明玉珍，湖广随州人。他的早期生涯和元末群雄并没有太大的区别。至正十一年（1351），红军起于颍州、蔡州一带，明玉珍认为实现自己抱负的机会到了。他对同乡耆老们说道："元君无道，天下兵起荼毒，吾侪将亦不免也，为之奈何？"耆老们顺势劝道："明公平日勇略，人所信畏，乡兵屯青山，量力审时，大则进取，小则自卫，盍策之。"明玉珍对这一回答非常满意，便按照计划部署乡兵分屯要害，加固防御，很快拥有了大量跟随者，"有众十余万，遂推为屯长"，由此开始了自己的军旅生涯。[①]

十月，徐寿辉据蕲水称帝，建立天完政权，就在附近的明玉珍自然成为他要招徕的对象。徐寿辉遣使绵里藏针地告诉明玉珍："予起兵举义，期逐元虏，以靖中夏。若归共图大事，甚善，不来，且先加兵。"[②]比起已经称帝建国的徐寿辉，仅为屯长的明玉珍无论如何都是无法抵挡的。明玉珍采取了务实的政策，归顺了徐寿辉，被授予统兵征虏大元帅职务，成了天完政权中的一名将领。至正十五年（1355）春，明玉珍领兵万余开始为天完政权征伐四川，至至正十七年（1357）攻克重庆，取得了决定性的胜利，随后，他陆续平定成都等地，逐渐成为四川实际上的主人。根据杨学可《明氏实录》与出土的《大夏太祖钦文昭武皇帝玄宫碑》记载，明玉珍在臣属天完政权期间，在四川先后担任了陇蜀四川行省参政、陇蜀省右丞、陇蜀行省左丞相等官职。直至此时，明玉珍虽然在实际上已经获得了半独立地位，但还算忠心臣服于天完政权，或者说是臣服于徐寿辉。

事情发生变化是在至正二十年（1360），是年闰五月，陈友谅弑杀徐寿辉，篡夺了天完政权的最高权力并很快建国称帝，建立了汉政权。明玉珍、陈友谅原本一殿为臣，陈友谅如今僭越成了皇帝，明玉珍自然心中不服，但他也知道自己的力量固守有余，进取不足，因此他派手下将领莫仁寿领兵守住夔门，切断与湖广地区的联系，同时立庙祭祀徐寿辉，表明绝不臣服于陈友谅的志向。彼时陈友谅忙于与大

---

① 杨学可：《明氏实录》，第5页。

② 杨学可：《明氏实录》，第5页。

敌朱元璋交锋，既然明玉珍不主动进攻，他也乐于不去进一步刺激明玉珍，明玉珍由此自立为陇蜀王，获得了实际上的独立地位。至正二十二年（1362）三月，明玉珍走出最后一步，于重庆称帝建国，国号大夏，定都重庆，建元天统，以其子明昇为皇太子，正式建立了割据四川的夏政权。

作为一位君主，明玉珍对四川的治理还是颇为成功的，他"分蜀地为八道，行周制，设六卿"，"置翰林院"，"内设国子监，教公卿子弟，外设提举司、教授所，教养郡县生徒，府置官曰刺史，州置官曰太守，县置官曰县令"，"去释老二教，并弥勒堂"，"始定赋税十取其一，天家无力役之征"，"立进士科，八道乡试充贡有日"①。明玉珍为夏国建立的制度，虽然有过于复古之嫌并带有一定白莲教残余色彩，但从总体来说却是自成一套系统，随着时间的推移，他也对制度进行了修改。比如，六卿后来就改为更符合当时情况的中书省，而且相比于包括朱元璋在内对政权内部百姓的高强度征敛，明玉珍对四川百姓却要宽松很多，由此也能看出，明玉珍并不谋求出川争夺天下，守住四川，他就已经很满足了。当然，明玉珍也不是绝不向外拓展疆域，只不过他的目标不在东方，而是对西南方的云南很有兴趣。至正二十三年（1363），也就是夏国天统二年，明玉珍就曾派出十一万大军征进云南并取得了不错的战果，虽然战争在至正二十四年（1364）遭遇失利，最后成了虎头蛇尾，但却是长久以来汉族军队对云南的再度介入，为后来朱元璋倾全力深入云南奠定了基础。

对外关系方面，因为陈友谅是近在眼前的威胁，这就促使明玉珍对陈友谅的大敌朱元璋表现出了友好的态度。至正二十五年（1365）九月，明玉珍派遣参政江俨至朱元璋处通好，朱元璋对此很重视，毕竟，倘若明玉珍能够在西边帮助他牵制住陈友谅，对朱元璋是有益无害的。朱元璋立即派遣都事孙养浩携带自己的信件回访明玉珍。朱元璋引用三国时期吴蜀同床异梦终致被各个击破的历史劝诫明玉珍应该与自己联合，"今之英雄据吴蜀之地者，果欲与中国抗衡，延国祚而保社稷，惟合从为上谋。足下处西蜀，予居江左，盖有类昔之吴蜀矣"②。自此以后，朱元璋与明玉珍一直保持着友好的关系，双方不时通过信件交流对时局的看法，有些内容甚至是非常私密的，比如朱元璋就曾经在信中对明玉珍抱怨当时的百姓已经夷夏意识

---

① 杨学可：《明氏实录》，第7—8页。

② 《明太祖实录》，卷一七，第240页，"乙巳年九月"。

淡漠，士人、百姓对他"驱逐元虏以为生民主"的苦心"第以中原人物，解此者甚少，尚为彼用，疏为可恶"，让他陷入了"造反无理"的困境。

至正二十六年（1366），也是夏国天统五年，二月初六，明玉珍去世，他在遗言中再度阐述了他的政治理念：

> 中原未平，元虏未逐，予志不能遂也，此殆天意。今西蜀险塞，予殁后，汝等同心协力，但可自守，慎勿妄窥中原，亦不可与各邻国拘（构）衅。[1]

明玉珍显然是担心他的继承人会改变政策，挑衅相邻的其他政权，他也非常清楚自己的实力绝不会是他们的对手，因此才反复叮嘱臣子"但可自守"。但是，人亡政息，皇太子明昇即位后，一切都改变了。

明玉珍在位六年就去世了，时年三十八岁，可谓英年早逝。明玉珍去世后，谥钦文昭武皇帝，庙号太祖，葬于睿陵。但正是因为明玉珍的早逝，导致太子明昇即位时年仅十岁，根本不能独立理政，实际权力便落入明玉珍的皇后，此时已经成为皇太后的彭氏手中，由她垂帘听政，改元开熙，夏政权的历史进入了一个新的时期。

明玉珍去世两个月后，即至正二十六年（1366）四月明昇就派学士虞某至朱元璋处交好，这说明在明昇即位初期，夏政权确实按照明玉珍的遗言，没有主动挑衅周围的其他政权，而当时的朱元璋已经消灭了陈汉政权，基本平定了湖广地区，开始直接和夏政权接壤，这也说明未来双方的关系必然会发生变化。明昇其后又在九月再度遣使朱元璋，当时朱元璋正集中全力对付张士诚，因此仍旧对明昇采取了友好的态度，但这次使者往还的氛围已经发生了变化。朱元璋与使者对话，使者"自言其国东有瞿塘三峡之阻，北有剑阁栈道之险，古人谓一夫守之，百人莫过。而西控成都，沃壤千里，财利富饶，实天府之国"。朱元璋听后笑着说："蜀人不以修德保民为本，而恃山川之险，夸其富饶，此岂为国长久之道耶？然自用兵以来，商贾路绝，民疲财匮，乃独称富饶，岂自天而降耶？"使者听完只能退下，朱元璋随即对侍臣们说道："吾平日为事，只要务实，不尚浮伪。此人不能称述其主之善，而但夸其国险固，失奉使之职矣。吾尝遣使四方，戒其谨于言语，勿为夸大，恐贻笑

---

① 杨学可：《明氏实录》，第9页。

于人，盖以诚示人，不事虚诞，如蜀使者之谬妄，当以为戒也。"[1] 朱元璋通过这次与使者的交谈基本摸清了夏政权内部的情况，这为他后来政策的调整提供了重要的参考。

吴元年（1367）三月，参政蔡哲奉朱元璋命出使夏政权归来，给朱元璋提供的情报也证实了朱元璋此前的判断，"蜀自明玉珍丧后，明昇暗弱，群下擅权。因图其所经山川厄塞之处以献"[2]。此后，吴、夏双方虽然继续维持着表面上的友好，但内在的关系早已发生了变化。朱元璋固然随着自身实力的增长及对明昇内部情况的了解，开始打起了四川的主意。明昇方面呢，他面对着朱元璋日益咄咄逼人的态势与内部日益的衰弱，也知道自己只有两条路好走，要么彻底臣服朱元璋，要么铤而走险，放手一搏。最终，明昇在洪武三年（1370）七月决定不再维持与明朝之间早已名存实亡的友好关系，主动对明朝控制下的兴元发动了进攻，虽然最后以失败告终，但这成为双方关系转变的关键。此后，朱元璋终于卸下了包袱，不用再顾忌曾经的友好关系，正如他在八月听说明军在兴元获捷后对中书省臣说的那样，"明昇竖子，所谓自作孽，不可逭者也"[3]，他终于可以正式筹划平定四川了。

洪武四年（1371）正月，随着漠北、西北地区战事的结束，明军已经从东部和北部围住了四川，时机成熟了。朱元璋于是正式下令讨伐明昇，他命中山侯汤和为征西将军，江夏侯周德兴为左副将军，德庆侯廖永忠为右副将军，再加上营阳侯杨璟、都督佥事叶昇，由他们率京卫、荆湘地区舟师由瞿塘趋重庆，沿水路从东路进军四川，同时命颍川侯傅友德为征虏前将军，济宁侯顾时为左副将军，加上都督佥事何文辉等，率河南、陕西地区的步骑兵，由秦陇进取成都，沿陆路由北方进军四川。当然，朱元璋对外宣称的理由是明昇拒绝明军借道四川进军云南，但这显然是强词夺理。朱元璋对汤和等将领说的另一番话更能说明他此时内心的真实想法：

> 今天下大定，四海莫安，惟川蜀未平耳。朕以明玉珍尝遣使修好，存事大之礼，故于明昇，闵其稚弱，不忍加兵，遣使数加开谕，冀其觉悟。昇乃惑于群言，反以兵犯吾兴元，虽败衄而去，然豺狼之心终怀啮噬，不可不讨。

---

[1] 《明太祖实录》，卷二一，第301—302页，"丙午年九月"。

[2] 《明太祖实录》，卷二二，第322页，"吴元年三月"。

[3] 《明太祖实录》，卷五五，第1080页，"洪武三年八月"。

今命卿等率水陆之师，分道并进，首尾攻之，使彼疲于奔命，势当必克。但师行之际，在肃士伍、严纪律以怀降附，无肆杀掠，昔王全斌之事，可以为戒，卿等慎之。①

正是在这样的背景下，平定四川的战争就这样在明军占有绝对优势的情况下发动了。

就在平定四川的大军出发之际，朱元璋命宋国公冯胜前往陕西修理城池，卫国公邓愈前往襄阳训练士马，运输粮饷协助攻打四川。然而两路明军进发之初，就出现了不平衡的现象。东路瞿塘，作为夏国的传统防御重点，明昇在这里布置了重兵。闰三月，杨璟率师进至夔州大溪口，发现夏国将领莫仁寿用铁索横断关口，决意固守。杨璟虽然立即发动了进攻，但是收效甚微，只能先退回归州。北路情况则不同，明军才在这里取得了防守兴元战斗的胜利，拥有局部对夏的优势。四月，颍川侯傅友德根据朱元璋"若出其不意，直捣阶文，门户既隳，则腹心自溃，兵贵神速"②的指示，扬言出金牛，实则率军直取防守空虚的阶州，"引兵趋陈仓，选精兵五千为前锋，攀缘山谷，昼夜兼行，大军继之，直抵阶州"③，夏军守将丁世珍被打了个措手不及，明军顺利攻占阶州。就在傅友德在北线取得较大进展时，东路汤和却在忙于扫清进军道路上的诸多山寨，为进军扫清道路，其进度明显慢于北线。

傅友德占领阶州后，旋即开始攻打文州。明军进至距城三十里时，夏军拆断白龙江桥以图阻挡明军，傅友德则督促士兵修复桥梁，进至五里关，从阶州逃到这里的夏国将领丁世珍抓住明军修桥的时间召集士兵防守险要之处，明军同知汪兴祖率先发起进攻，不幸中飞石而亡。汪兴祖的死进一步刺激了傅友德，"友德怒，奋兵急攻，破之"④，终于占领了文州，明军长驱大进，进抵隆州。

北线连战连捷，终于让朱元璋对东线的迟缓产生了不满，他派遣永嘉侯朱亮祖为征虏右将军，前去增援东线。五月，汤和终于开始攻打瞿塘，但战斗还未开始，明军就遇上江水暴涨，汤和只能驻兵大溪口等待时机。因为东路出现的意外，傅友德想将自己已经造好战舰，准备进取汉州的消息告知汤和都非常困难。北、东两路

---

① 《明太祖实录》，卷六〇，第1167—1168页，"洪武四年正月"。
② 《明太祖实录》，卷六四，第1212页，"洪武四年四月"。
③ 《明太祖实录》，卷六四，第1212页，"洪武四年四月"。
④ 《明太祖实录》，卷六四，第1213页，"洪武四年四月"。

音信不通无论如何都是不行的，傅友德急中生智，他利用江水暴涨这一自然灾害，"以木牌数千，书克阶州、锦州月日，投汉江顺流而下。蜀守者见之，为之解体"①，间接帮助了东线的汤和。

六月初，傅友德保持了自己的高效率，率军逼近了汉州。明昇得知傅友德连克阶州、文州，占领江油，逼近汉州，担心成都不保，于是让丞相戴寿、太尉吴友仁率防守瞿塘的夏军北上增援汉州。然而戴寿、吴友仁还没有抵达，傅友德已经在汉州城下击败了防守此处的夏军将领向大亨。这让傅友德得以从容地腾出手来对付戴寿、吴友仁率领的援军，他激励诸将说："彼劳师远来，闻向大亨兵败，众必汹汹，一战可克也！"②傅友德亲自率军迎敌，大败戴寿，乘胜占领汉州。这一战，傅友德生擒夏军招讨黄龙、万户梁士达等一百余人。戴寿、向大亨逃往成都，临江侯陈德发动追击，再度将二人击败，俘获三千余人。吴友仁逃往古城，傅友德留下济宁侯顾时等守卫汉州，亲自追击吴友仁，"又大败其众，禽（擒）杀二千余人"③，吴友仁退回保宁。

傅友德凌厉的攻势迫使明昇调走了防守东部瞿塘隘口的大军，这一拆东墙补西墙的行动在间接上为汤和的进军提供了便利。在朱元璋的催促下，廖永忠以精兵潜入瞿塘后方，内外配合，终于攻克了这一东线要隘，进入夔州。随后，廖永忠与汤和分道并进，汤和率步骑沿陆路进军，廖永忠率水师进军，相约会师重庆。瞿塘陷落后，夏国东线门户洞开，夏军感到难以抵挡，于是希望在北线能够有所动作，夏国平章丁世珍率军反扑文州，明军防守文州的将领指挥金事朱显忠遇害。但这一局部的胜利对大局已难以产生影响，随着傅友德以大军来援，文州的危机很快解除。此后，夏军在北线彻底失去了进攻能力，成批夏国官员、将领、士兵向傅友德率领的明军投降，傅友德顺利逼近成都。

北线大局已定，东线的进展则更快，明军占领瞿塘后，廖永忠率水军长驱直入，在六月十八日就兵临夏国都城重庆城下。明昇不知所措，右丞刘仁等劝他退往成都，但太后彭氏认为大局如此，即便退往成都，也不过是苟延残喘一段时间，还不如早些归降。然而明昇虽然决定投降，但廖永忠却不接受，因为东线主帅是汤

---

① 《明太祖实录》，卷六五，第1233页，"洪武四年五月"。

② 《明太祖实录》，卷六六，第1235页，"洪武四年六月"。

③ 《明太祖实录》，卷六六，第1235页，"洪武四年六月"。

和，他必须等待汤和到达后才能决定是否接受投降。六月二十二日，汤和抵达重庆，接受了明昇的投降，夏政权宣告灭亡。七月初十，傅友德占领成都，随后分定各处，东西两路都实现了自己的既定战略目标，平定四川的战事至此也基本结束。四川平定后，朱元璋在成都设府，建立成都都卫，并派遣曹国公李文忠按行四川各处城池，四川局势逐渐安定下来，明朝在西南地区势力取得了极大的拓展，与西北地区连成一片，为今后进取云南奠定了很好的基础。

傅友德等在四川局势安定后，班师回到南京，获得了应得的封赏。但朱元璋并没有乘胜规取云南，受到四川战役的激励，加之徐达在北平操练军马取得极大成效，朱元璋再度将目光对准了漠北的北元朝廷，他谋求再发动一次北伐，以求彻底消灭这一大患。然而让他没有想到的是，这次精心筹划的北伐却带来了洪武年间明朝最大的一次军事灾难。

2. 灾难性的三路北伐

洪武四年（1371），明朝除了平定了四川，还取得了一系列成绩，朱元璋招抚辽东的工作取得了初步进展，明朝得以在七月于辽东设立定辽都卫指挥使司，虽然北元在辽东的最高代表纳哈出还没有归降，但这仍旧是一个可喜的进展。另外，随着四川的平定，明朝对乌思藏地区的招抚也消去了道路上的障碍并在十月设立了朵甘卫指挥使司。最后，对于大敌扩廓帖木儿，朱元璋也采取了措施，他以扩廓帖木儿之女为自己的次子秦王朱樉之王妃，希望以联姻的手段拉拢扩廓帖木儿，但在洪武四年（1371）的一系列举措中，这一点却失败了。因此，到了洪武五年（1372），朱元璋不得不再度寻求通过武力手段解决北元的问题。

为了给洪武五年（1372）的军事行动预备充足的条件，朱元璋在洪武四年（1371）采取了一系列措施。除了命徐达赶赴北方训练军队外，洪武四年（1371）十一月，朱元璋在全国范围内大力推进屯田，希望让军队实现自给自足。同时，朱元璋也非常重视日益严重的军士逃亡问题，对于全国省一级掌握最高军事权力的都卫官员，朱元璋特别强调："国家设都卫，节制方面，所系甚重，当于各卫指挥中遴择智谋出众以任都指挥之职，或二三年，或五六年，从朝廷升调，不许世袭。"[①]以此充分保证各地军队的战斗力。除了武官，朱元璋也加强了对文官的控制力，他在十二月强调南北官员更调，避免他们在地方形成个人势力。最后，对于军士来源，朱元璋从那些已经被他平定的军阀下手，他全面统计了曾在方国珍手下为军的人口，由此得到了相当大的一批兵源，这一政策对于百姓固然是不公平的，但朱元璋出于方国珍手下不断叛乱的情况而出此下策，也有他的考虑。通过这一系列措施，到了洪武五年（1372）初，无论朱元璋还是徐达，都认为再度北伐的时机成熟了。

洪武五年（1372）正月，朱元璋还没有动手，北元率先采取了行动，北元军队南下入侵汾州，被明军大同卫指挥佥事蔡端击败，蔡端率军一路追至葫芦口，擒获元军八百余人。

---

① 《明太祖实录》，卷六九，第1291页，"洪武四年十一月"。

正月二十二日，朱元璋在武楼与诸将、大臣讨论"边事"。会议一开始，中书右丞相徐达就率先发言，他简明扼要地说："今天下大定，庶民已安，北虏归附者相继，惟王保保（扩廓帖木儿）出没边境，今复遁居和林。臣愿鼓率将士以剿绝之。"很明显，徐达将北方边境看得最为重要，而在整个北元军队中，他又将扩廓帖木儿视为大敌，认为只要明朝尚未将他消灭，北方边境就不能说是安全。对于慷慨激昂的徐达，朱元璋的态度则显得谨慎很多，"彼朔漠一穷寇耳，终当绝灭。但今败亡之众，远处绝漠，以死自卫。困兽犹斗，况穷寇乎？姑置之"。朱元璋显然是担心扩廓帖木儿做困兽之斗，明军此时倘若深入沙漠攻击，有可能吃亏。但明军此前攻无不克，战无不胜的情况已经让诸将求战的情绪达到了顶点，他们均表示："王保保狡猾狙诈，使其在，终必为寇，不如取之，永清沙漠。"诸将一致求战，反对朱元璋的谨慎意见，自鄱阳湖决战以来，朱元璋还未再遇上这样的诸将反对自己的情况，只不过鄱阳湖之战时是诸将求退，朱元璋求战，此时情况则颠倒了过来。朱元璋见诸将一致求战，而北元也始终是个祸患，倘若明军能挟战胜之威将之消灭，对自己也是有好处的，因此他就没有继续反对，而是询问需要多少兵马，徐达表示十万就足够了，朱元璋则认为不够，他定下出兵十五万，分三路北伐，以徐达为征虏大将军，出中路，李文忠为左副将军，出东路，冯胜为征西将军，出西路。

之前便是《明太祖实录》中记载的洪武五年（1372）这次北伐的酝酿过程，基本观点是徐达等将领激进，朱元璋保守。然而到了明代中期，各种史料的记载却变得与实录完全相反。陈建的《皇明通纪》与吴朴的《龙飞纪略》都记载朱元璋才是此次北伐激进战略的主导者。而在这些史料中，又以王世贞在《弇州史料》中的记载最具代表性。

王世贞在《弇州史料》中记载，朱元璋在武楼上与众将讨论边境事宜，朱元璋先说："扩廓游魂尚出没，奈何？"徐达立即请求："亟发兵阰竖子耳朵。"在被问到需要多少兵力时，徐达表示"十万足矣"。朱元璋随后说道："吾予尔十五万骑，大将军（徐达）出中路，（李）文忠以左副将军出东路，（冯）胜以征西将军出西路，将各五万骑，转饷私役者不与焉。"[1] 王世贞的记载几乎将朱元璋和徐达的角色完全颠倒了过来，对于扩廓帖木儿，徐达仅仅主张扼守边境，最后是朱元璋增加兵力制定了三路主动出击的战略。对于这两类记载孰是孰非，现在很难定论，虽然赵现海

---

① 王世贞：《弇州史料·前集》，卷十九，《徐中山世家》，第30页。

在《洪武初年甘肃地缘政治与明朝西北疆界政策——由冯胜"弃地"事件引发的思考》中认为"但从朱元璋在历次重大战役中皆亲自决策、制订计划的历史来看，洪武五年北伐这一事关明朝北疆安危的重大举措很难在朱元璋持疑虑态度的前提下展开"[①]，因而认同以王世贞为代表的观点。这一分析虽然很有道理，但仍旧有缺陷。明代中期这些史料虽然与实录记载相反，但甚至包括王世贞在内都并未以考证的方式否定实录的记载。另一方面，朱元璋在关键时刻与众将意见不统一时也不是没有屈从过众将的意见，最典型的就是在鄱阳湖之战的关键时刻，因为伤亡太大而不得不放弃坚持作战而听从众将的意见先行退却。因此，赵现海的论点也不是完全没有缺陷，以此否定实录仍旧不够完善。不过无论哪种记载是准确的，这次北伐在酝酿过程中君臣之间在战略上存在分歧是肯定的，而这次北伐便在这样高层意见并不统一的情况下发动了。[②]

明军虽然是分三路北伐，但这三路人马的重要性是不同的，朱元璋的安排是以中路为主，让徐达率军出雁门，扬言攻打和林，实则稳步推进，吸引元军前来，然后与之决战。东路配合中路，命李文忠自居庸出应昌，袭元军之不备，配合中路作战。最特殊的是西路，朱元璋让冯胜率军出金兰入甘肃，作为疑兵，让北元弄不清楚究竟哪里才是明军的主攻方向。从朱元璋的这个命令可以看出，他并不谋求通过这次北伐彻底消灭北元，甚至不谋求彻底消灭扩廓帖木儿，他只谋求有限度地歼灭北元有生力量。他虽然没有继续反对徐达坚持的这次北伐，但他在具体实行时仍旧延续了自己的谨慎看法。然而徐达并不这样看，而朱元璋似乎也没有就这个计划的具体执行和徐达进行深入沟通。这样导致的结果就是徐达等将领在具体的作战过程中执行朱元璋命令时最终走样并将明军引向了灾难。因为明军是分三路北伐，因此每一路遭遇的情况也是不同的，我们也分开讲述。

二月底，徐达率军进至山西，在这里，他决定派都督蓝玉先率军出雁门作为前锋。蓝玉没有推辞，他迅速率军出雁门，进至野马川，遭遇了北元军队。蓝玉一路追击北元军至乱山，北元军回过头来交战，仍旧被蓝玉击败。蓝玉初战告捷，这极大地鼓舞了徐达，他没有遵照朱元璋在出征前与他商定的方略，让蓝玉适可而止，

---

① 赵现海：《洪武初年甘肃地缘政治与明朝西北疆界政策——由冯胜"弃地"事件引发的思考》，《古代文明》2011 年 1 月第 5 卷第 1 期，第 77—90 页。

② 《明太祖实录》，卷七一，第 1321 页，"洪武五年正月"。

而是让蓝玉放开手追击元军。蓝玉也不负众望，率军迅速于三月抵达了土剌河（今图拉河），与扩廓帖木儿交战。然而扩廓帖木儿此时并不恋战，一被击败就迅速遁走，蓝玉未能大量消灭元军有生力量。

扩廓帖木儿的反常举动因为明军一路的胜利并没能引起徐达应有的警惕，徐达立即率大军跟进，于五月进抵岭北，正好撞上了严阵以待的扩廓帖木儿，《明太祖实录》记载双方交战结果为"（徐达）与虏交战，失利，敛兵守塞"[1]。《明太祖实录》的记载颇为简略，给人以后果并不严重的印象，然而实际情况绝非如此，实录一如既往地为尊者讳了。关于徐达此次漠北之战的结果，《明史》徐达本传中的记载显得更为直白，"扩廓与贺宗哲合兵力拒，达战不利，死者数万人"[2]，刘基对于此战也有自己的评论，"吾用兵未尝败北。今诸将自请深入，败于和林，轻信无谋，致多杀士卒，不可不戒"[3]，凡此种种都可以看出，徐达由于过于轻敌，没有稳步推进，而是过快地深入漠北，结果落入了扩廓帖木儿、贺宗哲设好的圈套，遭受了惨重的失败。

明朝方面对徐达漠北惨败的记载都很简略，但徐达究竟是怎么失败的？要弄清楚这一点，就需要看看蒙古方面的史料。蒙古方面的《黄金史纲》中有这样一段记载："此后，（元顺帝）由古北口逃出，乃建巴尔斯和坦以居守，而汉军则筑希尔萨和坦相对峙。据传，在那里，乌哈嘎图汗之子必里克图祭'札答'，降了风雪，汉军士马冻死殆尽；残部在回归途中，又被蒙古兵袭至长城脚下。"[4]《黄金史纲》透露出了一个其他史料所没有的信息，就是中路明军在被北元军引诱深入并遭到逐渐消耗的基础上，很可能还遭遇了突降的大雪，这些因素综合在一起，最终造成了中路明军的惨败。

徐达在漠北惨败，损兵折将数万人，大军不能再在漠北维持局面，不得不退回关内谋求固守。然而令徐达没有想到的是，与自己遭遇惨败的几乎同时，东路的李文忠遭遇了更为危险的局面，险些全军覆没。

---

① 《明太祖实录》，卷七三，第 1349 页，"洪武五年五月"。

② 张廷玉等：《明史》，卷 125，《徐达传》。

③ 张廷玉等：《明史》，卷 124，《扩廓帖木儿传》。

④ 汉译蒙古《黄金史纲》，第 42 页。

3. 东路战事：临危不惧的李文忠

主帅徐达率中路军在漠北惨败，只能退回塞内固守。那么，策应徐达的由李文忠率领的东路军情况如何呢？对于李文忠一路，《明太祖实录》有比对徐达一路详细很多的记载，当然，《明太祖实录》如此记载的目的和我们现在能从这些记载中看出的问题并不统一，这或许是实录编纂者当初所没有想到的。

根据《明太祖实录》记载，因为中路军失败的太过迅速，李文忠所率东路军的战事在徐达失败一个月后的洪武五年（1372）六月才发生。因为中路军已经惨败，这也就注定了策应中路军的李文忠方面会非常艰难。

六月，李文忠率都督何文辉等人进至口温之地，北元军连夜放弃营寨逃走，明军顺利缴获大量辎重，加之李文忠此时还未得知徐达方面的惨败，便乘胜追击，直至哈剌莽，"虏部落惊溃"①。连战连捷，李文忠继续进兵，抵达了胪朐河（今克鲁伦河）。此时，李文忠已经深入北元境内，形势日益微妙。正在此时，李文忠做出了一个至关重要的决定，他对将士表示："兵贵神速，宜乘胜追之，千里袭人，难以重负。"②李文忠留下部将韩政守卫辎重，自己亲率士卒，每人携带二十日粮草，日夜兼程，向土剌河（今图拉河）追击。

事实证明，李文忠留下韩政率部分人马守卫辎重正是此次进军途中一个救命的决定，正是这个决定，在随后挽救了李文忠。然而，我们从李文忠一意追击这点也能看出问题，这就是他似乎完全没有顾及策应徐达的任务。固然，此时徐达已经失败，但倘若徐达没有失败，李文忠的做法无疑就会让徐达不能得到有效策应，遭遇危险。由此也能看出，这次北征，无论是君臣之间还是将领之间，都未能进行有效沟通，达成一致，其失败几乎是必然的。

李文忠顺利进至土剌河（今图拉河），北元将领蛮子哈剌章此时已经预先侦察得知了明军的动向，他率军渡过土剌河，在河对岸列阵等待明军。李文忠抵达后迅速率军渡河与之交战，经过数个回合的交战，北元军稍稍退却。李文忠继续追击，

---

① 《明太祖实录》，卷七四，第1372页，"洪武五年六月"。

② 《明太祖实录》，卷七四，第1372页，"洪武五年六月"。

抵达了阿鲁浑河（今鄂尔浑河），结果一头撞上了集结于此的北元优势兵力，"虏益众，抟战不已。（李）文忠马中流矢，急下马短兵接战"[①]，情势瞬间变得万分危急。跟随李文忠的刘义奋勇作战，用身体挡住李文忠。此时，指挥李荣看见了这一状况，立即将自己的马让给李文忠，自己夺取了一匹北元军的战马，"（李）文忠策马横槊，麾众更进。于是士卒鼓勇，皆殊死战，虏遂败走"[②]，明军艰难地取得了这次胜利。虽然《明太祖实录》称阿鲁浑河之战明军获得北元军人马以万计并一路追击至称海，但北元军很快又集结了起来，以至于李文忠只能收拢兵马据险防守，这足以说明，阿鲁浑河之战李文忠虽然率领明军获胜，但明军此时已经因为兵力不足陷入了北元军的包围，形势仍旧对明军不利。

李文忠不仅面临北元军的包围，同样危险的是粮饷即将耗尽带来的问题，如果不能迅速突围与后续部队会合，那么不待北元军进攻，明军就将自行瓦解。李文忠利用北元方面刚吃了败仗，不清楚明军虚实的弱点，故意表现得明军很强势，"椎牛犒士，纵所获马畜于野，示以闲暇"[③]，如此这般持续了三日，北元军果然怀疑明军有伏兵，不敢逼近，让李文忠得以趁机引军退走。

然而成功退走只是磨难的开始，李文忠加紧退军，结果夜间行军迷失道路，稀里糊涂进至桑哥儿麻，这里没有水源，"士卒无水，渴甚"[④]。此后发生的事情，《明太祖实录》将之归因于天意，称"（李）文忠默祷于天，忽所乘马跑地长鸣，泉水涌出，人皆以为天助云"[⑤]。虽然这更可能是因为马匹熟悉当地环境而发现了地下水而非天意，但李文忠终于凭此得以顺利脱困，与后续部队会合，并最终退回塞内，结束了这次险象环生的北征。

虽然《明太祖实录》称东路军北征最终胜利了，但我们从这整个过程就能够知道，若不是李文忠凭借自己丰富的军旅经验而果断决策，东路军恐怕很难避免全军覆没的命运。《明太祖实录》对此也有反映，东路军此役，折损了相当数量的中高级将领，"宣宁侯曹良臣、骁骑左卫指挥使周显、振武卫指挥同知常荣、神策卫指

---

① 《明太祖实录》，卷七四，第1372页，"洪武五年六月"。
② 《明太祖实录》，卷七四，第1372页，"洪武五年六月"。
③ 《明太祖实录》，卷七四，第1373页，"洪武五年六月"。
④ 《明太祖实录》，卷七四，第1373页，"洪武五年六月"。
⑤ 《明太祖实录》，卷七四，第1373页，"洪武五年六月"。

挥使张耀俱战没"①，对应的，士兵阵亡的数目只能更大，东路军的结局，只是比中路军稍好，但绝难称为胜利。《明太祖实录》希望通过对李文忠"胜利"的渲染表现东路军身处危境仍能应对自如，但这一目的没达到，反而为我们提供了东路军真实情况的宝贵资料，这恐怕是编纂者当初所没有想到的。

比之于中路军的惨败和东路军的险象环生，冯胜率领孤军出西北的西路军则是确实取得了胜利，但西路军的最终结果却丝毫不好于中路军和东路军，冯胜甚至遭遇了比徐达、李文忠更严重的非难，这又是怎么回事呢？

---

① 《明太祖实录》，卷七四，第1373页，"洪武五年六月"。

4. 虽胜犹败的西路军

冯胜所率西路军的战事与李文忠的东路军同在洪武五年（1372）六月，只略早于东路军，然而冯胜得到的是一个更为复杂的结果。

洪武五年（1372）六月初三，征西将军宋国公冯胜率领左副将军陈德、右副将军傅友德几乎是孤军西进甘肃地区，取得了辉煌的胜利，这是此次北伐三路军中最好的战绩。冯胜先进至兰州，傅友德率骑兵五千直取西凉，与北元失剌罕交战。傅友德将其击败，进取永昌，又在忽剌罕口打败了北元太尉朵儿只巴，缴获了大量辎重牛马，推进至扫林山。随后，冯胜率军跟进，在扫林山与傅友德会合，集中兵力继续西进，"共击走胡兵，（傅）友德手射死其平章百花，追斩其党四百余人，降太尉锁纳儿加、平章管著等"[1]。至此，北元在甘肃地区的主要将领上都驢知道明军已经大军压境，自己势难抵挡，"率所部吏民八百三十余户迎降"[2]。

甘肃平定后，冯胜并没有停下脚步，他安抚甘肃军民后立即进军亦集乃路，北元亦集乃路守将卜颜帖木儿率全城投降，明军抵达别笃山口，北元岐王朵儿只班逃走，明军追击抓获了平章长加奴等二十七人及大量牲畜。最后，傅友德率军直抵瓜州，继续追击岐王部属，"又败其兵，获金银印、马、驼、牛、羊二万而还"[3]，至此，冯胜完成了西路军的既定目标，可以说赢得了完全的胜利。

然而，当我们回到《纪事录》却发现，冯胜这次西征的最终结果却可以说是非常糟糕的。《纪事录》记载：

> 十二月，冯胜惧回鹘之兵，将甘州所葺城池营房仓库、转运米麦料豆二十余万石及军需，尽焚之，弃城归，并宁夏、西凉、庄浪三城之地亦弃。仅以牛羊马驼令军人赶归，途中倒死者，军虽饥，不敢食，仍负荷归，军人饿殍载道，一无所问。上知之，追夺冯胜券诰爵禄，宥其罪，贬为庶人，录

---

[1] 《明太祖实录》，卷七四，第1358页，"洪武五年六月"。

[2] 《明太祖实录》，卷七四，第1358页，"洪武五年六月"。

[3] 《明太祖实录》，卷七四，第1359页，"洪武五年六月"。

其家财。①

如此看来，冯胜在年底主动放弃了此前胜利夺取的甘肃地区，而且沿途苛待军士，影响极其恶劣，以至于遭到朱元璋追夺铁券、诰命、爵位、俸禄的严厉惩罚。然而我们也知道，俞本历来敌视冯胜，故此他在《纪事录》中关于冯胜的记载多有不实之处。那么，冯胜西路军之战的最后结果究竟如何呢？

要分析西路军最终的结果，需要从当时整体的国内、国际形势方面进行理解。这主要涉及几个问题，冯胜究竟有没有放弃甘肃，如果放弃了，放弃到什么程度？出于什么目的？冯胜是否在班师后受到了惩罚，如果有，这一惩罚是否专门针对冯胜和西路军？弄清楚这些问题，我们就能够对冯胜和他率领的西路军有比较准确的理解了。

首先，冯胜是否放弃了甘肃的战果？根据弘治《宁夏新志》记载，"国初立宁夏府，洪武五年废，徙其民于陕西"。实际不仅宁夏，当时整个北方各边都存在大举内迁的形势，因此宁夏存在这种迁徙，并不奇怪。特别是洪武五年（1372）明军北征漠北失败，造成北方边境形势严峻，北元军大举南下，一度到达大同以南地区，无疑更加剧了北方边境内迁的情况。因此，俞本记载的冯胜"弃地"应当是可信的。其次，冯胜放弃到了何种程度呢？

那么，我们知道，徐达的中路军和李文忠的东路军都是以歼灭北元有生力量为目的，对沿途所经之处，并不着意留兵防守，因此一旦受挫失败，便难以在草原上坚持，只能退回塞内固守。然而冯胜不同，他的目的是夺取甘肃，进军过程也是逐步推进，对所占地区都留兵防守。况且，冯胜并未战败，按照道理，他不应该完全放弃甘肃。然而，赵现海结合《秘阁元龟政要》、万历《肃镇志》、乾隆《五凉全志》等关于明初甘肃的记载，发现都记载冯胜进军甘肃时，北元将领自知不敌，因此携带本土百姓撤走，冯胜占领的甘肃只是一座座空城。如此，冯胜确实难以有效防守这一地区，加之中路军和东路军相继战败，西路军虽然此时没有受到太大影响，但终究难以持久，放弃乃不得已而为之。

当然，这还只是主观分析，冯胜也可能没有这么做，因此还需要证据。最直接的证据便是此后长期镇守西北的宋晟，其主要活动范围在洪武二十五年（1392）仍

---

① 俞本撰、李新峰笺证：《纪事录笺证》，卷之下，第364页，"洪武五年"。

限于凉州（今甘肃武威）以东，次年才将陕西行都司的治所迁至甘州。这一过程也清楚表明，明军虽然在洪武五年（1372）一度占领了除哈密外的整个甘肃地区，但冯胜随后放弃了这一地区，因此才有宋晟后来的再度经略。

另外，冯胜放弃甘肃的原因，是否仅仅是因为中路军和东路军的挫败以及甘肃实际成为一座空城导致的呢？从《纪事录》来看，至少还有一个原因，就是"回鹘之兵"。然而这个"回鹘之兵"究竟指的是谁呢？当然，这不是指唐代的回鹘政权，这个政权早已消失。赵现海根据蒙古四大汗国的历史进行分析，提出俞本在《纪事录》中提到的这个"回鹘"指的是当时在明朝西北地区的别失八里，因为当时别失八里被东察合台汗国所控制，因此指的也是东察合台汗国。应该说，赵现海的这个考证是很有道理的，然而当时的东察合台汗国是否达到了让冯胜惧而弃地的程度呢？当时的东察合台汗国受到新崛起的帖木儿帝国的威胁，双方正陷入一场旷日持久的战争中，此时的东察合台汗国实际是无力东向的，更不可能和明军争夺甘肃乃至西北，这从冯胜撤兵后东察合台汗国并未东进就能够清楚看到。

当然，冯胜当时很可能无法掌握东察合台汗国的内政，因此"回鹘之兵"确有可能成为他考虑撤兵的因素之一。但结合之前提到的各种记载，这一点很难看成是主要因素，因为中路、东路的挫败而导致北元军日益迫近的威胁及甘肃空虚的现状才是冯胜撤兵的根本原因，作为主力的中路军与东路军全数失败，冯胜虽然获胜，但也于大局无补，不得不撤兵，所谓"回鹘之兵"只是一个外在辅助因素。

我们已经知道冯胜确实因为多重因素放弃了凉州以西已经占领的地区，那么，他班师回京后，是否受到了朱元璋的严厉处罚呢？

要明白朱元璋对冯胜究竟持什么态度，我们有必要看看朱元璋对三路大军的将领是进行的怎样的处理，冯胜是否被特殊照顾。三路大军陆续班师回京后，徐达、李文忠都没有受到封赏，却也没有受到惩罚。洪武五年（1372）十一月，朱元璋"诏征虏大将军魏国公徐达、左副将军曹国公李文忠曰：'今塞上苦寒，宜令士卒还驻山西、北平近地以息其劳，卿等还京。'"[①]可以看出，这是朱元璋对两人的保护，当然，让他们就近屯兵山西、北平地区也与北元获胜后迅速南下的局势有关。相对来说，西路军的记载则要奇怪很多。

同在十一月，比朱元璋诏谕徐达、李文忠稍早，朱元璋"赏征甘肃京卫军士

---

① 《明太祖实录》，卷七六，第1407页，"洪武五年十一月"。

一万四百三十五人白金四万四千两"，但随后马上又记载"时公、侯、都督、指挥、千、百户以匿或获马骡牛羊，不赏"，朱元璋还特别告谕诸将说：

> 为将者不私其身，况于物乎？昔祭遵为将，忧国奉公，曹彬平南唐，所载惟图书。汝等当法古人，则令名无穷，今之不赏，汝等当省躬，以思补过。①

从这段记载可以看出，冯胜所率西路军中私藏战利品是中高级将领中普遍存在的现象，以至于出现了军士虽然获得奖赏，但中高级将领全部因为私匿牛羊等问题一律不予封赏的情况。当然，从这段记载还能看出，冯胜等将领获得的处理仅仅是"不赏"，并没有记载冯胜遭到"贬为庶人"的重罚。赵现海也发现冯胜在洪武六年（1370）三月就跟随徐达至山西、北平防边，倘若冯胜此时遭到如此重罚，如此迅速复职是不可思议的，加之俞本对冯胜、郭子兴等将领的固有偏见，俞本在《纪事录》中对冯胜的这段记载就显得十分可疑了。虽然赵现海出于对《纪事录》的坚信认为俞本的这段记载仍旧有一定可信度，却也不敢就此下结论冯胜必然遭到了"贬为庶人"的重罚。当然，我们不排除朱元璋之所以不赏赐西路军将领是为了有意祖护自己的绝对亲信徐达和李文忠，因此有意打压冯胜。但这没有直接证据，因此不好多说。

总的来说，冯胜率领的西路军虽然获胜，一度占领了整个甘肃，直抵哈密。但因为中路军和东路军的失败，北元军迅速南下，北方边境形势日趋紧张。加之甘肃地区北元军裹挟带走大量人口，土地荒芜，难以在短时间内发展起来。因此，冯胜不得不放弃已经占领的大部分甘肃地区，虽胜尤败。其后，明朝在北方迎来了一波大规模震荡，北元军迅速南下，明朝的边防政策开始了全面调整。关于这些内容以及朱元璋对西北的经略为何似乎并不上心等问题，我们将在下一节进行探讨。

---

① 《明太祖实录》，卷七六，第1406页，"洪武五年十一月"。

5.震荡与调整

洪武五年（1372）明军漠北之战惨败，由此引发了一系列震荡，最大的影响表现在三个方面，分别是北元军再度大举南下，王氏高丽再度倒向北元，延迟了明军对西北的经略。

明军在漠北惨败，北元自然认为这是中兴之机。五月徐达战败，北元军六月就再度大举南下进攻是年正月方才受挫的大同，"胡兵寇大同之宣宁县下水镇，杀掠吏民而去"[1]。受此鼓励，八月，北元军再度攻入云内，这次情况比大同更为严重，元军攻入州城，明朝同知黄里与其弟黄得亨率军民死战，黄里阵亡，黄得亨重伤。幸而此时应州同知王长贤率援军赶到，才将元军击退。十一月，元朝将领纳哈出在辽东也发动进攻，明朝整个北方边境出现烽火四起的局面，朱元璋不得不做出应对。

十一月，朱元璋命徐达于山西、北平息兵，就近防范北元南下。同时，致书北元君臣，谋求实现怀柔。当然，这些措施只能算应急措施，十二月，朱元璋决定加强边境防御，他开始加筑大同城，这标志着朱元璋的边防政策受漠北之战受挫的影响，在这一时期开始由之前的主动进攻转为全面防御。

洪武六年（1373）正月初十，朱元璋"命魏国公徐达、曹国公李文忠等往山西、北平练兵防边"，朱元璋特别敕谕两人：

> 处太平之世，不可忘战。略荒裔之地，不如守边。朕同卿等起布衣，削群雄，定祸乱，统一中夏，勤劳累岁，至此无事，可以少休。然念向者创业之难，及思古人居安虑危之戒，终不敢自宁。山西、北平与胡地相接，犬羊之群，变诈百出，仓卒有警，边地即不宁矣，卿等岂能独安乎？今无事之时，正宜往彼练习军士，修葺城池，严为备守，使边境永安，百姓乐业，朝廷无西北之忧，卿等亦可忘怀高枕矣。[2]

---

[1] 《明太祖实录》，卷七四，第1370—1371页，"洪武五年六月"。
[2] 《明太祖实录》，卷七八，第1424页，"洪武六年正月"。

从当时的局势我们可以很轻易地知道，明朝当时正处于漠北惨败后的震荡之中，不可能"至此无事"，朱元璋这显然是讳言自己正是因为惨败，精锐部队大量损失，暂时无力进攻，才不得不转为防守。这份敕谕也正式标志着朱元璋此时的边防政策由此前的深入沙漠进攻，转为"修葺城池，严为备守"。然而，想要防守，乃至积蓄实力后再度转为进攻，军事力量必不可少。此前的漠北之战明军精锐大量折损，为了重新充实兵力，整顿军伍，朱元璋采取了两项措施，分别是简并卫所和搜罗军士。

洪武初年，卫所仍旧延续了军队编制单位的性质，还没有演变为后来的军事管理机构。因此，在漠北之战遭受惨重损失的情况下，此前建立的卫所编制势必难以维持。

朱元璋自至正二十四年（1364）创设卫所制，共设立十九个卫亲军都指挥使司，这十九个卫又分为三个档次，其中金吾、羽林、虎贲三卫为朱元璋的侍卫部队，地位最为尊贵。其次为"内八卫"，包括龙骧、凤翔、豹韬、鹰扬、武德、天策、骁骑八卫，最后为"外八卫"，包括英武、雄武、广武、宣武、威武、振武、神武、兴武八卫。此后这些卫所的名号和设置虽然有一定变化，卫所的数目和规模也大为扩大，但基本格局仍旧延续了下来。再从各卫主官的背景来看，又能看出明显的派系分野，这一特点在内外八卫主官中的表现最为典型，根据李新峰的总结，内八卫中，天策、骁骑卫的主官均为朱元璋的同乡亲信，武德卫的主官常遇春虽然属于后来归附朱元璋的将领，但是他身份特殊，很快获得了朱元璋极高的信任，这三个卫所与朱元璋的关系无疑最为亲密。豹韬、鹰扬、飞熊三卫的主官，主要为定远人或者早期隶属濠州红军而非朱元璋嫡系的将领，关系稍微疏远。而龙骧、凤翔两卫的主官则属于巢湖水军，与朱元璋关系最为疏远。同样的特点也表现在外八卫中，英武、兴武最亲，主官来自濠州红军，振武、威武两卫稍次，宣武、雄武、广武、神武最下。[①] 既然亲疏有别，那么洪武五年（1372）的简并卫所也就不可避免地带上了派系色彩。

简并分两次进行，第一次便是在洪武五年（1372）漠北之战惨败后，第二次则是在洪武八年（1375），通过这两次大规模简并，至洪武十三年（1380），卫所制度

---

① 李新峰：《明前期军事制度研究》，第二章第 96 页。

基本定型并逐步行政化。在洪武五年（1372）这次重要的简并中，朱元璋将兴化卫并入钟山卫，天长卫并入定远卫，振武卫并入兴武卫，和阳卫并入神策卫，通州、吴兴二卫并入龙骧卫，后来很快又恢复和阳、神策二卫，将骁骑前卫并入左卫，将中卫并入右卫。可以看出，洪武五年（1372）此次简并卫所，朱元璋采取的基本政策是尽量保存亲军卫设置，将损失巨大的其他卫所并入其中，从而保持亲军卫人员的充足，对亲信将领的照顾此时还是颇为明显的。不过无论朱元璋此时有怎样的派系考虑，通过此次简并卫所，朱元璋重新整顿了行伍组织，取消了多余的编制，集中了有效兵力，为采取下一步行动打好了基础。当然，简并卫所固然为一时之军事需要，但朱元璋在此后继续延续了这一举措，大量增设、改并亲军卫，最终在洪武十三年（1380）前后形成了上直卫、亲军卫和普通卫三个层级，最终奠定了有明一代的卫所制度。

洪武五年（1372）明军在漠北惨败，明廷损失大量精锐部队，虽然通过简并卫所集中了主力部队，但人员的损失一时是难以弥补的。为了保证国家拥有足够的国防力量，朱元璋再次拾起了之前一度放松的在全国范围内搜罗旧军户的行动。

随着大规模统一战争的结束，大批通过归附和投降手段纳入明军的人员规模大为缩小，明廷此后的扩军行动，主要便是通过搜罗旧军，即元朝旧军户与元末群雄手下的军户来达成目标。洪武元年（1368）明军攻克大都后，朱元璋立即对元朝旧军户下手，下令"新附地面起到军人，少壮者永为军士，老疾无子充军者听从其便"[1]并限定他们一个月内到所在地官员处"首免"，否则论罪。此后数年，朱元璋连续对各种旧军户下手，洪武三年（1370）三月，"命平章胡廷美往河南开封等府招集故元王保保（即扩廓帖木儿）所部亡散士卒，凡占籍在洪武元年者听，为民二年以后者收入兵伍"[2]，洪武四年（1371）闰三月，"命侍御史商暠往山东、北平收取故元五省八翼汉军，暠至，按籍凡十四万一百十五户，每三户令出一军，分隶北平诸卫"[3]，这几次大规模搜罗旧军户的行动所得人员都非常可观。

正是鉴于搜罗行动的良好成效，明廷在继续的战争中将这一政策延续了下来。洪武四年（1371），明军平定四川，朱元璋立即让汤和、傅友德招辑四川番汉军士

---

① 朱元璋：《孝陵诏敕》，洪武元年八月十一日《遇灾颁诏敕》。

② 《明太祖实录》，卷五四，第1067页，"洪武三年七月"。

③ 《明太祖实录》，卷六三，第1204页，"洪武四年闰三月"。

及明氏旧有部属，从中选出丁壮分派到新建立的成都都卫及下辖的右、中、前、后诸卫所。然而，这一行动既然能够为明廷补充大量兵源，就不可能没有副作用，朱元璋严厉的追索政策必然对已经相对安定的民生造成极大的骚扰。因此，随着四川的平定，大规模战争告一段落，加之大部分旧军户已经被纳入军伍，朱元璋也逐渐放松了搜罗旧军户的行动，他拒绝了下属几次进一步追索的请求，理由自然是避免扰民。

但局势是发展变化的，洪武五年（1372）明军在漠北惨败，折损大量精锐部队。为了巩固边防，必须重新充实军队，朱元璋便再度拾起了搜罗旧军户这一手段，胡廷美再度赴武昌等地搜罗大量"新军"五千四百余人。与之前不同的是，此后的搜罗政策更为严厉并且一直延续到了洪武后期，在这一过程中，甚至出现了很多极端的例子。例如，在《德州卫选簿》中，就记载了这样一个非常极端的例子。江西雩都人曾安敬，"先系（陈友谅所部）熊添顺下头目，甲辰年，大军攻赣州，漫散为民，洪武九年病故"，但是其子曾彦贵却在洪武十九年（1386）"蒙御史彭祥搜罗旧日漫散军士头目，起取赴京。二十年，钦除宁都卫左所试百户"。曾安敬虽曾为陈友谅手下为军士，但在他儿子曾彦贵被明廷"搜罗"时，他已经漫散回乡为民 22 年并去世 10 年。在这种情况下，曾彦贵仍旧没能逃脱被"搜罗"入伍的命运，足见此时明廷搜罗旧军户是多么地不遗余力。曾彦贵的遭遇不是孤例，同样命运的还有瑞金县胡福志、兴国县吕用文等等，可见这是在全国范围内存在的现象。

除了陈友谅旧部，朱元璋对张士诚、方国珍旧部更是没有放松，加之张、方旧部此时又多逃往海岛甚至和倭寇相勾结，就更刺激了朱元璋。洪武四年（1371），朱元璋便大规模搜罗温、台、庆三府军士等十一万一千七百三十人，分隶各卫。直到洪武十六年（1383）五月，朱元璋还下令"致仕参政舒唐于温、台、宁波、绍兴四府招集方氏旧水夫凡二万七千一十八人至京师"[①]。如此浩大而严厉的"搜罗"政策，不可能不扰民，朱元璋虽然会在诸如洪武七年（1374）等个别时候因为扰民太甚而进行一定程度的宽容，但这只是暂时求稳定的举措，实际明廷严厉的"搜罗"政策是贯穿始终的。正是通过这一政策，朱元璋得以很快重新充实了军伍，能够再度对北元转守为攻，我们在评价这一政策时，不能脱离当时的背景对其进行责难，但也应当看到，这一政策对社会造成的破坏也是明显的，忽略其中任何一点，

---

① 《明太祖实录》，卷一五四，第 2402 页，"洪武十六年五月"。

都是不客观的。

除了对明朝边境构成威胁，明军洪武五年（1372）漠北惨败造成的另一个震荡是外交上的，朝鲜半岛上的王氏高丽政权再度倒向北元，站到了明朝的对立面。

王氏高丽国王，因为与元朝之间的姻亲关系，历来与元朝关系密切，甚至曾派兵帮助元廷镇压红军起义，其政策的改变是从历经波折终于于1352年即位的恭愍王王祺开始的。恭愍王即位后，先后进行了四次改革，通过这些改革，恭愍王加强了王权、缓和了社会矛盾，而表现在外交上，恭愍王在国内打击亲元势力，努力摆脱元朝的干涉。作为这项政策的一部分，恭愍王利用元末元朝国内大乱的机会，积极与元末群雄取得联系，张士诚、方国珍皆与高丽之间有使节往还，朱元璋也不例外。当时元朝国内局势尚不明朗，恭愍王自然只能采取这一策略。

随着朱元璋逐渐崛起，最终建立明朝，恭愍王逐渐调整政策，谋求与明朝建立正常的外交关系。随着明军在洪武元年（1368）占领大都，朱元璋遣使高丽，双方逐渐建立起了正常的朝贡关系，恭愍王在国内停止使用元朝"至正"年号，改为使用明朝"洪武年号"，使得两国关系逐渐走上正轨。

然而明朝和高丽两国之间的关系也是不稳定的，特别是高丽对辽东的图谋以及辽东地区北元势力的持续存在。辽东局势的不确定性正是两国之间最不稳定的因素。洪武五年（1372）明军三路北伐惨败，终于在两国关系之间引发了剧烈的震荡。

洪武六年（1373）二月，北元派遣波都帖木儿和于山不花作为使者来到高丽下诏说：

> 顷因兵乱，播迁于北，今以扩廓帖木儿为相，几于中兴。王亦世祖之孙也，宜助力复正天下。[1]

明军在漠北惨败的事实以及北元使臣的诏书在高丽国内引起轩然大波。《高丽史》记载，恭愍王面对两位北元使臣，本来计划派人直接将两人杀掉，但是遭到群臣极力反对，于是改为将两人拘留后放还。从这一点我们可以明显看出，虽然恭愍王在国内屡次推行改革，打击亲元势力，谋求让高丽获得更加独立的地位，奉行相

---

[1] 《高丽史》，卷四十四、世家卷四十四，《恭愍王十七》，二十二年二月。

对亲明的政策，但国内亲元势力仍旧具有相当大的影响力。此时受明军漠北惨败的刺激，亲元势力必然再度谋求掌控政局。恰在此时，朱元璋开始进一步经略辽东，引发了和高丽之间的进一步冲突，从而进一步激化了高丽国内亲明势力与亲元势力之间的矛盾，最终导致了恭愍王于洪武七年（1374）被弑，辛禑即位，再度倒向北元，中断了和明朝之间正常的朝贡关系。之后两国频发外交争端，关系日益恶化，直至后来李成桂在出征辽东途中于威化岛回军，夺取高丽政权之后两国关系才再度发生变化。这是后话，就不在本节展开了。

漠北惨败除了影响到了明朝东北方面的关系，对西北也产生了影响，即延缓了明军进取西北的日程。冯胜撤军后，明军对于甘肃的经略几乎化为乌有，此后，西北爆发叛乱，明廷忙于平叛，重建此前设立的卫所，进行移民，更大大延迟了对西北的拓展。直到洪武十三年（1380），濮英奉命开哈梅里之路，向哈密进军，明廷才开始再度大力经略西北。

关于明廷为何对西域地区始终没有给予非常高的关注这一问题，学界已经形成了一定的看法，大体来说，认为朱元璋在疆土范围上，大体以元朝为准，对西北没有那么大的要求。另外，明朝起于东南，而西域自中唐被吐蕃占领后，历经吐蕃、辽、金、西夏、元等政权统治，至明初，西域与中原的异质性已经非常严重，起于东南的明廷与西域之间产生隔膜也是朱元璋对西域不够重视的因素之一。

当然，在笔者看来，朱元璋之所以将经略西域的位置延后，还有其他一些原因。首先，云南和辽东此后更大地吸引了朱元璋的注意力。洪武十三年（1380）明军南征云南梁王把匝剌瓦尔密，洪武二十年（1387），明军再度出征辽东开元王纳哈出，这些都在一定程度上影响了明廷对西北的关注。同时，自洪武十年（1377）西北大叛乱被平定后，明廷已经稳固控制了甘肃主要地区，对西北的军事要求自然退居次要地位，让位于西南和东北。即便如此，朱元璋也没有完全放弃西北，洪武十三年（1380）和洪武二十三年（1390）分别以濮英和蓝玉两度出征哈密就是证明。然而这两次明军虽然获得大捷，但朱元璋仍旧满足于控制哈密即可，没有对西北提出更多的领土要求，这其中或许有朱元璋的外交政策相对保守，并不依赖西北丝绸之路的因素。后来永乐年间明太宗朱棣在其父朱元璋的基础上设立关西七卫，进一步经略西北，但仍旧没有继续西进。朱棣的外交政策较朱元璋大为积极，但他主要依赖郑和下西洋，通过水路达成目的，对西北也就没有更大的需求。宣德之后，明廷外交政策总体趋于保守，以收缩防御为主，就更加谈不上收复西域了。应该说，明初是有收复汉唐西域旧疆的机会的，但因为当时历史条件下多种因素的共同作用，明朝最终失去了这个机会。

第九章

全面调整

1. 进退之间

洪武五年（1372）明军漠北惨败后相对剧烈的震荡进入洪武六年（1373）后，明朝逐渐稳住了阵脚，明廷与北元在北方展开一系列拉锯，局势变得颇为复杂。而在《纪事录》中特别关注的西北地区，明廷虽然不得不放弃了一度占领的甘肃大部，但开始了对已经控制的河州地区的进一步经略，同时向南成功招抚了乌思藏地区，总体来说采取的是进取姿态。

洪武六年（1373）二月，明廷自洪武三年（1370）以来对乌思藏持续的招抚终于取得了阶段性成果。月初，朱元璋下诏设立乌思藏、朵甘卫指挥使司，这是在洪武四年（1371）九月设立的朵甘卫指挥使司的基础上进一步完善，下辖两个宣慰司、一个元帅府、四个招讨司、十三个万户府和四个千户所，卫指挥使司下的官员多任用元朝旧官和本土僧官，"以故元国公南哥思丹八亦监藏等为指挥同知、佥事、宣慰使、同知、副使、元帅、招讨、万户等官，凡六十人。以摄帝师喃加巴藏卜为炽盛佛宝国师"[1]。明廷对乌思藏的怀柔政策取得了可喜的成果，乌思藏的内附消除了河州地区南部的威胁，避免了河州地区再度出现的洪武二年（1369）那种吐蕃联合西番共同对明朝发动进攻的情况，有利于明廷对河州的经略，当然，这一成果在洪武十年（1377）前后西北大叛乱时表现得最为突出。

果然，就在月初成功将乌思藏纳入控制之后不久，朱元璋就在二月初八在河州、洮州地区进行了一系列建置，"置洮州、常阳、十八族等处千户所六、百户所九、各族都管十七，俱以故元旧官辁辁等为之"[2]。西北地区这些卫所，在明朝的整个卫所体系中都是颇为特殊的。通过第七章第五节的分析，我们已经知道，邓愈于洪武三年（1370）进取河州，控制了元末明初吐蕃等处宣慰司下实际统管的帖城河里洋脱、常阳、岷州、积石州、洮州路、十八族六个元帅府等地区。

洪武四年（1371）正月，明廷在西北广为建置，"以何琐南普为河州卫指挥同知，朵儿只、汪家奴为佥事，置所属千户所八：曰铁城，曰岷州，曰十八族，曰常

---

① 《明太祖实录》，卷七九，第 1473 页，"洪武六年二月"。

② 《明太祖实录》，卷七九，第 1439 页，"洪武六年二月"。

阳，曰积石州，曰蒙古军，曰灭乞军，曰招藏军；军民千户所一：曰洮州；百户所七：曰上寨，曰李家五族，曰七族，曰番客，曰化州等处，曰常家族，曰爪黎族；汉番军民百户所二：曰阶文扶州，曰阳呃等处。仍令何琐南普子孙世袭其职"[1]，洪武六年（1373）的设置正是在此基础上进一步完成的。对比两段记载，我们能够看出，洪武四年（1371）的设置主要集中于河州地区，洪武六年（1373）的设置则主要集中于洮州地区，虽然侧重地区有异，但此时明廷的政策则是一以贯之的，即以西番治西土，明廷在河州、洮州少数民族传统占据的地区，以任用土官为主，明廷中央的流官不过多介入，通过这一手段谋求在低成本下实现对西北的控制。

然而，明廷的想法归想法，在实际上则需要接受考验，特别是随着洪武五年（1372）明军在漠北战败，西北地区也受到冲击，紧接着明朝与北元的拉锯在北方展开，这最终导致了明廷对统治西北政策的大幅度调整。

西北地区这一阶段的战事几乎在冯胜撤军后立即发生，然而关于这最初的一场战事，在《明太祖实录》与《纪事录》中仍旧存在极大的分歧。而这场战事可以说是对此后西北局势起到作用的诸种因素中最直接的一个，因此有必要弄清楚。

这次战事是明朝发起的，针对的是之前逃走的元朝岐王朵儿只班（朵只巴），但是战事的时间和明朝方面的将领在记载上都有分歧。《纪事录》将之记载在洪武六年（1373）十二月：

> 十二月，朵只巴移驻煖州，韦正料其不备，调河州卫指挥徐璟领精锐马步兵二千人夜袭其营。朵只巴单骑而遁，璟获其金银并妻子及部下番戎以归。正遣人奏闻，上怜之，遣赵内侍赍制往谕，以所获妻、子送还。朵只巴已复驻西凉，赵内侍至，待之甚厚。数日，令归。至乌鹯岭，朵只巴遣番骑数十人追及，尽杀之。[2]

这一进一步驱逐西北残元势力的重要战事在《明太祖实录》里则分为两次记载，第一次在洪武五年（1372）十一月：

---

[1] 《明太祖实录》，卷六〇，第1173页，"洪武四年正月"。

[2] 俞本撰、李新峰笺证：《纪事录笺证》，卷之下，第375页，"洪武六年"。

故元右丞朵儿失结会河州卫指挥徐景等领兵至西宁息利思沟闪古儿之地，攻破元岐王朵儿只班营，朵儿只班遁去，获岐王金印一、司徒银印一及其士马而还。[1]

第二条记载在洪武六年（1373）正月西宁卫设置，朵儿失结担任西宁卫指挥佥事之后：

及宋国公冯胜总兵征甘肃，遂以所部从行，胜乃命朵儿只失结（朵儿失结）同指挥徐景追袭朵儿只班，获其金银印及军士马匹。遣其弟答立麻送京师，至是，立西宁卫，命朵儿只失结为指挥佥事。[2]

通过观察这三段记载，我们能够看出，徐璟与徐景当为同一人，朵只巴即朵儿只班，朵儿失结就是朵儿只失结，主要的分歧在战役发起时间和究竟是谁派遣徐璟与朵儿失结进攻朵只巴上。比较容易排除的是洪武六年（1373）正月这一说法，首先，冯胜在洪武五年（1372）十一月已经撤军，不可能在此时派遣徐璟与朵儿失结发起新的战役。另外，洪武六年（1373）正月的记载是在任命朵儿失结为新设立的西宁卫指挥佥事后追记其事迹，因此这个时间本就不当为战事实际发生的时间。因此，焦点就变成了洪武六年（1373）十二月和洪武五年（1372）十一月两个说法上了。究竟何种说法更为准确呢？

我们先看洪武六年（1373）十二月的说法。要分析这个说法的可靠程度，我们需要看看洪武六年（1373）与西北相关的一些大事。是年正月，明廷设立西宁卫，这一设置引起了朵只巴的警觉，七月，洮州三副使阿都儿等以出猎的名义联合朵只巴进犯。朵只巴率军驻大通山黑城子，计划进犯河州、兰州地区，结果被西宁卫千户祈者公孙哥等领兵击败。这次失败对朵只巴打击颇大，最终促使他在当年十二月亲赴南京向朱元璋进贡，明廷最终于洪武七年（1374）二月为朵只巴设立岐宁卫。由此，我们就能看得比较明白了。其一，朵只巴在洪武六年（1373）七月才被西宁卫击败，遭受较大打击，而煖州地处西宁卫与河州之间，因此朵只巴当不至于在

① 《明太祖实录》，卷七六，第1406—1407页，"洪武五年十一月"。
② 《明太祖实录》，卷七八，第1430-1431页，"洪武六年正月"。

十二月还敢冒险驻扎在煖州。其二，朵只巴于十二月进京进贡，朱元璋当不至于在此时发动攻击。因此，《纪事录》中的洪武六年（1373）十二月的时间无疑是不准确的，俞本又犯了他经常犯的时间错乱的错误。

如此一来，洪武五年（1372）十一月自然是相对准确的时间了。那么，究竟是韦正还是冯胜发起的这场战役呢？冯胜在西北的战事在洪武五年（1373）六月已经基本结束，十月他已经弃地班师回到了南京。因此，冯胜不可能在十一月令徐璟和朵儿失结发起对朵只巴的追击，这只能是镇守河州的韦正主持的。综合《纪事录》与《明太祖实录》的记载，我们终于能够对这一战役有了一个相对准确的认识，洪武五年（1372）十一月，面对冯胜撤军后西北日趋严峻的形势，韦正命徐璟联合朵儿失结合兵进攻从甘肃败退青海的朵只巴，取得了极大的胜利。此后，又经过洪武六年（1373）七月对朵只巴的进一步打击，终于促使朵只巴于洪武六年（1373）十二月入京朝贡，明廷最终于洪武七年（1374）二月设立岐宁卫，用以安顿朵只巴。岐王的归附成为冯胜弃地后明廷在西北拓展的一个举足轻重的结果。然而这个成果中也蕴含着隐患，随着其他一些因素的共同作用，最终造成朵只巴在洪武九年（1376）发动叛乱，西北各方势力的进退，只在尺寸之间。

明朝洪武初年在西北因俗而治政策的危机是多方面的，最主要的自然是西北少数民族的不同意见。洪武六年（1373）七月洮州三副使企图勾结岐王朵只巴入寇就是证据之一。内部的这诸多不稳定因素是造成此后西北两次大规模叛乱的主要原因，最终导致明廷不得不于洪武十一年（1378）全面转变对西北的统治政策。

除了内部的原因，还有一些别的原因引起了西北少数民族内部的不稳。首当其冲，就是明朝对乌思藏招抚的极大成功。关于这一点，在洪武五年（1372）十二月就已经有了很直接的表现。当月，吐蕃诸部之一的川藏部落"邀阻乌思藏使者，掠其辎重"[1]，虽然《明太祖实录》记载明廷立即派遣邓愈出兵征伐川藏，但从此后西北的情况来看，此时邓愈不可能出兵，明军征讨川藏是在更后面的时间。川藏公然劫掠乌思藏使节，这是公然藐视明朝权威的严重事件，而明廷未能在此时给予及时的报复，无疑十分反常，实录此处记载与后来洪武十年（1377）明廷指责川藏的罪名相同，故此此处应该也是与邓愈的任命一样，误记于此，川藏部落公然劫掠乌思藏使节当在洪武十年（1377），不过时间的问题并不影响我们对双方矛盾的分析。

---

① 《明太祖实录》，卷七七，第1416页，"洪武五年十二月"。

进入洪武六年（1373）后，明廷逐渐稳住阵脚，在二月取得了招抚乌思藏的巨大成功，在乌思藏和朵甘设立了卫指挥使司，朱元璋开始在乌思藏利用僧官制度进行管理，最终在洪武七年（1374）改升都司、行都司的大潮中改乌思藏、朵甘二卫指挥使司为行都指挥使司，最终乌思藏更变为都指挥使司。乌思藏的全面内附无疑对西北诸部是一个极大的刺激，成为引起西北震荡的一个外在因素。

最后一个对西北局势造成影响的就是明廷在北方的移民政策和明与北元在西北的拉锯了。从洪武六年（1373）朱元璋派徐达、李文忠往山西、北平练兵防边开始，明廷开始强化对北方边境的军事管理。所谓强化对北方边境的军事管理主要表现在两个方面。一方面是积极应对北元的进犯。洪武六年（1373）二月，北元入寇永平下的迁安县，杀害知县，劫掠居民，明朝永平卫指挥杨某和指挥樊集先后在作战中阵亡。同月底，北元将领脱脱更是大举进犯西北庆阳、保安、会宁等处。当然，还包括七月岐王对河州不成功的进犯。直到洪武六年（1373）正月，扩廓帖木儿还在进犯雁门，太原、大同地区还不时与元军发生激战。

面对北元的猖獗，明廷展开了一系列应对政策。首先，明廷在北方筑城，加固防御，明朝不仅在西北广设卫所，除了洮州外，还包括西安前卫、秦州守御千户所等大量设置，更加筑大同、潞州、泽州等城，通过坚城巩固边防。除了有城，还要有兵，朱元璋一面极力在国内搜罗旧军户充实军队，一面在北方屯驻重兵。洪武六年（1373）三月初六，朱元璋大规模校阅军队于南京校场，此后，很快便在初十日"命魏国公徐达为征虏大将军，曹国公李文忠为左副将军，宋国公冯胜为右副将军，卫国公邓愈为左副副将军，中山侯汤和为右副副将军，统诸将校往山西、北平等处备边"①，防边派出三位开国公爵和一位开国侯爵，如此阵容是前所未有的。

有了充足的边防军，明朝开始展开一系列反击。这其中又以徐达所在的山西最为明显。徐达于洪武六年（1373）七月抵达山西，立即开始筹划对北元发动攻击，以报洪武五年（1372）惨败之仇。徐达在北方进行了非常全面的部署，"大将军魏国公徐达分遣左副将军李文忠，济宁侯顾时，南雄侯赵庸，颍川侯傅友德，永城侯薛显，巩昌侯郭子兴，临江侯陈德，营阳侯杨璟，都督佥事蓝玉、王弼统骑兵，右副将军冯胜、右副副将军汤和同南安侯俞通源、永嘉侯朱亮祖、宜春侯黄彬、都督何文辉、平章李伯昇、都督佥事张温等统步兵，分驻山西、北平等处，相机擒讨残

_____

① 《明太祖实录》，卷八〇，第 1451 页，"洪武六年三月"。

胡"①，他的这一计划得到了朱元璋的首肯。随后，徐达发动了一次试探性进攻，都督佥事叶昇领兵对北元发动了一次进攻，取得了一次小胜，加筑了东山、彭阳、平安三城。八月，徐达开始了相对全面的进攻，明军先击退了北元左丞相的进犯。此战之后，明军很快出太原，收复保德州及河曲县。临江侯陈德、巩昌侯郭子兴更是进兵至答剌子海口，击溃北元军，缴获大量牲畜。太原方面接连取胜，大同也不甘落后，他们在八月稍晚也对北元营地夜袭成功。这两场战役大大减轻了太原、大同此前受到的极大压力。最后，徐达率军出朔州，追击他的老对手扩廓帖木儿，基本实现自己报仇雪恨的目标。至当年十一月，明军的一系列军事行动才基本告一段落，此后，虽然仍不时有北元军进犯的情况出现，但威胁程度已经大大降低，明朝积极防御性质的进取政策基本获得成功。

与明朝的军事行动同时，是明朝对边境管理政策的变化，即迁徙边境百姓于内地，实现边境的军事化管理。洪武六年（1373）八月，徐达兵至朔州后，立即"徙其边民于内地"②。十一月，大同也采取了类似的行动，主动将边民送至南京。最后，十二月，因为永平再度遭到北元进攻，明廷决定将该地百姓大量迁徙至内地。明军在北方和西北的推进和移民政策，无疑会让西北诸部担心明廷在西北因俗而治的政策发生变化，毕竟西北也属于整个北方防线的一部分，倘若他们被迁入内地，则完全成了任人鱼肉的对象，这无疑会让他们十分担忧。事实证明，他们的担忧不是全无道理的，明廷后来平定西北后采取的正是他们最担心的移民政策。

朱元璋此时对西北的不放心可以从一件事很明显地看出来，那就是他在洪武七年（1374）和洪武八年（1375）两次派开国公爵前往西北镇守。洪武七年（1374）四月，朱元璋派宋国公冯胜、卫国公邓愈前往北方镇守，邓愈在十二月与汤和一同被召回。洪武八年（1375）正月，朱元璋对邓愈做了更明确的安排，"遣卫国公邓愈、河南侯陆聚往陕西，中山侯汤和、平章李伯昇往彰德、真定，指挥冯俊、孙通、赖镇往汝宁，李谥、耿孝、黄宁、李青、陈方庸、武兴往北平、永平，董兵屯田，开卫戍守。翌日，上至龙江祭告江淮之神遣行"③，邓愈、陆聚之往陕西"董兵屯田，开卫戍守"自然是针对西北，而朱元璋对这一批将领分镇安排非常重视，亲

---

① 《明太祖实录》，卷八三，第 1486 页，"洪武六年七月"。

② 《明太祖实录》，卷八四，第 1502 页，"洪武六年八月"。

③ 《明太祖实录》，卷九六，第 1654 页，"洪武八年正月"。

自祭祀江淮之神为他们送行，也说明了此时朱元璋对整个北方局势的不放心。

最后，还有一个次要原因，就是所谓"和林国师"的游说。这位特殊的"和林国师"的问题同样要回到《纪事录》中一段独特的记载。俞本在洪武六年（1373）正月记载：

> 正月，元庚申君崩，其子爱猷失里答剌即位。遣和林国师赍金银铜印、宣敕、牌面，游说朵甘思、乌思藏、朵思麻及临洮、巩昌等处土官。至西宁，都指挥韦正察知，调千户魏平领骑兵五百人于亦咂地面邀擒，解送上前。问其由，赦其罪，以礼待之。敕令译诏旨往乌思藏，国师诡译上意。西行至河州，正复令译者宣其文，方知为诈，差人赍奏国师诡译之罪。上敕令以国师沉于钱塘江中。①

这是一段颇为混乱的记载，首先，"元庚申君"指的就是元顺帝妥欢帖木儿，他是在洪武五年（1372）四月二十八日去世的，俞本记载他洪武六年（1373）正月去世无疑是错误的。不过，这也可能是俞本在此追记元顺帝去世之事，结合俞本记载一贯的时间错乱，这也不足为奇。那么，这个"和林国师"到底是怎么回事呢？从俞本的记载来看，他的目的显然是为了谋求联合西北土官、乌思藏等地共同对抗明朝，最终事情泄露，被朱元璋处决。如果这段记载可靠，无疑说明了北元对西北乃至乌思藏的持续图谋，故此，需要对这段记载进行分析。

根据《明太祖实录》中关于西宁卫的记载，濮英在洪武十一年（1378）以西宁卫旧城太过狭小为由，获得朱元璋批准调动巩昌、临洮、平凉三卫军士在旧城西一百二十里多的地方修筑新城。又根据康熙《碾伯所志》的记载，称"明太祖洪武五年，立碾伯卫，十九年废，置碾伯右千户所"，但根据《寰宇通衢》和万历《西宁卫志》记载的碾伯和西宁卫新城的位置非常符合《明太祖实录》记载的洪武十一年（1378）的位置，加之明初并没有碾伯卫，只有洪武六年（1373）设立的西宁卫，因此，西宁卫旧城最初应该就是位于碾伯，所谓"和林国师"所至的西宁，其实就是碾伯。

有了这个认识，我们就能够继续分析"和林国师"了。首先，《明太祖实录》

---

① 俞本撰、李新峰笺证：《纪事录笺证》，卷之下，第370页，"洪武六年"。

中是有"和林国师"的记载的，只不过时间是在一年后的洪武七年（1374）二月，"故元和林国师朵儿只怯烈失思巴藏卜遣其讲主汝奴汪叔来朝进表，献铜佛一、舍利一、白哈丹布一及元所授玉印一、玉图书一、银印四、铜印五、金字牌三"①，使节于五月抵达南京，十一月得到了朱元璋册封，"诏以西竺僧班的达撒哈咱失里为善世禅师，朵儿只怯列失思巴藏卜为都纲副禅师，御制诰赐之"②。结合《纪事录》中的记载，《明太祖实录》中提到的这位"故元和林国师朵儿只怯烈失思巴藏卜"应当就是俞本记载中的那位"和林国师"。其次，根据洪武七年（1374）的局势，明朝还处在洪武五年（1372）漠北惨败后的恢复过程中，加之西北也恰在此时出现不稳。故此，《明太祖实录》中记载的这位"来朝进表"的和林国师确实很有可能不是主动前来的，而是如俞本所记载的其本来目的是南下游说，结果被明军擒获，不得不转为进表。最后，关于这位和林国师的结局，洪武七年（1374）后，实录中再不见关于和林国师的记载，而与和林国师同时得到册封的另一位僧人板的达则在此后的记载中持续出现。由此可以推测，和林国师确有可能遭到了朱元璋隐秘的处决，吻合了《纪事录》中的记载。故此，俞本虽然仍旧在时间上犯了错误，但关于和林国师挟北元战胜之余威南下游说包括西北土官在内的各方势力对抗明朝的记载基本上是准确的。如此一来，明廷在西北的进取、对乌思藏的成功招抚、西北土官内部的不稳定、明廷在北方的积极防御与移民政策，乃至北元势力的南下游说这诸多因素综合在一起，终于引发了自明朝开始经略西北以来最大规模的叛乱，这也最终引发了明朝对统治西北政策的大幅度调整。

---

① 《明太祖实录》，卷八七，第1551页，"洪武七年二月"。
② 《明太祖实录》，卷九四，第1636页，"洪武七年十一月"。

2. 西北叛乱与固守洮岷

时间进入洪武七年（1374），伴随着明军在对北元的积极防御中逐步重新占据主动，西北局势也进行了较为剧烈的变化。之前各种矛盾的累积，再加上此后明廷在西北的积极拓展与西北的零星叛乱并存，终于在洪武九年（1376）至洪武十年（1377）引发了西北大叛乱与明廷的征伐。

洪武七年（1374）正月初八，长兴侯耿炳文继续延续在西北因俗而治的政策，奏请朱元璋将巩昌、庆阳、平凉三卫土官头目石墨仲荣等三十九人授予职位，因为他们此前随征甘肃有功。二月，伴随去年十二月元岐王朵只巴入朝，朱元璋设立岐宁卫，以其弟元平章答立麻、国公买的为指挥同知，取得了极大的成绩。但是仅仅一个月后，就发生了兰州方面引番兵入寇的事件，此时朱元璋刚打算让徐达、李文忠等在安顿好北方防御后返回南京，"兰州捌里麻民郭买的叛，诱番兵入寇"[1]。朱元璋下诏建立赏格搜捕郭买的，可见明廷中央对这次叛乱的重视，兰州卫也派出其兄着沙与其弟火石歹前去招安，但郭买的下定决心和明廷作对，拒不听从，着沙、火石歹没有办法，趁夜"斩其首以归本卫"[2]。兄弟二人为自己大义灭亲的行为向明廷请求赏赐，谁知朱元璋却认为两人的做法过当，"买的罪固当死，然为兄弟者，告之不从，执之而已，手自刃之，有乖天伦，若赏之，非所以令天下也，但以其所获牛马给之耳"[3]。从这件事，我们能看出至少两点问题。其一，明廷致力于团结西北诸部首脑，但其政策在西北的群众基础实在有限，这样才出现了兰州土民死心塌地与明廷作对的情况。其二，朱元璋在西北的政策缺乏灵活性，固然，着沙、火石歹兄弟手刃亲人郭买的的做法过当，但出于团结并增强西北诸部群众向心力的目的，朱元璋给予着沙、火石歹兄弟的赏赐规格也太低了，这并不利于明廷在西北建立稳固的群众基础。

此后，朱元璋的西北政策仍旧没有变化，也就是以任用土官为主。他又在三月

---

① 《明太祖实录》，卷八八，第 1558 页，"洪武七年三月"。

② 《明太祖实录》，卷八八，第 1558 页，"洪武七年三月"。

③ 《明太祖实录》，卷八八，第 1558—1559 页，"洪武七年三月"。

建立巩昌西固城千户所，"以故元番汉军民世袭千户，韩文质为正千户，世袭副千户严志明、严才为副千户"①。随后，更将曾负责西北地区战事的冯胜、邓愈、郭子兴三人召回南京商讨边务，虽然实录没有记载朱元璋与他们谈了什么，但从三人都曾在西北作战，甚至郭子兴的封爵都是巩昌侯这一点来看，交谈内容与西北地区有关的可能性是很大的。果然，伴随着四月明军在蓝玉、林济峰率领下攻占兴和，金朝兴、胡海破北元兵于黑城子，龙州宣慰司也开始大力招抚西番，这一系列动作终于促使撒里畏兀儿安定王卜烟帖木儿遣使朝贡。撒里畏兀儿作为曾经的蒙古帝国的一部分，其首领入朝表示归附，可以说是明朝拓展西北的过程中自放弃甘肃以来取得的巨大成功，明朝控制区得以大大向西拓展，"其地广袤千里，去甘肃一千五百里，东抵罕东，西距天可里，北迤瓜沙州，南界吐蕃，居无城郭，以毡帐为庐舍，产多驼、马、牛、羊"②，志得意满的朱元璋终于在洪武七年（1374）七月于河州设立西安行都指挥使司管辖这庞大的地区，八月又设立了凉州卫指挥使司，甚至直到洪武八年（1375）初还在归德、罕东等地任命官员。

然而正是在洪武八年十月，朱元璋却开始了最终压垮西北诸部的政策调整，其中一项便是全面改都卫为都司。都卫全称为"卫都指挥使司"，都司全称为"都指挥使司"，虽然名称只少了一个"卫"字，但内在变化却是极大的。具体到西北方面，西安都卫改为陕西都指挥使司，西安行都卫改为陕西行都指挥使司，太原都卫改为山西都指挥使司，大同都卫改为山西行都指挥使司。可以看出，除了去掉了一个"卫"字，地名也从城市名变为一省之名。而当我们把目光放得更广阔一些，则还能看出，都卫改都司是朱元璋在全国范围内进行政治体制变革的一部分。

随着明蒙战争大局已定，兼顾军民职权的行省制度已经不符合朱元璋中央集权的需求了，他开始酝酿取消行省，在地方分立三司，即处理民政的布政使司、管辖军政的都指挥使司和掌一省刑名、司法的按察使司。都卫本身为卫，同时又统辖一众卫所，身份尴尬，自然首先成了朱元璋实验的对象。都卫改都司后，都司以省命名，卫所以地点命名，明确了都司统辖卫所的上下级关系，这在政治上无疑是有利的。但是，反映在西北地区上，情况则有些不同了。西北诸部土官，此前往往在一卫担任主官，彼时都卫与下辖卫所关系有一定模糊，他们还能够安之若素，现

---

① 《明太祖实录》，卷八八，第 1565—1566 页，"洪武七年三月"。

② 《明太祖实录》，卷九〇，第 1586 页，"洪武七年六月"。

在都卫一变而为都司，这一众土官自然会感到自己受到了压抑，他们在洪武十年（1377）发生叛乱不能说和此事的刺激没有关系。

都卫改都司是压死骆驼的其中一根稻草，毕竟都卫虽然在名义上存在灰色地带，但好歹也是卫所的上级，此时改的更为名正言顺也不是完全不能接受。因此，必定还有原因，而这另一根稻草则是朱元璋安排诸王之国，即前往封地。随着朱元璋此时对功臣不信任感的增加，从洪武九年（1376）开始，朱元璋开始变功臣守边为藩王守边，他开始陆续安排封建的诸王之国。这些藩王中最著名的自然是在朱元璋之后夺取了朱允炆皇位的燕王朱棣，他的封地是北平。而具体到西北地区，主要包括了封在陕西的秦王、庆王、韩王、肃王、端王诸王和封在山西的晋王、代王、沈王诸王。洪武年间，藩王不仅拥有护卫军队，更可节制边塞重兵、功臣宿将，后来更率军四出征讨乃至干预中央决策，特别是秦、晋、燕王和后来的宁王，更是知名塞王，权力极大。藩王在西北的出现，意味着朱元璋对地方掌控力的极大提高，而西北诸部感受到的压力只会急剧上升，特别是像岐王朵只巴这种曾经位高权重的人，无疑更是不能接受，这终于成了压垮他们的最后一根稻草。

西北的叛乱在洪武九年（1376）伴随着诸王之国，以北元曾经的岐王朵只巴公开叛乱拉开序幕，在洪武十年（1377）以卫国公邓愈率大军征伐川藏、罕东达到一个高潮，洪武十一年（1378）以西北官员的处置失当最终激起洮州七站联合叛乱收尾，堪称一次规模浩大、延续三年之久的大叛乱。洪武九年（1376）正月，朱元璋命汤和、傅友德、蓝玉等将领率军前往延安防边。四月底，因为河州卫都指挥使韦正镇守河州，"守边有功"[1]，朱元璋不仅亲赐玺书表示慰劳，还准许韦正恢复本姓宁，此前宁正作为韦德成的义子而改姓韦，朱元璋此时在西北增加兵力并且对宁正大肆恩宠说明西北已经越来越不太平了。果然，五月，麻烦就找上门来了，元军在北元国公九住的率领下入寇陕西塔滩之地，虽然他们最终被陕西行都司击败，九住也被生擒。但北元这一举动无疑鼓励了西北诸部中的不满势力，更大的风暴紧随而来。

八月，元朝曾经的岐王、此时的明朝西北土官朵只巴终于公开叛乱，"率众寇罕东，河州卫指挥使宁正率兵击走之，追至西海北山口而还"[2]。这场战役，宁正其实只是前锋，总指挥正是洪武八年（1375）赶赴陕西经营西北的卫国公邓愈，不过

---

[1] 《明太祖实录》，卷一〇五，第1762页，"洪武九年四月"。

[2] 《明太祖实录》，卷一〇八，第1802页，"洪武九年八月"。

俞本将这次战役错记在了洪武九年（1376），而且与后来的邓愈征伐川藏、罕东相混淆，这一现象也能从一个侧面反映此时西北错综复杂的局势与明朝不得不在西北连续作战以稳定局势。

朵只巴的叛乱虽然被宁正镇压，但也自此拉开了西北诸部叛乱的序幕，何况宁正对朵只巴的严酷做法对西番的震动无疑是巨大的。此后，朱元璋虽然增设河州土官千户所乃至增设凉州卫，希望在战后稳定西北局势，但叛乱的导火线已经点燃，吐蕃部川藏不仅不服从明朝管理，竟然还公然劫杀乌思藏派往南京的使者，掠夺他们的辎重。这次，朱元璋决定不再宽容，他在后来颁给西番、罕东等地的诏书中很直白地宣称：

> 奉天承运的皇帝教说与西番地面里应有的上官每知道者：俺将一切强歹的人都拿了，俺大位子里坐地。有为这般上头诸处里人都来我行拜见了，俺与了赏赐、名分，教他依旧本地面里快活去了。似这般呵，已自十年了也。止有西番、罕东、毕里、巴一撒他每这火人为什么不将差发来，又不与俺马匹、牛羊。今便差人将俺的言语去开与西番每知道，若将合纳的差发认了，送将来时，便不征他，若不差人将差发来呵，俺著人马往那里行也者，教西番每知道。俺听得说你每释迦佛根前和尚每，根前好生多与布施之道，那的是十分好勾当，你每做了者，那的便是修那再生底福有，俺如今掌管著眼前的祸福俚，你西番每怕也那不怕？你若怕时节呵，将俺每礼拜著，将差发敬将来者，俺便教你每快活者，不著军马往你地面里来，你众西番每知道者。[①]

之前，笔者主要是从西北的局势以及西北诸部的角度分析，然而从朱元璋的这份诏书我们能够看出，他对西番、罕东等处的不满也是由来已久的，虽然主要是责备他们"为什么不将差发来，又不与俺马匹、牛羊"，即没有派人前来朝见进贡，但这一问题的实质是朱元璋认为西番诸部没有完全臣服，这一蓄积的不满又被朵只巴的叛乱和川藏屡次拦截乌思藏使者所刺激，加之曲先卫指挥沙剌此时又杀害了朱元璋册封的安定王卜烟帖木儿，卜烟帖木儿之子板咱失里随后又杀害沙剌报仇，最后板咱失里又被沙剌部将杀害，安定、曲先两卫陷入全面混乱，而且完全无视明朝

---

① 朱元璋：《明太祖御制文集》，卷一，《谕西番、罕东、毕里等诏》。

的存在。朱元璋终于被激怒，他最终决定对西番采取最激烈的行动。经过准备，朱元璋于洪武十年（1377）四月，"命卫国公邓愈为征西将军、西平侯沐英为副将军，率师讨吐蕃。先是，吐蕃所部川藏邀杀使者巩哥锁南等，故命愈等讨之"[1]，根据俞本的记载，此次率军的将领还有南雄侯赵庸，宁正也跟随出征，明廷在西北发动了一次针对西番的大规模征伐。

从朱元璋的诏书和安排可以看出，无论是川藏还是罕东、毕里，都是明军在西北控制的边缘地区，朱元璋此时并没有对河州、洮州等明朝已经控制一定时期并因俗而治设立了一系列卫所的地区表示出明显的担心，这或许是出于对此前邓愈对朵只巴作战胜利的鼓舞，洪武十年（1377）的征讨是朱元璋在西北采取的进一步行动。邓愈于"十（月）[年]，王（指邓愈，他去世后追封宁河王）与副将分兵为三，并力齐入，覆其巢穴，穷追至昆仑山，斩首不可胜计，获马、牛、羊一十余万"[2]，主要副将沐英则"副宁河王，总大兵征番部，西渡黄河，略川藏，耀兵昆仑，转战千里，俘获万计"[3]，俞本则记载：

> 五月，卫国公邓愈、西平侯沐英、南雄侯赵庸，上授以征西将军印剑，伐川藏。以都指挥使韦正为前锋，直抵昆仑山，屠西番，获牛羊、马匹数十万以归。遂于昆仑崖石间，刻"征西将军邓愈总兵至此"，绘其地里进上。[4]

《明太祖实录》也记载洪武十年（1377）五月：

> 征西将军邓愈兵至吐蕃，攻败川藏之众，追至昆仑山，斩首甚众，获马、牛、羊十余万，遂遣凉州等卫将士分戍碾北等处而还。[5]

至于宁正，《明太祖实录》也明确记载他"从征有功"[6]。统观这些记载，我们能

---

① 《明太祖实录》，卷一一一，第 1851 页，"洪武十年四月"。

② 朱梦炎：《卫国邓公神道碑》。

③ 《皇明名臣琬琰录》，前集卷二、三，王景黟，《黔宁昭靖王祠堂记》。

④ 俞本撰、李新峰笺证：《纪事录笺证》，卷之下，第 397 页，"洪武九年"。

⑤ 《明太祖实录》，卷一一二，第 1858 页，"洪武十年五月"。

⑥ 《明太祖实录》，卷二四五，第 3564 页，"洪武二十九年四月"。

频繁看到记载明军直抵昆仑山，但这个昆仑山不是今天通常意义上的昆仑山，这一点，万历《西宁志》已经有所认识，其中对这座"昆仑山"有如下记载："洪武间，西平侯沐英、征西将军邓愈追羌，俱至此山，非古所谓昆仑也。"如今已经考证出这些记载中的"昆仑山"确实不是通常意义上的昆仑山，而是指的今大通河与布哈河发源地，天峻、刚察、祁连三县交界处的大通山西端一带。[①] 如此一来，邓愈其实已经向西推进了相当的距离，而明军此次采取的政策也是极其严酷的，"并力齐入，覆其巢穴，穷追至昆仑山，斩首不可胜计""俘获万计""屠西番，获牛羊、马匹数十万以归""斩首甚众，获马、牛、羊十余万"等记载都说明明军此次已经不以招抚为目标了，转向穷追猛打，带有赶尽杀绝的气势，邓愈甚至在战事结束后刻石纪功。这是一个明显的信号，即明廷不再打算坚持因俗而治的政策了，大规模的调整即将到来，而最终加速这一进程的就是洮州大叛乱。

征伐川藏、罕东等地大获全胜后，卫国公邓愈奉诏还京，于洪武十年（1377）十一月初九行知寿春时病逝。对于这位立下大功的开国公爵，朱元璋追封他为宁河王，谥武顺。邓愈功成而逝，他的副将沐英则因公封西平侯，他此后还会在平定云南的战争中有更加辉煌的成就。明军在西北获得的胜利，不仅没有为西北带来平静，反而引发了更为猛烈的反叛。随着秦王、晋王之国的工作紧锣密鼓地展开，西北在洪武十一年（1378）进入了多事之秋。

洪武十一年（1378）四月底，庆阳灵州屯田百户山丹等叛乱，陕西都指挥使叶昇率军平叛，俘获跟随叛乱者二千六百五十人之多。五月，北元军再次入寇陕西，七月，朱元璋只好用沐英仍旧停留西北的便利让他经营岷州，设立岷州卫镇守，更增设碾北卫，这一切都是希望通过在西北建置卫所，增强地方军事力量，稳定西北的局势。朱元璋更在《谕中书天象敕》中明言："就中为兵事正在西番，教河州严备御，恐无知肆侮。"[②] 对西北的担心溢于言表。果不其然，就在这前后，归德州西番叛逃，恰好印证了朱元璋的担心。

十一月，朱元璋要求"严备御"的河州还算稳定，洮州却出了大事。十一月初，朱元璋再度对西北局势的动荡感到愤怒，"时西番屡寇边，命西平侯沐英为征西将军，率都督佥事蓝玉、王弼将京卫及河南、陕西、山西马步官军征之"，朱元

---

① 俞本撰、李新峰笺证：《纪事录笺证》，卷之下，第397—398页，"洪武九年"。

② 朱元璋：《明太祖御制文集》，卷五，《谕中书天象敕》。

璋更亲自撰文告祭岳渎、山川、旗纛诸神，文中说：

> 曩者兵争日久，老幼颠连，少壮奔逋，其苦甚矣。当是时，贤愚思治，上感昊穹，上帝好生，于是命予平祸乱、育烝黎，顾惟无能，实赖神佑。今者，祸乱已平，十有一年矣。惟西戎密迩边陲，岁常肆侮，特命西平侯沐英、都督佥事蓝玉、王弼等率兵致讨，惟神有灵，尚克相之。①

可以看出，朱元璋正是因为西番"密迩边陲，岁常肆侮"，导致西北兵连祸结，虽然才被邓愈一通横扫，也没有明显的收敛才再度决定对西北用兵的。这其实很好理解，邓愈近乎血洗的作战策略，加之秦王、晋王之国行动紧锣密鼓地进行，西番不可能坐以待毙，必然会拼死一搏。因此，朱元璋才会在矛盾大爆发之前先发制人，派出沐英、蓝玉率军再次征讨西番。然而令朱元璋没想到的是，沐英、蓝玉在月初才率军出发，月底，陕西再度发生叛乱，"陕西土鲁干保安驿丞宗失加及刺哥、美吉站黑鞑靼叛，掠驿马而去。守御千户李德率兵追及斩之"②。洪武十二年（1379）正月，洮州七站之地爆发大规模叛乱，"洮州十八族番首、三副使汪舒朵儿、瘿嗉子、乌都儿及阿卜商等叛，据纳邻七跕（站）之地"③。所谓"纳邻七站之地"，指的是河州西南入藏路上的七个大驿站，由当地土官管理，在洪武四年（1371）被明朝纳入管理，作为明廷与乌思藏联络的重要渠道，此时全体叛乱，甚至连并非七站之内的保安、积石州、朵甘之地等河州以西各部都加入了叛乱行列，明廷与乌思藏之间的道路自此遭到堵塞。

按理说，朱元璋方以沐英、蓝玉率大军出征，对后方河州也做了"严备御"的指示，不应在如此短的时间内在后院燃起这等大火，将矛盾激化到如此地步才对。关于七站何以在此时突然叛乱，俞本有一段十分独特的记载：

> 十一月，刺哥站土官刺哥率合族酋长，以牛羊、马匹、羊毛至河州易粮。（叶）昇见头畜无数，欲尽得之，诡文密奏西番侵河州。上允其奏，悉收诛

---

① 《明太祖实录》，卷一二一，第 1960 页，"洪武十一年十一月"。

② 《明太祖实录》，卷一二一，第 1963 页，"洪武十一年十一月"。

③ 《明太祖实录》，卷一二二，第 1972 页，"洪武十二年正月"。

之，昇拘番货、牛羊、马匹，尽入私家。其余六站番民闻之，皆遁去。朵甘思、乌思藏之路自此亦梗，不复通往来矣。[①]

　　按照俞本的记载，当时镇守西北的叶昇的欺上瞒下、贪财好利是刺激七站叛乱的主要原因。这是否正确呢？朱元璋对叶昇在西北的评论在洪武三十年（1397）叶昇牵连进蓝玉案被诛杀之时，朱元璋说："守边者不能御防，或滥交无度，纵放私茶，或假朝廷为名，横科马匹，以致番人悖信。朝廷初不知此，但谓西番不顺，岂知边吏有以激之。"[②]如此看来，叶昇确实存在因为在西北实行苛政激化了明廷与西番矛盾的罪名。但是，朱元璋这番话是对兵部说的，并不是完全针对的叶昇，这也就涉及当时明廷委任镇守西北的另一个人，就是宁正。恰好，宁正在洪武十一年（1378）、十二年（1379）时遭到了降职，直到洪武十二年（1379）七月何锁南赴京朝见朱元璋并就宁正镇守西北的情况进行解释后，宁正才得以恢复原职。虽然从宁正被降职的前后分析，他的降职很可能是因为洪武十一年（1378）四月的归德州西番叛逃，但我们也不能绝对认定归德州的西番叛逃没有宁正激化矛盾的因素，因为朱元璋在洪武三十年（1397）追论西北之变时并没有点名，而只是说"边吏有以激之"。俞本为了替恩主宁正开脱，将他的降职解释为不肯屈从冯胜的勒索而进献马匹，冯胜向朱元璋进谗言所致，这就未免越描越黑了。

　　洮州七站叛乱事出突然，因此一时对明朝在河州、洮州地区建立的卫所造成了严重破坏并堵塞了入藏道路。但因为已经有了邓愈西征在前，此时沐英、蓝玉也方才率军出征不久，明廷在西北拥有充足的军力，足以迅速做出反应。故此，洮州七站叛乱难以造成此前西北叛乱所造成的影响。叛乱爆发后，朱元璋立即命征西将军沐英改变计划，移兵平叛。朱元璋更亲自告祭西岳诸神说：

　　　　惟神磅礴，西土为是方之镇，古昔帝王知神有所司，故载在祀典，为民祈福。今予统中国，兼抚四夷，前者延安伯颜帖木儿，密迩中国，屡抚不顺，告神进讨，已行殄灭。自陕西迤北，民无兵祸之忧，惟河州西南吐蕃川藏及洮州三副使瘿嗉子，虽尝以子入侍，而叛服不常，复欲为生民之患，是用命

---

① 俞本撰、李新峰笺证：《纪事录笺证》，卷之下，第405页，"洪武十一年"。
② 《明太祖实录》，卷二五一，第3636页，"洪武三十年三月"。

将率兵进讨，惟神鉴之。①

朱元璋在祭文中将他对西番的愤怒充分发泄了出来。二月初一，在沐英移兵平叛的同时，朱元璋进一步认识到加强河州力量的重要性，将曹国公李文忠调往河州、岷州、临洮、巩昌、梅川等处"整治城池，督理军务"，更明确表示"边境事宜，宜悉从节制"②。李文忠前往河州地区，消除了沐英的后顾之忧，沐英在二月率军进至洮州故城，叛乱的西番三副史阿卜商、河汪顺、朵罗只等率众遁走，明军继续追击，擒获积石州叛逃土官阿昌和七站土官失纳等人，将他们全部处斩，成功将叛乱镇压了下去。

西北持续三年的叛乱随着七站叛乱被平定终于告一段落，但是对此后的西北地区，明廷采取怎样的措施进行统治的问题立即浮现了出来。此前西北的叛乱已经摧毁了陕西行都指挥使司，洪武十二年（1379）正月，朱元璋方才复置陕西行都司于庄浪，后来又改至甘州，这其实已经充分说明了朱元璋不会放弃西北。叛乱平定后，朱元璋认识到，在西北仅仅依赖土官，终究是难以长久的，此后，朱元璋几乎彻底转变了他统治西北的策略。

战事才告结束，沐英就奉命于东笼山南川选取地势恰当之处筑城，留下军队戍守以守卫这一咽喉之地。之后，明廷便在这里"置洮州卫，以指挥聂纬、陈晖、杨林、孙祯、李聚、丁能等领兵守之"③，七月，河州也进行了调整，由于此前河州下已经有了河州左卫和河州右卫，同时还有一个管民的河州府，存在很多冗余，此时朱元璋决定革除河州府，将河州右卫改为河州卫军民指挥使司，统管军民，至于河州左卫，根据朱元璋给李文忠、沐英的指示，"其河州两卫军马，只留一卫在河州，拨一整卫守洮州"④，理应奉命调往洮州戍守了。除了重置洮州卫和整顿河州卫，连去年新建的岷州卫军民指挥使司朱元璋也没有放过，岷州卫初设时本来下辖四个军民千户所和一个西固城军民千户所，明廷在岷州卫设经历司，编户十六里，为了管理这十六里百姓，明廷还特地从岐山县迁徙一里人至岷州卫，称之为"样民"。而根据洪武十四年（1381）《岷州卫建城碑记》记载，"洪武十二年夏，奉敕衔将阶州、

---

① 《明太祖实录》，卷一二二，第 1972 页，"洪武十二年正月"。

② 《明太祖实录》，卷一二二，第 1974 页，"洪武十二年二月"。

③ 《明太祖实录》，卷一二二，第 1979 页，"洪武十二年二月"。

④ 朱元璋：《明太祖御制文集》，卷一九，《谕曹国公李文忠、西平侯沐英等敕》。

汉阳、礼店、洮州、岷州、十八族番汉军民千户所钱粮，并听岷州卫节制"，进一步增强了岷州卫的权限。

这一系列调整看似只是建置上的调整，其实内涵远不止于此。最能充分反映这次变革内涵的正是此前提到过的那份朱元璋亲自撰写的《谕曹国公李文忠、西平侯沐英等敕》：

> 番寇溃散，余者见行追袭，然此其守御洮州城池，当仔细定夺。今拟西番已得地方宁静，其河州两卫军马，只留一卫在河州，拨一整卫守洮州，岷州原守军马，且不敢拨动，但留镇静，即目铁城等处人民，多不曾纳粮当差，地方多有积蓄，令军人哨取以为自供。其洮、铁二城，长阳地方人民，切不可留一户在彼。尔当依朕前嘱，一应首目，历历解来，乘此军势，不可再三，一了便了。所有随征军马，山西已行发回，甚是得当，余有西凉、宁夏未见发回，敕文到日，遣回本卫，京师、陕西、河南军马，令步军挟人出来，军马可尽数在彼收拾零碎西番，然后回还可矣。敕谕曹国公、西平侯及蓝、王总兵等官知会。①

从朱元璋这份敕谕可以看出，朱元璋除了让河州、洮州、岷州等卫获得兼管军民的更大权力，他更多的还着眼于对这些地区人民的管理，其中又以此前叛乱的洮州为最，新设的洮州卫高级官员几乎全是汉族。从朱元璋敕谕"其洮、铁二城，长阳地方人民，切不可留一户在彼。尔当依朕前嘱，一应首目，历历解来，乘此军势，不可再三，一了便了"可以看出，朱元璋决定不再依赖单纯通过土官治理当地的政策，他不仅在西北留下足够的军事力量以"收拾零碎西番"，更要求将西北一应土官头目向自己表示充分的臣服。根据现在的统计，洮州、岷州、十八族等三所以少数民族为主体，礼店后所为土著汉族与少数民族混合，西固城所为土著汉族与外来汉官混合，礼店前所以土著汉族为主，阶州所是一个外来的汉族千户所②，很明显，土著汉族、外来汉族在西北卫所内的势力有了明显的提高，依赖土官变为"土流参治"。比如与岷州卫相关的《二郎山铜钟铭文》和《洮州卫城竣工碑》记载两

---

① 朱元璋：《明太祖御制文集》，卷一九，《谕曹国公李文忠、西平侯沐英等敕》。
② 李新峰，《明前期军事制度研究》，第一章，第72页。

处卫所内官员的建置，均记载了相当的汉族流官，如《二郎山铜钟铭文》记载岷州卫下的"明威将军岷州卫军民指挥使司守御官：马烨；广威将军指挥佥事：姚贞、潘贵、杨政"，均为汉族流官，其下的五个直属千户所也全部属于流官系统，官兵也是拥有军籍的军户，可见汉族流官势力在平定叛乱后趁机充分渗入了西北卫所系统。虽然因为西北少数民族众多的固有情况，此后朱元璋仍旧需要任用土官，但这与大叛乱前的情况已经截然不同了，明廷对西北的控制力已经获得了明显的提升，此后西北终于获得了相对的安宁。

伴随着洮州七站叛乱的平定和明廷在西北推行"土流参治"的新策略，明军也没有停止行动。洪武十二年（1379）七月，李文忠在西北已经基本稳定后回到南京，宁正随后由河州卫千户升为宁夏卫指挥佥事，八月十四日，陕西都司械送被擒获的西番头目二十二人入京。九月，沐英继续追击七站叛军残部，大破叛军，擒获三副史中漏网的瘿嗉子，杀获数万人，得到马匹二万余匹，牛羊十余万头，胜利班师，蓝玉因功在十一月获封永昌侯。最后，十二月，陕西都指挥使宋晟被调为凉州卫指挥史，镇守凉州并负责处理此处的元朝遗民，开始了其镇守西北的生涯。

西北终于基本安定下来了，但朱元璋没有感到丝毫轻松，南京此时已经爆发了一场不亚于西北大叛乱的政治大地震——中书左丞相胡惟庸倒台了。

3. 罢中书省：胡惟庸案

胡惟庸案作为洪武年间一次对明朝日后影响深远的大案，研究已经很多了，笔者无意步前人后尘。当我们回到这件案子之初，能够发现胡惟庸案经过了一个由初发到扩大爆发的过程。

胡惟庸案最初的苗头可以追溯到洪武十二年（1379）十二月中书右丞相汪广洋被贬。在《明太祖实录》中，关于汪广洋贬死的记载一如既往地简略，"是月，右丞相汪广洋坐事贬海南，死于道"[①]，似乎没有什么不正常的地方。然而俞本在《纪事录》中对于汪广洋之死，却留下了截然不同的记载：

> 中书右丞汪广洋忤旨，贬广东。至采石，敕锦衣卫指挥石玉绞死，以妻子配侍卫官军，诸弟皆杀之。[②]

俞本的记载反映出来的则是与实录完全不同的残酷景象。倘若如实录所载，则汪广洋之死相对孤立，是朱元璋对汪广洋的个人整治，但如果如俞本所载的话，事情就不是如此简单了，结合随后洪武十三年（1380）正月胡惟庸案案发的情况来看，汪广洋之死可以说是朱元璋全面整治中书省的开端，因此弄清楚这个问题很有必要。

要弄清楚这个问题可以先从实录出发，《明太祖实录》在随后追记汪广洋的生平时，有这样一段记载，当汪广洋被贬行至太平时，朱元璋遣使给汪广洋带来了一份敕谕，这份敕谕内容极不寻常，说：

> 丞相广洋从朕日久，前在军中，屡闻乃言，否则终日无所论。朕以相从之久，未忍督过，及居台省，又未尝献一谋划以匡国家，民之疾苦皆不能知。间命尔出使，有所相视，还而嗫不一语。事神治民，屡有厌怠。况数十年间，

---

① 《明太祖实录》，卷一二八，第2035页，"洪武十二年十二月"。
② 俞本撰、李新峰笺证：《纪事录笺证》，卷之下，第414页，"洪武十三年"。

在朕左右，未尝进一贤才。昔命尔佐文正治江西，文正为恶，既不匡正，及朕咨询，又曲为之讳。前与杨宪同在中书，宪谋不轨，尔知之不言。今者益务沉湎，多不事事。尔通经能文，非遇昧者，观尔之情，浮沉观望，朕欲不言，恐不知者谓朕薄恩，特赐尔敕，尔其省之。[①]

这份敕谕将汪广洋从头到尾彻底进行了否定，完全是不让人活下去的架势。果然，汪广洋收到敕谕后"益惭惧，遂自缢卒"[②]。如此看来，汪广洋非正常死亡基本可以坐实，分歧在于汪广洋是自杀还是被杀，还有朱元璋是否因此追论了汪广洋一家呢？这就涉及汪广洋究竟是自杀还是如俞本所载是被人处决这一分歧了，这一问题的答案在朱元璋《明太祖御制文集》中的《废丞相汪广洋》一文中：

敕谕怠政坐视废兴。丞相汪朝宗[③]，虽相从之久，初务事军中，凡有问，则颇言是非，不问，则是非默然不举，既入台省，叠至两番，公政不谋，民瘼不问，坐居省台，终岁未闻出视兴造役民处所，工之巨微，茫然无知，有问无答，奉祀诸神所在，略不究心。自居大宰之位，并无点督之勤，公事浩繁，惟从他官剖决，不问是非，随而举行，数十年来进退人才，并无一名可纪，终岁安享大禄。昔命助文正于江西，虽不能匡正其恶，自当明其不善，何其幽深隐匿，以致祸生？前与杨宪同署于中书，宪奸恶万状，尔匿而不言，观尔之为也，君之利，乃视之，君之祸，亦视之，其兴利除害，莫知所为，以此观之，无忠于朕，无利于民。如此肆侮，法所难容。差人追斩其首，以示柔奸。尔本实非愚士，特赐敕以刑之，尔自舒心而量己，以归冥冥。故兹敕谕。[④]

非常明显，《明太祖实录》中朱元璋给汪广洋的敕谕正是从《明太祖御制文集》中的这份《废丞相汪广洋》润色而来的，其中最大的区别正是敕谕结尾处的一段话。在《明太祖御制文集》中这段话为"如此肆侮，法所难容。差人追斩其首，以

---

① 《明太祖实录》，卷一二八，第2037—2038页，"洪武十二年十二月"。

② 《明太祖实录》，卷一二八，第2038页，"洪武十二年十二月"。

③ 汪广洋，字朝宗。

④ 朱元璋：《明太祖御制文集》，卷七，《废丞相汪广洋》。

示柔奸。尔本实非愚士，特赐敕以刑之，尔自舒心而量己，以归冥冥。故兹敕谕"，到了《明太祖实录》中，这段话变为"尔通经能文，非遇昧者，观尔之情，浮沉观望，朕欲不言，恐不知者谓朕薄恩，特赐尔敕，尔其省之"，文集中严厉的处决决定到了实录中只剩下了相对温和的劝其自省。如今所存的《明太祖实录》经过建文、永乐两朝三修而成，颇多为尊者讳之处，将汪广洋由被杀讳言为自杀无疑就是其中一项，这和《明太祖实录》于功臣宿将之死的记载多所隐晦可谓同出一脉，《明太祖御制文集》中的文件无疑更为准确，对于这一点，钱谦益在《太祖实录辨证》、潘柽章在《国史考异》中也都是根据朱元璋文集中的原文考定汪广洋是被杀而不是自杀的。

　　既然朱元璋决绝地派人杀掉了被贬途中的汪广洋，则追论汪广洋一家就很有可能了。而要具体考证这个问题的话，就得看看俞本记载的这位锦衣卫指挥石玉。石玉在洪武二十八年（1395）由锦衣卫指挥佥事升为陕西行都司指挥佥事，他在赴任途中很有可能经过俞本所载的河州，俞本从石玉处得知相关史实并非不可能，不过这一点并无更多证据，就不再展开了。我们可以肯定的是，朱元璋对汪广洋的处理表示的不仅是他对汪广洋个人的不满，他历数汪广洋的履历，逐一否定，包括他两度进入中书省的作为，他意图针对的毫无疑问是此时以胡惟庸为代表的整个中书省，汪广洋的贬死可以说是胡惟庸案的前奏，这从朱元璋在胡惟庸案初发后的《废丞相大夫罢中书诏》中仍旧从汪广洋开始追溯也能得到进一步的证明。以此为始，胡惟庸案的第一枚多米诺骨牌被推倒了。

　　洪武十三年（1380）正月初二，御史中丞涂节告发中书左丞相胡惟庸与御史大夫陈宁等"谋反及前毒杀诚意伯刘基"[1]，朱元璋等的就是这个，他立即下令廷臣审录相关内容，朱元璋更亲自关注案件进展。根据《明太祖实录》的记载，此次审讯，朱元璋顺利得到了胡惟庸一系列罪状，总结起来，包括如下内容。

　　1."专肆威福，生杀黜陟，有不奏而行者，内外诸司封事入奏，惟庸先取视之，有病己者，辄匿不闻。私擢奏差胡懋为巡检，营其家事，由是四方奔竞之徒，趋其门下"，是为侵夺朱元璋权力，擅作威福。

　　2."诚意伯刘基亦尝为上言惟庸奸恣不可用，惟庸知之，由是怨恨基。及基病，诏惟庸视之，惟庸挟医往，以毒中之，基竟死，时八年正月也"，是为毒杀刘基。

---

① 《明太祖实录》，卷一二九，第2043页，"洪武十三年正月"。

3. "与李善长等相结，以兄女妻善长从子佑，贪贿弄权，无所畏忌。一日，其定远旧宅井中忽生石笋，出水高数尺，谀者争言为丞相瑞应，又言其祖父三世冢上皆夜有火光烛天，于是惟庸益自负，有邪谋矣"，是为勾结功臣，贪贿弄权，制造祥瑞，图谋不轨。

4. 吉安侯陆仲亨、平凉侯费聚因过受到朱元璋责骂，"惟庸阴以权利胁诱之，二人素戆勇，又见惟庸当朝用事强盛，因与往来，久之，益密。尝过惟庸家饮酒，酒酣，屏去左右，因言：'吾等所为多不法，一旦事觉如何？'二人惶惧计无所出，惟庸乃告以己意，且令其在外收辑军马以俟，二人从之"，是为勾结在外武臣，私聚军马，图谋不轨。

5. "又与陈宁坐省中阅天下军马籍，令都督毛骧取卫士刘遇宝及亡命魏文进等为心膂，曰：'吾有用尔也。'太仆寺丞李存义者，善长之弟、惟庸之婿父也，以亲故往来惟庸家，惟庸令存义阴说善长同起"，李善长一开始不同意，最后在胡惟庸许以封李善长以淮西之地后，"乃叹息起曰：'吾老矣由尔等所为。'"表示默许。这是在与李善长结亲的基础上，更进一步勾结开国公爵共同谋反，私聚亡命，不利于朝廷。

6. "使指挥林贤下海招倭军约期来会，又遣元臣封绩致书称臣于元，请兵为外应"，是为勾结日本与蒙古，图谋引狼入室，帮助自己谋反。[①]

从《明太祖实录》记载的罪名来看，胡惟庸可谓罪大恶极，更兼吃里爬外，无疑应该受到极严厉的惩罚。然而此时实录记载的处理却是较为奇怪的。正月初六，在已经得到供词，群臣请求诛杀胡惟庸后，朱元璋只是"赐惟庸、陈宁死。又言涂节本为惟庸谋主，见事不成，始上变告，不诛无以诫人臣之奸宄者，乃并诛节，余党皆连坐"[②]，仅仅只是赐死，而且只及与胡惟庸、陈宁、涂节三人及其党羽，并没有涉及罪状中深入介入的李善长、陆仲亨、费聚、毛骧等人，这无疑是不正常的。因为按照实录中的罪状，这些人无疑都应该被连坐，而李善长是十年后才被杀的，倘若李善长真的如罪状所言且在洪武十三年（1380）就已经有这些罪状，绝对不可能等到十年之后才被杀。

既然出现了矛盾，则必然有不准确之处，不是实录中的罪状不准确就是朱元璋

---

① 《明太祖实录》，卷一二九，第2043—2046页，"洪武十三年正月"。

② 《明太祖实录》，卷一二九，第2047页，"洪武十三年正月"。

的处理不够准确。要弄清楚这个问题，我们还是要回到朱元璋的文集中去。朱元璋在《明太祖御制文集》中有一份涉及胡惟庸案初发时的第一手文件，即《废丞相大夫罢中书诏》，其中这样说：

> 朕膺天命，君主华夷。当即位之初，会集群臣，立纲陈纪，法体汉唐，略加增减，亦参以宋朝之典，所以内置中书、都府、御史台、六部，外列都指挥使司、承宣布政使司、都转运盐使司、提刑按察司及府州县，纲维庶务，以安兆民。朕尝发号施令，责任中书，使刑赏务当，不期任非其人，致右丞相汪广洋、御史大夫陈宁，昼夜淫昏，酣歌肆乐，各不率职，坐视废兴，以致丞相胡惟庸，拘群小寅（夤）缘为奸，或枉法以惠罪，或执政以诬贤，因是发露，人各伏诛。特诏天下，罢中书，广都府，升六部，使知更官定制，行移各有所归，庶不紊烦。于戏！周职六卿，康兆民于宇内，汉命萧曹，肇四百年之洪业，今命五府、六部详审其事，务称厥职。故兹诏谕。①

从这份文件中我们可以看到，胡惟庸案初发时，朱元璋所定罪名只是"致右丞相汪广洋、御史大夫陈宁，昼夜淫昏，酣歌肆乐，各不率职，坐视废兴，以致丞相胡惟庸，拘群小寅（夤）缘为奸，或枉法以惠罪，或执政以诬贤"，的确不涉及谋反大罪，确如俞本在《纪事录》中所载，此时胡惟庸、陈宁的罪名只是"擅权坏法"②。因此，实录中的罪状必定不是胡惟庸案初发时的罪状，而当确如吴晗先生在《胡惟庸党案考》中所考证的，胡惟庸案经过了一个从案发到扩大爆发的过程。而胡惟庸案所引发的大规模屠戮正是此后爆发的结果，关于这一点，有很多耸人听闻的记载。

首先，《明太祖实录》仅仅记载赐死了胡惟庸、陈宁、涂节等人，然而究竟怎么赐死的呢？对此，俞本在《纪事录》中有一段记载：

> 左丞相胡惟庸、右大夫陈宁擅权坏法，俱伏诛于玄津桥。掘坑丈余，埋其尸。次日，复出之，支解于市，纵犬食之。录其家资，以妻子分配军士，

---

① 朱元璋：《明太祖御制文集》，卷二，《废丞相大夫罢中书诏》。
② 俞本撰、李新峰笺证：《纪事录笺证》，卷之下，第414页，"洪武十三年"。

子弟悉斩之。连及内外文武官员数万人，凡十五年间，党名始悉。①

这段记载读来让人后背发凉，如此恐怖的记载，是否可靠呢？洪武年间，玄津桥在复城桥北、皇宫向西大道跨青溪处，即今天南京市区杨吴城壕东段北端竺桥以南、西华门外正西的照心桥，即逸仙桥南的三拱石桥②。根据俞本的记载，玄津桥是一个刑场，这一点我们能够从朱元璋编写的《大诰续编》中得到证明，其中《秦昇等怙终第八十三》中记载秦昇受刑时地点正是在玄津桥，"（秦）昇默然而往。诣玄津桥，观刃器，视绳索，谓傍曰：'临终也，上且加恩于我。'就绳而缢"③，由此可见，玄津桥确为洪武年间一个传统的刑场，俞本的记载是相当准确的，而其中"连及内外文武官员数万人，凡十五年间，党名始悉"一段，则能够牵出更多恐怖的记载。

朝廷大臣方面，《明太祖实录》中胡惟庸罪状里涉及的那些人物，在随后的岁月里，其实一个都没有逃脱。与胡惟庸案发几乎同时，后来罪状中提到的都督毛骧就受到了株连，刘辰在《国初事迹》中记载毛骧是因为"放肆奸贪，太祖籍其家产，诛之"④，俞本的记载则更为直接，"至是，掌选受贿坏法事露。上亲于中书堂谕曰：'汝之恶，极矣。'遂以骧之胁、背刺（剌）'奸党毛骧'四字，剥皮贮草，置于都府堂上，以警后来，剔心肺示众。其妻子皆斩之，以所披金锁甲钦赐蓝玉"⑤，无疑非常残酷。吉安侯陆仲亨，虽然逃过了洪武十三年（1380）的案发，但是十年后的洪武二十三年（1390）被家奴告发，终于被杀。平凉侯费聚，与陆仲亨同于洪武二十三年（1390）因为胡惟庸案的持续爆发被杀。韩国公李善长，作为开国功臣中的六位公爵之首，同样是在洪武二十三年（1390）伴随着胡党案大爆发被杀。从李善长、陆仲亨、费聚三人都死于洪武二十三年（1390）可以看出，胡党案的大爆发，洪武二十三年（1390）是一个重要年份，这一年不仅有这三位重要人物被杀，更有郑遇春、黄彬、陆聚等老一辈勋贵的子侄一辈很多人牵连被杀，结果酿成了洪武后期的一次大规模屠杀勋贵事件，至洪武二十六年（1393），朱元璋在《宥胡蓝

---

① 俞本撰、李新峰笺证：《纪事录笺证》，卷之下，第414页，"洪武十三年"。

② 俞本撰、李新峰笺证：《纪事录笺证》，卷之下，第415页，"洪武十三年"。

③ 朱元璋：《明大诰研究·御制大诰续编》，《秦昇等怙终第八十三》，第333—334页。

④ 刘辰：《国初事迹》，第104页；（出自：邓士龙 辑：《国朝典故》，卷四）。

⑤ 俞本撰、李新峰笺证：《纪事录笺证》，卷之下，第401页，"洪武十年"。

党人诏》中自己承认，胡党案加上蓝党案，"族诛已万五千余人"①，朱元璋虽然宣布赦免剩余人员，但其实并没有执行，直到洪武末期冯胜、傅友德案，罪名仍旧是"党逆"，因此实际牵连人数只会更高。这是朱元璋一次有计划的清洗，已经不单纯是胡党案了，因此胡党案后期增加的罪状，才会有很多不清不楚的地方，比如私通日本、北元等项，已经经过考证，可信度非常低。

根据俞本在《纪事录》中的记载，胡党案，除了朝廷大员，平民百姓也不能幸免。《纪事录》中有这样一段记载：

> 上以应天府所属上元、江宁二县之民与胡惟庸为党，将男妇长幼悉屠之。山东、山西无产之民，量其多寡，给屋居之，名曰："顺民。"②

屠戮两县百姓，如此耸人听闻的事情读来自然令人难以置信。朱元璋是否因为胡党案对京师百姓不满到了这种地步呢？朱元璋对京师百姓的态度能够从朱元璋编纂的《御制大诰》中找到记载，其《御制大诰·京民同乐第二十八》中朱元璋这样说：

> 在京人民，朕于静处，少有暇心，即思必与同乐，不期愚民为胡、陈所诱，一概动摇，至今非心不格，面从心异。曩者，愚民奔走门下，纷然竞起，拘做马前之卒，为奇谋、为吏役之道自庆，奸狡蔽其仁心，是非迷其本性，由是身亡家破。迩年以来，坊厢人户，不许差役，使得遂其生。今者诸司犯法，赃在坊厢。其坊厢村店人等，不奉朕命，固替奸贪隐匿，直至身亡家破而后已。今后天下内外城市乡村，凡我良民，无得结交官吏。设若家道生受，误用官吏赃私钱物，才闻官吏发露，即于所在官司首告，与免结交之罪。③

可以看出，朱元璋此时确实对京师百姓结交官吏，甚至在胡惟庸案案发后还帮助相关官员藏匿赃物等事情非常不满，规定他们今后不得结交官吏，发现相关官吏

---

①　《皇明诏令》，卷三，《宥胡蓝党人诏》。

②　俞本撰、李新峰笺证：《纪事录笺证》，卷之下，第417页，"洪武十三年"。

③　朱元璋：《明大诰研究·御制大诰》，《京民同乐第二十八》，第220页。

出现问题，也负有率先举报的责任。但是朱元璋是否因此对京师百姓进行了大屠杀呢？祝允明的《野记》、陆容的《菽园杂记》中都能找到相关记载，但这些资料出现年代较晚，且严谨性存在一些问题。因此，要论证这个问题，最好还是从明初的资料入手。同样为朱元璋授意编纂的《逆臣录》中在记载后来蓝玉案相关人员的供词时，能够找到相关记载，在第四卷中记载一位名叫张佛弟的人的供词，说：

> 一名张佛弟，系应天府溧阳县德齐乡人。有同乡王景祥，系鹰扬卫指挥王贵房侄。本人因赴京望叔王指挥，本官[1]就令王景祥将羊酒祭物回家，于祖坟上烧纸，邀请佛弟并邻人王德一、宋景名、潘计四、朱名一、吴兴六、王宗六等到家安排酒食。吃饮间，有王景祥对弟说："前日去望指挥叔叔，叫我回家传示乡中亲眷。他说：'我每这一府百姓，比先都是胡党饶了，则怕久后事发，也免不得。如今凉国公[2]要谋大事，教我乡中寻几个好汉伺候着，若动手时，便去接应。若事发时，都做义丁、军官到快活。'"各人喜应。商量听候谋逆间，不期蓝党事发。有王景祥等，便令佛弟并张阿弟以推军卖为田，前到王指挥家。探听消息间，本官败露抄劄，就将佛弟等一概抄提到官，取问罪犯。[3]

这段供词中，王景祥转达的鹰扬卫指挥王贵的话中"我每这一府百姓，比先都是胡党饶了，则怕久后事发，也免不得"透露出了很多信息。首先，这段话证明，朱元璋确实追究过京师百姓党附胡惟庸的问题，但并没有全数屠戮，因此才会有"我每这一府百姓，比先都是胡党饶了"；然而这"则怕久后事发，也免不得"又说明了什么呢？蓝玉案爆发于洪武二十六年（1393），胡惟庸案大爆发则是在洪武二十三年（1390），时间间隔并不长，从供词中可以分析出，正是因为胡党案十年后的大爆发，让包括王贵在内的人认为自己虽然躲过了洪武十三年（1380）的追究，但这一次终究躲不过，因此才会有铤而走险的打算。这样一来，也就符合陆容在《菽园杂记》中引用洪武后期山东监生周敬心的"二十三年，大杀京民"[4]及祝允

---

[1] 本官即鹰扬卫指挥王贵。

[2] 凉国公指蓝玉。

[3] 《逆臣录》，第四卷，《鹰扬卫指挥王贵等》，第213页。

[4] 陆容：《菽园杂记一》，第1610页（出自：邓士龙 辑：《国朝典故》，卷七十三）。

明在《野记》中记载的"二十三年，京民为逆。戮其半，以半迁之化外"①的记载了。朱元璋是从颁布《御制大诰》的洪武中期开始已经对京师百姓十分不满，积累至洪武后期才终于借着胡党案大爆发而开始屠戮京师百姓。如此看来，俞本除了又犯了他一贯的错误，弄错了时间，将洪武二十三年（1390）胡党案大爆发时才开始的杀戮提前到了胡惟庸案初发时，其他记载则是相对准确的。

　　既然屠戮是真，那么所谓"顺民"的情况又是如何呢？关于朱元璋从外地迁移百姓至上元、江宁二县占籍为民的事情，从《明太祖实录》中就能够找到直接记载，其中洪武二十八年（1395）十一月，"诏从直隶、苏州等十七府州及浙江等六布政使司所属府州县小民二万户，赴京占籍于上元、江宁二县以充各仓夫役，名曰：'仓脚夫'"②。实录中的"小民"应即《纪事录》中的"无产业之民"。又根据《明太祖实录》洪武四年（1371）的统计，应天府管辖区域内人口有"军、民、吏人户凡二万七千一百五十九户，民二万一千五百六十七户，军一千八百九十六户，公侯族属一千一百九十七户，吏二千四百九十九户"③，其中的"民户"二万一千五百六十七户与洪武二十八年（1395）朱元璋迁徙来的"小民二万户"吻合，可见俞本在《纪事录》中记载的二县百姓遭到屠戮，确非虚言。而"顺民"这个名目，在《逆臣录》中也能找到相关记载，比如"刘参，年七十岁，系山东济南府乐安州人，以顺民全家起赴京城住坐"④"一名程贰，年四十二岁，山东济南府乐安州在城人，系刘参女婿，以顺民全家起取于江宁县正西隅住坐"⑤"一名陆胜三，苏州府吴县人，见于应天府江宁县住坐。充当'仓脚夫'，赁到茆指挥家房屋开张买卖"⑥，由此可见，朱元璋从直隶、苏州等十七府州迁徙来的百姓确实有"顺民"这一称呼。综合前后记载，朱元璋的屠杀与迁徙政策应当是始于洪武二十三年（1390）胡党案大爆发，至洪武二十八年（1395）蓝党案爆发结束，当年还进行了一次规模浩大的移民。而这些顺民后来又出现在《逆臣录》中，说明他们卷入了蓝玉案，其结局也并不好。

　　① 　祝允明：《野记一》，第502页（出自：邓士龙 辑：《国朝典故》，卷三十一）。
　　② 《明太祖实录》，卷二四三，第3527—3528页，"洪武二十八年十一月"。
　　③ 《明太祖实录》，卷六三，第1026—1027页，"洪武四年闰三月"。
　　④ 《逆臣录》，第一卷，《前军都督刘参、程贰》，第43页。
　　⑤ 《逆臣录》，第一卷，《前军都督刘参、程贰》，第44页。
　　⑥ 《逆臣录》，第五卷，《诸杂官民李常等、陆胜三》，第313页。

屠杀是胡惟庸案及此后延伸为胡党案的一个残酷结果，但却并不是胡惟庸案唯一的结果。胡惟庸的倒台还带来了另一个结果，就是明初政治制度的一次大调整，这次调整在前引朱元璋亲自撰写的《废丞相大夫罢中书省诏》里已经有了很详细的讲述，即"特诏天下，罢中书，广都府，升六部，使知更官定制，行移各有所归，庶不紊烦。于戏！周职六卿，康兆民于宇内，汉命萧曹，肇四百年之洪业，今命五府、六部详审其事，务称厥职"。

要追溯朱元璋为何最后会决定罢中书省，可以追溯到洪武元年（1368）正月，笔者在第六章第二节就曾提到，朱元璋在洪武元年（1368）正月初七就曾经阐述过自己心目中理想的政治制度，即"成周之时，治掌于冢宰，教掌于司徒，礼掌于宗伯，政掌于司马，刑掌于司寇，工掌于司空，故天子总六官，六官总百执事，大小相维，各有攸属，是以事简而政不紊，故治。秦用商鞅变更古制，法如牛毛，暴其民甚而民不从，故乱。卿等任居宰辅，宜振举大纲以率百僚，赞朕为治"[1]，从这段话可以明显看出，在朱元璋心中理想的政治制度是没有中书省的位置的，而是"天子总六官，六官总百执事，大小相维，各有攸属，是以事简而政不紊"，此后，朱元璋其实一直都在谋求实现这一目标。

洪武九年（1376），朱元璋已经完成了地方行政机构的一步重要调整，改行中书省为承宣布政使司，迈出了地方三司分立的重要一步，为最终在中央罢中书省奠定了基础。后来，朱元璋又在洪武十年（1377）连续采取措施，一方面命韩国公李善长、曹国公李文忠议议军国重事，中书省、都督府、御史台都归他们节制；一方面又设立通政司，名义上是为了避免上下消息隔绝，其实仍旧是为了削弱中书省的权力，让军民言事奏章可以不经过中书省而直达御前，最后，更在洪武十一年（1378）规定奏式，要求此后奏疏不得再关白中书省，从而让中书省在实质上成了一个累赘，而胡惟庸案的发生最终促成了朱元璋对中枢机构的调整。

洪武十三年（1380）正月，朱元璋不仅罢中书省，还采取了两项措施，即"广都府"和"升六部"，包括改大都督府为五军都督府，升高六部地位，他们直接对皇帝负责，不再统归中书省。随后，朱元璋进一步扩大改革，他规定御史台不再设立御史大夫，而将其下的御史中丞提升为御史台最高长官，五月，他干脆取消了御史台和各道按察司。洪武十四年（1381）至洪武十五年（1382），朱元璋设立都察

院，其下设有监察御史，此时有八人，正七品，由秀才李原明、詹徽等人担任，都察院下设十二道监察御史，正九品。一年后的洪武十六年（1383）六月，朱元璋又将都察院改为正三品衙门，下面设有左右都御史，均为正三品官职。此前的御史中丞为正二品官职，此时都察院的地位才大体能够和御史台相当。至于按察司，终究不可能长期撤销，因此在洪武十四年（1381）三月得以复设。

从御史台到都察院只是一个比较次要的方面，罢中书省后，明朝在实质上就没有丞相了，又由于六部直接对皇帝负责，因此朱元璋在实质上兼任了丞相的职权。根据给事中张文辅统计，在罢中书省后的洪武十七年（1384）九月十四日至二十一日的八天里，朱元璋共需处理内外诸司奏章共一千六百六十份，奏事三千三百九十一件，这导致朱元璋不得不感叹："朕一人处此多务，岂能一一周通，苟致事有失宜，岂唯一姓之害，岂唯一身之忧，将为四海之忧"[1]。在皇帝中堪称劳模的朱元璋都不堪重负，寻找补救措施就成为必然了。朱元璋采取的第一个方案是设立"四辅官"。洪武十三年（1380）九月，朱元璋祭告太庙，"仿周制"设立四辅官，"四"为四季，四辅官包括春、夏、秋、冬四官，此时王本、杜佑、龚斅为春官，杜斅、赵民望、吴源为夏官，均为从一品高官，列在公、侯、伯、都督之后而在六部尚书之前，每月分上中下三旬轮流理事，秋、冬两官此时缺而未任，由春、夏官兼摄。

为什么要设置四辅官，朱元璋自己的说法是："朕尝思之，人主以一身统御天下，不可无辅臣，而辅臣必择乎正士，若尧舜匪咨四岳，政事不免于壅蔽，商辛能任三仁，启沃岂亡于神益，故尧舜以得人而昌，商辛以弃贤而亡，此古今之龟鉴也。朕唯鉴兹，乃唯贤是求，卿等受斯重任，宜体朕怀，心常格神，行常履道，佐理赞化，以安生民。且卿等昨为庶民，今辅朕以掌民命，出类拔萃，显扬先亲，天人交庆。于戏，盛哉！故兹再谕，尚克念之。"[2] 此后，朱元璋也确实赋予了四辅官相当的职权，不仅让各郡县举荐的人才聚集在端门让四辅官审视，刑部录囚也要送四辅官。但是，正如朱元璋自己所说，四辅官成员都是"昨为庶民，今辅朕以掌民命"，他们根本没有从政经验，这一先天不足注定了他们难以承担朱元璋的期望，一年后的洪武十四年（1381）正月，龚斅、杜佑、赵民望、吴源就相继致仕，四辅官只剩下两人，此后，四辅官又经过了一些人员调整，但终究难挽颓势，最终随着

---

① 《明太祖实录》，卷一六五，第2544页，洪武十七年九月。

② 《明太祖实录》，卷一三三，第2115—2116页，"洪武十三年九月"。

四辅官最后一人王本因罪被杀，四辅官就此退出历史舞台。四辅官失败了，朱元璋只得尝试其他补救措施，他又在洪武十五年（1382）十一月"仿宋制"设立殿阁大学士，由翰林院官员担任，皆为正五品职务，以备顾问，然而这一制度仍旧不成功，随着最后一位大学士文渊阁大学士朱善在洪武十八年（1385）去世，大学士之位遂空无一人，已经形同虚设。

虽然屡屡受挫，朱元璋仍旧继续寻求补救手段，最后，洪武十四年（1381）十月，他"命法司论囚，拟律奏闻，从翰林院给事中及春坊正字司直郎会议平允，然后复论决"①，十二月，又"命翰林院编修、检讨、典籍，左春坊左司直郎、正字、赞读考驳诸司奏启以闻。如平允，则署其衔曰：'翰林院兼平驳诸司文章事某官某。'列名书之"②。可以看出，朱元璋这次很务实，他将司法复审权和政务的初审权赋予了翰林、春坊官，这也是某种程度上的生杀大权，而翰林、春坊官职衔较低，与外廷没有公事往来，人员也不固定，更像是临时差遣，他们和大学士共同协调，既不能对皇权构成威胁，却又能够起到顾问的作用，终于基本满足了朱元璋的要求，也为日后内阁的出现奠定了基础。洪武二十八年（1395）九月，朱元璋在最终编订的《皇明祖训》中留下了那段著名的话，"今我朝罢丞相，设五府六部、都察院、通政司、大理寺等衙门分理天下庶务，彼此颉颃，不敢相压，事皆朝廷总之，所以稳当"，并明确规定"不许立丞相"③，通过这种手段让丞相制度彻底走进了历史，从制度上完成了进一步的集权。虽然后来内阁有相之实，但不可能拥有相名，甚至始终是一个未能写入《大明会典》的非法机构。

可以说，胡惟庸案不仅造成了洪武年间一系列残酷的屠戮，更造成了罢中书省及最终废除丞相制度，这不仅对明朝历史，甚至对中国历史都产生了极其深远的影响，明朝此后的基本政治制度也就此奠定。

---

① 《明太祖实录》，卷一三九，第2194页，"洪武十四年十月"。

② 《明太祖实录》，卷一四〇，第2209页，"洪武十四年十二月"。

③ 朱元璋，《皇明祖训·祖训首章》，第4b-5a页。

4. 开哈梅里之路与平定云南

就在朱元璋通过胡惟庸案对中央官僚机构进行历史性的调整的同时，他也没有放弃对残元势力的打击。随着明军在北方边境优势的逐渐恢复，特别是西北地区在反复叛乱之后复归稳定，朱元璋决定逐渐恢复对北元积极出击的政策。

洪武十三年（1380）二月十一日，朱元璋选定了北元国公脱火赤、枢密、知院爱足作为这一政策改变的实验目标，选定他们原因也很简单，因为他们"率众万人屯于和林，恐为边患"①，和林此时为北元的政治中心，也是洪武五年（1372）明军三路北伐的主要目标，选择这里进行报复，也非常符合朱元璋的风格。而奉命率军征讨脱火赤的正是此前在平定西北叛乱中立有大功而获封西平侯的沐英，分拨给沐英的军队主要是陕西地区的驻军。

三月十一日，燕王朱棣之国北平，从此成为北方不可忽视的存在，在洪武年间发挥了重要的保卫北方边境的作用。三月底，沐英率军抵达灵州，他派人侦查得知脱火赤等人已经率军前往亦集乃路。战况发生变化，沐英当机立断，"遂率师渡黄河，经宁夏历贺兰山，涉流沙，凡七日夜，至其境"②，从北方转了一个大弯终于在西北追上了脱火赤，抓住了敌人。沐英追上脱火赤后没有急着开战，他在距离穹庐五十里的地方将军队分为四路，乘夜潜入实现了对脱火赤的合围，结果一战成功，"擒脱火赤、爱足等，尽获其部曲以归"③，获得了巨大的胜利。

沐英在西北的成功鼓励了此时练兵于西北的陕西都指挥使、都督濮英，他在四月发动袭击，俘虏了"故元柳城王等二十二人，民一千三百余人，并获马二千余匹，遣使以所获符印来上"④。随后，濮英在四月二十七日正式"复请督兵略地，开哈梅里之路以通商旅"⑤，哈梅里即哈密地区，在后来嘉峪关以西，明朝倘若能够控制哈密，则基本打通了西域的通路，有利于商贸往来。对于濮英的提议，朱元璋表

---

① 《明太祖实录》，卷一三〇，第2061页，"洪武十三年二月"。

② 《明太祖实录》，卷一三〇，第2074页，"洪武十三年三月"。

③ 《明太祖实录》，卷一三〇，第2074页，"洪武十三年三月"。

④ 《明太祖实录》，卷一三一，第2077—2078页，"洪武十三年四月"。

⑤ 《明太祖实录》，卷一三一，第2078页，"洪武十三年四月"。

现出了重视，他亲自赐予濮英玺书，一方面对他主动出击北元表示肯定，一方面就他请求出兵哈梅里之事答复说：

> 报至，知所获人畜，略地之请，听尔便宜，但将以谋为胜，慎毋忽也。所获马二千匹可付凉州卫。[①]

朱元璋很干脆地批准了濮英的提议，能够发现，有了此前一系列的胜利，朱元璋对明军的信心也逐渐恢复，开哈梅里之路作为一次规模颇大的主动拓地行动正是在这样的背景下才能得到朱元璋的肯定。当然，洪武十年（1377）前后安定、曲先诸卫内乱削弱了明廷在当地的影响力也是此时朱元璋批准这一计划的原因之一，朱元璋谋求在明朝册封的安定王卜烟帖木儿被杀后，重新恢复对哈密地区的控制，而此前屡被明廷忽略的西域地区，也终于再度走入明廷中央的视野中。当然，我们从此时朱元璋仅依赖陕西都司的官员与军队开哈梅里之路也能看出，朱元璋此时并没有将打通西域看成一件需要倾全国之力进行的军事行动，这与他后来对待云南与辽东的态度截然不同。这也与洪武后期蓝玉西征的规模形成了对比。

五月十二日，濮英稳步进军至白城，在这里擒获了北元平章忽都帖木儿，进抵赤斤站之地。在赤斤站，濮英再次取得胜利，擒获北元幽王亦怜真及其部属一千四百人，同时还缴获金印一颗。

濮英最辉煌的胜利发生在七月。七月十六日，"濮英兵至苦峪，获故元省哥失里王、阿者失里王之母、妻及其家属，斩部下阿哈撒答等八十余人，遂还兵肃州"[②]，胜利结束了开哈梅里之路的军事行动。濮英对哈密地区的用兵效果是显著的，洪武十四年（1381）五月初一，哈梅里回回阿老丁进京朝贡，献上马匹，朱元璋对明廷权威在撒里畏兀儿地区的逐渐恢复感到非常满意，他大大赏赐了阿老丁后派他返回撒里畏兀儿继续替明朝招抚那里的少数民族首领。

如果顺利，明廷对撒里畏兀儿的再度经略能够就此稳步推行。但变故再度发生，洪武十四年（1381）九月，朱元璋决定倾全国之力平定云南，明廷的关注点转向西南，西北自然再度受到了忽视。云南平定后，辽东纳哈出又走进了朱元璋的视

---

① 《明太祖实录》，卷一三一，第2078页，"洪武十三年四月"。

② 《明太祖实录》，卷一三二，第2104页，"洪武十三年七月"。

野。洪武二十年（1387）明廷遂又以冯胜、蓝玉为主要将领的豪华阵容出征辽东，甚至还为此征调了西北地区的军队，经略撒里畏兀儿自然更加不现实了。濮英也参加了最终平定辽东的战役，洪武二十年（1387）闰六月，明军班师途中，濮英负责殿后，被北元军所乘，不幸阵亡，留下了最终未能完成对哈密经略的遗憾。

撒里畏兀儿再度走入明廷视野已经是洪武二十三年（1390）了，蓝玉率大军西征，深入西域，取得了明廷经略西北以来前所未有的巨大胜利。当然，因为明廷中央对西域向来的忽视，蓝玉的胜利成果最终也没有转化为明廷强力掌控的省一级行政区划，最终仍旧演变为羁縻统治的局面，直到朱棣即位后全面经略关西七卫，明廷在西北的控制区才终于相对固定下来，当然，这些都是后话了。朱元璋通过濮英的军事行动弄清楚了明军当前的实力，而云南地区元朝梁王把匝剌瓦尔密则走入朱元璋的视野成了他的眼中钉，朱元璋终于决定发动收复云南的战争。

云南地区，在唐宋曾先后为南诏、大理等政权控制，元朝灭大理，再度将之纳入版图。及至元末明初，云南为元朝梁王把匝剌瓦尔密盘踞，位于四川的夏主明玉珍就曾经派兵进攻云南，结果失利而归。朱元璋也曾想通过和平手段解决云南问题，他在还未平定四川的洪武二年（1369）二月就曾经派使节诏谕云南梁王，赐予他冠带、衣服，这时，朱元璋是将云南放在和日本并列的地位，可见这时朱元璋对云南的地位还不是很明确。此后，朱元璋延续了这一政策，他在洪武三年（1370）正月再度尝试沟通云南，此时，朱元璋已经将云南与其他明军还未平定之处均归于"未附之地"①，性质与一年前截然不同了。虽然在当年六月云南再度与爪哇等国并列，显示了一定的不稳定性，但毕竟已经出现变化了。然而朱元璋此时的这些行动，收效并不大，毕竟明朝此时和云南之间还隔着明氏的夏国，鞭长莫及。

随着洪武四年（1371）明军平定四川，明朝的疆域直接与云南接壤，朱元璋更加大了招抚的力度。最著名的一次招抚发生在洪武五年（1372），朱元璋派遣翰林待诏王祎偕同云南派往联系北元的使者苏成携带朱元璋的诏书前往云南招抚梁王把匝剌瓦尔密。王祎为元末明初著名学者，曾在朱元璋身边掌起居注，后来又参与编修《元史》，朱元璋派他出使云南，可以说是前所未有的规格。朱元璋这次在诏书中全面阐述了自己的态度：

---

① 《明太祖实录》，卷四八，第951页，"洪武三年正月"。

朕唯天生斯民，必立之君以抚治之。曩者，元君失政，海内鼎沸，疆宇瓜分，其盗据境土、擅生杀者不可胜数，生民涂炭，十有七年。朕起布衣，提义师开基江左，命将四征，西平陈友谅，东缚张士诚，南下闽粤，北清幽燕，奠安华夏，复我中国旧疆，遂为臣民推戴，即皇帝位，定有天下之号曰：大明，建元洪武，是用遣使外夷，播告朕意，使者所至，蛮夷酋长莫不称臣入贡。唯尔梁王把都平章、叚光都元帅叚胜，守镇云南，亦尝遣人告谕，不意蜀戴寿等凭恃险隘，扼绝中道，致使朕意不达尔土。去年遂兴问罪之师，分命大将率马步舟师，水陆并进，直抵重庆，明昇面缚衔璧出降，继平成都，生擒戴寿，即其郡邑设官守。西土既宁，复遣使往谕尔等，尚恐未达，今因北平送至苏成，称为尔等北使之人，故复遣赍诏往谕。朕虽不德，不及我中国古先哲王使四夷怀服，然不可不使天下周知。故兹诏谕，尔其悉之。[①]

朱元璋在诏书中全面讲述了自己由布衣起家，直到成为大明皇帝，进而推翻北元，开疆拓土的历史。同时，朱元璋也给了梁王充分的台阶，将他之前对明朝的冷淡归因于四川地区夏国的阻拦与干扰，目的就是一个，要求梁王把匝剌瓦尔密臣服于明朝，从而让明朝和平地将云南纳入版图。如果说明朝此前的历史，梁王因为有四川夏国的屏障而没有直接体会的话，那么明军平定四川的战事就是在眼前发生的了。因此，当王祎到达云南宣布了朱元璋的诏书后，梁王的态度颇为暧昧，他虽然以礼对待王祎，但却不就朱元璋的诏书进行明确答复，也不放王祎返回明朝，实际是将王祎软禁在了云南，继续持观望态度。孰料此时北元派来催征粮饷的使者脱脱到了云南，他看到了梁王对待王祎的态度，担心梁王怀有异志，终将投降明朝，于是威胁他杀掉王祎。梁王虽然举棋不定，但最终还是杀害了王祎。王祎遇害后，梁王又以礼安葬了王祎，这显示他仍旧是骑墙的态度。王祎在建文年间为明惠宗朱允炆追赐谥号"文节"，成为明朝第一位获得谥号的文臣。不过王祎是易代之后才获得的谥号，明朝第一位在去世后于当代就获得谥号的文臣则是永乐年间的内阁大臣胡广，他于永乐十六年（1418）去世后立即被明太宗朱棣赐谥"文穆"。

王祎出使的遇害让朱元璋意识到，除非被逼到穷途末路，梁王把匝剌瓦尔密是不会轻易屈服的，此后朱元璋遣使至云南的态度也越来越严厉，这对双方缓和关系

---

① 《明太祖实录》，卷七一，第1314—1315页，"洪武五年正月"。

自然没有任何用处，双方都知道，最后的结果一定是一场战争。但由于当时明朝的军事力量主要集中于北方和西北，因此攻打云南的战事并没有立即发生。

洪武十四年（1381）八月，随着西北的平定，徐达、傅友德等北征乃儿不花获胜，乌思藏也基本臣服，朱元璋终于消除了进军云南的障碍。八月初一，朱元璋告谕在廷文武诸臣，正式表达了自己将要征讨云南的意图：

> 云南自昔为西南夷，至汉置吏，臣属中国。今元之遗孽把匝剌瓦尔密等，自恃险远，桀骜梗化，遣使招谕，辄为所害，负罪隐慝，在所必讨！[1]

朱元璋的话得到了众臣的一致赞同，随后，朱元璋下令诸将简练军士，为之后的出征做准备。在这一过程中，集结起来用于征讨云南的军队高达二十四万九千一百人，朱元璋为此提供了布帛三十四万四千三百九十匹，钞四十万八千九百八十锭有余，可谓倾全国之力为深入云南做准备。

经过一个月的准备，洪武十四年（1381）九月初一，朱元璋驾临奉天门，正式"命颍川侯傅友德为征南将军，永昌侯蓝玉为左副将军，西平侯沐英为右副将军，统率将士往征云南"[2]，正式开始了平定云南的战事。傅友德等人受命后，朱元璋还感到不放心，又嘱咐他们说：

> 云南僻在遐荒，行师之际，当知其山川形势以规进取。朕尝览舆图，咨询于众，得其扼塞。取之计，当自永宁先遣骁将别率一军以向乌撒，大军继自辰沅以入普定，分据要害，乃进兵曲靖。曲靖，云南之喉衿，彼必并力于此以拒我师，审察形势，出奇取胜，正在于此。既下曲靖，三将军以一人提劲兵趋乌撒应永宁之师，大军直捣云南，彼此牵制，彼疲于奔命，破之必矣！云南既克，宜分兵径趋大理，先声已振，势将瓦解，其余部落，可遣人招谕，不必苦烦兵也。[3]

---

① 《明太祖实录》，卷一三八，第2179页，"洪武十四年八月"。
② 《明太祖实录》，卷一三九，第2185页，"洪武十四年九月"。
③ 《明太祖实录》，卷一三九，第2185页，"洪武十四年九月"。

朱元璋如此事无巨细地定下作战方略，在此前的军事行动中是难以见到的，即便是洪武三年（1370）的三路北伐，朱元璋也只是定下了一个大体上的战略，并没有如此细致。实际上，这也正是云南之役的不同之处，在整个云南之役中，朱元璋频繁致书前线将领进行指导。另外，沐英这位此前在平定西北叛乱中立有大功的将领作为三位将军之一参加征讨云南的战役并在战事结束后负责留下镇守云南也从一个侧面证明西北地区的稳定对于明廷能够腾出手来进军云南的重要性。

在具体论述明军平定云南的过程前，有必要提一提西北人员在云南之役中的参与情况。这其中特别值得一提的就是俞本的恩主之一宁正的情况，俞本在《纪事录》中于洪武十五年（1382）初记载，"调四川都指挥使宁正为云南都指挥使。云南之地叛服无常，正善抚众，故有此调"①。宁正是在洪武十五年（1382）正月才由宁夏卫指挥佥事升为四川都指挥使的，并无可能立即由四川改调云南，云南都指挥使司是在当年二月建立的，很难想象宁正在四川都指挥使任上只干了一个月。查阅《明太祖实录》后我们能够得知，宁正由四川都指挥使调任云南都指挥使司任都指挥使是在洪武十九年（1386）四月，直到洪武二十五年（1392）七月，宁正才最终获得加授右军都督府左都督，以云南都指挥使、右军都督府左都督的身份镇守云南。西北人员确实参与了平定云南及此后建设云南的任务，但这是一个相对漫长的过程，俞本将之记载在洪武十五年（1382）除了犯了时间错乱的老问题，恐怕还有刻意凸显恩主宁正的原因在内。

傅友德、蓝玉、沐英在龙江辞别朱元璋，率大军出发。九月二十六日，征南将军、颍川侯傅友德率军抵达湖广，在这里，他按照朱元璋布置的总体战略，派都督胡海洋等率军五万人由永宁进取乌撒，作为一支奇兵，自己则率大军向既定目标普定进发。十一月二十五日，平凉侯费聚率军作为前锋直趋普定。明军来势凶猛，十二月十一日，傅友德、蓝玉、沐英率大军由辰沅经贵州抵达普定，迅速发起进攻，很快便夺取了普定，"罗鬼苗蛮犵狫闻风而降"②，明军继续进军，夺取普安，向着朱元璋口中的"云南之喉衿"——曲靖进发。

朱元璋所料不差，梁王确实在曲靖布置了重兵。当他得知明军已经夺取普定后，更是加派司徒、平章达里麻率精兵十万人驻屯曲靖阻挡明军。元军重兵屯驻曲

---

① 俞本撰、李新峰笺证：《纪事录笺证》，卷之下，第429页，"洪武十五年"。
② 《明太祖实录》，卷一四〇，第2210页，"洪武十四年十二月"。

靖，明军又不能在曲靖过多耽误，必须迅速占领这里。面对这种情况，沐英对傅友德说："彼不意我师深入，若倍道疾趋，出其不意，破之必矣！上所谓'出奇制胜'者，此也。"[①] 傅友德认同了沐英的想法，于是加速进兵，然而明军还未抵达曲靖，突然天降大雾，明军不为大雾所阻，"冲雾而行，阻水而止"[②]，此时明军发现自己已经抵达了曲靖附近的白水江。不多时，浓雾散去，达里麻突然发现一阵雾的时间，明军竟然已经抵达了白水江，不禁大吃一惊。傅友德打算趁达里麻仓皇失措的时节让大军迅速渡过白水江，然而沐英又提出了反对意见，他认为："我军远来，形势既露，固利速战，然亟济恐为所扼。"[③] 于是傅友德整顿明军，在江边做出将要渡江的架势，达里麻果然率精锐部队在水上布防。沐英见达里麻已经中计，于是"别遣数千人从下流潜渡出其后，鸣金鼓，竖旗帜"[④]，达里麻见到后方出现敌军，急忙撤军回营，大军来回奔波，一时陷入混乱之中。沐英抓住时机，拔剑率军渡过了白水江。

渡过江后战事还远未结束，达里麻此时稳住了阵脚。既然明军已经渡过了白水江，扼守江面也就没有意义了，达里麻后退数里列阵。傅友德待大军全部渡江后重新整顿人马，立即对达里麻发动了进攻，"矢石齐发，呼声动天地"[⑤]，战况十分激烈。数个回合后，为了尽快结束战斗，沐英亲自"纵铁骑捣其中坚，敌众披靡，遂大败"[⑥]，白水江一战，达里麻所部遭受毁灭性打击，数万人马被俘，达里麻本人也在此战中被生擒。除了达里麻，其余被俘士卒，傅友德在加以抚慰后都尽数释放，让他们各回原业，由此笼络了当地民心，"夷人见归者皆喜慰，而军声益振"[⑦]，明军随后顺利攻下了已经不堪一击的曲靖，获得了云南之役的关键胜利，一举锁定胜局。

当然，《明太祖实录》在这里突出沐英可能与傅友德和蓝玉后来都牵连入党案被杀有关，而沐氏由此后世代镇守云南，又在燕王朱棣通过靖难之役夺取帝位后迅速转变立场，倒向朱棣并与之建立了姻亲关系有一定关系，但这只是一种推测，就如同常遇春因为是懿文太子朱标的岳父而得到了朱允炆的刻意突显类似。

---

① 《明太祖实录》，卷一四〇，第2211页，"洪武十四年十二月"。
② 《明太祖实录》，卷一四〇，第2211页，"洪武十四年十二月"。
③ 《明太祖实录》，卷一四〇，第2211页，"洪武十四年十二月"。
④ 《明太祖实录》，卷一四〇，第2211—2212页，"洪武十四年十二月"。
⑤ 《明太祖实录》，卷一四〇，第2212页，"洪武十四年十二月"。
⑥ 《明太祖实录》，卷一四〇，第2212页，"洪武十四年十二月"。
⑦ 《明太祖实录》，卷一四〇，第2212页，"洪武十四年十二月"。

梁王把匝瓦尔密听说达里麻兵败被俘，曲靖失守，他非常清楚自己此时已经是大势已去，"度不能支，乃与左丞达的、参政金驴遁入罗佐山"①。与梁王的穷促形成对比，朱元璋此时可谓志得意满，他派遣使者携带自己的敕谕前往军中致意傅友德、蓝玉、沐英三人说：

> 内使罗信至，知将军调度有方，节制严整。普定诸蛮俱已摧奔，但未知此时事势何如？乌蒙、乌撒果降否？前恐蛮地无粮，符报将军令分军回卫，今知资粮于敌，军可不必回也。②

战况比朱元璋设想的还要好，傅友德资粮于敌，成功减轻了明军粮饷方面的困难。朱元璋此时已经不再担心普定方面的战况，他将目标对准了下一步将要面对的乌蒙、乌撒等地，派遣宦官携带自己的敕谕招抚这几处地方的少数民族酋长，谋求不战而屈人之兵，利用明军此前在云南的战绩及自己的"怀柔"政策迫使这些酋长归顺。明廷两手并用，梁王在云南的局面进一步崩溃，右丞驴儿自曲靖逃回，进入罗佐山中告诉梁王说："事急矣！奈何？"③梁王毫无办法，又因为此前屡次拒绝朱元璋的招抚，更有杀害王祎之事，此时越发觉得走投无路，只能携带家人及达的、驴儿等人退入普宁州忽纳砦中，他烧毁自己的龙衣，让妻子、儿女自沉于滇池，自己和达的、驴儿在夜里进入一间草舍，于洪武十四年（1381）十二月二十二日全部自缢而死，结束了梁王在元末明初盘踞云南的历史。

梁王自缢，云南地区的残余元军便陷入群龙无首的境地，明军在云南的战事进入了下一阶段，即平定云南全境。就在梁王自缢的次日，蓝玉、沐英率军进至板桥，元右丞观音保等出降。明军在十二月二十四日进驻金乌山，在这里，梁王曾经的宦官也先帖木儿携带梁王的金宝前来向明军投降，蓝玉等人应当就是在此时得知了梁王等人的死讯，他们随即整顿军马进入板桥。此后，明军放开手脚进军云南全境，蓝玉派景川侯曹震、定远侯王弼、宣德侯金朝兴率军二万三千分道进取临安诸路，很快占领普定等地。

---

① 《明太祖实录》，卷一四〇，第2212页，"洪武十四年十二月"。

② 《明太祖实录》，卷一四〇，第2212—2213页，"洪武十四年十二月"。

③ 《明太祖实录》，卷一四〇，第2213页，"洪武十四年十二月"。

就在蓝玉、沐英大举进兵时，傅友德却没有与他们在一起，他按照朱元璋战前"既下曲靖，三将军以一人提劲兵趋乌撒应永宁之师"的计划，独自率军在攻克曲靖后循格孤山向南，谋求与胡海洋等率领由永宁进取乌撒的五万军队会合。然而要与胡海洋会合，就必须解决乌撒诸部的问题。此前胡海洋以偏师自永宁进取乌撒，元右丞实卜聚兵于赤水河阻挡明军，双方一时陷入僵持状态。此时，傅友德也率大军进入乌撒，实卜所部无力两线同时作战，"皆遁走"①。如此一来，实卜只能依靠乌撒诸部对抗明军了。傅友德在锸方具筑城，乌撒诸部军队在实卜手下大举集结起来，打算与明军作对，傅友德则屯军山冈之上，"持重以待"②。面对部下纷纷请战的局面，傅友德都坚持按兵不动，直到"士卒无不奋勇思致死力"③，傅友德"度其可用"，才终于下令说："我军深入，有进无退，彼既遁而复合，心必不一，并力剿之，破之必矣！若使彼据险自固，未易克也。"④傅友德的分析被证明是有道理的，明军列阵后，芒部土酋果然率部前来援助，证明了乌撒诸部内部并不统一，这无疑是此前明军战绩及朱元璋"怀柔"政策取得的成果。实卜率乌撒诸部合势迎战明军，明军本来就全军亢奋，加之有了芒部这个助力，战意更加高昂，"我军鼓噪趋之，战十余合，其酋长多中槊坠马死，我军势益奋，蛮众力不能支，大溃"⑤。明军此战，斩首三千余级，获得马匹六百匹，乌撒诸部残部逃走，明军进占乌撒，夺取七星关，打通了毕节，两支军队会合自此不存在任何问题。傅友德再接再厉，又渡过可渡河，"于是东川、乌蒙、芒部诸蛮震詟，皆望风降附"⑥，傅友德方面大局已定，这也使得新一年的战事以蓝玉、沐英方面为主。

进入洪武十五年（1382），云南全境可以说大局已定，各地相继归附。正月十二日，蓝玉等将领遣使向朱元璋奏的捷报送到了南京，朱元璋立即给在云南作战的将领发下敕谕，说：

比得报知云南已克，然区画布置，尚烦计虑。前已置贵州都指挥使司，

① 《明太祖实录》，卷一四〇，第2215页，"洪武十四年十二月"。
② 《明太祖实录》，卷一四〇，第2215页，"洪武十四年十二月"。
③ 《明太祖实录》，卷一四〇，第2215页，"洪武十四年十二月"。
④ 《明太祖实录》，卷一四〇，第2215页，"洪武十四年十二月"。
⑤ 《明太祖实录》，卷一四〇，第2216页，"洪武十四年十二月"。
⑥ 《明太祖实录》，卷一四〇，第2216页，"洪武十四年十二月"。

然其地去云南尚远。今云南既克，必置都司于云南，以统率诸军，既有土有民，又必置布政司及府州县以治之。其乌撒、乌蒙、东川、芒部、建昌之地，更宜约束其酋长，留兵守御，禁其民毋挟兵刃，至如霭翠辈不尽服之，虽有云南，亦难守也。其从征军士有疾病疲弱者，每卫毋限十人、百人，可先遣还。①

从这份敕谕可以了解到，朱元璋已经开始着眼于云南的战后事务了。朱元璋显然无意让云南再度成为一个土司地区，他的目标是要在云南建立都指挥使司及布政司、府、州、县系统，由明朝派遣的流官进行直接统治。而要达成这个目标，就必须通过各种手段压服云南众多的土司，这也就成了明军在下一阶段作战的主要目标。

为了压服土司，明廷同样采用了文武两手。文的方面，朱元璋亲自诏谕乌蒙、乌撒、东川等处人民，武的方面表示了"故特遣使赍诏谕尔诸夷，自今有不遵教化者即加兵讨之。于戏！春秋之义，罪莫大于拒王命、纳逋逃，尔等其洗心涤虑，效顺中国，朕当一视同仁，岂有间乎"②的态度。

朱元璋的做法收到了一定的成果。洪武十五年（1382）二月初三，云南都指挥使司设立，由前军都督佥事谢熊戈、左军都督佥事冯诚共同管理。很快，朱元璋命五军都督府选取了五十七员已经致仕的武官分守云南各地，用以强化明军在当地的管理，同时也敕谕水西、乌撒、乌蒙等地归附的土司派人按照他们这些土司政权通常的疆界修筑道路，每六十里设置一处邮驿，准备全面改善云南的交通情况。正月初四，朱元璋颁布《平云南诏》，正式宣布：

> 朕荷上天眷佑，海岳效灵，祖宗积德，自即位以来，十有五载，寰宇全归于版籍。惟西南诸夷为云南梁王所惑，恃其险远，弗遵声教。特命征南将军颍川侯傅友德、副将军永昌侯蓝玉、西平侯沐英率甲士三十万，马步并进，征彼不庭。大军既临，渠魁尽获，云南已平，诏告天下，臣民共知。于戏！福民永已圣贤之为，逆天违命，根祸殃民，身家被罪，惟西南诸夷应之。故兹诏谕。③

---

① 《明太祖实录》，卷一四一，第2225页，"洪武十五年正月"。
② 《明太祖实录》，卷一四一，第2228页，"洪武十五年正月"。
③ 《明太祖实录》，卷一四二，第2232—2233页，"洪武十五年二月"；朱元璋：《明太祖御制文集》，卷二，《平云南诏》。

这份诏书在《明太祖实录》与《明太祖御制文集》中文本完全一致，更证明了其可靠性。诏书颁布后，二月初五，云南布政使司设立，明廷改中庆路为云南府，汝南侯梅思祖、平章潘原明共同署布政司事。云南布政司的设立表明朱元璋正式开始实践对云南的直接管理。不过诏书的颁布与布政司的设立并不意味着云南的问题就算完全解决了，朱元璋在随后给傅友德等人的敕谕中便表明自己要延续汉唐对云南的管理，还强调了"云南之地，其民尚兵，上古以为遐荒，中古禹迹所至，以别中土，故属梁州之域"[①]，提醒前线将领云南地区并不好管理，特别是当地土著。随后，朱元璋很快追加了一道敕谕给傅友德、蓝玉、沐英三人，要求他们"但乌蒙、乌撒、东川、芒部土酋当悉送入朝，盖虑大军既回，诸蛮仍复啸聚"[②]，进一步表达了他对云南土著的担忧。

事实证明，朱元璋的担忧是有道理的。云南布政司设立后，朱元璋频繁敕谕傅友德等人，而云南布政司下的府州县也陆续设立，明廷在云南稳步推进自己的统治。然而到了四月，随着明廷在云南大理、蒙化等府设立儒学，乌撒诸部复叛，朱元璋只得再度命令傅友德、蓝玉、沐英三人前往讨伐，务求平定叛乱。六月底，随着《云南志书》编成，沐英自大理还军滇池，会同傅友德共同进军乌撒。乌撒的叛乱被平定了，但云南并没有实现完全的和平，直到九月底，明军都在云南进行平叛，可以说自云南布政司设立以来，云南太平时少，战乱时多。直到洪武十六年（1383）结束，云南也没有完全实现太平，这也就导致朱元璋始终无法调回在云南的高级将领。但朱元璋也不可能长期在云南驻扎傅友德、蓝玉、沐英三位高级将领，明军与北元和辽东的战事还需要他们。因此顺理成章的，任命一员高级将领长期镇守云南，节制诸处，随方应变就成为很自然的结果了。

洪武十六年（1383）三月，朱元璋在命傅友德、蓝玉班师的同时决定留下西平侯沐英镇守云南，他敕谕沐英说：

> 云南虽平而诸蛮之心尚怀疑贰，大军一回，恐彼相扇为患，尔其留镇之，

---

① 《明太祖实录》，卷一四二，第2233页，"洪武十五年二月"。
② 《明太祖实录》，卷一四二，第2234页，"洪武十五年二月"。

抚绥平定，当召尔还。①

在傅友德、蓝玉、沐英三人中独独留下沐英镇守并非偶然，沐英曾为朱元璋养子，与朱元璋关系非同一般，留他镇守位于西南边陲的云南无疑是最令朱元璋放心的。从朱元璋给沐英的敕谕来看，留他镇守云南只是一个临时措施，只要云南局势稳定，就会召回他。但事实证明，朱元璋这次给沐英开了一张空头支票，因为云南始终不可能完全稳定，沐英也只在洪武二十一年（1388）获准回京一次，这一起初看似临时的措施最终变成了沐氏世代镇守云南，直到最后一任沐天波随永历帝朱由榔退入缅甸并在"咒水之难"中被杀为止。

有了沐英在云南镇守，朱元璋终于得以召回傅友德和蓝玉两员重要将领，傅友德因为平定云南的功劳在洪武十七年（1384）四月进封为颖国公，而朱元璋也得以将目光从西南移开，移向了几乎是在对角线上的辽东地区。

----

① 《明太祖实录》，卷一五三，第 2391 页，"洪武十六年三月"。

5. 以西北之兵定东北之地

明廷对辽东的经略从很早就开始了，但对辽东的最终平定却拖了很久。洪武元年（1368）明朝建立并攻克大都。随后，朱元璋便开始着手经略辽东。当时的辽东局势颇为复杂，除了朝鲜半岛上的王氏高丽对辽东怀有觊觎之心外，故元残部也在辽东拥有相当多的力量，元朝将领高家奴固守辽阳山寨，哈刺张屯驻沈阳古城，也先不花驻军开元，即今辽宁开原。而其中最大的一股势力，就是聚兵金山的纳哈出，他节制了数十万人马，成为东北地区原元朝势力中最强大的一股。这些势力在辽东互相声援，自然成为对明朝进军辽东的极大威胁。

说起纳哈出，他与朱元璋其实早有渊源。至正十五年（1355）十二月，朱元璋释放了被俘虏的元朝万户纳哈出。纳哈出作为蒙古经略汉地的名臣木华黎的后裔，朱元璋对他还是颇为重视的，在他被俘后，朱元璋曾经专门派遣投降的元朝万户黄俦去见郁郁不乐的纳哈出，希望能够劝降。然而纳哈出拒绝了朱元璋的好意，他回应道："荷主公不杀，诚难为报。然我本北人，终不能忘北。"黄俦如实向朱元璋转达了纳哈出的话，朱元璋感慨道："吾固知其心也。"朱元璋又对徐达等人说："纳哈出，元之世臣，心在北归，今强留之，非人情也，不如遣之还。"徐达等人对此并不赞同，他们劝朱元璋杀掉纳哈出以绝后患，朱元璋出于政治考虑，从拉拢人心方面考虑，认为这样做不妥，他说："无故而杀之，非义，吾意已决，姑遣之。"最后，朱元璋又将纳哈出等人召来对他们说："为人臣者，各为其主，况汝有父母、妻子之念，今遣汝归，仍从汝主。"最终不仅放走了纳哈出等人，还给他们提供了路费。[1]在纳哈出辞别的那一刻，朱元璋或许没有想到，这个人真的如徐达所担忧的那样，成为明朝的祸患。

元末明初的辽东地区，地处边陲，百姓以渔猎为主，农业并不发达，加之战乱频仍，这就给了北元残部生长的空间，他们不仅与明朝为敌，还互相攻杀，甚至由此导致辽阳古城几乎成为一座空城，根据《全辽志》记载，当时辽南地区，"兵寇残破，居民散亡，辽阳州郡鞠为榛莽"，可谓凋敝已极。

---

[1]《明太祖实录》，卷三，第38—39页，"乙未年十二月"。

正是因为如此，朱元璋在经略辽东的过程中，选取了辽东南部地区作为第一步。朱元璋采取的是招抚与用兵相结合的策略，以强大的军事力量为后盾进取辽东。洪武三年（1370）秋，朱元璋命曾经劝降过纳哈出的断事官黄俦"赍诏宣谕辽阳等处官民"[1]。洪武四年（1371）二月，故元辽阳行省平章刘益于得利嬴城（今辽宁省复县西北得利寺）接受招抚，归降明朝。刘益随后派董遵、杨贤奉上辽东州郡地图和兵马钱粮的册籍。最终，朱元璋在洪武四年（1371）二月二十八日设立辽东卫指挥使司，任命刘益为指挥同知，成为明朝在辽东地区设立地方军政权力机构的开始，朱元璋在诏书中明确表达了自己设立辽东卫都指挥使司的目的：

> 曩因元政不纲，群雄角逐。朕起布衣，提三尺剑，命我中国英豪削平僭乱，抚恤黔黎，逾二十年，天下已定，中原无兵革之虞。间者，命将出师，东征西伐，摧强抚顺，惟欲薄海内外，咸底治安。于是识时务者，率众来归，共成大业。前辽阳行省平章刘益，能审察时几，推诚归朕，以辽东州郡地图，遣右丞董遵等奉表朝献，朕甚嘉焉。虽汉窦融，何专前美，今特置辽东卫指挥使司，授尔益同知指挥事，尔其恪遵朕意，固保辽民，以屏卫疆圉，则尔亦有无穷之誉。[2]

朱元璋在诏书中说得很明白，他设立辽东卫都指挥使司并任命刘益为指挥同知是为了"固保辽民，以屏卫疆圉"。然而辽东局势远比朱元璋想象的复杂，刘益很快遭到不满的故元平章洪保保、马彦翚谋杀，随后，故元右丞张良左、左丞房暠又率部下杀害了马彦翚并开始继续追杀洪保保，洪保保走投无路，只能依附纳哈出而去。张良左、房暠立即向明廷上书奏报辽东军情，提出洪保保依附纳哈出后必定会举兵进犯，请求在刘益被杀后留下明廷断事官吴立总管辽东卫都指挥使司。明廷顺水推舟，任命吴立、张良左、房暠三人为辽东卫指挥佥事，从而谋求加强对辽东卫的统一管理。

洪武四年（1371）六月，朱元璋果然收到了纳哈出将要进犯辽东南部地区的消息。朱元璋一开始还是决定先尝试招抚，他再度派出了与纳哈出有渊源的黄俦持书

---

① 《全辽志》，卷八，《杂志》。

② 《明太祖实录》，卷六一，第1192—1193页，"洪武四年二月"。

至金山宣谕纳哈出，希望纳哈出能够投降。这次纳哈出显得非常强硬，他不仅拒绝投降，还扣留了黄俦。朱元璋此时无疑意识到了纳哈出不会轻易投降，明廷必须诉诸武力了，他立即派遣马云、叶旺由山东经登莱沿海路北上辽东，直接在旅顺登陆并立即直奔金州屯兵。与此同时，为了保证辽东明军的粮饷供应，朱元璋专门派遣靖海侯吴祯沿海路率舟师自山东向辽东运粮。马云、叶旺抵达金州后，先尝试对高家奴进行招抚，然而高家奴不从，明军遂进军平顶山，攻破高家奴据守的老鸦山寨（今辽阳市东），随后相继占领盖州、辽阳，基本扫清了除纳哈出外辽东地区的其他残元势力。

洪武四年（1371）七月，朱元璋设立定辽都卫指挥使司，马云、叶旺很自然地成了都指挥使，就地镇守。明军完成了一轮攻势，接下来就轮到纳哈出了。自洪武五年（1372）至洪武八年（1375），纳哈出频繁南下袭扰明朝控制区。洪武五年（1372）十一月，纳哈出大举南下，劫掠牛家庄（今辽宁省铁岭市昌图县），烧毁粮草十余万石，明军陷没五千余人，损失惨重，都督佥事仇成因为没能布置好防御被降为永平卫指挥使。次年，纳哈出又率军进犯辽阳，叶旺、马云领军大破纳哈出，一路追至浑河，纳哈出逃往开原。洪武七年（1374），纳哈出再次进犯辽阳，被明朝千户吴寿击退。洪武八年（1375）十二月，纳哈出再次大规模南下入侵辽东，此时辽东的机构已经在当年十月改为辽东都指挥使司。

这次，朱元璋预先做了充分准备，他先敕谕辽东都司："今天寒水结，虏必乘时入寇，宜坚壁清野以待之，慎勿与战，使其进无所得，退有后虑，伏兵阻险，扼其归路，虏可坐致也。"定下了基本战略。纳哈出南下后，辽东都司都指挥使马云探知纳哈出将至，于是命盖州卫指挥吴立、张良左、房暠等贯彻朱元璋的基本战略，"严兵城守，虏至，坚壁勿与战"。纳哈出抵达盖州后，"见城中备御严，不敢攻"，于是越过盖州直奔金州。此时"金州城垣未完，军士寡少"，但"指挥韦富、王胜等闻虏至，督励士卒分守诸城门，选精锐登城以御之"，纳哈出的裨将乃剌吾自恃骁勇，亲率数百骑直抵金州城下挑战，结果城上弩箭齐发，乃剌吾被射伤后俘虏，这直接影响了元军的士气，"虏势大沮"。韦富趁此机会"复纵兵出击"，纳哈出迎战失利，又担心明军援军赶来，只得引兵退走，但他又担心盖州有所防备，因此不敢经过盖州，"乃由城南十里外沿柞河遁归"。此时，轮到叶旺出场了，他分析到了纳哈出的撤退路线，知道他一旦进攻金州失利，必然不敢经盖州撤退而只能经柞河，便先率军赶到柞河，"自连云岛至窟驼寨十余里缘河叠冰为墙，以水淋之，经宿皆凝，沍隐然如城，藏钉板于沙中，设陷马阱于平地，伏兵以待之，命老弱卷旗登两山间，戒以闻炮即竖旗"，马云也"于城中亦立一大旗，令定辽前卫指挥周鹗及吴立等各严兵以候，四顾寂若无人"，做好准备就等纳哈出上门。纳哈出率军一头撞进明军的陷阱中，叶旺在纳哈出经过盖州城南时，"炮发，伏兵四起，两山旌旗蔽空，鼓声雷动，矢石雨下。纳哈出仓皇北奔，趋连云岛，遇冰城，马不能前，皆陷入阱中，遂大溃"，此时马云又"于城中亦出兵追击，至将军山毕栗河，斩戮虏人马及冻死者甚众"，叶旺也乘胜追至猪儿峪，"获其士马无算，纳哈出仅以身免"，取得了辉煌的胜利。①

明军获此大胜，却并没有乘胜进军彻底消灭纳哈出。这其中的原因不在辽东，而在明朝其他地区，同时期，明廷先集中军力平定四川，之后又被西北叛乱所困扰，西北平定后，明廷又倾全力进军云南，这些事务吸引了明廷大量的精力与军力，辽东此时明廷已经设立了辽东都司，加之纳哈出遭受重创，一时无力南下，因此才被明廷暂时放过了。

然而暂时放过并不意味着辽东就被明廷无视了，随着洪武十六年（1383）云南基本平定后，辽东的纳哈出再度走进了朱元璋的视野。为了最终北征彻底消灭纳哈出，朱元璋在云南平定后针对辽东做了一系列准备工作。自洪武十八年（1385）起，朱元璋通过海运向辽东运送大批粮米，积极备战。不仅如此，朱元璋还从北平、山东、山西、河南等北方各府征调粮米和民夫，动员能够动员的力量为最终的战争做准备。

洪武二十年（1387）正月，朱元璋正式命宋国公冯胜为征虏大将军，颍国公傅友德为左副将军，永昌侯蓝玉为右副将军，赵庸、王弼为左参将，胡海、郭亮为右参将，商暠为参赞军事，率师二十万北征辽东纳哈出。朱元璋此次以冯胜为主帅其实是不得不选他，魏国公徐达已经于洪武十八年（1385）二月去世，曹国公李文忠则在洪武十七年（1384）三月去世，卫国公邓愈于洪武十年（1377）十一月去世，常遇春之子常茂是因为乃父的功绩才得封公爵，资历不够，此时只能充当冯胜的副手，开国初封公爵中，除了文臣身份的韩国公李善长，就只剩下宋国公冯胜还健在了，朱元璋除了以他为主帅，其实也没有别的选择。

除了冯胜，征讨辽东军队中的其他一些人员也值得关注，傅友德和蓝玉作为副

---

① 《明太祖实录》，卷一〇二，第 1727—1728 页，"洪武八年十二月"。

将显示了征讨辽东征调了之前平定云南的军队，而濮英参加征讨辽东的行动则说明西北驻军也有部分被征调参加了征讨辽东的军事行动。结合宁正由宁夏调四川再调云南的经历，则此前平定云南的军队中就有相当部分是西北驻军，因此说明军平定辽东是以西北之兵定东北之地也是并无不可的。

二月，冯胜兵至通州，他在这里派出骑兵出松亭关侦查，得知了元军骑兵屯驻庆州的消息，于是立即派遣蓝玉乘大雪率轻骑发动突袭，"杀其平章果来，擒其子不兰奚并获人马而还"[①]。初战告捷，冯胜信心大增，立即于三月率大军出松亭关，筑大宁、宽河、会州、富峪四城，亲自率军屯驻于大宁，筹划下一步的进军计划。冯胜在大宁停留至五月，才留军五万守御大宁，亲率大军直奔纳哈出的老巢金山而去。

六月，冯胜进至辽河之东，在这里擒获了纳哈出的屯兵三百余人和四十余匹战马，进驻金山之西，已经对纳哈出构成了极大的威胁。冯胜也了解纳哈出此时穷促的情况，知道是个招降的好机会，于是让此前被明军俘虏的乃剌吾回到松花河面见纳哈出。纳哈出本来以为乃剌吾已经死了，没有料到他还能够活着回来，不禁大喜过望，乃剌吾则趁此机会转达了明廷仍旧愿意招降的原则。纳哈出终于有些心动了，他决定利用这个机会刺探一下明朝的虚实，于是"即遣其左丞刘探马赤、参政张德裕随使者张允恭等至胜军献马，欲因以觇我"[②]，冯胜很明智地将纳哈出的使者尽数送回南京交给朱元璋。至于乃剌吾，则被送回北元在沙漠上的朝廷，好不容易才捡回一条命，但也同时动摇了北元不少臣子的内心，让他们产生了归降明朝的心思。

冯胜并没有被纳哈出的使者束缚住手脚，而是继续进兵，在女真所在的苦屯接受了纳哈出部将全国公观童的投降，随后驻军金山东北，派遣蓝玉对纳哈出的大本营发动最后一击。纳哈出当时分兵为三营，"一曰榆林深处，一曰养鹅庄，一曰龙安一秃河，辎重富盛，畜牧蕃息，虏主数招之不往"[③]，可谓纳哈出的根本所在。蓝玉以大军逼进，加上此前招抚的效果，蓝玉再最后加上一把火，在纳哈出已经大为动摇之际派遣指挥马某至纳哈出处再度招抚，终于说动纳哈出同意归降明朝。

---

① 《明太祖实录》，卷一八〇，第2726页，"洪武二十年二月"。

② 《明太祖实录》，卷一八二，第2746页，"洪武二十年六月"。

③ 《明太祖实录》，卷一八二，第2749页，"洪武二十年六月"。

孰料事情最终还是没有蓝玉想得那么简单，纳哈出遣使至冯胜处纳款的同时仍旧怀有刺探明军虚实的目的，冯胜看穿了纳哈出的谋划，于是让蓝玉火速前往三营之一的一秃河受降，将生米煮成了熟饭，一营人马自此不复为纳哈出所有。纳哈出得知这一情况，只能仰天长叹："天不复与我有此众矣！"[1] 终于正式率众向蓝玉投降。纳哈出归降后被朱元璋封为海西侯，最终得以善终。纳哈出的归降表明明朝在辽东地区占有了绝对的优势，随后朱元璋又令总兵官都指挥使周兴领军北上大漠，由斡难河（今鄂嫩河）、兀者河一路进至彻彻儿山，大破元军，肃清了残元势力，统一了这一地区。

然而辽东地区却并没有就此进入稳定时期，即便在纳哈出决定归降后仍旧横生了很多枝节，这些枝节甚至直接影响到了参加这次战役的很多明军将领的最终结局。

辽东之战后命运最富戏剧性的是郑国公常茂。朱元璋出于对常遇春的宠爱，这次特地委派常茂参加了征讨辽东的战事，孰料他却差点惹出大祸来。洪武二十年（1387）六月，纳哈出亲自至蓝玉营中纳款归降，蓝玉大喜过望，宴请纳哈出，两人在席间"甚相欢纳"。纳哈出亲自斟酒酬谢蓝玉，蓝玉请纳哈出先饮，纳哈出饮毕，再斟酒一杯给蓝玉，蓝玉则解下自己的外衣给纳哈出穿上，表示："请服此而后饮。"但纳哈出不肯接受蓝玉的外衣，蓝玉也因此不肯饮酒，两人"争让久之"。纳哈出有些恼火，将酒浇到地上，"顾其下咄咄语，将脱去"，正在此时，有一位懂得蒙古语的赵指挥将纳哈出说的话告诉了在座的常茂，常茂大怒，"直前薄之"，纳哈出大惊而起，想找马逃出，常茂则拔刀砍向纳哈出，将纳哈出手臂砍伤。眼看局面就要失去控制，都督耿忠赶紧"以众拥之（指纳哈出）见（冯）胜"，才算保住了纳哈出。然而纳哈出虽然保住了一条命，他手下在松花河北的所部妻子、将士十余万人听说纳哈出受伤，"遂惊溃，余众欲来追胜"，冯胜派遣之前投降的观童前去诏谕，纳哈出余部才重新归降，对于执意不降的纳哈出的两位侄子，冯胜更是亲自"折弓矢，掷于地"才让他们投降。最后，冯胜安抚了受伤的纳哈出，责备了常茂，才算重新稳定了辽东的局势。[2] 即便如此，在撤军途中，殿后的濮英还是遭到元军袭击，不幸阵亡，濮英先被追封为金山侯，最终在洪武二十一年（1388）被朱元璋追赠为乐浪公，其子濮玙也被封为西凉侯。

---

① 《明太祖实录》，卷一八二，第2749页，"洪武二十年六月"。

② 《明太祖实录》，卷一八二，第2749—2750页，"洪武二十年六月"。

常茂差点让明军平定辽东的行动毁于一旦，朱元璋当然不会轻饶他。洪武二十年（1387）九月，伴随着纳哈出入见，常茂被朱元璋谪戍广西龙州。对于常茂，朱元璋在《御制大诰武臣》里倾诉了自己恨铁不成钢的愤懑：

> 郑国公常茂，他是开平王庶出的孩儿。年纪小时，为他是功臣的儿子，又是亲上头，抚恤他，着与诸王同处读书，同处饮食，则望他成人了，出来承袭。及至他长成，着承袭做郑国公，他却交结胡惟庸，讨他母亲封夫人的诰命，又奸宿军妇，及奸父妾，多般不才。今年发他去征北，他又去抢马，抢妇人，将来降人砍伤，几乎误事。他的罪过，说起来是人容他不得。眷恋开平王上头，且饶他性命，则发去广西地面里安置。这等人，你怕他长久得。①

愤懑之情，见乎言辞，且朱元璋列常茂之事于《御制大诰武臣》第二篇，足见对此的重视。按照道理说，常茂被贬到广西，也就应该消停了。谁知他用实际行动证明了他始终是一个不甘寂寞的人，即便被谪戍广西，还是能够掀起风浪。《明太祖实录》在常茂被谪戍广西后记载"二十四年，卒于谪所"②，即常茂在四年后死在了广西。但俞本在《纪事录》中对于常茂最后的结局则有一段完全不同的记载：

> 冯胜谗郑国公常茂在外杀降，在内奸父妾，党于胡惟庸求所生母封赠。上赦之安置广西。后常茂领众据山寨，数征未平。③

俞本记载的常茂的罪名与朱元璋在《御制大诰武臣》中列举的常茂罪名保持高度一致，这证明了俞本记载的准确性，但他对于常茂结局的记载则与《明太祖实录》截然不同，这就需要专门分析了。首先，对于冯胜进谗言的问题，是有根据的，根据《明太祖御笔》和《明太祖实录》中的记载，朱元璋在辽东之战结束后确曾因为冯胜等"在军多不律"而斥责冯胜说："右将军蓝玉，事虽轻易，幸耳成功，破彼深谋，已获万全。何期大将军专为己私，恶声遗臭于天下，遍满胡中。"④ 足见

---

① 朱元璋：《明大诰研究·御制大诰武臣》，《常茂不才第二》，第430—431页。
② 《明太祖实录》，卷一八五，第2782页，"洪武二十年九月"。
③ 俞本撰、李新峰笺证：《纪事录笺证》，卷之下，第441页，"洪武二十年"。
④ 《明太祖实录》，卷一八四，第2764页，"洪武二十年八月"。

当时确实存在认为是冯胜诬陷常茂的说法，俞本所载有根据，但从辽东之战的过程我们能够看出，虽然激化矛盾是常茂造成的，但蓝玉在招待纳哈出时手段不够灵活也是重要原因，冯胜反而在善后上表现杰出。朱元璋之所以保蓝玉而骂冯胜，跟他已经决定抛弃冯胜而独倚蓝玉有关。在当时的舆论背景下，被贬广西的常茂心里不满也就不足为奇了。那么，常茂是否因此走上了与明廷作对的道路呢？

常茂的奇特结局和洪武二十八年（1395）的广西龙州土司情况有关。洪武二十一年（1388）九月，广西龙州土官赵贴坚去世，他没有儿子，因此由其侄赵宗寿袭职为龙州土官知州。此后不久，郑国公常茂就被谪戍广西龙州了，复杂的局势也由此开始。前土官知州赵贴坚之妻黄氏有两个女儿，其中之一嫁给了太平州土官知州李圆泰，常茂则娶了黄氏的另一个女儿，由此和黄氏建立了姻亲关系。另外，赵宗寿虽然在赵贴坚去世后继承了龙州土官知州这一职务，但土官印信还在赵贴坚的妻子黄氏手中，黄氏凭借手中掌握的印信和常茂、李圆泰径自决定龙州事务，丝毫不把赵宗寿放在眼里，甚至公然凌逼赵宗寿。洪武二十四年（1391），即《明太祖实录》记载常茂去世的时间，龙州阇者赵观海等也开始公然侮辱赵宗寿，赵宗寿终不堪忍受，于是采取断然措施，和手下把事共谋夺取了知州印信，然后一面向朱元璋上封章，一面将赵观海等人械送南京。

按理说，事情到此就可以结束了，但实际情况却并非如此。洪武二十八年（1395），有人再度重提旧事，向朱元璋报告说常茂并没有死，而是隐匿在龙州，此前赵宗寿所说是谎言。对于郑国公常茂的死活，朱元璋非常重视，于是右军都督府在二月下榜文给赵宗寿等人询问此事说：

> 皇上以郑国公常茂有罪，特以其父开平王之功，不忍遽寘于法，安置龙州，其昆弟仍享爵禄，抚存如故。惟龙州远在西南，自我朝平定天下，土官赵贴坚称藩纳款，诚事朝廷。贴坚已故，其妻乃与茂结为婚姻，诱合诸酋，肆为不道。及贴坚侄宗寿袭为土官，与贴坚妻互相告讦，又言茂已死。皇上以诚信待人，且以茂功臣之子，得罪而死，深可矜悯，并释其告讦之罪。今有人言茂实不死，宗寿等知状，已遣散骑舍人谕宗寿捕茂，宗寿漫不加意，延玩使者，久不复命，其意莫测。皇上未即问罪，特命榜谕尔宗寿等知之，如茂果存，则送至京师以赎尔罪，复违令，则命大将军率兵讨捕，罪在不赦。如茂果死，则宗寿亦亲率大小头目至京具陈其由，凡龙州军民人等悉皆

知会。①

从朱元璋命右军都督府下给赵宗寿的榜文内容可以看出朱元璋是掌握了常茂没有死的一定确凿证据的，因此才会说出"今有人言茂实不死，宗寿等知状，已遣散骑舍人谕宗寿捕茂，宗寿漫不加意，延玩使者，久不复命，其意莫测"这样的话，并且充满警告意味的告诉赵宗寿要严肃对待明廷中央。令朱元璋没有意料到的是，榜文下去后竟然没有回音。四月，鉴于广西布政司报告赵宗寿不仅拒不奉命进京，甚至纠结当地部族，公然抗命时，又派出致仕兵部尚书唐铎携带自己的敕谕去见赵宗寿，然而赵宗寿铁了心和朱元璋作对，见到敕谕仍旧不奉命。八月，忍无可忍的朱元璋决定诉诸武力，他以左军都督府左都督杨文佩征南将军印，作为总兵官，广西都指挥使韩观为左副将军，右军都督府都督宋晟为右副将军，刘真为参将，率领京卫马步官军三万人会同广西各处军马征讨广西龙州土司赵宗寿及奉议、南丹、向武等依附赵宗寿的地区。朱元璋指示杨文，倘若赵宗寿愿意亲自入朝解释清楚常茂的问题，就赦免他，如果执意不从，就进兵讨伐，战争一触即发。此时，致仕兵部尚书唐铎返回南京，奏报赵宗寿愿意入朝解释，顿时缓和了局势。朱元璋一面让赵宗寿尽快入朝，一面让唐铎返回前线军中继续监视龙州各部。

赵宗寿的来朝虽然让自己免受灭顶之灾，但他也拿不出常茂确实已经死了的证据。如此一来，面对朱元璋就显得比较尴尬了，赵宗寿已经卑辞求免，朱元璋也不想再大动干戈。赵宗寿虽然坚称常茂已经死了，但朱元璋并不相信常茂确实死了，在这种情况下，继续逼迫赵宗寿交出常茂肯定不现实，除非诉诸武力，否则不可能搞清楚真相，显得非常矛盾。最终，朱元璋没有继续逼迫赵宗寿，而是接受了他的臣服。这可以理解为此时继续追究常茂的死活对朱元璋来说已经得不偿失了，以大军消灭赵宗寿并追查出常茂，对朱元璋来说无利可图，因此他才接受了赵宗寿的解释，而常茂的最终结局也就因此成了一个谜，但他并非死在洪武二十四年（1391）则是比较确定的。

前面曾经提到，与常茂被抛弃几乎同时，征讨辽东的明军主帅冯胜也倒了霉。他在洪武二十年（1387）七月因为"专为己私，恶声遗臭于天下，遍满胡中"的罪名被召回京师。冯胜为了表示主动，主动将常茂械送回南京。然而常茂身为冯胜女

---

① 《明太祖实录》，卷二三六，第3454—3455页，"洪武二十八年二月"。

婿，两人在辽东也因为冯胜对常茂的折辱而导致常茂对冯胜口出不逊之语。因此，虽然冯胜将错误归之于常茂，朱元璋也不可能完全不处理冯胜，他说："如尔所言，胜亦不得无罪。"[1] 冯胜的征虏大将军印被收回，蓝玉接替了冯胜行总兵官事。朱元璋此时虽然没有进一步加罪于冯胜，但将他安置到中都凤阳居住，实际上是废掉了他。如此一来，开国初封六位公爵中，除了文官身份的韩国公李善长还有一定的能量，剩下五位武臣非死即废，已经一个都不剩了。朱元璋此后的边境守卫转而更多依赖藩王，而主动出击的大型军事行动则转而依靠续封的新贵，具体来说，主要就是指傅友德和蓝玉，其中又以蓝玉尤其得到朱元璋的信任，先后主持了洪武后期的北征与西征两次大型军事行动。

　　无论率军征讨辽东的明军将领后来是怎样奇特的结局，明朝正式将辽东纳入版图则是不争的事实。朱元璋审时度势，深入辽东，平定纳哈出，从而有效遏制了北元及王氏高丽，后来取代王氏高丽的李氏朝鲜等政权对辽东的觊觎，不仅巩固了中国传统疆域，也为未来永乐年间明太宗朱棣进一步招抚女真并设立奴儿干都司奠定了坚实的基础，其功绩是不容忽视的。

---

① 《明太祖实录》，卷一八四，第2771页，"洪武二十年八月"。

第十章

暮光

1. 独倚蓝玉：最后的北征

　　随着辽东的平定，朱元璋基本完成了对中国传统疆域的统一。伴随着疆域的基本确定与内部政治制度的逐渐稳定，朱元璋再度将目光对准了他最大的目标——北元。元昭宗爱猷识理达腊已经在洪武十一年（1378）四月去世，其弟益王脱古思帖木儿即位，改元天元，是为天元帝。自洪武五年（1372）明军三路北伐遭遇惨败以来，明朝励精图治，实力已经今非昔比，北元则在明军的持续打击下日益衰落，加上老将相继去世，比如明朝的宿敌扩廓帖木儿就在洪武八年（1375）至洪武九年（1376）间去世，更进一步导致了北元军事能力的下降。随着辽东的平定，朱元璋认为彻底解决北元问题的时机到来了。

　　朱元璋再次大规模征讨北元的计划在洪武二十年（1387）辽东之战结束后，大军还未从辽东全部撤回时就开始了。九月底，朱元璋下诏命右副将军、永昌侯蓝玉为征虏大将军，延安侯唐胜宗为左副将军，武定侯郭英为右副将军，都督佥事耿忠为左参将，都督佥事孙恪为右参将，筹划北征。在诏书中，朱元璋表示：

> 　　比者出师往往，北虏纳哈出悉众来归，金山之北，可以无虞，此皆卿等克用朕命，建此茂勋。然胡虏余孽未尽殄灭，终为边患，宜因天时率师进讨，曩谕克取之机，尚服斯言，益励士卒，奋扬威武，期必成功。肃清沙漠，在此一举，卿等其勉之！[①]

　　然而到了当年十月，蓝玉却以征虏大将军的身份上奏朱元璋以"天气尚寒，胡人敛迹，大军久屯塞上，徒费馈饷"为由，请求"今量留人马戍守大宁、会州等处，大军分回蓟州近城驻屯，俟有边报，然后进军"，获得了朱元璋的批准。[②]可以看出，这次朱元璋没有像洪武五年（1372）那样坚持己见，而是对蓝玉的意见给予了充分的尊重，这自然是吸取过去教训的结果，另一个原因或许是此时朱元璋对蓝

---

　　① 《明太祖实录》，卷一八五，第2784页，"洪武二十年九月"。

　　② 《明太祖实录》，卷一八六，第2794—2795页，"洪武二十年十月"。

玉格外倚重，因此乐于接受他的意见。另外，明军才结束了辽东之战，本身也需要休整，这一事实也促使朱元璋同意了蓝玉休整过冬的请求。

蓝玉并没有休整太久，他在完成了运送辽东之战的俘虏及纳哈出等人进京的任务后于当年十一月十八日向朱元璋奏准趁北元丞相哈剌章、乃儿不花等遁入和林的机会进兵一举剿灭，洪武年间最后一次大规模北征自此开始紧锣密鼓地展开了。

洪武二十一年（1388）三月二十八日，朱元璋正式下诏命申国公邓镇、定远侯王弼、南雄侯赵庸、东川侯胡海、鹤庆侯张翼、雄武侯周武、怀远侯曹兴等人全部赶到军中跟随蓝玉北征，随后，朱元璋又给蓝玉等人下了一道敕谕，详细阐述了这次北伐的总体战略及目的：

> 近者，故元司徒阿速等来降，朕察其事情，知虏心惶惑，众无纪律，度其势不能持久。卿等宜整饬士马，倍道兼进，直抵虏廷，覆其巢穴。其众若降附，抚慰南来，毋失事机，以辜朕望。①

可以看出，在朱元璋的战略中，蓝玉的这次北征是想要一次性解决北元问题，将之彻底消灭，其心不可谓不大。蓝玉等人收到敕谕后，加紧准备，在当月便率军十五万出发，开始了这次意义重大的北征。蓝玉等率军由大宁进至庆州，得到了北元天元帝脱古思帖木儿在捕鱼儿海（今贝加尔湖）的消息，他丝毫不敢怠慢，兼程而进，直奔北元王廷而去。

为了达成战役突然性的目的，蓝玉不仅进军很快，同时也很注意隐蔽自己的行踪。四月，蓝玉解决了大军缺水的问题后率军进至百眼井，这里距离捕鱼儿海还有四十余里，但明军哨兵并没有发现元军的踪迹。蓝玉怀疑情报有误或者北元已经知道了明军出动因而早已离开了捕鱼儿海，因此一度产生了班师的打算，此时定远侯王弼进言说："吾等受朝廷厚恩，奉圣主威德，提十余万众深入虏地，今略无所得，遽言班师，恐军麾一动，难可复止，徒劳师旅，将何以复命？"② 蓝玉对王弼的话深表赞同，于是打消了班师的念头。为了一面隐蔽行踪一面继续搜寻元军，蓝玉命全

---

① 《明太祖实录》，卷一八九，第 2835 页，"洪武二十一年三月"。

② 《明太祖实录》，卷一九〇，第 2865 页，"洪武二十一年四月"。

军"皆穴地而爨，毋令虏望见烟火"①，然后率军进至捕鱼儿海饮马。在这里，蓝玉终于探听到了北元天元帝在捕鱼儿海东北八十里的重要情报，北元认为蓝玉在深入草原后不能解决缺水的问题，根本没有料到蓝玉已经离他们近在咫尺，因此根本没有设防。接到情报的蓝玉知道这是一个不容错过的机会，于是以王弼为先锋，直取北元大营。就在王弼加紧行军之时，草原上刮起了大风沙，白天就如傍晚一般，北元更不可能察觉明军的动向了，时机对明军来说好得不能再好了。

就在天元帝即将动身向北迁移时，明军终于赶到并立即发动进攻，北元太尉蛮子仓促率军迎战，被明军击败，蛮子也死于明军之手，余部投降。天元帝和他的太子天保奴、知院捏怯来、丞相失烈门等数十人在掩护下逃走，蓝玉虽然派出精骑追出千余里，但仍旧没有追上。虽然走脱了最大的一条鱼——北元皇帝，但捕鱼儿海之战明军的收获仍旧是巨大的，"获其次子地保奴、妃、子等六十四人及故太子必里秃妃并公主等五十九人，其詹事院同知脱因帖木儿将逃，失马窜伏深草间，擒之。又追获吴王朵儿只、代王达里麻、平章八兰等二千九百九十四人，军士男女七万七千三十七口，得宝玺、图书、牌面一百四十九，宣敕、照会三千三百九十道，金印一、银印三、马四万七千匹、驼四千八百四头，牛、羊一十万二千四百五十二头、车三千余辆"②，明军基本实现了这次北征的既定目标，对北元造成了毁灭性打击，取得了明朝对北元前所未有的辉煌胜利。蓝玉实现了自己击败北元的理想，"聚虏兵甲焚之，遣人入奏，遂班师"③。

五月，朱元璋收到了蓝玉的捷报，兴奋之余立即下发敕谕嘉奖蓝玉等人。朱元璋这份敕谕在俞本《纪事录》中与《明太祖实录》中表现出了有趣的文本差异。《纪事录》中这份敕谕为：

> 周、秦御胡，上策未闻。汉、唐征伐，功标卫、李。宋窘于辽，将士披坚无措，民疲转运，岁愈多艰，终被元伐，谋臣妄诞，贻笑至今。朕为逐胡塞外，胡人复立王廷，意谋不靖。朕在耆年，恐后转运劳民，命尔等，付甲士十万，控弦北征。十九年，游骑至金山之左，尔玉亲拘纳哈出来降。今

① 《明太祖实录》，卷一九〇，第2865页，"洪武二十一年四月"。
② 《明太祖实录》，卷一九〇，第2866页，"洪武二十一年四月"。
③ 《明太祖实录》，卷一九〇，第2866页，"洪武二十一年四月"。

二十一年，尔等（環）[摏]甲胄，列绛旆而英风陪举，偃旗幡而妙算神枢，披星于背，戴月于首，跨骏骑以弯弧，驰衰草之连天，兼程并进。尔来捷至，乃穿地取饮，禁火潜行，越黑山而北趋，追轮蹄之新迹，马饮北鱼之海。尔等抚雕鞍之骏骧，游目遥观，见帐庐星列，紫驼起伏弥川。会谋诸将武定等左、右副，左、右参，朕闻率骑五千，直抵穹庐。胡王弃宝玺而潜奔，王驸马、六宫后妃、罄塞胡民，尽皆款附。虽汉之卫青、唐之李靖，奚出其右？尔等，孰不以为迈孙、吴者也！今遣通政司通政茹常（瑺）、[望]江县主簿宋麟赍敕往谕，故敕。①

到了《明太祖实录》中，这份敕谕则为下面的模样：

周、秦御胡，上策无闻。汉、唐征伐，功多卫、李。及宋遭辽、金之窘，将士疲于锋镝，黎庶困于漕运，以致终宋之世，神器弄于夷狄之手，腥膻之风污浊九州，遂使彝伦攸斁，衣冠礼乐日就陵夷。朕用是奋起布衣，拯生民于水火，驱胡虏于沙漠，与民更始，已有年矣。近胡虏聚众，复立王廷，意图不靖。朕当耆年，及今弗蓺，恐为后患，于是命尔等率十余万众北征。去年夏，游骑至金山之左，尔玉亲拘纳哈出来降。今兹复能躬摏甲胄，驱驰草野，冲冒风露，穿地取饮，禁火潜行，越黑山而径趋，追蹄踪而深入，直抵穹庐。胡主弃玺远遁，诸王驸马、六宫后妃、部落人民悉皆归附。虽汉之卫青、唐之李靖，何以过之！今遣通政使茹瑺、前望江县主簿宋麟赍敕往劳，悉朕至怀。②

对比两份文本，我们会发现，《纪事录》中的文本比起《明太祖实录》中少了"神器弄于夷狄之手，腥膻之风污浊九州，遂使彝伦攸斁，衣冠礼乐日就陵夷。朕用是奋起布衣，拯生民于水火，驱胡虏于沙漠，与民更始，已有年矣"这类文绉绉的内容，而多了"谋臣妄诞，贻笑至今""列绛旆而英风陪举，偃旗幡而妙算神枢，披星于背，戴月于首，跨骏骑以弯弧，驰衰草之连天""马饮北鱼之海。尔等抚雕

---

①　俞本撰、李新峰笺证：《纪事录笺证》，卷之下，第445页，"洪武二十一年"。

②　《明太祖实录》，卷一九〇，第2874—2875页，"洪武二十一年五月"。

鞍之骏骧，游目遥观，见帐庐星列，紫驼起伏弥川。会谋诸将武定等左、右副，左、右参，朕闻率骑五千"这类描述战役过程，甚至相当粗鄙乃至有语病的文字。从之前章节中我们对《明太祖御制文集》与《明太祖实录》中朱元璋文件的文本差异我们能够知道，《明太祖实录》中的文本是经过修饰润色后的样子，因此在这份敕谕上，我们也有理由相信，《纪事录》中的文本是更为原始的文本，而《明太祖实录》中的版本则是修饰后的。由此我们能够再度看到仅仅依靠《明太祖实录》的不足，而这一点在洪武后期的记载中又表现得尤其明显，我们已经不止一次发现这种情况了。

不过好在这份敕谕的文本差异并不影响我们对这段历史的判断。朱元璋将蓝玉比作自己的卫青、李靖，甚至是超过孙武、吴起的人物，信任已经到了无以复加的地步，蓝玉的前途应该已经一片光明了。但人到了顶峰之后，问题也就相伴而生了。七月，蓝玉将天元帝次子地保奴及后妃、公主等人送至南京，他们被朱元璋安置在南京，而与他们一同进京的还有一桩蓝玉的丑闻，即蓝玉与天元帝的一位后妃有私，这件丑闻引起了朱元璋的震怒，他说："玉无礼如此，岂大将军所为哉！"[1]天元帝后妃因此自尽，同时这一丑闻还波及了地保奴，他对此口出怨言，更进一步激怒朱元璋，于是，他被驱逐出南京，安置到了琉球。至于蓝玉，虽然朱元璋对他北征期间的失德行为很愤怒，但这还不足以动摇蓝玉此时在朱元璋心里的地位，十二月，蓝玉获得了对他最高的褒奖，由永昌侯进封为凉国公，与同期前往广西平定叛乱的颍国公傅友德具有了相同地低位，甚至比傅友德还要更得朱元璋的信任。

至于蓝玉，他丝毫没有打算停下自己的脚步，这次北征只是他的第一步。接下来，朱元璋将继续北征的任务交给了颍国公傅友德，他在洪武二十三年（1390）与燕王朱棣共同出兵平定了此前逃脱的北元乃儿不花，乃儿不花归降，而与他们两人共同出兵的晋王朱㭎则未能遭遇敌人，这次战役不仅进一步弥补了傅友德因为前往广西平叛而未能参加捕鱼儿海之战的遗憾，也大大提高了燕王朱棣在北方的地位，北元此后在相当时期内不能再对明朝构成威胁。朱元璋之所以没有让蓝玉继续主持北征，这是因为西北哈密、罕东地区成了朱元璋与蓝玉接下来的目标，他要完成此前濮英未能完成的目标，再次打通哈梅里之路，一场规模巨大的西征因此而展开。

---

① 《明太祖实录》，卷一九二，第2886页，"洪武二十一年七月"。

2.凉国公的功业：西征

北元遭受的毁灭性打击对朱元璋来说是非常有利的，而其中最大的一项成果就是朱元璋在洪武二十二年（1389）正式设立朵颜、泰宁、福余三卫，因为三卫都设置于兀良哈之地，专门用来安置归降的蒙古人，因而合称兀良哈三卫。此后，兀良哈蒙古逐渐成为蒙古诸部势力中不可忽视的一部，他们的立场也影响着明朝与蒙古的局势，不过在洪武年间，他们还是有效充当起了明朝在北方的屏障，也是朱元璋对蒙古政策成功的一个象征。

在北方得意，在西北朱元璋就没有这么顺心了。濮英在洪武十三年（1380）的西征似乎已经成为遥远的故事，而且那次西征的半途而废也没有从根本上解决哈密的问题。对洪武二十二年（1389）明朝与西北诸部之间敏感而复杂的关系，身处西北的俞本留下了颇为直接的记载：

> 甘肃巴西回鹘遣使赍表及金珠玩、骟马紫驼结金珠缨络，进贡。上受其驼而羁其来使，寻命遍游中华。[1]

俞本忠实地记载了朱元璋当时对哈密地区看起来非常矛盾的奇怪态度，而这正是当时双边关系的真切反映。由于距离相对较近且经过了较长时间的经略，撒里畏兀儿地区与明朝的关系维持得相对友好，但再往西的哈梅里即哈密地区则与明朝多有冲突。我们从记载可以知道，从洪武二十三年（1390）正月开始，朱元璋已经在筹划征讨哈密了。正月，朱元璋命长兴侯耿炳文前往陕西训练军马，听候调遣。同时，朱元璋还命陕西布政使预备西凉、甘肃地区的农具、种子，做好军屯工作，保证粮草的充足。紧接着，已经之国成都的蜀王朱椿上奏鉴于西番作乱不止，甚至烧毁黑崖关，他已经派遣都指挥使翟能、同知徐凯统帅军队一万三千人跟随凉国公蓝玉前往大渡河截击。蓝玉正是朱元璋心目中理想的主持西征的统帅，此次对西番作战正是此后大举西征的前奏。

---

[1]　俞本撰、李新峰笺证：《纪事录笺证》，卷之下，第453页，"洪武二十二年"。

得到了蜀王生力军的蓝玉进军神速，在二月攻克散毛洞，擒获包括西番酋长在内的一万余人，大破西番，解决了内忧。不过此时傅友德正协同燕王朱棣北征北元乃儿不花，而蓝玉还需要平定施南、忠建二宣抚司的叛乱，暂时无法担任西征的主帅，因此西征并没有立即发动。虽然如此，哈密却没有因为明朝国力的提升而提高警惕。洪武二十三年（1390）五月，"哈梅里王兀纳失里遣长史阿斯兰沙、马黑木沙来贡马"①。谁知朱元璋对此并不领情，他甚至对哈密充满了愤怒。九月，朱元璋因为兀纳失里与别部互相仇杀，严重影响了明朝在西北地区的权威，遣使让镇守西北的都督宋晟"训练凉州、甘肃等处兵马备之"②。乃儿不花已经在三月投降，北征的战事基本结束，朱元璋此时让宋晟训练兵马、加强防备，其目标显然是针对让朱元璋非常不满的哈密。

哈密并没有从朱元璋的态度里吸取教训，而是更进一步刺激朱元璋。洪武二十三年（1390）八月，蓝玉彻底平定了施南、忠建二宣抚司叛乱，返回南京，随即紧锣密鼓开始了对西征的筹划。与此同时，哈密还在进一步刺激朱元璋，不仅阻断西域各政权前来向明朝朝贡的道路，甚至劫杀谋求从其他路线前来明朝的使团，这正是朱元璋绝对不能容忍的对明朝权威的挑战。洪武二十四年（1391）二月，朱元璋接受了沙州进贡的马匹，但明确拒绝了哈密的互市请求。哈密请求在延安、绥德、平凉、宁夏四处以马匹与明朝实现互市，朱元璋面对陕西都指挥使司的上奏，以异常严厉的态度加以拒绝，他说：

> 夷狄黠而多诈，今求互市，安知其不觇我中国乎？利其马而不虞其害，所丧必多，宜勿听。自今至者，悉送京师。③

朱元璋不仅严词拒绝互市，更要求将此后哈密所来使者统统扣下并送到南京来，可见他对哈密的不信任已经到了极点，扣留使者的做法朱元璋还对别失八里做过，这都表示了双方已经缺乏了最起码的互信。具体到扣留哈密的使者，还不仅仅表现为缺乏基本的互信，朱元璋更是为了掩盖他的真实目的：备战。洪武二十四年（1390）三月初一，朱元璋做出了一个不同寻常的决定，他命魏国公徐辉祖、曹国

---

① 《明太祖实录》，卷二〇二，第3023页，"洪武二十三年五月"。
② 《明太祖实录》，卷二〇四，第3057页，"洪武二十三年九月"。
③ 《明太祖实录》，卷二〇七，第3087页，"洪武二十四年二月"。

公李景隆、凉国公蓝玉、徽先伯桑敬、都督马铿、指挥严麟、朱铭、陈义，甚至勋卫徐增寿共同前往陕西防边。这一任命很不同寻常，朱元璋为了陕西的边防动用了三位公爵，甚至下及徐增寿这种没有任何爵位的武官。这只能说明一件事，朱元璋是以防边为由进行备战。果然，八月，蓝玉的西征便发动了，明朝与哈密之间的关系最终破裂。

洪武二十四年（1391）八月二十一，西征正式发起。然而《明太祖实录》对这场重要战事发起的记载却显得很诡异。从此后的记载我们可以知道，西征的明军主帅是凉国公蓝玉。但是在实录中此处却记载为"命左军都督佥事刘真、宋晟率兵征哈梅里"①。宋晟出兵，但并没有涉及之前调到陕西的蓝玉等人，显得有些奇怪。直到十一月，蓝玉奏请率大军西征仍旧被朱元璋拒绝，这与朱元璋此前对哈密极端愤怒的态度与部署都不符合。这究竟是什么原因，这与当时陕西的局势有关。正是在朱元璋命宋晟出兵的八月，朱元璋召回了之国陕西的秦王朱樉。秦王朱樉在八月初一被朱元璋召回，随后，皇太子朱标在八月十一日奉朱元璋之命巡抚陕西。一般认为，朱标这次前往陕西视察带有考察西安是否具有建都的条件的使命。固然，这或许是原因之一，但绝不仅仅是这个原因。朱元璋在朱标出发时给他下的敕谕是这样的：

> 天下山川，惟秦中号为险固，向命汝弟分封其地，已十数年。汝可一游以省观风俗，慰劳秦民。②

朱元璋的敕谕表面看起来很平常，但我们可以从中提取出两个重要因素。一个是在召回秦王朱樉后立即派太子朱标前往陕西，这表示朱标的这次出行应该与秦王朱樉在陕西的作为有关。另一点，朱元璋特别强调朱标要在陕西"慰劳秦民"，说明秦王朱樉在陕西对秦民造成的影响是不好的。关于这两点，都有证据能够进一步说明。

身处西北的俞本在《纪事录》中记载了秦王朱樉在陕西的作为：

> （四）月，秦王府牧马数千匹于咸阳、兴平、武功、扶风等县，民被其

---

① 《明太祖实录》，卷二一一，第3138页，"洪武二十四年八月"。
② 《明太祖实录》，卷二一一，第3134页，"洪武二十四年八月"。

害。又于护卫士卒处，给以钞米买金。无籍之徒乘时于省城内外，凡遇往来官军及士庶妇女，但有金首饰之类，即攘夺之。陕西所属各县里甲散钞买金，每钞一贯收金一钱，刻日车载驴驮纳之。[①]

俞本关于朱樉买金的记载并不是孤证，《太祖皇帝钦录》中的《谕秦王祝文》中也有这样的记载，秦王朱樉"连年著关内军民人等收买金银，军民窘迫，无从措办，致令将儿女典卖"[②]，可见朱樉在陕西收买金银的做法对陕西百姓造成了极大的损害。然而朱樉的恶政还不仅仅如此，朱元璋在《御制纪非录》中更是直斥朱樉说：

一、（朱樉）听信妇人李僧奴，差人于城咸宁、长安二县民处买金子。及其买到，著银匠销过，内销出银子。又与李僧奴看，本妇言说：问他买金子，他却挽入银子，而今只问他买银子，看他再挽甚么。依听所说，又差人买银子。如此搅扰百姓。

……

一、将课程钞散于在城百姓买金子，致令民人一家夫妇二人无处买办，俱各缢死。又听信库官余大使、董副使，差校尉曹总旗等前往泾阳龙桥，强买百姓金子。[③]

除了买金子，朱樉在陕西还有更为过分的行为，俞本记载：

牧养官羊，肥则卖之，收出库钞贯，却换软（纱）[钞]复给民间买羊入群。
时遇三月清明节，秦王令内侍于城之内外秋千架下，见美女，访其姓名，即娶入宫，如意则留之，否则杀之。及僭越造龙衣、龙床。上知之，宣秦王入京，敕皇太子标亲往陕西抚谕军民。寻宥，令复其国。[④]

对于卖羊一项，朱元璋在《御制纪非录》中称秦王朱樉"草场内羊现有十五万

---

① 俞本撰、李新峰笺证：《纪事录笺证》，卷之下，第454页，"洪武二十三年"。
② 朱元璋：《太祖皇帝钦录》，洪武二十八年九月初十日附。
③ 朱元璋：《御制纪非录》，《秦王》。
④ 俞本撰、李新峰笺证：《纪事录笺证》，卷之下，第455页，"洪武二十三年"。

有余只，又听信库官人等，将库内烂钞于民间强买羊只，却回街上卖货。又军人每五家散羊一只，要新钞七贯"①。而迫害良家妇女和僭越两条，则留下了更多的证据，《太祖皇帝钦录》中，朱元璋在《谕祭秦王祝文》中称秦王朱樉"酷害死良家女子若干""于军民之家搜取寡妇入宫，陆续作践身死""制造后服与偏妃邓氏穿着，又做五爪九龙床，如大殿御座之式，且前代藩王只用四爪龙床，尔乃如此僭分无礼，罪莫大焉"②，可谓证据非常充分。

由此看出，朱樉在陕西的做法造成了极其恶劣的影响。因此，当太子朱标于九月抵达西安时，"百官及耆民郊迎，皇太子慰劳之，赐秦民白金及钞"③。百姓如此迎接朱标，可见对其盼望的程度，也证明俞本记载朱元璋派朱标前去陕西确有安抚当地军民的目的。因此，我们可以认为正是朱樉在陕西造成的扰动干扰了朱元璋原本西征的部署，导致原本在八月就应该由蓝玉为主帅发起的大规模西征只能推迟，改为先由宋晟率先头部队出发，蓝玉的大军则不得不延迟。不过令朱元璋没想到的是，陕西之行大大损害了朱标的健康，他在返回南京后于洪武二十五年（1392）四月去世，给朱元璋造成了不得不重新选择继承人的大难题并直接影响到了洪武末期的政局。

十一月，冯胜、蓝玉等再度奏请"勒兵巡边，就讨西番之未附者"④。蓝玉此时奏请，可见宋晟发动的缩水的西征并未能完全达成目的，只是给予了哈密一定的打击，但是陕西的局势让朱元璋此时以"天象未利征讨"⑤为由拒绝了蓝玉的奏请。不仅如此，朱元璋还决定将冯胜、傅友德召回南京。洪武二十五年（1392）二月，蓝玉也被召回南京。看起来，一场大规模西征似乎就此夭折了。

倘若真的这样想朱元璋，那无疑就犯了极大的错误。正是在召回蓝玉的洪武二十五年（1392）二月，朱元璋派使者至甘肃，明确告诉刘真和宋晟，"凡西番回回来互市者止于甘肃城外三十里，不许入城"⑥，这明面上是因为此前西域诸国来互市之人经常逗留不归并在明朝边境进行劫掠，实际上是在明朝与哈密关系已经破裂的前提下，为了避免间谍的混入，窃取明朝的军事情报。因此在三月，朱元璋立即

---

①　朱元璋：《御制纪非录》，《秦王》。

②　《太祖皇帝钦录》，洪武二十八年四月初五日、九月初十日附。

③　《明太祖实录》，卷二一二，第3143页，"洪武二十四年九月"。

④　《明太祖实录》，卷二一四，第3158页，"洪武二十四年十一月"。

⑤　《明太祖实录》，卷二一四，第3158页，"洪武二十四年十一月"。

⑥　《明太祖实录》，卷二一六，第3180页，"洪武二十五年二月"。

恢复了在西北的进取姿态，他先命宋国公冯胜前往陕西、山西、河南检阅士马，冯胜此时再度被起用主要是负责整顿西安四卫和华山、平凉等卫，颖国公傅友德则负责山西都司下属卫所，曹国公李景隆负责巩昌、岷州、洮州、临洮、河州五卫，凉国公蓝玉负责最靠西的兰州、庄浪、西宁、西凉、甘肃等七卫，全面恢复了备战。

果然，一个月后的四月，机会来了。凉国公蓝玉借着追击逃寇祁者孙的机会，开始西征西番罕东之地，与此同时，月鲁帖木儿发动了叛乱，虽然很快被击退并退向阿宜河，但叛乱并未完全平息。蓝玉方面，他先核实了甘州各卫的军士人数，然后设置了甘州中右、中中两卫。四月底，朱元璋进行了总体布置，都督聂纬负责总兵讨伐此前叛乱的月鲁帖木儿，这是因为蓝玉在甘州耽误了一段时间，未能及时赶到的关系。至于蓝玉，待他处理好甘州事务后立即赶去与聂纬等人会合，双方会合后，一切归蓝玉统一指挥。

五月初一，蓝玉率军抵达罕东，蓝玉希望纵兵深入，但下属将佐则多持反对意见，他们认为"西虏负固已久，卒然闻大军深入，必鸟兽散去。我众虽强力，无所施，莫若缓以绥之，遣将招谕，宣上盛德，令彼以马来献，因抚其部落，全师而归，扬威示德，在此举矣"！蓝玉不愿听从，而是直接让宋晟率军沿着阿真川进军，土酋不出意外地逃走了。宋晟继续追击祁者孙，这时朱元璋突然有诏令下达，命蓝玉转兵讨伐建昌叛酋月鲁帖木儿。蓝玉不得不改变进军方向，他仍旧计划率军深入番地，取道松、叠抵达建昌，不料又遇上连绵的大雨，"河水汛急，玉悉驱将士渡河，麾下知非上意，多相率道亡，玉不得已，乃由陇右抵建昌"。[1]蓝玉的西征从一开始就显得不顺利，无论是进军罕东还是转向建昌，他的计划都受到下属的强烈反对，而在俞本《纪事录》中还记载了更为极端的情况：

> 梁（凉）国公蓝玉领兵征罕东，至白水江渡江驻军，欲往乌思藏。江水汹涌，马、步军俱不能渡，遂逃归。玉擒逃者，斩数百人，余众刺面。军中谣曰："蓝玉有反心。"祸伏于此矣。[2]

可见蓝玉和下属将士发生了激烈冲突，以至于军中出现了蓝玉将要造反的谣言，这和实录中"麾下知非上意，多相率道亡"是相吻合的。不仅如此，这在后来

---

① 《明太祖实录》，卷二一七，第3196页，"洪武二十五年五月"。

② 俞本撰、李新峰笺证：《纪事录笺证》，卷之下，第466页，"洪武二十五年"。

记载蓝玉案供词的《逆臣录》中也有反映。在《逆臣录》的序言中，朱元璋写道"及在外，非奉朝命，擅将官员升降，黥刺军士，不听诏旨，专擅出师，作威作福，暗要天心，朕屡加戒谕，略不知省，反深以为责辱，遂省忿怒"①。结合《明太祖实录》的记载，我们可以知道，蓝玉在转军建昌之初的计划深入番地就是《纪事录》中的欲往乌思藏，军中"蓝玉有反心"的谣言正是对应所谓"麾下知非上意，多相率道亡"，而且这一点确实在后来成了蓝玉的罪名之一，祸根正是在于此。不过在当时，蓝玉虽然受到不少掣肘，但朱元璋还没有像后来那样敌视蓝玉，蓝玉也还得认真对付他的新目标月鲁帖木儿。

六月，蓝玉终于抵达建昌，他立即收到朱元璋的敕谕，催促他尽快进兵，不要中了月鲁帖木儿的缓兵之计。可以看出朱元璋已经等得有些不耐烦了，蓝玉也丝毫不敢怠慢。七月，伴随着朱楧返回陕西，蓝玉也进行了针对月鲁帖木儿最后攻势的计划，虽然如此，最后进攻的发动仍旧拖到了十月。

十月，朱元璋再度敕谕蓝玉，在最后的进攻发动前对蓝玉提出警示，"月鲁帖木儿凶顽，无识生死轻重，殊无顾藉。其用事者杨把事、达达千户二人而已，若大军压境，或有使来，恐是此人，宜即羁之，勿令复去。昔寇恂斩皇甫文而降高峻，用此计也，且月鲁帖木儿其出也，或诡诈以觇我军，不可信之，若知其所在，即遣兵进攻，若来降，密为之防，所谓事起乎所忽，不可不慎"②。十一月，蓝玉进抵柏兴州，他在这里派遣百户毛海以间谍方式将月鲁帖木儿和他的儿子胖伯诱骗过来擒获，轻而易举平定了持续数月之久的月鲁帖木儿叛乱，稳定了四川地区局势。月鲁帖木儿等人很快被送回南京诛杀，但蓝玉并不甘心就此罢兵，他奏请继续进行西征，但遭到了朱元璋的拒绝。明面上，朱元璋不准蓝玉继续西征是因为平定月鲁帖木儿之乱已经劳民过甚，实则是因为哈密地区受到此前蓝玉出兵的震慑，很快便在十二月再度恢复贡马，朱元璋认为已经没有必要继续动武了。蓝玉只能班师回京，他与再度被起用的冯胜和地位与他不相伯仲的傅友德等人都得到了朱元璋的升赏，蓝玉得到了太子太傅的加衔，然而他盼望的太子太师加衔却给了冯胜和傅友德，这引起了蓝玉心里极大的不满。当然，朱元璋急于将蓝玉调回南京还有一个原因，就是通过西征，朱元璋对蓝玉的态度也逐渐发生了变化，这种变化最终导致了洪武后期最大规模的屠杀勋贵事件——蓝玉案。

---

① 《逆臣录》,《御制逆臣录序》，第2页。
② 《明太祖实录》，卷二二二，第3240页，"洪武二十五年十月"。

3.再度清洗：蓝玉案

洪武二十六年（1393）的蓝玉案，后世往往强调此案牵连甚众，导致了自胡惟庸案大爆发以来朱元璋又一次对勋贵的大规模屠杀。但我们往往忽视一个问题，就是蓝玉在此案中的罪名究竟有多大的可靠性？弄清楚这个问题，有助于我们分析此案的性质及其与胡惟庸案的区别。

首先，蓝党案和胡党案是有联系的，这一点最明显的表现是在一个人的身上，即蓝玉的亲家靖宁侯叶昇。俞本在《纪事录》中记载：

> 二月，蓝玉与叶昇结亲，玉恐昇事被累，偕锦川侯曹震谋逆，事泄，玉、震俱伏诛。玉乃郑国公常茂之母舅，亦先太子标之妃母弟也，震乃标之乳母夫。震、玉既诛，其妻乃悬铁牌，沿门乞食以辱之。其事连及内外卫分指挥、千、百户、镇抚，及府君左、右二卫总，小旗，军，皆戮之。诏一切人等皆得擒缚党人赴（至）上前，就以党人所任职事赏之，名曰"忠义"，及《忠义录》颁示天下武臣。不数年，忠义官俱被戮。[1]

俞本对蓝玉抱同情态度，他明确提到蓝玉因为担心自己被亲家叶昇告发，因而才联合曹震等人谋逆。而叶昇则是在洪武二十四年（1391）因为胡党案被杀的。因此很明显，蓝党案的确和胡党案有一些内在的联系，但这并不意味着这两起大案可以一概而论，这一问题，我们稍后再说。

说回蓝玉担心受到叶昇牵连的问题，除了《纪事录》外，在朱元璋整理蓝党案供词完成的《逆臣录》中能够看到更多证据。因为之后我们会频繁用到《逆臣录》一书，因此有必要对其中供词的可靠性做一下说明。由于蓝党案中锦衣卫的介入，因此肯定存在屈打成招的情况。但是，倘若众多的供词在某些方面表现出高度一致的话，那么这些共同点就不能够忽视了，这也是笔者使用《逆臣录》的一个基本原则。

《逆臣录》中蓝玉之兄蓝荣的供词提到，"蓝玉对我说：'我想胡党事公侯每也

---

① 俞本撰、李新峰笺证：《纪事录笺证》，卷之下，第471页，"洪武二十六年"。

废了多，前日靖宁侯为事，必是他招内有我名字。'"[1]另一位名为柳观音保的人招供蓝玉曾对自己的母舅蓝田和自己说："我自从征西回来，见上位好生疑我，必是亲家靖宁侯招出我也是胡党，明日必是不保，倒不如先下手做一场。"[2]而蓝玉的侄子蓝田也在供词中提到"叔父征进回还，因见亲家靖宁侯胡党事发，生怕连累"[3]如此看来，无论是蓝玉的至亲还是蓝玉亲属的下人都不约而同提到蓝玉曾对他们表达过担心被靖宁侯叶昇告发的问题，俞本的记载是可靠的。但是仅仅因为这层担忧，是否就会导致蓝玉决心谋逆呢？

根据《明太祖实录》的说法，蓝玉之所以在洪武二十六年（1393）二月被杀，是因为谋反，而蓝玉之所以谋反，是有这几项原因。其一，"胡、陈之反，玉尝与其谋"，结合上文，蓝玉担心叶昇在招供中提到他的名字不是没有道理的。其二，"又自恃功伐，专恣暴横，畜庄奴、假子数千人出入，乘势渔猎，尝占东昌民田，民讼之，御史按问，玉捶逐御史"。其三，"及征北还，私其驼马、珍宝无筭，夜度喜峰关，关吏以夜不即纳，玉大怒，纵兵毁关而入"。其四，"会有发其私元主妃者，上切责之，玉漫不省"。其五，"尝见上，命坐或侍宴饮，玉动止傲悖，无人臣礼"。其六，"及总兵在外，擅升降将校，黥刺（刺）军士，甚至违诏出师，恣作威福，以胁制其下"。其七，"至是征西还，意觊升爵，命为太傅，玉怒，攘袂大言曰：'吾北回，当为太师，乃以我为太傅。'"因此，"及时奏事，上恶其无礼，不从。玉退语所亲曰：'上疑我矣！'乃谋反。当是时，鹤庆侯张翼、普定侯陈桓、景川侯曹震、舳侯朱寿、东莞伯何荣、都督黄辂、吏部尚书詹徽、侍郎傅友文及诸武臣尝为玉部将者，玉乃密遣亲信召之，晨夜会私第，谋收集士卒及诸家奴伏甲为变。约束已定，为锦衣卫指挥蒋瓛所告，命群臣讯状，具实，皆伏诛"。[4]可见，根据实录的记载，造成蓝玉"谋反"的原因是多样化的，接下来，我们就结合《逆臣录》等史料具体分析这些罪状是否有凭有据，真实可靠。

关于蓝玉与胡惟庸案的关联的问题，唯一可以捕风捉影的一点就是他担心叶昇招供出他的名字，由此可见他确实曾与胡惟庸有一定的关系，但要因此就说"胡、陈之反，玉尝与其谋"仍就显得证据不足，因为胡惟庸是否谋反，通过前面的章节我们已经知道，这本来就是一个随着时间推移而逐渐发展出来的罪名。因此虽然

---

① 《逆臣录》，第一卷，《蓝荣》，第2页。

② 《逆臣录》，第一卷，《柳观音保》，第8页。

③ 《逆臣录》，第一卷，《蓝田》，第3页。

④ 《明太祖实录》，卷二二五，第3296—3297页，"洪武二十六年二月"。

朱元璋在亲自写成的《逆臣录》序言中称蓝玉"初与胡、陈之谋，朕思开平之功及亲亲之故，宥而不问"[1]，但可靠性仍旧是很成问题的。叶昇牵连进胡党案之所以让蓝玉如此紧张乃是因为他们两家是亲家，如果朱元璋能够对叶昇下手，自然说明他对蓝玉已经不信任了，蓝玉很容易联想到接下来就该轮到他了。至于第二、三、四、五点都集中反映了蓝玉功成名就后的自我膨胀问题，实录中这些记载与朱元璋为《逆臣录》所作序言中的记载可谓高度一致，当是来源于此。结合蓝玉北征后暴露出来的与北元天元帝之妃有私的丑闻和他在西征途中屡屡与下属发生冲突乃至侵犯朱元璋的权威的做法，实录中的这些问题未必不存在，但这些都是可大可小的事情，是否追究和如何追究完全要看朱元璋的决定。当蓝玉北征取得极大胜利，朱元璋对其倚重如当世卫青时，可以放过这些事，仅仅切责蓝玉一下。然而到了蓝玉与自己发生冲突，朱元璋决定解决掉蓝玉时，这些事情自然就成了非常恰当的罪名。仅凭这些，还不足以说明蓝玉因此就要造反。

因此，除了第一条这个定时炸弹外，最关键的罪名就是第六和第七两条了。关于蓝玉出征在外侵犯朱元璋权威的问题，除了北征期间私纳元主后妃外，主要就表现在西征中了。朱元璋对西征中蓝玉的不满在他为《逆臣录》写的序言中表现得已经非常明显了，朱元璋提到"及在外，非奉朝命，擅加官员升降，黥刺军士，不听诏旨，专擅出师，作威作福，暗要人心"[2]。

通过上面一节考察蓝玉西征的史实，这一条罪名是相当可靠的。蓝玉西征初期，欲纵兵深入罕东，受到了下属的激烈反对，但蓝玉坚持己见，命宋晟按照自己的计划进军，此时突然收到朱元璋的诏令，命他转向建昌平定月鲁帖木儿叛乱。如果说，这次朱元璋的诏令还能以月鲁帖木儿的叛乱愈演愈烈，朱元璋不得不调蓝玉转向南下来解释的话，则蓝玉在平定月鲁帖木儿期间的做法就更为奇怪了。蓝玉计划率军深入番地，取道松、叠抵达建昌，不料遇上连绵的大雨，"河水汛急，玉悉驱将士渡河，麾下知非上意，多相率道亡，玉不得已，乃由陇右抵建昌"[3]。军中甚至出现了"蓝玉有反心"[4]的谣言。"麾下知非上意"一条是很可玩味的，我们很难想象蓝玉下属的将领当时单凭自己的揣测就认为自己更了解朱元璋的意图而反对蓝玉。因此，更合理的解释是下属将领在西征期间就已经和朱元璋进行了沟通，知道

---

① 《逆臣录》，《御制逆臣录序》，第 1 页。

② 《逆臣录》，《御制逆臣录序》，第 2 页。

③ 《明太祖实录》，卷二一七，第 3196 页，"洪武二十五年五月"。

④ 俞本撰、李新峰笺证：《纪事录笺证》，卷之下，第 466 页，"洪武二十五年"。

了朱元璋与蓝玉的分歧所在，心里有了底，才敢如此反对蓝玉。而蓝玉呢？他认为下属的反对严重侵犯了自己的权威，因此进行了严厉的镇压，"玉擒逃者，斩数百人，余众刺面"[①]。随后，他虽然不得不接受反对意见，改变进军路线，但是其作战态度也显得日趋消极，最后在朱元璋的不断催促警告下才用计擒获了月鲁帖木儿。此后，蓝玉继续西征的请求也遭到朱元璋拒绝。可以说，蓝玉北征大胜后的自我膨胀经过西征加剧了他和朱元璋之间的分歧，正如俞本所说，西征中蓝玉的自我膨胀和独断专行的行为成了他后来倒台的祸根，朱元璋最终在蓝玉案中将之作为了蓝玉一条主要的罪名。

回到蓝玉，西征未能进行到底令他十分不满，班师回京后虽然被加授太子太傅，太子太师却给了冯胜和傅友德，结果蓝玉口出怨言。这条罪名在《逆臣录》中屡有提到，可以说证据充分。蓝玉的长子蓝闹儿招供说蓝玉曾对刘指挥、孙指挥、武指挥、严百户说："我征西征北受了多少辛苦，如今取我回来，只道封我做太师，却着我做太傅，太师到着别人做了。你每肯从我时便好，若不肯时，久后坏了你。"[②]蓝玉家火者赵帖木招供蓝玉在洪武二十六年（1393）二月初五宴请景川侯曹震时曾说："我每到处出征，回来别人都做大官人了，后头才封我做太傅。上位每日常常怪我。"[③]由此看来，蓝玉确实是很在乎这件事的，但这其中还有一个问题，仅仅因为没有得到太师而是太傅就谋反，是否显得太过轻率了呢？

答案是否定的。从供词中我们能够看出，蓝玉之所以如此在意是否加授他太师，并不仅仅是自我膨胀，而是他把这看成是朱元璋对他是否足够信任的标准。朱元璋屠戮功臣的殷鉴不远，因此蓝玉一旦没有得到太师，再加上朱元璋对他的训斥，终于让他产生了自己迟早也要步前人后尘的担忧。蓝玉的兄长蓝荣招供说蓝玉曾在洪武二十六年（1393）正月二十九对他说："我想胡党事公侯每也废了多，前日靖宁侯为事，必是他招内有我名字。我这几时见上位好生疑忌，我奏几件事都不从，只怕早晚也容我不过，不如趁早下手做一场。我如今与府军前卫头目每议定了，你可教蓝田（蓝玉侄子）知道，着他收拾些人接应。"[④]蓝荣的供词在蓝田那里也能得到佐证，许昇曾奉蓝玉之命对蓝田说："叔父（蓝玉）征进回还，因见亲家靖宁侯胡党事发，生怕连累，唤你过江说话，准备些人马伺候。"[⑤]柳观音保招供蓝

---

① 俞本撰、李新峰笺证：《纪事录笺证》，卷之下，第466页，"洪武二十五年"。

② 《逆臣录》，第一卷，《蓝闹儿》，第2页。

③ 《逆臣录》，第一卷，《赵帖木》，第3页。

④ 《逆臣录》，第一卷，《蓝荣》，第2页。

⑤ 《逆臣录》，第一卷，《蓝田》，第3页。

玉曾对蓝田和自己说："我自从征进回来，见上位好生疑我，必是亲家靖宁侯招出我也是胡党，明日必是不好，到不如先下手做一场。如今我已与府军前卫头目每商量定了，早晚得机会时便要下手。你每回去选些好人马，置办下军器，听候我这里的动静，便来接应。"①

除了蓝玉身边的人，蓝玉案中另一位重要犯人景川侯曹震方面也有类似的供词。曹震之子曹炳招供曹震曾在洪武二十六年（1393）二月初七去蓝玉那里喝醉后回来对他说："我每同许都督三人在凉国公家饮酒，商量如今天下太平，不用老幼臣似以前，我每一般老公侯都做了反的也都无了，只剩得我每几个没来由只管做甚的，几时是了？原跟随我的府军前卫孙指挥、武指挥，还有些旧头目都是些好汉，等今年四、五月间，问他卫加收拾些好人马，我每再去各处庄子上也收拾些家人仪仗户等。今年上位老不出来，我每预备下，伺候做些事业，务要成就。"②这些供词中的"上位"指的就是朱元璋，从这些供词我们可以明显地知道，蓝玉真正担心的既不是叶昇是否招供了他，因为只要朱元璋信任他就不会有危险，也不是征西回来后没有得到太师的加衔。蓝玉真正担心的是从没有得到太师延伸出来的朱元璋对他的越来越不信任，他的亲家靖宁侯叶昇牵连进胡党案只是一个前奏，蓝玉很自然会想到接下来就该轮到他了，这导致他越来越感到自己地位不稳，迟早也要步已经被杀的那些功臣们的后尘。

从本书已经引用的供词和《逆臣录》中大量没有引用的供词可以看出，蓝玉与胡惟庸不同，胡惟庸的确凿罪名一开始只是"擅权坏法"③，其他包括意图谋反、里通外国等罪名，都是随着胡党案的缓慢爆发而逐渐出现的。蓝玉案则不同，一开始，他的罪名就是"谋反"。而大量供词也说明，这一指控不是凭空捏造的。因为蓝玉为明朝后期高级军事将领、公爵，又长期以主帅身份率军征战，因此他在明军中拥有自己的派系，故而很多供词都是蓝玉以封官许愿为条件让自己军中的亲信调动军队听候自己指挥的内容。具体到《逆臣录》中，我们可以看到蓝玉案牵涉到很多军队单位。在中央，五军都督府中的每一个都有都督一级的人牵连入案，比如左军都督府的黄辂、杨泉、马俊，右军都督府的王诚、聂纬、王铭、许亮，中军都督府的谢熊、汪信、戈预，前军都督府的杨春、张政，后军都督府的祝哲、陶文、茆

---

① 《逆臣录》，第一卷，《柳观音保》，第8页。

② 《逆臣录》，第一卷，《曹炳》，第11—12页。

③ 俞本撰、李新峰笺证：《纪事录笺证》，卷之下，第414页，"洪武十三年"。

鼎等，甚至六部中的两部，包括吏部尚书詹徽、户部侍郎傅友文都被牵连了进去，足见范围非常广。

而在各地卫所方面，最值得关注的是一些在京的特殊卫所，具体来说是金吾诸卫、羽林诸卫、府军诸卫、虎贲诸卫、锦衣卫、旗手卫、神策卫和豹韬卫等。具体到《逆臣录》中，能够发现其中相当一部分都牵连进了蓝党案中。比如金吾前卫指挥姚旺等、金吾后卫指挥李澄等、羽林左卫指挥戴彬等、羽林右卫指挥严麟等、府军卫指挥李俊等、府军前卫指挥武威等、府军左卫指挥轩兴等、府军右卫指挥袁德等、府军后卫指挥龙广等，甚至锦衣卫指挥陶幹等都被牵连了进去，其余旗手卫、神策卫、豹韬卫、水军诸卫等大量在京特殊卫所都有指挥、千户一级人员被牵连进蓝党案。凡此种种只能说明一个事实，就是蓝玉及其亲信确曾在军队中进行过相当深入的活动，而这种活动无论是否以谋反为目标，都必然是朱元璋所不能容忍的。而从大量供词中我们可以知道，蓝玉的这些活动，确有不轨的企图，这其中又以锦衣卫和府军前卫的情况尤其特殊。

锦衣卫作为朱元璋逐步发展起来的专司侦缉的特殊机构，理应是皇帝的绝对亲信，但是竟然也有人牵连进蓝党案，无疑对朱元璋造成了极大震动。根据锦衣卫指挥佥事陶幹的供词，他曾在洪武二十六年（1393）二月初七去蓝玉家中拜访，蓝玉对他说：“陶指挥，我有一件事与你商量，我如今要反也，你也来从我。”陶幹应允了蓝玉后返回。[1] 不仅如此，陶幹还招供他曾在洪武二十六年（1393）正月十八同都督张政等人在蓝玉家饮酒，蓝玉对他们说：“张政你如今做了都督了，大军权在你手里，我有一件大事与你每商量。我亲家靖宁侯为胡党事一家都废了，料想也有我的名字，不如趁早下手做一场，久后事成之时，我着你都享大富贵。”张政则回答：“不妨，大人尽向前，我摆布军马听候。”[2] 张政正是五府中前军都督府的都督，通过这几段供词能够看出蓝玉已经开始将包括五府都督、锦衣卫等相关人员进行整合，计划已经深入到了相当的程度。

还有一个深入介入蓝玉案中的卫所，就是府军前卫。府军前卫前身为武德卫，而武德卫为常遇春的嫡系部队，蓝玉又是常遇春的内弟，曾任武德卫指挥。因此无论在此前统兵时还是后来“谋反”时，府军前卫都是蓝玉的基本班底，因此府军前卫被深深牵连进了蓝玉案。从蓝玉兄长蓝荣的供词我们已经知道蓝玉曾对蓝荣说：

---

① 《逆臣录》，第三卷，《锦衣卫指挥陶幹等》，第154页。

② 《逆臣录》，第三卷，《锦衣卫指挥陶幹等》，第155页。

"我如今与府军前卫头目议定了，你可教蓝田（蓝玉侄子）知道，着他收拾些人接应。"① 蓝玉家火者赵帖木的供词也提到火者董景住对他说："本官（指蓝玉）要谋反，就领着府军前卫参随，他的旧马军胜子余等一百名都是好汉，一个当五个，在西华门听候，等上位茶饭时一同下手。"② 具体到府军前卫的人员身上，府军前卫水军所百户秦友直招供蓝玉曾说："所谋的事疾速容易成就，迁延恐怕泄了机。我想你府军前卫守着午门、承天门、端门，如今只等江北马军过来，选些好汉安插在各门上守卫，外面摆布些人马接应着一声。我里头看动静好下手，那时开门放进，这事无有不济。"③ 府军前卫前所管步军百户李成招供蓝玉曾对他说："我亲家靖宁侯做到侯的位子，如今把他废了。前日说教我做太师，今番又着别人做了。我想上位容不得人，公侯废了几个，久后都是难保全的。你众人征南征北许多年，熬得个千百户、总小旗做，没一日安闲快活，你肯随着我一心时，早晚来我跟前听候，看有机会处下手做一场。若成了事，你都得大名分，享富贵。"④ 还招供蓝玉曾说："我前日和你头目议的事，急待要下手，未有个机会处。我想（洪武二十六年）二月十五日，上位出正阳门劝农时，是一个好机会。我计算你一里有五千人在上人马，我和景川侯两家收拾得当家人，有二三百贴身好汉，早晚又有几个头目来，将带些伴当，都是能厮杀的人，也有二三百都通些，这人马尽勾用了。你众官人好生在意，休要走透了消息，定在这一日下手。"⑤ 正是因为如此深深卷入了蓝玉案，因此府军前卫在案发后遭到了极其严厉的处理，"其事连及内外卫分指挥、千、百户、镇抚，及府君左、右二卫总、小旗、军，皆戮之"⑥，俞本虽然将府军前卫误为左、右二卫，但在《太祖皇帝钦录》中有更为直接的记载，朱元璋说："蓝总兵通着府军前卫指挥、千户、百户、总旗、小旗造反，凌迟了。"⑦ 此后，府军前卫就从实录中几乎消失了，只在洪武二十六年（1393）七月有将幸存下来的府军前卫有罪将士调往甘州左护卫的记载，府军前卫之后似乎就被撤销了，失去了记载。直到明太宗朱棣即位后，才复设府军前卫并选幼军充实其中，将之配属给自己所钟爱的皇太孙朱瞻基作为基本

---

① 《逆臣录》，第一卷，《蓝荣》，第2页。

② 《逆臣录》，第一卷，《赵帖木》，第3页。

③ 《逆臣录》，第二卷，《府军前卫水军所百户秦友直》，第114页。

④ 《逆臣录》，第二卷，《府军前卫前所管步军百户李成》，第115页。

⑤ 《逆臣录》，第二卷，《府军前卫前所管步军百户李成》，第115—116页。

⑥ 俞本撰、李新峰笺证：《纪事录笺证》，卷之下，第471页，"洪武二十六年"。

⑦ 《太祖皇帝钦录》，洪武二十六年二月十九日。

部队。

不过当我们再回到蓝玉案本身，我们又能发现供词中有矛盾之处，不仅蓝玉的计划很多都停留在口头，距离实际操作还有不小的距离，就是深入牵连其中的府军前卫，蓝玉定下的行动日期也是存在矛盾的，有"等上位茶饭时一同下手"和"上位出正阳门劝农时"两种说法。不过至少这些矛盾对朱元璋来说不存在问题，他凭借这些供词，毫不犹豫地将"谋反"的罪名扣到了蓝玉头上，并开始了自胡党案大爆发后的又一轮清洗。虽然朱元璋刻意强调蓝党案和胡党案之间的联系，在《逆臣录》的序言中他写道"其公侯都督皆胡、陈旧党，有等愚昧不才者，一闻阴谋，欣然而从"[1]，后世潘柽章等人也认为蓝党案为胡党案的余波。但是，当我们审视两次党案牵连的人员则能发现他们的成分有很大的不同。胡党案整个从洪武十三年（1380）至洪武二十三年（1390）逐渐爆发的过程中，牵连其中的勋贵包括李善长、唐胜宗、陆仲亨、费聚、赵庸、黄彬、郑遇春、胡美、顾时、陈德、华云龙之子、王志、杨璟、朱亮祖、梅思祖、金朝兴等人，都是很早就跟随朱元璋共同起家的。在整个追究胡党案的过程中，基本没有涉及洪武三年（1370）之后才逐渐崛起的新贵。而蓝党案则不同，被蓝党案牵连的几乎都是洪武三年（1370）之后才逐渐崛起的新贵，比如蓝玉、常遇春之子常升、张翼、陈桓、曹震、朱寿、谢成、张温、曹兴、孙兴祖之子孙恪、韩政之子韩勋、曹良臣之子曹泰，甚至纳哈出之子察罕、濮英之子濮屿、桑世杰之子桑敬、何真之子何荣都被牵连了进去。人员身份的差异与胡党案形成了界限分明的对比，可以看出朱元璋是有范围地针对特定人员进行有计划的清洗，两场党案并不能简单的一概而论。而蓝玉是否真的"谋反"对朱元璋也就不是最关键的问题了，他根本的目的是借此对他已经不再信任的勋贵进行清洗，而他之所以在晚年再兴大案，无疑是和皇太子朱标先于他去世，新的继承人皇太孙朱允炆又太过年幼有关。关于这一点，笔者将在下一节进行探讨。

最后，要谈谈俞本《纪事录》里提到的那群通过举报蓝党成员而得官的"忠义官"的结局。俞本说他们在此后数年内仍旧被朱元璋尽数屠戮了，关于这一点是否属实，我们能从各卫的选簿中找到一些相关内容。《平溪卫选簿》中记载指挥于嶽："二十六年，首镇江卫指挥赴京比箭，结交蓝玉，商议党逆。钦除留守中卫世袭指挥佥事。"《青州左卫选簿》左所解铭中记载府军卫军解俊："首本卫所镇抚李志名党逆得实，升金吾前卫右所世袭所镇抚。"可知这些因为首告得官的忠义官只是一般调到他卫任职，并没有被尽数屠戮，俞本出于同情蓝玉而对这一段的记载并不准确。

---

[1] 《逆臣录》，《御制逆臣录序》，第2页。

4.最后的功臣：傅友德、冯胜

经过胡党案和蓝党案两次大清洗，加上自然死亡的，到了洪武末期，洪武一朝所封公爵中已经没剩下几个了。洪武初封公爵还剩下一个宋国公冯胜，续封公爵还剩下颖国公傅友德和信国公汤和。

与大规模清洗中至少在公开层面上罪名很明确不同，傅友德和冯胜作为两个个例的死亡则充满了隐晦不清的东西，经常让人看得如坠云雾里。

在《明太祖实录》的记载中，看不出这两人的死亡有丝毫异常的情况。实录在洪武二十七年（1394）十一月记载"颖国公傅友德卒"[①]，在洪武二十八年（1395）二月记载"宋国公冯胜卒"[②]，并无丝毫异常之处。然而在俞本所撰《纪事录》中则有完全不同的记载：

> 是年，以宋国公冯胜、颖国公傅友德等为党逆事伏诛，而家属悉令自缢，毁其居室而焚之。[③]

《纪事录》又一次与《明太祖实录》出现了截然相反的记载，倘若根据《纪事录》的记载，则傅友德和冯胜最终都是死于非命。既然如此，必然有一个为准确，而另一个则有问题。

在这两个人的问题上，傅友德的记载要少很多，在明代记载开国功臣事迹的黄金《皇明开国功臣录》中的傅友德本传中并没有提到傅友德最后是怎么死的，对他的记载结束于他率军北征取得巨大胜利的辉煌顶点。而在《明史·傅友德传》中，对傅友德之死的记载也很奇怪，为"又明年（洪武二十七年）赐死"[④]。因此，潘柽章在《国史考异》中便进一步根据明孝宗弘治年间还有人自称傅友德子孙这一点认

---

① 《明太祖实录》，卷二三五，第 3435 页，"洪武二十七年十一月"。

② 《明太祖实录》，卷二三六，第 3447 页，"洪武二十八年二月"。

③ 俞本撰、李新峰笺证：《纪事录笺证》，卷之下，第 478 页，"洪武二十八年"。

④ 张廷玉等：《明史》，卷一百二十九，《傅友德传》。

为俞本的记载不是事实。如此一来，似乎就走进了一个死胡同，双方谁也不能完全说服对方。好在俞本为我们提供了解决问题的另一条路，他将傅友德和冯胜的死合在一条里，因此，倘若我们能够证明俞本对冯胜之死的记载是准确的，那么他对傅友德之死的记载可信度也就相当高了。

黄金《皇明开国功臣录》中根据《金陵冯氏家乘》记载冯胜之死："三十二年（癸）卯十月十日卒，朝廷哀悼，遣祭，敕有司治丧，以明年二月五日附先墓葬焉。子男九，皆先（胜）卒。"[1] 这是一段非常奇怪的记载，首先，三十二年即洪武三十二年，也就是建文元年（1399），因为明太宗朱棣篡位后革除建文年号，因此改称洪武三十二年。同时我们也知道，冯胜是在洪武二十八年（1395）去世的。因此，冯氏家乘中记载冯胜在建文元年（1399）才去世无疑是不准确的。同时，家乘还记载冯胜的九个儿子都死在冯胜前面同样很诡异，也不合常理。李新峰认为除非家乘是在杜撰，否则就只能说明其记载的是建文年间采取的补偿措施，也就进一步证明了冯胜是死于非命。这是非常有道理的，家乘出于讳言冯胜真实死因及政治敏感的因素，不记载他在洪武年间的真实去世时间和原因，而是记载建文年间的补偿措施，但又通过奇怪的记载方式和记载冯胜九个儿子都先于冯胜而死的方式隐晦地讲出了冯胜死于非命的事实，这种方式在政治上无疑是最安全的。如此一来，傅友德的情况也就类似了，既然永乐年间惨遭屠戮的方孝孺、黄子澄等人在之后的洪熙年间都能够找出后人，那么在明朝中期有自称傅友德后代的人也就丝毫不令人奇怪了。

明初这种对个体功臣死亡的奇怪记载不局限于末期的傅友德、冯胜两人。初期也有这样一位，这便是巢湖水军的代表人物——德庆侯廖永忠。在《明太祖实录》中，对廖永忠去世的记载非常正常，在洪武八年（1375）三月记载"德庆侯廖永忠卒""至是卒，年五十三。上赙遗之甚厚。以其子权袭爵"[2]。但是在俞本《纪事录》中，则又是另一番景象：

> 德庆侯廖永忠，卧床、器用、鞍辔鞴镫僭拟御用，家人密奏。上宣永忠曰："汝知罪乎？"答曰："已知矣。"曰："汝知何罪？"答曰："天下已定，

---

① 黄金：《皇明开国功臣录》，卷一，《补遗：冯胜》，第182页。

② 《明太祖实录》，卷九八，第1674、1677页，"洪武八年三月"。

臣岂无罪乎？"上怒曰："汝以为朕为汉高祖杀韩信耶？"遂命刑部以床帐、器皿、鞍辔鞴镫、雕花金钑花龙凤各样僭用御物榜示天下，筑天牢羁之，给美膳。或奏曰："永忠热甚。"敕校尉日汲凉水数十桶浇之。后成瘫疾，不能行，御杖四十令归，数日而卒。天下哀之。[①]

两者再次出现了截然相反的记载。所幸的是，比起傅友德和冯胜，关于廖永忠之死有更多的记载可以分析。刘辰在《国初事迹》中记载，"太祖以永忠僭用龙凤不法等事，处以死罪"[②]。刘辰与俞本同为明初人物，在他们的记载中，廖永忠的罪名都是器用僭越，这能够说明在明初，廖永忠的这一罪名在一定时期内是一个接受程度相当高的共识。

不过即便在明初，廖永忠的罪名也已经发生了变化。朱权所著《通鉴博论》中，廖永忠的罪名就发生了变化，朱权在丙午至正二十七年（1367）中记载"是岁，廖永忠沉韩林儿于瓜步，大明恶永忠之不义，后赐死"[③]。朱权将韩林儿之死作为后来朱元璋赐死廖永忠的原因，这当然不能看成单纯是朱权的观点。《通鉴博论》就是朱权奉朱元璋之命编纂的，因此在相当程度上反映了朱元璋的意志。而韩林儿之死消除了朱元璋最终称帝的最后一道障碍，这肯定不会是廖永忠一个人就能擅自决定的，必定是得到了朱元璋的同意或者至少是暗示或者默许。朱权此时在《通鉴博论》中将韩林儿之死的罪名完全裁到廖永忠头上，某种程度上反映了当时明朝政府的意志，为朱元璋开脱。

那么朱元璋又怎么看呢？潘柽章在《国史考异》中引用了朱元璋的一段回忆，朱元璋回忆"杨宪居中书，心谋不轨。廖永忠党比其间，人各伏诛"[④]。潘柽章据此认为廖永忠的罪名不是害死韩林儿，而是党附杨宪，因为倘若朱元璋是因为韩林儿之事诛杀廖永忠，则为此隐忍这么久是不正常的。但是党附杨宪的罪名也是有问题的，杨宪在洪武三年（1370）十一月大封功臣之前就被朱元璋诛杀了，而廖永忠是在洪武八年（1375）才在某种意义上被赐死的，这中间的间隔明显太长。即便廖永忠真的党附杨宪，合理的影响也只是成为朱元璋后来在封爵上对廖永忠进行打压的

---

① 俞本撰、李新峰笺证：《纪事录笺证》，卷之下，第386页，"洪武七年"。

② 刘辰：《国初事迹》，第85页；（出自：邓士龙 辑：《国朝典故》，卷四）。

③ 朱权：《通鉴博论》，卷下，历代天运纪统，第180页。

④ 潘柽章：《国史考异》，卷一，"十六"，第18—19页。

借口之一，并不能和后来廖永忠之死构成必然的因果关系。相对的，害死韩林儿这一敏感事件却反而可能沉淀下来，直到明朝地位已经稳固后才爆发出来，潘柽章的论断并不能成立。

同样是根据朱元璋的回忆，王世贞的论述要更为合理。在《弇山堂别集》中，王世贞引用朱元璋在洪武十年（1377）赦免江夏侯周德兴时回忆"德庆侯廖永忠为开国功臣，以僭分犯法而被诛"①，由此证明了刘辰的记载，也在实际上证明了俞本的记载。随后，王世贞还推测，"乃知永忠实以诛死者，盖高帝一时不忍，不暇宽处。既刑而后悔之，且念其功，故加赗葬，且使其子袭封，修史者缘而为之掩讳耳"②。王世贞的分析恰恰能够在俞本那里得到证实，廖永忠并非被明确定罪诛杀的，因此朱元璋后来还是以其子廖权袭爵。综合来看，"器用僭越"和"杀韩林儿"最终导致了廖永忠被杀更为合理，"党附杨宪"一条则不那么合理。不过无论如何，有一点是可以肯定的，就是廖永忠绝不是如《明太祖实录》中记载的那样是正常死亡，他是被朱元璋诛杀的。甚至就连王世贞提到的江夏侯周德兴虽然逃过了洪武十年（1377），最终仍旧在洪武二十五年（1392）被朱元璋所杀。

在洪武年间的功臣中，还有一个特殊的人，就是朱元璋的外甥曹国公李文忠。曹国公李文忠是在洪武十七年（1384）三月去世的，他的情况和其他功臣截然相反，"曹国公李保保卒""疾笃，令医视疾，不愈而卒。遂杀侍医，族诛城内大小医家及保保婢妾六十余人"③。朱元璋在李文忠之死中表现出来的暴虐行为可以说是他晚年性格的一个典型表现。至洪武末期，公爵中只剩下了信国公汤和，他因为一贯的低调表现最后获得了善终。

一般认为，朱元璋即位后对功臣的清洗是为求江山永固，特别是为了让他们不给自己的继承人造成麻烦。不过通过对比朱元璋前期和后期对功臣的清洗，特别是胡党案和蓝党案则能够看出不同的特点。在胡党案及其爆发中被屠戮的功臣，包括李善长、徐达、陆仲亨、费聚、廖永忠、华云龙等人，他们很多都是与朱元璋同起于微末，后来随着朱元璋的崛起，他们才逐渐与朱元璋建立了主从关系，甚至像徐达、汤和这些人，参加红军比朱元璋还早，而像廖永忠所代表的巢湖水军，他们

---

① 王世贞：《弇山堂别集》，卷二十，史乘考误一，第373页。
② 王世贞：《弇山堂别集》，卷二十，史乘考误一，第373页。
③ 李默孤：《孤树裒谈》，卷二，太祖［下］，第609页。

最初加入的是濠州红军，而不是归附朱元璋个人，他们与朱元璋建立主从关系就更晚，关系也更为生疏，这种亲疏有别在很大程度上决定了这些功臣后来命运的不同，这一点在洪武三年（1370）十一月大封功臣时的不同待遇上已经表现了出来。

而这一问题表现在明初，还有一点就是这些将领很多在军队中都是自己的基本部队，这是因为这些将领在自己的军旅生涯中长期率领一部分军队作战，而卫所最初又是在这些军队的基础上编成的，这就使得这种在军队中存在的派系延续到了后来的卫所制度中，比如龙骧卫长期为金朝兴掌握，丁德兴长期掌握凤翔卫，豹韬卫为华云龙，飞熊卫为王志，武德卫则是常遇春和蓝玉的基本部队，天策卫为孙兴祖，骁骑卫或骠骑卫为陆仲亨，英武卫长期是吴祯、吴良兄弟掌控，雄武卫为傅友德，广武卫为沐英等等。为了强化自己的绝对权力，建立自己对军队的绝对控制，朱元璋势必要消除这种军队中存在的派系，加之功臣们自己的一些违法表现，就为朱元璋提供了清洗功臣的借口。通过胡党案，初封功臣几乎被清洗殆尽，蓝党案后，续封功臣也遭到大规模清洗。傅友德和冯胜的死，可以说是为洪武年间整个清洗功臣的行动画上了一个血腥的句号。通过这一些列行动，至洪武中后期，卫所军队在初期那种具有明确来源的派系现象基本消失，朱元璋已经可以将他们打乱并随意调动了，卫所也逐渐由军队编制单位蜕变为军队管理单位。可以说，朱元璋完满地达成了自己的目的。

5.落幕

来到这里，本书已经到了尾声了。朱元璋三十一年的统治，究竟获得了一个什么样的结果，又留给了他的继承人们一个怎样的江山呢？

朱元璋是明朝的开国皇帝，他有着明朝此后十五位皇帝都没有的优势。他在元朝这一少数民族政权统治中国将近百年后恢复了汉族对于中国主体的统治。因此，贯穿整个洪武年间的是各种的制礼作乐，这一系列行动有时候深入到了我们现在难以想象的程度。除了我们之前提到过的恢复衣冠，重新建立夷夏之防乃至重申乡饮酒礼等措施外，朱元璋还进行了其他很多方面的制礼作乐。

在婚姻方面，朱元璋不仅全面禁止元朝时颇为流行的收继婚，即所谓"弟收兄妻、子烝父妾"[①]，他甚至走得更远，全面推行同姓不婚和中表禁婚。所谓同姓结婚和中表结婚指的是"同姓、两姨姑舅为婚"，这两种婚俗与收继婚很早就受到批评不同，同姓为婚在南宋就很多见，中表为婚更是远自先秦。虽然历代也有人对此提出批评，但远没有收继婚那么严重。

特别是同姓为婚，其本意是要禁止具有共同父系祖先的社会成员通婚，从而达到优生的目的。明朝之前各代立法针对的也是这个层面上的同姓通婚。而对于虽然同姓但并无血缘关系的类型，则是不禁止的，比如在《唐律疏议》中的规定就是"同宗共姓，皆不得为婚姻"，所谓"同姓不婚"其实是"共祖不婚"。然而到了明朝，朱元璋的规定则非常极端，明显矫枉过正。在《大明律》中，将"同宗无服之亲"也纳入了禁止的范畴，如此一来，只要是同姓，无论是否同宗，一律禁止，可谓空前严厉。

朱元璋的规定显然是过头的，由此甚至造成了一些让人哭笑不得的事情。比如朱元璋在大都平定后，在元朝皇宫内发现了一位周姓高丽女子，因为语言原因，这位女子说自己姓朱，本想将之纳入后宫的朱元璋听后便不敢贸然行动，直至从女子父亲那里确认她姓周后才将其纳为宫人。其实即便这位高丽女子真的姓朱，与朱元璋有亲缘关系的概率也是微乎其微，他本不必如此紧张。

---

① 《明太祖实录》，卷二六，第401—404页，"吴元年十月"。

除了婚姻，朱元璋对葬礼也进行了非常细致的规定。随着唐代佛教的全面影响，土葬逐渐失去了汉族近乎唯一安葬形式的地位，火葬开始兴起，这一在传统儒家看来是"焚骨扬灰"的极大惩罚得到了极大的发展。到了宋朝，虽然宋太祖赵匡胤就曾明确下令禁止火葬，但在民间，火葬却日益流行，甚至出现了"化人亭""化人场""澒骨池"等专门的火葬场所，让官方的禁令成为一纸空文。到了元代，火葬的流行程度更是超乎人们的想象，在大都、杭州这样的大城市也是如此，甚至当昆山人殷奎的父亲去世，其祖父援引礼仪建议进行土葬时，竟然引发了众人的指责，而火葬在人们看来则是习以为常，毫不为怪了。直到朱元璋率军占领集庆，为了表彰元朝行台御史大夫、集庆路守将福寿尽忠职守，给予的厚葬都仍旧是火葬，"上令棺殓焚瘗之，命工绘像，附于晋忠臣卞壶庙"[1]，这显然不能说朱元璋是为了羞辱福寿，而应是表彰。

然而到了明朝建立后，情况就为之一变了。洪武三年（1370）六月，朱元璋下令民间设立义冢，开始全面禁绝火葬，他下令：

> 令民间立义冢。上谕礼部臣曰：古者圣王治天下，有掩骼埋胔之令，推恩及于朽骨。近世狃于胡俗，死者或以火焚之而投其骨于水，孝子慈孙，于心何忍？！伤恩败俗，莫此为甚！其禁止之，若贫无地者，所在官司择近城宽闲地为义冢，俾之葬埋，或有宦游远方不能归葬者，官给力费以归之。[2]

朱元璋的命令得到了地方儒士的支持，因此得到了深入的贯彻。洪武七年（1374）之后，火葬在民间大为减少，到了明代中期，虽然没有完全禁绝，但比起前代，可谓大为收敛。朱元璋将火葬视为"胡俗"而加以禁绝的政策可以说收到了预期的效果。

除了婚丧嫁娶这些人生大事，朱元璋的政策还涉及不少细枝末节，比如他曾推行书札书写的规范，推行"去华尚质"，力求消除此前浮华的风气。甚至对于大臣对天子三呼万岁的祝词他也感到不满，认为这是不切实的虚语，"虽云臣子祝上，实亦虚语"，因此改为先后赞呼"天辅有德""海宇咸宁"和"圣躬万福"，但最终

---

① 俞本撰、李新峰笺证：《纪事录笺证》，卷之上，第48页，"至正十六年"。

② 《明太祖实录》，卷五三，第1052—1053页，"洪武三年六月"。

还是因为这三句字数太多，赞呼不易整齐，又改回了三呼万岁。凡此种种，不一而足，都反映了朱元璋作为一位开国皇帝强烈的制礼作乐动力。

除了努力恢复汉族礼仪，重新明确夷夏之防。朱元璋在政治制度上的贡献也是有目共睹的。他通过胡惟庸案废除了延续千余年的丞相制度，建立了六部直接对皇帝负责的空前集权的新制度。而他让翰林官员充当顾问的制度也被延续了下来，最终在他的四子明太宗朱棣在位的永乐年间发展成为内阁制度。内阁作为明朝诞生的一个新产物，最终在明朝中后期发展成为一个虽无宰相之名但有宰相之实的庞然大物。凡此种种，通过本书前面的章节，大家想必都能够有一个清晰的概念，这里就不再啰唆了。

除了政治制度，军事制度在洪武年间的变化也非常大。胡党案爆发之前，朱元璋特别依赖开国功臣们负责整个国家的防卫，特别是北方的防卫。徐达、李文忠、冯胜、邓愈等著名将领都曾经负责北方的防卫工作。但随着胡党案和蓝党案的相继爆发，朱元璋对功臣的不信任也日趋严重。他的政策遂逐渐转变为依赖分封诸子为藩王，通过他们来保卫国家。具体到北方边界，至洪武末期，形成了以秦王、晋王、燕王和宁王四位塞王为主的防御体系。藩王拥有自己的护卫军队，还可以节制边境勋臣、军队等机构，拥有极大的权力。由于洪武年间朱元璋最终决定以南京为京师，这一体系不失为一个合理的方案，而在朱元璋这位强权君主的统治下，藩王们也不敢造次。然而这一制度也是不稳定的，特别是在嫡长子太子朱标于洪武二十五年（1392）四月去世后，这一不稳定因素进一步加剧。虽然朱元璋本着嫡长子继承制的原则，选择了朱标存世的最年长的儿子朱允炆册立为皇太孙，但这位柔弱的皇太孙显然是无法镇服他这些桀骜不驯的叔叔的。这一矛盾随着朱元璋的驾崩而爆发，朱允炆的削藩政策终于导致燕王朱棣起兵靖难，经过四年的内战，燕王朱棣最终击败建文帝朱允炆成为明朝新的皇帝。这一切，恐怕都是朱元璋没有想到的。

除了国防，朱元璋的外交政策也不算成功。北元虽然在洪武二十一年（1388）遭到了蓝玉的毁灭性打击，但并没有被消灭。明朝此后二百余年的历史，仍旧持续面对北方蒙古势力的威胁，而随着明朝的积极军事政策转为保守，最终又走回了修筑长城、建立九边重镇的防卫道路。在与邻国方面，与朝鲜的关系堪称一个典型。王氏高丽右军都统使李成桂于洪武二十一年（1388）于威化岛回军，废黜高丽王辛禑，改变了自高丽恭愍王王颛被弑后转而臣服北元的政策，重新和明朝建立宗藩关系。对此，朱元璋也表示了认同，但随着李成桂在洪武二十五年（1392）废黜王氏高丽最后一位国王恭让王王瑶，自立为王。朱元璋的态度发生了复杂的转变，一方面，他应李成桂之请在"朝鲜"和"和宁"两个称号中钦定朝鲜作为李成桂新王朝的国号，但他始终本着不愿意支持犯上作乱的原则，不肯册封李成桂为朝鲜国王，这导致李成桂在和明朝交往时只能使用"权知高丽国事""权知朝鲜国事"这两个称谓。这不仅让两国关系长期处于不正常状态，也损害了朝鲜对明朝的感情。

不仅如此，朱元璋和朝鲜之间还持续发生争端。诸如朱元璋要求朝鲜只需三年派一次使节即可，但朝鲜坚持要求一年派三次使节。在洪武后期，朱元璋更在洪武二十六年（1393）、洪武二十八年（1395）和洪武三十年（1397）三次因为朝鲜所上表笺中的文句问题而对朝鲜大发雷霆，要求朝鲜将表笺起草人员送来南京发落，这一风波直到朱元璋驾崩才告一段落。三次表笺风波极大损害了两国之间的关系，直接导致李成桂在位后期不仅通过让朝鲜士兵假扮倭寇骚扰明朝山东沿海以刺探情报，更在重臣郑道传的主张下出现了"辽东征伐"计划，这一计划最终因为朝鲜国内王子之乱的爆发，郑道传被杀，李成桂被迫退位才最终夭折。而在朱元璋方面，他在后期对朝鲜的不信任也已发展到了极致，他在洪武三十年（1397）曾晓谕身在辽东协助修建辽王府的中军都督金事陈信等人说：

> 高丽地界辽左，其国君臣畏威而不怀德，此以诚抚，彼以诈应，此以仁义待之，彼以谲诈来从。昔尝诱我辽东守将李谥为叛，朝廷先觉，故不能为害，今不可不为之备。此夷不出则已，使其一出，必有十万之众，定辽境土与之相接，宜阴戒斥堠以防其诈，凡事有备，庶不失机，其慎之哉。[①]

不信任之情，已达极限。对明朝相对友好的朝鲜尚且如此，其他如与日本绝交，对安南的政局变动持低调态度以及使臣几度被帖木儿帝国扣留就更不用说了。整体来说，朱元璋留下的是一个并不太平与友好的国际环境，这些都有待于他的继承人来进行改变。

也正是因为洪武年间并不太平的国际环境，因此从朱元璋崛起直到建国后的洪武年间，此时的明朝都是一个严酷而尚武的时代。其最为外化的表现就是洪武三

---

① 《明太祖实录》，卷二五三，第3652页，"洪武三十年五月"。

年（1370）初封的六位公爵中，只有李善长一人算是文官，剩下的五位均为武臣，后来更形成了无军功不得封爵的制度。另外，贯穿朱元璋一生的是各种规模的军事行动，直到洪武末期，仍旧有蓝玉发动的一次北征和一次西征，规模都可称得上巨大。武重于文是洪武年间的基本情况，这一局面在朱元璋驾崩后，随着靖难之役的发生，在明太宗朱棣在位的永乐年间仍旧没有改变。朱棣驾崩后的洪熙、宣德年间，虽然文官开始逐渐崛起，但仍旧没能压过武臣。直到英宗正统年间随着土木之变的发生，高级勋贵阶层遭到毁灭性打击，明代宗朱祁钰与于谦借此机会对军事机构进行大规模调整，才终于奠定了明朝此后文重武轻的基本格局。

另外，洪武年间也是严酷的，无论是朱元璋在崛起途中残酷对待敌对势力，甚至在建国后仍旧对曾经张士诚统治区征收重税，对方国珍统治地区大规模搜罗旧军户。乃至朱元璋通过一系列制礼作乐的活动，对百姓生活进行非常深入的控制。朱元璋力求从各个方面严格控制社会，建立一个自己理想中的社会形态。而朱元璋几次对功臣的大规模清洗及洪武年间几次大案，牵连范围都异常广泛。如此一来，朱元璋时代成为一个视人命如草芥、异常严酷的时代也就不足为奇了。

除了外廷，朱元璋的内宫也并不平静。特别是随着马皇后在洪武十五年（1382）八月去世，失去了这一贤内助的朱元璋性格变得更加极端。很快，朱元璋的后宫中就发生了一件大案。根据俞本在《纪事录》中的记载：

> 是年，上疑锦衣卫秦指挥有乱宫事，斩之。妃胡氏谏曰："深宫严禁，安有此事？"上盛怒，亦杀之。妃父豫章侯胡美，令自缢，妃之兄弟俱斩于玄津桥。悉诛宫人，瘗于聚宝山下。[1]

豫章侯胡美其实在洪武十三年（1380）五月由豫章侯改封为临川侯，但他对这件事的记载却是有所本的。《逆臣录》中记载"一招洪武十六年间，有男王庸，同朱都督男、江夏侯男周骥纠合入宫为非。是（王）诚彼明知此事，不行禁戒，故纵犯法，罪犯"[2]，足见确在洪武十六年（1383）至洪武十七年（1384）间发生了秽乱宫廷的事情。另外，胡美和他女儿的事情，祝允明在《野记》中收录了一份朱元璋

---

① 俞本撰、李新峰笺证：《纪事录笺证》，卷之下，第432页，"洪武十七年"。

② 《逆臣录》，第一卷，《王诚》，第31页。

的诏书，其中说："豫章侯胡美，长女入宫，贵居妃位。本人二次入乱宫禁，初被阉人拽入，明知不可，次又复入。且本人未入之先，阉人已将其小婿并二子宫中暗行二年余。洪武十七年事觉，子、婿刑死，本人亦赐以自尽，杀身亡家，姓氏俱没。"[①]证明了俞本所言不虚。洪武末期的政局，无论内外，都并不平静。

　　朱元璋留下的正是这样一份复杂的遗产。洪武三十一年（1398）闰五月初十（6月24日），朱元璋驾崩，享年六十九岁，在位三十一年，葬于南京钟山下的孝陵。皇太孙朱允炆即位，改元建文。随后，燕王朱棣起兵靖难，经过四年靖难之役，朱棣击败朱允炆，于建文四年（1402）在南京即位，改元永乐，是为明朝第三位皇帝明太宗，他最终继承了朱元璋的遗产，将明朝引向了一个积极拓展的新时代。

---

①　祝允明：《野记》（一），第504页；（出自：邓士龙 辑：《国朝典故》，卷三十一）。

尾声

逸事折射出的朱元璋时代

《纪事录》的独特之处在于他揭露了很多正史中不可能记载的事件，通过这些事件，整个朱元璋时代就会变得越发生动起来。

俞本在《纪事录》至正十七年（1357）下记载了这样一件事：

> 故元帅韦德成妻美，上令移居内廷，通而生子，名曰朱生。或谏曰："故将之妻不可纳。"遂以本妇配总管胡汝名，朱生随母往焉。以德成义子韦正袭为元帅，仍领其众。[①]

韦德成是在至正十六年（1356）七月随邵肆进攻宁国路时溺亡的，俞本的记载在时间上是合理的。但是，这个事件本身又是否属实呢？明末为《纪事录》做批注的张大同在这段记载之后评论道：

> 张大同曰：三代以下，创业之君靖乱安民，功被天下，即有小德出入者，何损大德。我太祖才匹汉高，德迈文皇，汤武以后，一人而已。俞本载韦德成妻之事，何足为圣德累。盖本隶韦正部下，受恩颇深，正乃德成义子，本直书不讳，虽曰非私谤，吾不信也。[②]

很明显，张大同的态度是矛盾的。一方面，他知道韦正是俞本的恩主，但俞本仍旧直书不讳，无疑可信度非常高。另一方面，他作为朱元璋完美形象的捍卫者，又不愿意相信这件事。我们身处现代，自然不必像张大同那样矛盾。

对俞本这段记载的最有利证据来自陈琏为韦德成写的《南海卫指挥使韦公墓碑铭》，其中提到韦德成阵亡后，其子韦善"在遗腹。及诞，命育于内府"[③]，这一待遇很明显不同寻常，在朱元璋一生对待功臣中也是绝无仅有的待遇。朱元璋如此看重

---

① 俞本撰、李新峰笺证：《纪事录笺证》，卷之上，第79页，"至正十七年"。
② 俞本撰、李新峰笺证：《纪事录笺证》，卷之上，第79页，"至正十七年"。
③ 陈琏：《琴轩集》，卷二四，第1551页。

韦善，韦善的身份自然让人充满联想。将之与俞本在《纪事录》中的记载对比，一切就变得很容易理解了。

除了这一颇为直接的证据，还有不少间接证据。刘辰在《国初事迹》中提到至正二十三年（1363）谢再兴于江西诸暨叛乱，"惟总管吴德明弃妻子，只身先回。太祖以其忠义，赐以小于元帅妻"[①]。黄金在《皇明开国功臣录》中吴汝明的本传中记载："（吴）汝明弃妻子走回。上嘉其忠义，遇之甚厚，为娶妻焉。"[②] 甚至在《明太祖实录》中也异乎寻常地提到"总管胡汝明弃妻子，单骑走还"[③]。在这三段记载中，吴德明、吴汝明和胡汝明应当与俞本记载中的胡汝名为同一个人。朱元璋对于总管吴德明抛妻弃子前来报信表示嘉奖自在情理之中，但各种记载中都反复提及吴德明"弃妻子"就比较奇怪了，又都强调朱元璋对他婚姻大事的关注，亲自为他娶妻就更加值得玩味。再结合此前俞本和陈琏的记载，一切就终于明了了，朱元璋正是为了掩盖自己与韦德成之妻私通并育有一子的事情才将韦德成的遗孀连同他们所生的儿子都赐给了吴德明。

不过倘若认为朱元璋此后就对这位私生子不再关注了也是不准确的。俞本在《纪事录》中洪武九年（1376）下还留下了这样一段记载：

> 十二月，上遣中书舍人张道宁宣韦正至京，询西征事，于玄清宫赐宴。次日，宣正于寝殿，朝皇后马氏，赐以巨珠，耳坠。又降敕曹国公李文忠宴于私室。越三日，于奉天门，上赐以龙衣，令归。添设河州左卫。[④]

韦正在洪武九年（1376）正月恢复本姓宁姓，这次赐宴的礼仪同样非常特别。首先，南京宫城并没有玄清宫，李新峰分析俞本记载中的玄清宫当为华盖殿。另外，这段记载中提到的西征指的是邓愈在洪武十年（1377）率军讨伐川藏之役，俞本的记载再度在时间上出现了误差。但俞本的记载并非是没有根据的。洪武九年（1376）至洪武十年（1377），确实是朱元璋对韦正大示恩宠的时期，不仅准许他恢复本姓，还亲赐玺书表示慰劳。具体到俞本的记载中，韦正的待遇也很不寻常，先是于寝殿朝见马皇后，然后朱元璋又派外甥李文忠在私室宴请韦正，凡此种种似乎

---

① 刘辰：《国初事迹》，第 75 页；（出自：邓士龙 辑：《国朝典故》，卷四）。

② 黄金：《皇明开国功臣录》，卷三一，《吴德明传》，第 743 页。

③ 《明太祖实录》，卷一二，第 152 页，"癸卯年四月"。

④ 俞本撰、李新峰笺证：《纪事录笺证》，卷之下，第 398 页，"洪武九年"。

都表明韦正和朱元璋之间不仅是君臣关系，更有一层亲戚关系的意思。李新峰结合之前关于朱生的记载，怀疑此事和朱生有关，这是完全说得通的，也说明了朱元璋对朱生是一直有所关注的，这在某种程度上是父亲的本能使然。

除了朱元璋与韦德成遗孀的事情，俞本还在至正二十五年（1365）记载了另一件事：

> 上闻相国部下宣使熊义妹色美，欲纳为宫人，令都事张来释为媒，通言于熊义母。允，纳聘财讫，择日归内。来释启曰："熊氏女许参政杨希武弟杨希圣久矣。"上怒曰："汝既为媒，令臣民知吾之过。"立命提于内桥，众刀砍为泥，示众。追回财礼等物，仍令与杨希圣为婚。希圣终不敢娶。[1]

首先，这个"相国"在当时只能是指李善长，另外，杨宪，字希武，因此杨希武就是杨宪。关于这件事，刘辰在《国初事迹》中也有记载：

> 太祖选宫人，访知熊宣使有妹年少，欲进之。员外郎张来硕谏曰："熊氏已许参议杨希圣，若明取之，于理不妥。"太祖曰："谏君不当如此！"令壮士以刀碎其齿。后参议李饮冰与希圣弄权不法，丞相李善长奏之。太祖将二人黥面，云："奸诈百端，谲诡万状，宜此刑。"割饮冰之乳，即死；劓希圣之鼻，淮安安置。后希圣兄杨宪任江西参政，来朝，太祖谓宪曰："尔弟弄权，我已黜之，仍给熊氏与他。"宪叩头曰："臣弟犯法，当万死，焉敢纳之。"太祖曰："与之熊氏随住。"[2]

张来硕应当就是张来释。刘辰的记载不仅更为详细，也和俞本的记载互为佐证，证明了这一事件的准确性。张来释的做法无疑是在效法唐朝贞观年间魏徵劝谏唐太宗李世民不要纳郑仁基之女，因为郑氏在之前已经许给了陆氏。唐太宗在诏书已经发出，策使还没出发的情况下听从了魏徵的劝谏，收回了成命。然而张来释没有想到的是，即便他想学魏徵，朱元璋也不是李世民。无论是像俞本那样把朱元璋的做法说成是守礼，还是像刘辰那样把朱元璋的做法说成是执法。透过他们的记

---

① 俞本撰、李新峰笺证：《纪事录笺证》，卷之下，第207页，"至正二十五年"。

② 刘辰：《国初事迹》，第77页；（出自：邓士龙 辑：《国朝典故》，卷四）。

载，我们能看到的只是一个恼羞成怒的朱元璋。他对张来释、杨希圣等人的折磨、羞辱、残害都只是一种恼羞成怒后的凶残报复而已。朱元璋时代视人命如草芥的一面生动地表现了出来。朱元璋在《御制大诰》中标榜自己：

> 与群雄并驱十有四年余，军中未尝妄将一妇人女子。惟亲下武昌，怒陈友谅擅以兵入境，既破武昌，故有伊妾而归。朕忽然自疑，于斯之为，果色乎？豪乎？智者监之。朕为保身惜命，去声色货利而不为，改为慕声色货利者，数数朝兴暮败。监此非为，终不同其愚志，量岂难哉。[1]

虽然朱元璋标榜自己除了纳陈友谅之妃外，从没妄纳一个女子，并且远离"声色货利"。但从朱元璋的一生中我们能够看出并非如此，无论是韦德成的遗孀还是熊义的妹妹，甚至是大都元顺帝宫中的周姓女子，朱元璋一生没少随意带回女子。这些事情虽然在当时出于维护朱元璋圣君形象的原因而讳莫如深，但在今天看来，正是通过这些记载，反而让朱元璋的形象更加生动了。

一般认为，朱元璋编纂的《御制大诰》《御制大诰续编》《御制大诰三编》和《御制大诰武臣》是一系列记载朱元璋对臣子施加惩罚的书籍。但正是在《御制大诰武臣》中有很特殊的一篇，叫作《储傑旷职第六》：

> 浙江都指挥储傑，他在任数年，专一与布政司官、有司官交结，日日歌唱吃酒，军也绝不操练，海贼也不设法关防，以致沿海百姓常被劫掠。他全然不以为事，又常推称风疾，及至歌唱吃酒，却又无事，将浙江一都司的事都废坏了。他罢任后，方指挥建言，沿海筑城。海贼见防备得周密，再不敢上岸，百姓每方得安息。我与他许大名分，他却撒泼做坏了，于边防捕盗，绝无一些功劳。看来则是他薄福，消受不得。而今贬去金齿，若再推风疾，又无功劳，必然奈（奈）何得他紧。[2]

很难想象这段如今读来让人哭笑不得的话出自空前集权的皇帝朱元璋之口而又收录进了《御制大诰武臣》中。这在一定程度上反映了朱元璋当时对官僚机构中出

---

① 《明大诰研究·御制大诰》，《谕官无作非为第四十三》，第 229 页。
② 《明大诰研究·御制大诰武臣》，《储傑旷职第六》，第 434 页。

现的普遍问题的无奈，贪污屡禁不止，消极怠工，不务正业，等等。朱元璋虽然愤怒并因此进行过一系列严肃的处理，但最终仍旧是这样地无可奈何。

俞本在《纪事录》中除了记载上述这类黑历史外，也会记载一些别的逸事，这些逸事反映出了洪武君臣作为普通人的一面。比如俞本记载了卫国公邓愈的这样一件小事，这件事俞本虽然将之记载在洪武七年（1374），但其实这件事更有可能是发生在洪武八年（1375），这是邓愈镇守西北期间的一件事：

> 八月，征西将军邓愈镇河州。中庭午膳，俞本至，愈赐膳。饐鬻盛列，中置一糟饼，愈先食之。膳毕，俞本跪问曰："大人食此饼，何也？"愈即离席，引本袖而泣曰："吾食此饼二十余年，未有人问，今因汝问，当为汝言。吾昔农家子。予在襁褓时，吾母耘田，置吾树阴下。吾饥啼，母就阴乳吾而食此饼，吾饱，母亦饱，母仍就耘。吾今位至三公，出将入相，吾思慈母，安得见乎？吾自乙未年至今日，每中膳，妻妾皆食此一饼，如睹吾母矣。"①

即便如卫国公邓愈一般位至开国公爵，在某些方面，也只是一个思念母亲的普通人。如此情景，让人唏嘘。

逸事往往让我们能够从一些独特的角度观察历史，而透过这些逸事，让我们能够看出朱元璋时代的多面性。每一件逸事都可以看成是一个小棱镜，而《纪事录》这部独特的史料则可以看成是一个大棱镜，透过它，我们能够折射出一个之前没有观察到的特殊角度的朱元璋时代。以逸事这些小棱镜作为本书透过《纪事录》这个大棱镜折射朱元璋时代的尾声，无疑是最合适的。

对了，朱元璋驾崩后，他对自己的身后事也就无法掌控了。建文帝朱允炆在洪武三十一年（1398）六月为他上的谥号是"钦明启运俊德成功统天大孝高皇帝"，庙号"太祖"。明太宗朱棣通过四年靖难之役篡位成功后在永乐元年（1403）六月为朱元璋加谥号为"圣神文武钦明启运俊德成功统天大孝高皇帝"。明世宗朱厚熜嘉靖十七年（1538）十一月再为朱元璋加谥号为"开天行道肇纪立极大圣至神仁文义武俊德成功高皇帝"，从而让朱元璋谥号达到了二十一字，超过了其他所有明朝皇帝谥号的十七字，最终奠定了朱元璋在明朝无可比拟的最高地位。

---

① 俞本撰、李新峰笺证：《纪事录笺证》，卷之下，第388—389页，"洪武七年"。